Gestão da Cadeia de Suprimentos Para leigos

Uma cadeia de suprimentos é um sistema complexo constituído de pessoas, processos e tecnologias que agregam valor a um cliente. As cadeias de suprimentos conectam os departamentos funcionais dentro de uma empresa e conectam todas as empresas aos seus clientes e fornecedores. A gestão da cadeia de suprimento abrange a coordenação de todo o trabalho necessário para entregar um produto ou serviço de forma lucrativa ao seu cliente.

AS CINCO FUNÇÕES DA GESTÃO DA CADEIA DE SUPRIMENTOS

A gestão da cadeia de suprimentos engloba cinco funções principais: alinhar fluxos, integrar funções, coordenar processos, projetar sistemas complexos e gerenciar recursos.

- **Alinhamento de fluxos:** À medida que o dinheiro, os materiais e as informações são transmitidos entre os clientes e os fornecedores, a gestão da cadeia de suprimentos os acompanha em um fluxo contínuo.
- **Funções integradas:** A gestão da cadeia conecta as atividades de logística, compras e de operações para assegurar que elas se concentrem nos objetivos que favoreçam o desempenho como um todo.
- **Coordenação de processos:** A gestão da cadeia de suprimentos potencializa a lucratividade ao conciliar os processos usados para planejar, fornecer, produzir, entregar e (quando necessário) devolver os produtos e serviços de uma empresa.
- **Design de sistemas complexos:** As ferramentas de simulação podem prever como uma cadeia de suprimentos se comportará e mostra como mudanças pequenas podem causar grandes transtornos no fluxo de materiais.
- **Gestão de recursos:** Os gerentes da cadeia de suprimentos são responsáveis pelo uso de pessoas, processos e tecnologia a fim de atender às necessidades dos clientes.

6 TAREFAS DOS LÍDERES DE PROJETOS DA CADEIA DE SUPRIMENTOS

Os gerentes da cadeia de suprimentos devem saber liderar os projetos com eficiência, pois isso os ajuda a reduzir os custos, melhorar o atendimento ao cliente e a minimizar os impactos ambientais. A estrutura DIRECT expõe as seis tarefas de um líder de projeto da cadeia de suprimentos:

- **D (Defina a oportunidade):** A equipe do projeto precisa de um objetivo claro.
- **I (Investigue as opções):** A equipe do projeto precisa averiguar todas as suas alternativas com o intuito de atingir o objetivo, antes de decidir quais desses objetivos conquistar.
- **R (Resolva um plano de ação):** A equipe do projeto precisa tomar uma decisão e elaborar um plano.

Gestão da Cadeia de Suprimentos Para leigos

- **E (Executar o plano):** A equipe do projeto precisa acompanhar o progresso e gerenciar os riscos.
- **C (Converter o sistema):** A equipe do projeto precisa pensar na possibilidade de como o projeto afetará as outras partes da cadeia de suprimentos.
- **T (Transição do pessoal):** A equipe do projeto precisa considerar como a mudança influenciará as pessoas e garantir que essas pessoas estejam preparadas.

AS OPERAÇÕES DA CADEIA DE SUPRIMENTOS MODELO DE REFERÊNCIA

O **SCOR, Modelo de Referência das Operações da Cadeia de Suprimentos** é um modelo de processo mantido pelo **Conselho da Cadeia de Suprimentos da APICS (Associação para Gestão de Operações)**. O SCOR se concentra nas cadeias de suprimentos de manufatura, mas também foi adaptado para as cadeias de suprimentos de varejo e serviços.

O SCOR organiza todos os processos de uma cadeia de suprimentos em seis grupos:

- **Planejamento:** Decida o que, quando e onde produzir.
- **Fornecimento:** Compre as coisas que você precisa para fabricar os seus produtos.
- **Produção:** Fabrique os seus produtos.
- **Entrega:** Venda seus produtos e leve-os aos seus clientes.
- **Devolução:** Retire os produtos quando estiverem com defeito ou precisarem de conserto.
- **Viabilização:** Faça tudo o que estiver ao seu alcance, que não se encaixe em um dos outros grupos citados anteriormente, para o funcionamento de uma cadeia de suprimentos.

O modelo SCOR define os cinco atributos principais de desempenho em uma cadeia de suprimentos:

- **Confiabilidade:** Se a cadeia de suprimentos consegue atender aos pedidos dos clientes.
- **Capacidade de resposta:** Quanto tempo leva para atender aos pedidos.
- **Agilidade:** Em que medida a cadeia de suprimentos responde às mudanças.
- **Custos:** Quanto custa para operar a cadeia de suprimentos.
- **Eficiência da gestão de ativos:** Até que ponto a cadeia de suprimentos usa adequadamente os ativos disponíveis.

Cada atributo compreende as métricas que permitem comparar o desempenho da cadeia de suprimentos e acompanhar as melhorias ao longo do tempo.

Gestão da Cadeia de Suprimentos

para leigos

Gestão da Cadeia de Suprimentos Para leigos

Daniel Stanton
Certified Supply Chain Professional
(Profissional Certificado em Supply Chain)

ALTA BOOKS
E D I T O R A
Rio de Janeiro, 2019

Gestão da Cadeia de Suprimentos Para Leigos®
Copyright © 2019 da Starlin Alta Editora e Consultoria Eireli. ISBN: 978-85-508-0487-3

Translated from original Supply Chain Management For Dummies®. Copyright © 2018 by John Wiley & Sons, Inc. ISBN 978-1-119-41019-5. This translation is published and sold by permission of John Wiley & Sons, Inc., the owner of all rights to publish and sell the same. PORTUGUESE language edition published by Starlin Alta Editora e Consultoria Eireli, Copyright © 2019 by Starlin Alta Editora e Consultoria Eireli.

Todos os direitos estão reservados e protegidos por Lei. Nenhuma parte deste livro, sem autorização prévia por escrito da editora, poderá ser reproduzida ou transmitida. A violação dos Direitos Autorais é crime estabelecido na Lei nº 9.610/98 e com punição de acordo com o artigo 184 do Código Penal.

A editora não se responsabiliza pelo conteúdo da obra, formulada exclusivamente pelo(s) autor(es).

Marcas Registradas: Todos os termos mencionados e reconhecidos como Marca Registrada e/ou Comercial são de responsabilidade de seus proprietários. A editora informa não estar associada a nenhum produto e/ou fornecedor apresentado no livro.

Impresso no Brasil — 2019 — Edição revisada conforme o Acordo Ortográfico da Língua Portuguesa de 2009.

Publique seu livro com a Alta Books. Para mais informações envie um e-mail para autoria@altabooks.com.br

Obra disponível para venda corporativa e/ou personalizada. Para mais informações, fale com projetos@altabooks.com.br

Produção Editorial	Produtor Editorial	Marketing Editorial	Vendas Atacado e Varejo	Ouvidoria
Editora Alta Books	Thiê Alves	marketing@altabooks.com.br	Daniele Fonseca Viviane Paiva comercial@altabooks.com.br	ouvidoria@altabooks.com.br
Gerência Editorial Anderson Vieira		**Editor de Aquisição** José Rugeri j.rugeri@altabooks.com.br		
Equipe Editorial	Adriano Barros Bianca Teodoro Ian Verçosa	Illysabelle Trajano Juliana de Oliveira Kelry Oliveira	Paulo Gomes Rodrigo Bitencourt Thales Silva	Thauan Gomes Victor Huguet Viviane Rodrigues
Tradução Cibelle Ravaglia	**Copidesque** Alberto Gassul	**Revisão Gramatical** Hellen Suzuki Thaís Pol	**Revisão Técnica** Gabriela Erjautz Especialista em Gestão de Processos	**Diagramação** Luisa Maria Gomes

Erratas e arquivos de apoio: No site da editora relatamos, com a devida correção, qualquer erro encontrado em nossos livros, bem como disponibilizamos arquivos de apoio se aplicáveis à obra em questão.

Acesse o site www.altabooks.com.br e procure pelo título do livro desejado para ter acesso às erratas, aos arquivos de apoio e/ou a outros conteúdos aplicáveis à obra.

Suporte Técnico: A obra é comercializada na forma em que está, sem direito a suporte técnico ou orientação pessoal/exclusiva ao leitor.

A editora não se responsabiliza pela manutenção, atualização e idioma dos sites referidos pelos autores nesta obra.

Dados Internacionais de Catalogação na Publicação (CIP) de acordo com ISBD

S792g   Stanton, Daniel
           Gestão da Cadeia de Suprimentos para leigos / Daniel Stanton ; traduzido por Cibelle Ravagli. - Rio de Janeiro : Alta Books, 2019.
           352 p. ; il. ; 17cm x 24cm.

           Tradução de: Supply Chain For Dummies
           Inclui índice.
           ISBN: 978-85-508-0487-3

           1. Gestão. 2. Cadeia de Suprimentos. I. Ravagli, Cibelle. II. Título.

2018-1663   CDD 658.401
                    CDU 658.011.2

Elaborado por Vagner Rodolfo da Silva - CRB-8/9410

Rua Viúva Cláudio, 291 — Bairro Industrial do Jacaré
CEP: 20.970-031 — Rio de Janeiro (RJ)
Tels.: (21) 3278-8069 / 3278-8419
www.altabooks.com.br — altabooks@altabooks.com.br
www.facebook.com/altabooks — www.instagram.com/altabooks

Sobre o Autor

Daniel Stanton, mestre em Engenharia, MBA, SSBB (Black Belt em Seis Sigma), PMP (Certificação Profissional de Gerência de Projeto), CSCP (Certified Supply Chain Professional — Profissional Certificado em Supply Chain), é fascinado pelas cadeias de suprimentos e pelo papel que elas desempenham em nosso dia a dia. Ele desenvolveu estratégias de cadeia de suprimentos, treinou executivos e liderou projetos de cadeia de suprimentos em empresas como a Caterpillar, a APICS (Associação para Gestão de Operações) e a MHI (Associação de Movimentação de Materiais, Logística e Cadeia de Suprimentos). Atualmente, dedica seu tempo ao ensino, fomentando pesquisas em conselhos e ajudando as empresas iniciantes a desenvolverem tecnologias novas de cadeia de suprimentos.

Você pode encontrá-lo com frequência ministrando palestras sobre gestão da cadeia de suprimentos em eventos ao redor do mundo. Daniel também elaborou diversos cursos online para o LinkedIn Learning. Ele é mestre em Engenharia de Logística pelo programa Gestão da Cadeia de Suprimentos do MIT (Massachusetts Institute of Technology), é professor adjunto da Bradley University e também pesquisador doutorando na Cranfield University.

Você pode acessar o site de Daniel (www.danielstanton.com — conteúdo em inglês) ou acompanhá-lo nas mídias sociais para uma melhor compreensão a respeito da gestão da cadeia de suprimentos, liderança de projetos e uma série de coisas relacionadas aos assuntos que ele domina com maestria.

Twitter: @stanton_daniel

LinkedIn: www.linkedin.com/in/danielstanton/

Dedicatória

À minha esposa Ruth, minha companheira de todas as horas. E às nossas filhas, pais e familiares. Um belo time!

Aos meus colegas da CSCMP (Conselho de Profissionais em Supply Chain), da APICS (Associação para Gestão de Operações), do ISM (Instituto de Gestão de Cadeias de Suprimentos), do SCC (Conselho em Gestão de Suprimentos), do WERC (Conselho de Educação e Pesquisa em Armazenagem), da ASTL (Sociedade Americana de Transporte e Logística), do PMI (Project Management Institute), da ALAN (American Logistics Aid Network), da DMSCA (Diverse Manufacturing Supply Chain Alliance) e da MHI (Associação de Movimentação de Materiais, Logística e Cadeia de Suprimentos), que contribuíram muito para o desenvolvimento da gestão da cadeia de suprimentos como profissão.

Aos meus professores, colegas e colegas universitários do MIT, Cranfield, SDSMT (South Dakota School of Mines & Technology), Bradley University e de toda a comunidade acadêmica, que desafiaram meu pensamento e expandiram meus horizontes.

Aos meus muitos amigos da Caterpillar e da Marinha dos EUA, onde tive oportunidades espetaculares de enfrentar o desafio de gerenciar uma cadeia de suprimentos em escala global.

À equipe e aos voluntários da American Logistics Aid Network, que reúnem profissionais da cadeia de suprimentos e apoiam as comunidades durante os desastres naturais.

À Nani, Ruby, Rooney e Bear — nossos familiares peludos.

Agradecimentos

Escrever este livro foi uma experiência e tanto, porém eu definitivamente não o escrevi sozinho. Tenho uma dívida enorme com muitos amigos, colegas, estudantes e professores que me incentivaram e que fazem do mundo um lugar melhor todos os dias, ensinando, aprendendo, pesquisando e colocando a gestão da cadeia de suprimentos em prática. Obrigado!

Eu não teria conseguido completar 80% desta obra se não fosse pela ajuda e pelo sacrifício de toda a minha família, que me apoiou, dando-me o tempo necessário para finalizá-la. Sim, crianças... Agora, podemos brincar juntos! À mamãe, mamacita e papa — obrigado por estarem sempre dispostos a ajudar. Aos meus parceiros de negócios — Ruth, Dan, Rick, Jeevan e Tom — obrigado por ficarem comigo enquanto eu fazia malabarismos para lidar com os inúmeros compromissos. A Rob, Jim, Michael, Scott, Jeff, Muthu, Kathy, Susie, Sharon, Jonathan, Nick, Steve, Angela, Teresa e Andrew — obrigado por estarem dispostos quando precisei conversar sobre as coisas. À Amy, Charlotte e Beth, obrigado por acreditarem em mim e me ajudarem nessa empreitada.

Sumário Resumido

Introdução 1

Parte 1: Começando a Trabalhar com Gestão da Cadeia de Suprimentos 5
CAPÍTULO 1: A Crescente Demanda pela Gestão da Cadeia de Suprimentos 7
CAPÍTULO 2: Cadeia de Suprimentos: As Diferentes Perspectivas 21
CAPÍTULO 3: Investigando a Sua Cadeia de Suprimentos 35
CAPÍTULO 4: Otimizando a Sua Cadeia de Suprimentos 51

Parte 2: Gestão dos Processos da Cadeia de Suprimentos 69
CAPÍTULO 5: Conectando os Processos da Cadeia de Suprimentos 71
CAPÍTULO 6: Planejamento da Cadeia de Suprimentos 81
CAPÍTULO 7: Fornecimento, Compras e Departamento de Compras 91
CAPÍTULO 8: A Manufatura dos Seus Produtos ou Serviços 111
CAPÍTULO 9: Entregando Seus Produtos ou Serviços 131
CAPÍTULO 10: Gerenciamento das Devoluções de Produto e Logística Reversa ... 153
CAPÍTULO 11: Descomplicando a Sua Cadeia de Suprimentos 161

Parte 3: Usando a Tecnologia para Gerenciar as Cadeias de Suprimentos 177
CAPÍTULO 12: Gestão dos Softwares da Cadeia de Suprimentos 179
CAPÍTULO 13: Manufatura Avançada da Sua Cadeia de Suprimentos 201
CAPÍTULO 14: Gestão das Cadeias de Suprimentos Digitais 211

Parte 4: Gerando Valor com a Gestão da Cadeia de Suprimentos 221
CAPÍTULO 15: Transforme Sua Cadeia de Suprimentos 223
CAPÍTULO 16: Adotando as Métricas da Cadeia de Suprimentos 237
CAPÍTULO 17: Gerenciamento de Riscos da Cadeia de Suprimentos 251
CAPÍTULO 18: A Cadeia de Suprimentos com o Analytics 263

Parte 5: Construindo Sua Carreira em Gestão da Cadeia de Suprimentos 279
CAPÍTULO 19: Escolha uma Carreira na Cadeia de Suprimentos 281
CAPÍTULO 20: Explore a Educação Formal da Cadeia de Suprimentos 299

Parte 6: A Parte dos Dez **315**

CAPÍTULO 21: Dez Perguntas a Serem Feitas sobre Sua Cadeia
de Suprimentos 317

Índice **325**

Sumário

INTRODUÇÃO 1
    Sobre Este Livro 1
    Penso que... 1
    Ícones Usados Neste Livro 2
    De Lá para Cá, Daqui para Lá 2

PARTE 1: COMEÇANDO A TRABALHAR COM GESTÃO DA CADEIA DE SUPRIMENTOS 5

CAPÍTULO 1: A Crescente Demanda pela Gestão da Cadeia de Suprimentos 7

    Conceitos da Gestão da Cadeia de Suprimentos 8
    Explorando os Desafios Empresariais Complexos 9
    Operando sob os Princípios de Gestão da Cadeia
        de Suprimentos 12
        Foco no cliente 12
        Pensamento sistêmico 13
        Inovação bimodal 13
        Colaboração 13
        Flexibilidade 14
        Tecnologia 14
        Visão global 15
        Gerenciamento de riscos 15
        Visibilidade 15
        Criação de valor 15
    Conheça as Cinco Tarefas da Cadeia de Suprimentos 16
    Implementando uma Programação Nova na Cadeia
        de Suprimentos 17
        Coloque as pessoas certas nas funções certas 18
        Implementando a tecnologia adequada 18
        Foque a colaboração interna 18
        Auxiliando na colaboração externa 18
        Implementando a gestão de projeto 19

CAPÍTULO 2: Cadeia de Suprimentos: As Diferentes Perspectivas 21

    Gerenciando o Fluxo da Cadeia de Suprimentos 22
    Sincronizando as Funções da Cadeia de Suprimentos 23
        Compras 23
        Logística 24
        Operações 25

Conectando as Comunidades da Cadeia de Suprimentos 26
Projetando Sistemas da Cadeia de Suprimentos 29
Avaliando os Processos da Cadeia de Suprimentos 32

CAPÍTULO 3: Investigando a Sua Cadeia de Suprimentos ...35

Priorizando os Objetivos da Cadeia de Suprimentos 36
    Etapa 1: Entendendo o que os clientes valorizam 36
    Etapa 2: Identificando os seus concorrentes................. 37
    Etapa 3: Entendendo como os seus produtos ou
    serviços funcionam 38
Analisando os Geradores de Custo 40
    Custos do processo de procurement 40
    Custos de transporte 40
    Custos de estoque 41
    Custos de qualidade..................................... 41
Gestão das Trade-offs 42
    Vendas versus operações 43
    Cliente versus fornecedor................................ 44
    Engenharia versus departamento de compras................ 45
    Estoque versus atendimento ao cliente 46
    Estoque versus inatividade 48
    Departamento de compras versus logística.................. 49

CAPÍTULO 4: Otimizando a Sua Cadeia de Suprimentos 51

Desenvolvendo a Sua Rede.................................. 51
Melhorando e Inovando os Processos 53
    Método Lean 53
    Seis Sigma.. 55
    Teoria das Restrições 58
Estruturando os Projetos da Cadeia de Suprimentos 60
    Gestão de Equipes de Projetos Multifuncionais 60
    Desenvolvendo Planos de Projetos Multifuncionais........... 61
    Criando uma Matriz RACI................................. 64
    Criando um Projeto com Indicadores de Desempenho 65
    Usando o Modelo DIRETO (DIRECT Model) 66

PARTE 2: GESTÃO DOS PROCESSOS DA CADEIA DE SUPRIMENTOS 69

CAPÍTULO 5: Conectando os Processos da Cadeia de Suprimentos..........................71

Entendendo os Processos da Cadeia de Suprimentos 72
Apresentação do Modelo SCOR 73
Determine as Métricas do Processo 77
Desenvolvendo a Cadeia de Suprimentos Ideal 78

CAPÍTULO 6: Planejamento da Cadeia de Suprimentos 81
    Equilibrando a Oferta e a Demanda 82
    Alinhando os Recursos com as Necessidades. 83
    Análise dos Seus Clientes. 85
    O Planejamento dos Produtos 87
    O Planejamento dos Sistemas de Produção 87
    O Planejamento dos Sistemas de Entrega 88
    O Planejamento das Devoluções 89

CAPÍTULO 7: Fornecimento, Compras e Departamento de Compras 91
    Compreendendo o Conceito de Matriz Estratégica
      de Abastecimento. 92
    Segmentando a Sua Cadeia de Suprimentos. 93
    Gestão dos Custos do Ciclo de Vida 95
        Minimizando os custos dos insumos 96
        O fornecimento de seus insumos 97
        Prevendo a sua demanda 99
        Processos de insourcing, outsourcing e offshoring 99
    Gestão de Relacionamentos com Fornecedores. 101
    Elaborando os Contratos de Fornecimento. 102
        Determinando os termos do contrato 103
        Determinando as condições de pagamento 104
    Mitigando os Riscos do Fornecedor. 106
        Lidando com os riscos. 107
        Decidindo quais riscos gerenciar. 108
    Garantindo a Ética nas Compras 110

CAPÍTULO 8: A Manufatura dos Seus Produtos ou Serviços. 111
    Planejamento e Programa de Produção. 112
        Planejamento de produção. 113
        Considerando a capacidade 116
    Identificando os Tipos de Processos de Fabricação 119
        Operando um processo de manufatura discreta 119
        Operando um processo de fabricação contínua. 121
    Escolhendo Seu Ambiente de Produção. 122
        Fabricação contra previsão de demanda 123
        Fabricação conforme pedido 124
        Projeção sob encomenda 125
    Implementando o Controle e a Garantia de Qualidade. 126
        Atente-se aos riscos da baixa qualidade 126
        Controlando a qualidade e variabilidade 127
    Reduzindo os Resíduos de Manufatura 129

CAPÍTULO 9: Entregando Seus Produtos ou Serviços 131
    Compreendendo os Modais de Transporte................132
        Dutoviário..133
        Transporte marítimo..............................133
        Transporte ferroviário...........................133
        Caminhão..135
        Serviço postal..137
        Transporte aéreo...................................138
    Escolhendo os Modais de Transporte..................138
    Gerenciamento de Armazenamento
    e Estoque..140
        Recebimento..142
        Regras para envio de estoque................142
        Contagens de estoque...........................142
        Picking (Separação)...............................143
        Packing (Etiquetagem e embalagem)....143
        Expedição...144
        Gerenciamento de pátio.......................145
        Relatório de avaria, falta e excesso......146
    Implementando Políticas de Pedido de Estoque....146
    Escolhendo o Equipamento de Manuseio de Material....148
    Gestão e Atendimento de Pedidos......................150
    Potencializando os Serviços Logísticos Terceirizados (3PL)....152

CAPÍTULO 10: Gerenciamento das Devoluções de Produto e Logística Reversa 153
    Receitas Crescentes com Devoluções Fáceis.........154
    Processando as Devoluções de Produtos Novos ou
    em Excesso...155
        Desgaste mínimo...................................156
        Danos ou adulterações.........................156
        Substituição...156
    Processando as Devoluções de Produtos Usados ou
    com Defeitos..157
    Gestão das Cadeias de Suprimentos de Ciclo Fechado....157
    Lidando com Devoluções Não Autorizadas e com
    Produtos Fraudulentos...............................158
    Gerenciamento das Trade-ins..............................159

CAPÍTULO 11: Descomplicando a Sua Cadeia de Suprimentos...................... 161
    Gerenciamento das Suas Regras de Negócios.......162
    Gerenciamento do Desempenho da Cadeia de Suprimentos....163
        Definindo as metas de desempenho....163
        Alinhando seus indicadores com seus clientes....164
        Compartilhe seus indicadores com seus fornecedores....164
    Gestão de Ativos..165
    A Etiquetagem de Seus Produtos........................166

Problemas de Segurança da Cadeia de Suprimentos 168
    Garantindo a segurança física 168
    Lidando com a falsificação 168
    Cumprindo com as exigências da conformidade regulatória .. 169
    As necessidades dos produtos específicos 170
    Protegendo as informações da cadeia de suprimentos 170
Usando a Tecnologia da Informação a Seu Favor 171
Potencializando os Recursos Humanos 172
Dominando as Técnicas de Gerenciamento de Projeto 175

PARTE 3: USANDO A TECNOLOGIA PARA GERENCIAR AS CADEIAS DE SUPRIMENTOS 177

CAPÍTULO 12: Gestão dos Softwares da Cadeia de Suprimentos 179

Entendendo Como os Processos Evoluem 180
Sistemas de Gestão de Transporte 182
Sistemas de Gerenciamento e Execução de Armazéns 184
Sistemas de Planejamento de Demanda 186
Sistemas de Planejamento de Necessidades de Material 188
Sistemas de Planejamento de Necessidades de Distribuição ... 190
Sistemas de Gerenciamento de Trabalho 191
Sistemas de Gerenciamento de Relacionamento com o Cliente .. 192
Sistemas de Gerenciamento de Relacionamento com os Fornecedores 193
Sistemas de Planejamento de Recursos Empresariais 194
Software de Modelagem da Cadeia de Suprimentos 195
Software de Business Intelligence 197
Influência dos Analistas de Software 198
O Futuro dos Softwares da Cadeia de Suprimentos 200

CAPÍTULO 13: Manufatura Avançada da Sua Cadeia de Suprimentos 201

Evitando a Obsolescência 202
As Vantagens da Manufatura Avançada 203
    Produção automatizada 203
    Desenho assistido por computador (CAD) 204
    Impressão 3D 204
Robôs Móveis Automatizados 208
Veículos Não Tripulados e Autônomos 209

CAPÍTULO 14: Gestão das Cadeias de Suprimentos Digitais 211

Digitalização de Produtos e Serviços 212
Integrando o Planejamento, a Execução e a Visibilidade 213
Processos Centralizados no Cliente 214

O Compartilhamento com Blockchains........................215
Usando a Internet das Coisas (IoT), o Big Data e a Nuvem.......217
O Uso da Inteligência Artificial............................218
Adaptação para Omnichannel 219

PARTE 4: GERANDO VALOR COM A GESTÃO DA CADEIA DE SUPRIMENTOS.....................221

CAPÍTULO 15: Transforme Sua Cadeia de Suprimentos 223
Melhore a Transparência e a Visibilidade....................223
Implemente a Demanda Influenciada.......................224
Implemente o Adiamento.................................225
Renovação do Fornecimento Local.........................226
Reduza as Unidades Distintas Mantidas em Estoque...........227
Otimize o Estoque......................................228
Implementação do Estoque Gerenciado pelo Fornecedor.......230
Ajuste das Condições de Pagamento.......................231
As Finanças da Cadeia de Suprimentos.....................232
Controle o Efeito Chicote................................233
    Compartilhe as informações com seus parceiros..........234
    Reduza e alinhe os tamanhos dos lotes.................234
    Gestão de promoções................................235
Comece Melhorando aos Poucos..........................235
O Conceito de Sandboxes................................236

CAPÍTULO 16: Adotando as Métricas da Cadeia de Suprimentos..........................237
Noções Básicas sobre Métricas............................238
Identificando os Atributos de Desempenho..................239
Compreendendo as Métricas do Modelo SCOR...............240
    Confiabilidade.....................................241
    Capacidade de resposta..............................241
    Agilidade...242
    Custos...242
    Eficiência da gestão de ativos.........................243
Otimize as Métricas Operacionais..........................243
    Métricas do fornecedor..............................243
    Métricas da compra/aquisição ao pagamento............244
    Métricas de atendimento ao cliente....................244
    Métricas de capacidade, ganhos e rendimento...........245
Formalize as Métricas Financeiras..........................245
    Métricas de contas a pagar...........................245
    Métricas do total de gastos...........................246
    Métricas de economia...............................246
Aprimoramento das Métricas de Pessoas.....................247
    Métricas de comprometimento........................247
    Métricas de produtividade e eficiência..................248

Métricas de rotatividade 248
Métricas de segurança................................ 248
Métricas de Sustentabilidade Consolidadas.................... 249
Métricas de consumo................................ 249
Métricas de desperdício/resíduo 250

CAPÍTULO 17: Gerenciamento de Riscos da Cadeia de Suprimentos. 251

Pressuposições Desafiadoras sobre o Futuro................. 252
A Resiliência na Cadeia de Suprimentos..................... 254
Identificando os Riscos................................ 255
Classificando os Riscos................................ 256
Pontuação de Riscos.................................. 258
Aceite o risco 260
Transfira o risco................................. 260
Evite o risco 261
Mitigue o risco 261

CAPÍTULO 18: A Cadeia de Suprimentos com o Analytics .. 263

A Ascensão do Big Data, Sensores e a Internet das Coisas....... 264
Esboço de um Planejamento com Analytics................... 266
Defina sua teoria do problema ou oportunidade........... 266
Adquira os dados 267
Limpe, estruture e filtre os dados 268
Consulte os dados e teste sua teoria 268
Procure correlações e padrões 269
Correlação, Causalidade e Interpolação 269
Modelagem, Simulação e Otimização 273
Simulação.................................... 274
Otimização................................... 274
Planejamento de Cenário 275
Dashboards e Torres de Controle 277

PARTE 5: CONSTRUINDO SUA CARREIRA EM GESTÃO DA CADEIA DE SUPRIMENTOS 279

CAPÍTULO 19: Escolha uma Carreira na Cadeia de Suprimentos. 281

Faça a Sua Lição de Casa............................... 282
Analise as Categorias Profissionais na Cadeia de Suprimentos ... 283
Colaboradores..................................... 286
Técnicos 288
Profissionais de Planejamento e Analistas 290
Engenheiros....................................... 291
Supervisores...................................... 292
Gestores 293
Representante de Vendas............................. 295

Sumário xxi

　　　　Gestores de Tecnologia da Informação 295
　　　　Gerentes de Projeto 296
　　　　Jornalistas 296
　　　　Executivos 297
　　　　Educadores 297
　　　　Profissionais que Fazem Parte de Cadeias de Suprimentos
　　　　　　Humanitárias 298

CAPÍTULO 20: Explore a Educação Formal da Cadeia de Suprimentos 299

　　　　Certificados e Certificações 300
　　　　　　APICS 300
　　　　　　Project Management Institute 305
　　　　　　Council of Supply Chain Management Professionals 306
　　　　　　Institute for Supply Management 307
　　　　　　Certificações internacionais 308
　　　　Diplomas e Educação Formal 309
　　　　　　Cursos de graduação 310
　　　　　　Cursos de pós-graduação 310
　　　　Explorando as Opções de Educação Online 311
　　　　　　Cursos online tradicionais 311
　　　　　　MITx MicroMasters in Supply Chain Management 311
　　　　　　Coursera 312
　　　　　　LinkedIn Learning 312
　　　　　　YouTube 313
　　　　Jogos da Cadeia de Suprimentos 313
　　　　　　The Beer Game 313
　　　　　　The Fresh Connection 314

PARTE 6: A PARTE DOS DEZ 315

CAPÍTULO 21: Dez Perguntas a Serem Feitas sobre Sua Cadeia de Suprimentos 317

　　　　Quem São Seus Clientes-chave? 318
　　　　O que Seus Clientes-chave Valorizam? 318
　　　　Como Sua Cadeia de Suprimentos Poderia Criar Mais Valor? 319
　　　　Como Você Define a Gestão da Cadeia de Suprimentos? 319
　　　　Quais Informações Você Compartilha com os Fornecedores? 320
　　　　Como Você Se Compara aos Concorrentes? 321
　　　　Quais Mudanças Podem Aumentar a Receita? 321
　　　　Quais Mudanças Podem Reduzir os Custos? 322
　　　　Atualmente, o que Impacta a Sua Cadeia de Suprimentos? 323
　　　　O que Impactará Sua Cadeia de Suprimentos no Futuro? 323

ÍNDICE 325

Introdução

A gestão da cadeia de suprimentos trata a respeito de ver o seu negócio como um sistema interconectado. O livro *Gestão da Cadeia de Suprimentos Para Leigos* abrange as ferramentas, as regras e os jargões necessários para entender como as partes da cadeia de suprimentos de sua empresa se encaixam. A obra também exemplifica como planejar e gerenciar sua cadeia de suprimentos de modo a reduzir os custos, maximizar os lucros e minimizar os riscos.

Sobre Este Livro

Muitas obras tratam a gestão da cadeia de suprimentos como parte das operações, da logística ou do planejamento de aquisição, porém este livro adota uma abordagem mais ampla, mostrando que essas funções são partes interconectadas de um sistema.

Neste livro, incluí muitos exemplos cotidianos que facilitam a compreensão de cada etapa de qualquer cadeia de suprimentos e demonstram como praticamente qualquer empresa pode empregar os princípios da cadeia de suprimentos.

A maioria das pessoas consegue ver apenas uma pequena parte das cadeias de suprimentos em que trabalham. Esta obra o ajuda a compreender todos os outros processos e sistemas que alimentam a sua cadeia de suprimentos, bem como a forma em que as decisões tomadas afetam os outros ao longo da cadeia de suprimentos, incluindo seus clientes e fornecedores. O livro usa uma linguagem fácil de entender e é organizado de modo a facilitar o acesso a tópicos específicos.

Penso que...

Ao escrever este livro, presumi que a gestão da cadeia de suprimentos é importante para você porque:

- » Você precisa compreendê-la por causa do seu emprego atual.
- » Você precisa compreendê-la, pois tem em vista um emprego futuro.
- » Você precisa explicá-la a outras pessoas, a fim de que elas possam desempenhar melhor o próprio trabalho.

Imagino que você já conheça um pouco a respeito da gestão da cadeia de suprimentos, provavelmente porque você estudou ou trabalhou em logística, operações ou em suprimentos. Presumo que tenha aprendido a ver a gestão da cadeia de suprimentos sob uma perspectiva funcional e restrita, e não como um sistema integrado e único.

Suponho que você queira entender como as decisões tomadas em uma parte de uma cadeia de suprimentos podem influenciar os resultados em outra parte. Muitas empresas fazem escolhas ruins que provocam consequências onerosas porque não reconhecem os impactos dessas escolhas em suas cadeias de suprimentos. Na maioria das empresas, mais de 70% dos custos e 100% das receitas dependem das decisões de fornecimento. Vale definitivamente a pena empreender um pouco de tempo e energia a fim de compreender como gerenciar com eficiência uma cadeia de suprimentos.

Ícones Usados Neste Livro

Os ícones têm a finalidade de chamar a sua atenção para alguma coisa, um aviso a se atentar ou informações que podem ser relevantes.

O ícone Dica sinaliza dicas (dãáã) e atalhos que você pode usar para facilitar a gestão da cadeia de suprimentos.

Os ícones Lembre-se sinalizam informações que são especialmente importantes saber. Para extrair as informações mais importantes de cada capítulo, leia os parágrafos que apresentam esses ícones.

O ícone Papo de Especialista sinaliza informações de natureza altamente técnica que você normalmente pode desconsiderar.

O ícone Cuidado diz a você para ficar de olho! Ele sinaliza informações importantes que o podem poupar de belas dores de cabeça.

De Lá para Cá, Daqui para Lá

Você pode ler este livro de maneiras diferentes, dependendo do motivo pelo qual está lendo. Sem sombras de dúvidas, você pode começar do início e pular as coisas que já conhece, mas escrevi o livro para que você possa iniciar a leitura de qualquer lugar que chame a sua atenção, e depois desbravar as páginas que lhe pareçam interessantes.

Caso o seu objetivo seja descobrir mais a respeito do que é a gestão da cadeia de suprimentos, comece pela Parte 1. Se você está tentando entender como as partes de uma cadeia de suprimentos se encaixam em uma estrutura, leia sobre o modelo SCOR (Modelo de Referência das Operações da Cadeia de Suprimentos) na Parte 2. Agora, se você precisa conhecer as tecnologias que são fundamentais para a gestão da cadeia de suprimentos, confira a Parte 3. Se está procurando maneiras de gerar valor estratégico à sua empresa usando as ferramentas de gestão da cadeia de suprimentos, dê uma olhada na Parte 4. Finalmente, a Parte 5 está repleta de informações que podem ajudá-lo a desenvolver a sua carreira na área de gestão da cadeia de suprimentos.

Parte do material deste livro será de grande ajuda se você estiver se preparando para uma certificação da cadeia de suprimentos, como a Certified Supply Chain Professional ou a SCPro (veja o Capítulo 20), mas ele não deve ser utilizado como substituto dos guias de estudo oficiais.

Não importa por onde comece a ler este livro, com o passar do tempo você vai querer ler todos os capítulos. Cada capítulo vale por si só, todavia o livro como um todo ajuda você a ver como as partes de uma cadeia de suprimentos estão interconectadas e por que você precisa pensar em todas elas quando toma decisões que afetam os seus negócios, os seus clientes e os seus fornecedores.

Para obter algumas informações úteis sobre como descrever a gestão da cadeia de suprimentos, como liderar projetos da cadeia de suprimentos e como usar o modelo de referência de operações da cadeia de suprimentos, confira a Folha de Cola Online deste livro. Você pode acessá-la no site da editora Alta Books, através do endereço www.altabooks.com.br. Procure pelo título do livro. Faça o download da Folha de Cola completa, bem como de erratas e possíveis arquivos de apoio.

1 Começando a Trabalhar com Gestão da Cadeia de Suprimentos

NESTA PARTE...

Simplifique o conceito de gestão da cadeia de suprimentos dividindo-o em partes.

Analise a gestão da cadeia de suprimentos sob diferentes perspectivas para ver por que ela é importante.

Alinhe a gestão da cadeia de suprimentos com os objetivos do seu negócio.

Otimize o desempenho da cadeia de suprimentos a fim de gerar melhores resultados para você, para seus fornecedores e para seus clientes.

> **NESTE CAPÍTULO**
>
> » Entendendo os desafios complexos dos negócios
>
> » Concentrando-se nas tarefas da cadeia de suprimentos
>
> » Compreendendo os princípios da gestão da cadeia de suprimentos
>
> » Começando a trabalhar com um cronograma novo na cadeia de suprimentos

Capítulo **1**

A Crescente Demanda pela Gestão da Cadeia de Suprimentos

Nos últimos tempos, é difícil encontrar um exemplar do *The Wall Street Journal* que não tenha a palavra *supply chain* (cadeia de suprimentos) em algum lugar da primeira página. Ouve-se falar das cadeias de suprimentos em todos os lugares: nos relatórios da empresa, nas notícias e até mesmo em conversas informais. Entretanto nem sempre foi assim. Somente nos últimos 30 anos a gestão da cadeia de suprimentos passou de um conceito acadêmico obscuro a um recurso de suma importância para os negócios. Este capítulo aborda por que a gestão da cadeia de suprimentos se tornou tão imprescindível e explica o processo para você desenvolver uma gestão da cadeia de suprimentos de altíssimo nível para a sua empresa.

Conceitos da Gestão da Cadeia de Suprimentos

Apesar do atual alarde publicitário, as cadeias de suprimentos não são tão novas assim. Os empresários têm comprado coisas de fornecedores e têm vendido produtos para clientes por quase tanto tempo quanto as pessoas habitam a Terra. No entanto, o conceito de *gestão* da cadeia de suprimentos é novo. Na verdade, os princípios básicos da gestão da cadeia de suprimentos só começaram a ganhar forma nos anos 80, mais ou menos na mesma época em que os computadores pessoais entraram no cenário dos negócios. Você pode nitidamente ver a tendência usando o N-Gram Viewer do Google, mostrado na Figura 1-1, que indica com que frequência o termo "supply chain" foi usado em títulos de livros.

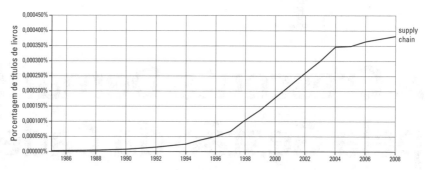

FIGURA 1-1: Frequência com que "supply chain" apareceu em títulos de livros.

A gestão da cadeia de suprimentos é o planejamento e a coordenação de todas as pessoas, processos e tecnologia envolvidos na criação de valor para uma empresa. Na prática, gerenciar uma cadeia de suprimentos engloba a coordenação de todo o trabalho dentro de sua empresa junto com as coisas que estão acontecendo fora de sua empresa. Em outras palavras, significa analisar o seu negócio como um único elo em uma cadeia longa e integrada que fornece algo de valor para um cliente.

DICA

A palavra "valor" aparece muito quando as pessoas falam a respeito da gestão da cadeia de suprimentos. Basicamente, valor significa "dinheiro". Se um cliente está disposto a pagar por algo, logo, esse algo tem valor.

A negociação de preços, a programação da manufatura e a gestão da logística impactam na equação de valor de uma empresa, e todas elas são fundamentais para uma cadeia de suprimentos; mas, por serem tão interdependentes, é uma péssima ideia gerenciá-las separadamente, em silos. À medida que as empresas crescem, as cadeias de suprimentos ficam maiores e o ritmo dos negócios fica mais rápido, o que significa que fica cada vez mais importante fazer com que as atividades de uma cadeia de suprimentos estejam alinhadas. Ironicamente, muitas das estratégias e métricas das quais as empresas dependiam no passado e as quais os gerentes aprenderam a usar podem, de fato, levar a comportamentos inadequados. Por exemplo, um representante de vendas pode atingir sua meta ao fechar um grande negócio com um cliente, porém o negócio pode não ser lucrativo à empresa por causa dos custos que ele vai gerar para as funções de logística e manufatura. Portanto, as vendas, a logística, a manufatura, o departamento de compras[1] e todas as suas outras funções precisam ser alinhados para garantir que o negócio realize transações lucrativas.

DICA

A diferença entre a quantidade de dinheiro que sua empresa traz (receita) e a quantidade de dinheiro que você gasta (custos) é o seu lucro. Em outras palavras, seu lucro é simplesmente a quantidade de valor que você capturou de sua cadeia de suprimentos.

Por outro lado, as empresas que desempenham um bom trabalho na gestão de sua cadeia de suprimentos conseguem aproveitar mais as oportunidades de criação de valor que seus concorrentes sem essa habilidade. Por exemplo, ao implementar a manufatura enxuta, as empresas podem reduzir os estoques. Ao responder às necessidades dos clientes, elas podem desenvolver relacionamentos mais fortes e, através deles, maximizar as vendas. Ao colaborar estreitamente com seus fornecedores, elas podem obter acesso aos materiais de que precisam, quando precisam, a um custo razoável.

DICA

A Parte 4 deste livro aborda as maneiras pelas quais você pode usar a gestão da cadeia de suprimentos para criar mais valor.

Hoje, na maioria das empresas, mais de 70% dos custos e 100% das receitas dependem de como a cadeia de suprimentos é gerenciada. Portanto, manter todas as partes da cadeia de suprimentos alinhadas é a chave para ser bem-sucedido ao administrar qualquer negócio. É por isso que a gestão da cadeia de suprimentos se tornou tão importante, de forma tão rápida.

Explorando os Desafios Empresariais Complexos

Gerenciar um negócio é como jogar um esporte de contato total: muitas peças em movimento estão envolvidas, inúmeras coisas podem mudar repentinamente, e fazer planos em longo prazo é praticamente impossível. Como você pode, de fato, planejar as oscilações dos preços das commodities, os desastres naturais e os colapsos financeiros?

Não é possível. Você também não pode ignorar essas possibilidades. Em vez disso, precisa pensar sobre elas e projetar seu negócio para que ele possa funcionar bem em uma pluralidade de cenários. Grosso modo, você precisa pensar

---

[1] N.T.: Procurement é um termo que representa várias funções: planejamento de aquisição, identificação, desenvolvimento, compra, controle de estoque, transporte, recebimento, inspeção de recebimento e operações de estocagem.

a respeito das muitas possibilidades diferentes que o futuro lhe reserva, tentar imaginá-las como uma série de eventos e, depois, analisar como cada uma delas impactaria o seu negócio.

Com a finalidade de utilizar o planejamento de cenário a fim de se preparar para o desconhecido e para o incognoscível, você precisa saber três coisas primordiais:

- » Quais cenários são mais importantes para você.
- » O que você fará — e como — em cada cenário. (Ou seja, cada cenário exige um plano diferente.)
- » Como é possível perceber quando um cenário está se tornando realidade. (Ou seja, como diz Yossi Sheffi, professor de Sistemas de Engenharia do Elisha Gray do MIT, você precisa ter "sensores de aterramento", vulgo "ter os pés no chão", para ajudá-lo a decidir quando implementar um plano. Em seguida, o trabalho de gestão da cadeia de suprimentos se torna um processo de detecção e resposta.)

Você precisa determinar como a sua empresa perceberá o que está acontecendo e como ela responderá a isso. A Figura 1-2 demonstra como esses "sensores" ajudam você a reconhecer qual cenário está se desdobrando a fim de que possa implementar o plano adequado.

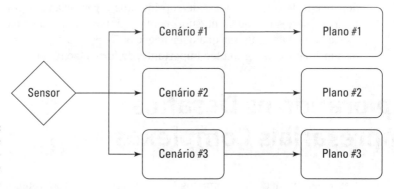

FIGURA 1-2: Modelo de planejamento de cenário.

Eu posso explicar esse conceito a partir de alguns exemplos práticos:

- » Você administra uma empresa de manufatura que importa produtos do exterior, portanto, é necessário considerar o que você faria se uma de suas remessas de entrada fosse perdida no mar, confiscada pela alfândega, capturada por piratas ou ficasse presa em uma greve portuária. As opções podem incluir parar a fábrica até que o problema seja resolvido. Você também pode pensar na possibilidade de fazer um pedido novo com um fornecedor diferente para não precisar parar a fábrica. Em um caso extremo,

PAPO DE ESPECIALISTA

você pode até declarar *motivos de força maior* e dizer aos seus clientes que não poderá cumprir os seus compromissos com eles.

Motivos de força maior é um conceito jurídico usado em contratos para justificar o motivo pelo qual alguém é incapaz de cumprir com as suas obrigações. Basicamente, significa que houve um problema que eles não poderiam ter previsto, preparado ou impedido.

» Você trabalha para uma empresa atacadista que, há meses, mantém um fluxo estável de vendas de um produto, e em um mês a empresa vende o dobro do normal. Você não tem estoque suficiente para atender a todos os pedidos de seus clientes, e agora também tem pedidos pendentes para atender. Você pode até estar correndo o risco de perder vendas grandes e clientes importantes. Talvez decida fazer pedidos maiores no futuro e manter um estoque mais disponível. O que significa que estará investindo mais capital de giro no estoque. Se as vendas caírem no futuro, você terá que descobrir o que fazer com esse estoque extra.

» Você trabalha para uma empresa de transporte. Os clientes da empresa lhe pagam para entregar seus produtos em todo o mundo, e eles contam com as suas entregas para ajudá-los a cumprir os compromissos com os próprios clientes; desse modo, a sua capacidade de entrega no prazo é determinante para eles. De repente, um vulcão em uma parte distante do mundo entra em erupção e, por causa das cinzas expelidas, faz com que seja perigoso para os aviões seguir uma rota de voo, antes muito utilizada. Você poderia redirecionar a rota de seus aviões, mas esse é um processo caro que envolve o desenvolvimento de planos de voo, o agendamento de aviões e a localização de equipes disponíveis. Como alternativa, você pode informar aos seus clientes que as entregas estão suspensas até que as operações normais possam ser retomadas.

Milhares de empresas tiveram que enfrentar todos esses cenários nos últimos anos. Em todos os casos, tomar a decisão certa sobre como responder exige a compreensão e a gestão das cadeias de suprimentos.

DICA

Há mais informações acerca do planejamento de cenário da cadeia de suprimentos e um link para o Kit de Planejamento de Cenários do MIT, no Capítulo 18.

Alguns profissionais de gestão da cadeia de suprimentos são generalistas e outros são especialistas. Os experts em cadeias de suprimentos que são generalistas analisam o panorama geral, enquanto os especialistas se concentram em uma etapa em particular na cadeia de suprimentos. Uma boa maneira de você começar a aprender a respeito da gestão da cadeia de suprimentos é dando uma olhada em alguns dos princípios gerais.

As próximas seções abordam os dez princípios da gestão da cadeia de suprimentos, as cinco tarefas da cadeia de suprimentos e as cinco etapas para implementar uma programação nova na cadeia de suprimentos. Cada uma dessas seções apresenta uma perspectiva um bocado diferente acerca da cadeia de suprimentos, todavia você verá que elas são apenas formas diferentes de descrever o mesmo desafio. Os princípios da gestão da cadeia de suprimentos são uma maneira de descrever a essência da gestão da cadeia de suprimentos. As cinco tarefas da cadeia de suprimentos são mais parecidas com a descrição do trabalho de um gerente da cadeia de suprimentos. E a programação nova da cadeia de suprimentos é uma estratégia com o intuito de ajudar uma empresa a planejar e a implementar práticas eficazes para a gestão de uma cadeia de suprimentos.

Operando sob os Princípios de Gestão da Cadeia de Suprimentos

Muitas pessoas tentam descrever a gestão da cadeia de suprimentos ao falar sobre o que fazem, o que é um pouco como descrever um bolo dando a alguém uma receita de como fazê-lo. Uma estratégia diferente é descrever o que a gestão da cadeia de suprimentos realmente cria. Dando continuidade ao exemplo do bolo, isso significa descrever qual é o gosto do bolo e como ele é.

Os dez princípios ilustrados na Figura 1-3 descrevem bem a gestão da cadeia de suprimentos.

FIGURA 1-3: Princípios da gestão da cadeia de suprimentos.

Foco no cliente

A gestão da cadeia de suprimentos começa com a compreensão de quem são os seus clientes e por qual razão eles estão comprando o seu produto ou serviço. Sempre que os clientes compram as suas coisas, eles resolvem um problema ou satisfazem uma necessidade. Os gerentes da cadeia de suprimentos devem entender o problema ou a necessidade do cliente, e fazer questão de que as suas empresas possam satisfazê-lo melhor, mais rápido e mais barato do que qualquer concorrente.

Pensamento sistêmico

A gestão da cadeia de suprimentos exige um entendimento do sistema integrado — a combinação de pessoas, processos e tecnologias — que deve trabalhar em conjunto para que você possa fornecer seu produto ou seu serviço. O pensamento sistêmico consiste na compreensão da série de relações de causa e efeito que ocorrem dentro de uma cadeia de suprimentos. Por serem sistemas complexos, as cadeias de suprimentos geralmente se comportam de maneiras imprevisíveis, e pequenas mudanças em uma parte do sistema podem ter efeitos importantes em outro lugar.

Inovação bimodal

O mundo dos negócios está mudando mais do que depressa, e as cadeias de suprimentos precisam estar em dia com as inovações. As cadeias de suprimentos precisam de uma melhoria contínua dos processos ou de uma inovação sustentável a fim de acompanhar o ritmo dos concorrentes. Os processos Enxutos (Lean), Seis Sigma e a Teoria das Restrições (veja o Capítulo 4) são métodos de aperfeiçoamento de processo que podem ajudar com essa tarefa. A melhoria contínua dos processos não é o bastante, pois as tecnologias novas podem desestabilizar as indústrias. A esse efeito damos o nome de *inovação disruptiva*. Quando surge uma solução nova para as necessidades de um cliente e ela torna-se aceita, essa solução converte-se em um novo paradigma dominante. Melhor dizendo, se você está no ramo de chicotes para cavalaria, você precisa descobrir como fazer chicotes melhores, de forma mais rápida e mais barata do que seus concorrentes e, ao mesmo tempo, precisa descobrir qual será o novo paradigma em voga; desse modo, saberá o que fazer quando os chicotes de cavalaria forem substituídos por uma tecnologia diferente.

Colaboração

A gestão da cadeia de suprimentos não pode ser implementada sem nenhum impacto. As pessoas precisam ir além do sistema de silos dentro de uma organização, e elas precisam trabalhar com os fornecedores e os clientes fora da organização. A mentalidade de "eu, eu, eu" leva a relacionamentos transacionais, em que as pessoas se concentram em oportunidades de curto prazo, ignorando os resultados em longo prazo. Na verdade, isso custa mais dinheiro em longo prazo, pois cria a falta de confiança e a falta de vontade de se comprometer com os participantes da cadeia de suprimentos. Um ambiente em que as pessoas confiam umas nas outras e colaboram para o sucesso compartilhado é muito mais lucrativo para todos do que um ambiente em que cada pessoa se preocupa apenas com o próprio sucesso. Se você acredita que estará fazendo mais negócios futuramente junto com as pessoas e que os negócios com um determinado cliente serão lucrativos, é mais provável que você ofereça boas condições com relação aos produtos que eles estão comprando de você hoje. Ademais, um tipo de ambiente colaborativo faz com que o trabalho em conjunto seja muito mais agradável.

Flexibilidade

Como surpresas acontecem, as cadeias de suprimentos precisam ser flexíveis. A flexibilidade é o tempo de resposta com que a sua cadeia de suprimentos pode reagir a mudanças, como um aumento ou uma diminuição nas vendas, ou uma interrupção no abastecimento. Geralmente, essa flexibilidade vem sob a forma de potencialidades extras, múltiplas fontes de suprimentos ou meios alternativos de transporte. Normalmente, a flexibilidade custa dinheiro, mas também agrega valor. A chave é entender quando o custo é um bom investimento.

Imagine que somente duas empresas no mundo produzam determinada unidade de produto, e que você precise comprar 1.000 unidades de produto por mês. Você pode conseguir essas unidades com um preço melhor se comprá-las de um único fornecedor, o que reduziria os custos da cadeia de suprimentos. Porém teria um problema se o fornecedor sofresse uma inundação, um incêndio ou fosse à falência e não pudesse mais fabricar esse produto específico por algum tempo. Você pode até economizar no preço ao comprar as unidades de produto, mas fica de mãos atadas caso algo de errado aconteça com esse fornecedor.

Caso você tenha comprado algumas de suas unidades de produto de outro fornecedor — mesmo a um custo mais alto —, não seria tão prejudicado se o primeiro fornecedor parasse de fabricá-las. Ou seja, ter um segundo fornecedor significa flexibilidade.

DICA

Pense no custo extra que você paga ao segundo fornecedor como uma espécie de apólice de seguro. Você paga antecipadamente para ter essa apólice de seguro, mas, em troca, aumenta a flexibilidade de sua cadeia de suprimentos.

Tecnologia

A evolução vertiginosa da tecnologia, no quesito mobilidade de produtos físicos e processamento de informações, transformou a maneira como as cadeias de suprimentos funcionam. Alguns anos atrás, os norte-americanos compravam as coisas de um catálogo, enviavam os cheques pelo correio e esperavam que as encomendas fossem entregues. Hoje, compramos produtos via smartphones, pagamos com cartões de crédito e acompanhamos as atualizações em tempo real até que eles sejam entregues em nossa porta. A gestão da cadeia de suprimentos exige a compreensão de como as tecnologias funcionam e como usá-las para agregar valor em cada etapa da cadeia de suprimentos.

Visão global

A capacidade de compartilhar informações instantaneamente e movimentar produtos pelo mundo afora significa que hoje todas as empresas operam em um mercado globalizado. Seja lá qual for o produto ou serviço que você forneça, sua empresa é global. Como gestor da cadeia de suprimentos, você deve reconhecer em que medida o seu negócio depende dos fatores globais para fornecer insumos (entradas) e impulsionar a demanda por produtos. Você também precisa pensar globalmente sobre a concorrência. Afinal, a ameaça competitiva real à sua empresa pode vir de uma empresa que você nunca ouviu falar e que fica do outro lado do planeta.

Gerenciamento de riscos

Quando você combina requisitos de alto desempenho com tecnologias complicadas e com a dependência de clientes e fornecedores globais, você tem uma receita para o caos. Existem muitas variáveis e inúmeras coisas que podem dar errado. Mesmo uma pequena perturbação, como uma remessa atrasada, pode resultar em uma série de problemas na cadeia de suprimentos, como falta de estoque, paralisações e multas. A gestão da cadeia de suprimentos tem a ver com estar ciente dos riscos e implementar os processos para identificar e mitigar as ameaças. A estabilidade pode até ser a chave para fazer com que as cadeias de suprimentos funcionem perfeitamente, todavia o gerenciamento de riscos é a chave para evitar ou minimizar os custos de se lidar com as surpresas. Quando bem-feito, o gerenciamento de riscos pode oferecer oportunidades de criar valor durante os períodos de incerteza.

Visibilidade

Você não consegue gerenciar o que não pode ver, portanto, a gestão da cadeia de suprimentos faz com que a visibilidade seja uma prioridade. Saber o que está acontecendo em tempo real (ou quase isso) permite que você tome decisões melhores com mais rapidez. No entanto, a visibilidade tem um preço: você precisa desenvolver a sua cadeia de suprimentos de uma maneira que lhe permita identificar os dados acerca das principais etapas do processo. O valor da visibilidade é que ela lhe possibilita tomar decisões baseadas em fatos e não na intuição ou na incerteza. Ao ter uma melhor visibilidade da oferta e da demanda, você consegue otimizar a quantidade de estoque que mantém em toda a cadeia de suprimentos.

Criação de valor

A gestão da cadeia de suprimentos tem a ver com a criação de valor — atender às necessidades de seus clientes no lugar apropriado, no momento certo, no nível adequado de qualidade, pelo menor custo. Tal valor é o centro nevrálgico da gestão da cadeia de suprimentos. Se eu tivesse que escolher apenas um princípio para descrever todo o processo de gestão da cadeia de suprimentos, seria a criação de valor.

Conheça as Cinco Tarefas da Cadeia de Suprimentos

James B. Ayers é um especialista conceituado em gestão de cadeia de suprimentos que trabalha com fabricantes, empresas de serviços e agências governamentais. No *Handbook of Supply Chain Management (Manual de Gestão da Cadeia de Suprimentos)*, 2ª edição, 2006, Ayers afirma que a gestão da cadeia de suprimentos deve se concentrar em cinco tarefas:

» **Projeção da cadeia de suprimentos com o intuito de obter vantagens estratégicas:** Pense em como a sua cadeia de suprimentos pode ajudá-lo a criar valor. Você quer realizar um planejamento a fim de operar a sua cadeia de suprimentos melhor, de modo mais rápido e mais econômico que os seus concorrentes. Você precisa pensar além da redução dos custos. Inclusive, pense em meios a partir dos quais a sua cadeia de suprimentos pode ajudá-lo a potencializar a receita, a inovar os seus produtos e até a criar novos mercados.

» **Criação de relacionamentos colaborativos:** Pense em como você pode fazer com que as equipes trabalhem juntas para conquistar um objetivo comum, em vez de competir por objetivos incompatíveis. Se sua equipe de vendas está tentando melhorar o atendimento ao cliente ao garantir que haja uma quantidade suficiente de estoque, por exemplo, e se sua equipe de logística está tentando reduzir o estoque a fim de minimizar os custos, as duas equipes provavelmente desperdiçarão muita energia sem alcançar seus objetivos. A gestão da cadeia de suprimentos pode ajudá-las a conciliar esses objetivos.

» **Conquista de parcerias na cadeia de suprimentos:** Pense em como você pode conquistar e manter relacionamentos sólidos com clientes e fornecedores. Quando as empresas entendem que dependem umas das outras para o próprio sucesso — e, talvez, para a própria sobrevivência —, trabalhar bem em conjunto torna-se uma prioridade. As empresas que não desempenham um bom trabalho em promover e cultivar parcerias na cadeia de suprimentos acabam tendo uma desvantagem competitiva.

» **Gestão das informações da cadeia de suprimentos:** Pense em como você pode garantir que as informações sejam compartilhadas com outras pessoas na cadeia de suprimentos de modo a criar valor para todos. Quando os varejistas compartilham as informações de vendas com seus parceiros a montante, os fabricantes e distribuidores desempenham melhor o trabalho de programar a produção e gerenciar o estoque. Quando os fabricantes compartilham os dados sobre os preços de commodities e as restrições de recursos com seus parceiros a jusante da cadeia de suprimentos, os varejistas desempenham melhor o gerenciamento de preços e promoções. Compartilhar as informações certas em todas as direções e em todos os sentidos na cadeia de suprimentos ajuda todo mundo a criar mais valor.

» **Monetização da cadeia de suprimentos:** Pense em como você pode aproveitar o design, os relacionamentos, as parcerias e as informações da sua cadeia de suprimentos com o intuito de agregar valor à sua empresa. No final das contas, os negócios apenas são sustentáveis se conseguirem agregar valor e gerar lucro. Nas cadeias de suprimentos, uma mudança de processo em uma etapa geralmente cria valor a alguém. Encontre maneiras de compartilhar esse valor, a fim de que todos se sintam incentivados a otimizá-lo em toda a cadeia de suprimentos e a garantir que todos os participantes lucrem ao longo do caminho.

Implementando uma Programação Nova na Cadeia de Suprimentos

Um dos meus livros preferidos sobre gestão da cadeia de suprimentos é o *The New Supply Chain Agenda* ("Programação Nova para a Cadeia de Suprimentos", em tradução livre), escrito por Reuben E. Slone, J. Paul Dittmann e John T. Mentzer, em 2010. Trata-se de um livro de negócios — do tipo que você encontra em uma livraria no aeroporto — que derruba o desafio da gestão da cadeia de suprimentos de um modo que foca os executivos seniores. Os autores falam a respeito do capital de giro e da liquidez, da estratégia e do alinhamento, e idealizam um sistema de cinco etapas que visa melhorar a gestão da cadeia de suprimentos de uma empresa. As cinco etapas do *The New Supply Chain Agenda* são mostradas na Figura 1-4.

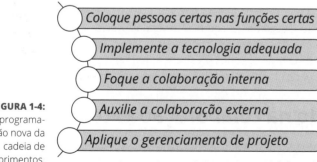

FIGURA 1-4: A programação nova da cadeia de suprimentos.

CAPÍTULO 1 **A Crescente Demanda pela Gestão da Cadeia de Suprimentos** 17

Coloque as pessoas certas nas funções certas

A implementação da gestão da cadeia de suprimentos requer a compreensão de como o seu trabalho afeta as outras pessoas dentro de sua empresa, bem como as pessoas que fazem parte da cadeia de suprimentos. Caso as pessoas não entendam o verdadeiro impacto do trabalho que realizam, elas precisam aprender para que possam desempenhar melhor o próprio trabalho. Se alguém não consegue aprender ou não quer aprender, esse alguém não é a pessoa certa para esse trabalho. Direcionar as pessoas certas para as funções certas é o primeiro passo em direção à implementação de uma estratégia eficaz na cadeia de suprimentos.

Implementando a tecnologia adequada

As cadeias de suprimentos dependem da tecnologia. A tecnologia pode ser algo simples, como um quadro branco em que você anota as coisas importantes diariamente com um pincel marcador ou pode ser algo tão complicado quanto um sistema de planejamento de recursos corporativos. Cada negócio, e cada função dentro de cada negócio, apresenta necessidades tecnológicas distintas. Descobrir como a tecnologia pode fazer com que sua cadeia de suprimentos crie e capture valor e, em seguida, implementar as tecnologias corretas no momento certo é o segundo passo do *The New Supply Chain Agenda*.

Foque a colaboração interna

Quando você analisa o organograma de uma empresa, é fácil ver como as estruturas tradicionais de negócios criam o sistema de silos, com departamentos que competem por recursos limitados e, muitas vezes, trabalham rumo a objetivos conflitantes. A gestão a partir da perspectiva da cadeia de suprimentos ajuda a desmantelar os silos que impedem os departamentos dentro de uma empresa de trabalharem juntos de forma eficaz. Ao mudar o foco do desempenho separado dos departamentos para, em vez disso, analisar o desempenho da cadeia de suprimentos da empresa, cada departamento se torna mais dependente dos outros para ser bem-sucedido. As equipes de vendas precisam colaborar com as equipes de operações. As equipes de logística precisam colaborar com as equipes de departamento de compras. Todos precisam entender a estratégia da empresa e trabalhar em prol de objetivos comuns que viabilizem essa estratégia.

Auxiliando na colaboração externa

Os relacionamentos comerciais tradicionais são transacionais e geralmente individualistas. Os compradores e fornecedores lidam com o contrato como se fosse um jogo de tudo ou nada: os fornecedores estão tentando inflacionar os seus lucros, e os compradores estão tentando pressioná-los no preço. Em longo prazo, essa abordagem pode resultar em prejuízos para ambas as partes, pois destrói o valor em vez de criá-lo.

Para construir relacionamentos duradouros na cadeia de suprimentos, cada parceiro precisa procurar oportunidades com a finalidade de contribuir com valor para o relacionamento. Em troca de suas contribuições, compradores e fornecedores desenvolvem sistemas para compartilhar o valor de maneiras sustentáveis. O objetivo é que todos os parceiros da cadeia de suprimentos tenham sucesso em longo prazo e maximizem o valor total. Essa abordagem é bem diferente de uma abordagem transacional, na qual cada parte está tentando espremer cada centavo de cada transação, mesmo que isso signifique prejudicar o outro com o passar do tempo.

Implementando a gestão de projeto

As cadeias de suprimentos são dinâmicas. As empresas respondem às mudanças nos projetos, portanto, a última etapa do *The New Supply Chain Agenda* é a implementação de recursos robustos de gestão de projetos. Ensinar as pessoas a gerenciarem bem os projetos e a terem gerentes de projeto profissionais comprometidos é a chave para assegurar que a sua cadeia de suprimentos evolua à medida que seus clientes, seus fornecedores e suas empresas mudam.

DICA

Disponibilizei uma seção completa no Capítulo 4 para falar sobre os principais projetos da cadeia de suprimentos.

NESTE CAPÍTULO

» Analisando os três fluxos em cada cadeia de suprimentos

» Alinhando as funções-chave da cadeia de suprimentos e os grupos

» Projetando e monitorando o desempenho da cadeia de suprimentos

Capítulo **2**

Cadeia de Suprimentos: As Diferentes Perspectivas

Há inúmeras maneiras diferentes de analisar o que está acontecendo em uma cadeia de suprimentos. Cada uma dessas perspectivas diferentes pode ajudá-lo a entender como a sua cadeia de suprimentos realmente funciona e revelar oportunidades de melhoria. Em virtude de haver *tantas* maneiras diferentes de analisar o mesmo problema, os gerentes da cadeia de suprimentos podem se confundir e pecar pela falta de comunicação sobre quais opções são as melhores. Neste capítulo, você verá muitas dessas abordagens e exemplos que ilustram como todas elas podem ser bem pertinentes quando se trata de gerenciar sua própria cadeia de suprimentos.

Gerenciando o Fluxo da Cadeia de Suprimentos

Um modo ótimo de explicar como uma cadeia de suprimentos funciona é pensar nela como se fosse três rios que fluem de um cliente até a fonte de matérias-primas. Esses rios, ou *fluxos*, são os materiais, o dinheiro e as informações, conforme mostrado na Figura 2-1. Os materiais fluem no sentido do cliente final (cadeia abaixo) na cadeia de suprimentos, começando com as matérias-primas e desembocando através das etapas de valor agregado até que um produto finalmente chegue às mãos de um cliente. O dinheiro flui do cliente no sentido do fornecedor (cadeia acima) através de todos os parceiros da cadeia de suprimentos que fornecem bens e serviços ao longo do caminho. As informações fluem no sentido do fornecedor e no sentido do cliente final, à medida que os clientes fazem os pedidos e os fornecedores disponibilizam informações a respeito dos produtos e quando eles serão entregues.

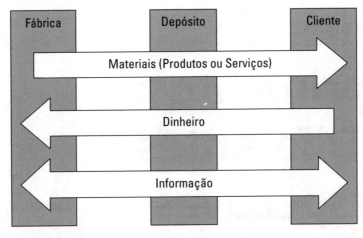

FIGURA 2-1: Os três fluxos da cadeia de suprimentos.

A gestão de uma cadeia de suprimentos envolve a sincronização efetiva desses três fluxos. Você precisa identificar, por exemplo, quanto tempo pode esperar entre o momento em que envia um produto físico para o cliente e o momento em que o cliente lhe paga pelo produto. Você também precisa determinar quais informações precisam ser enviadas para cada lado — e quando — a fim de manter a cadeia de suprimentos funcionando da maneira que você deseja.

LEMBRE-SE

Todo dinheiro que flui para uma cadeia de suprimentos se origina de um cliente e depois se desloca no sentido do fornecedor (a montante). As empresas na cadeia de suprimentos precisam trabalhar juntas para capturar esse dinheiro, porém essas empresas também estão competindo para ver quanto desse dinheiro pode gerar o próprio lucro.

22   PARTE 1 **Começando a Trabalhar com Gestão da Cadeia de Suprimentos**

Sincronizando as Funções da Cadeia de Suprimentos

Pode-se também descrever a gestão da cadeia de suprimentos como a integração de três das funções dentro de uma organização: compras, logística e operações. Cada uma dessas funções é vital em qualquer empresa e cada uma delas tem suas próprias métricas. Mas essas funções são interdependentes (veja a Figura 2-2), portanto, tomar boas decisões em qualquer uma dessas áreas exige a coordenação com as outras duas.

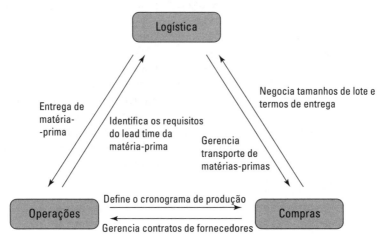

FIGURA 2-2: Logística, compras e operações são interdependentes.

LEMBRE-SE

As equipes de compras, logística e operações muitas vezes têm objetivos divergentes sem perceberem. A gestão dessas funções de forma independente leva a um desempenho geral insatisfatório para sua empresa. Os gerentes da cadeia de suprimentos precisam fazer questão de que os objetivos dessas equipes estejam alinhados para que a empresa atinja as suas metas de alto nível.

DICA

A meta de alto nível mais elementar para muitas decisões da cadeia de suprimentos é o retorno do investimento. Concentrar-se nesse objetivo pode, geralmente, ajudar todos a visualizarem o panorama completo e irem além das análises das métricas funcionais da cadeia de suprimentos, como a capacidade de utilização ou o custo de transporte.

Compras

Compras (ou *departamento de compras*) é a função em que se adquire os materiais e serviços que uma empresa utiliza para produzir os próprios produtos e serviços. O objetivo básico da função de compras é obter as coisas necessárias à empresa ao menor custo possível. O departamento de compras está sempre procurando maneiras de obter um acordo melhor com os fornecedores. Algumas das estratégias mais comuns de redução de custos para um gerente de compras são:

» A negociação com um fornecedor para reduzir a margem de lucro dele.
» A compra em quantidades maiores para obter um desconto por volume.
» Trocar para um fornecedor que cobra menos pelo mesmo produto.
» Trocar para um produto de baixa qualidade que seja menos caro.

À primeira vista, qualquer uma dessas quatro opções aparenta ser uma maneira simples e eficaz de reduzir os custos e, consequentemente, aumentar a lucratividade. Mas cada uma dessas opções pode ter impactos negativos em longo prazo também. Por exemplo, diminuir a margem de lucro de um fornecedor pode dificultar o pagamento das contas dele — ou mesmo obrigá-lo a sair do negócio. Ainda que você economize dinheiro em curto prazo, pode acabar gastando ainda mais tempo e dinheiro para encontrar um fornecedor novo futuramente. Quer dizer, isso aumentaria um bocado seu custo total. Muitas decisões de compra também podem ter impactos diretos nos custos de outras funções da sua empresa. Por exemplo, o fornecimento de matérias-primas de qualidade inferior pode resultar em custos mais altos para garantir a qualidade. Comprar em quantidades maiores pode provocar um aumento nos custos de estoque.

DICA

Seus custos totais compreendem todos os investimentos e despesas necessários para entregar um produto ou um serviço ao seu cliente.

Logística

A *logística* abrange tudo relacionado à movimentação e armazenagem de produtos. Essa função pode ter nomes diferentes, como distribuição física, armazenamento, transporte ou trânsito de materiais.

Logística de entrada (inbound logistics ou logística inbound) refere-se aos produtos que estão sendo enviados à sua empresa por seus fornecedores. *Logística de saída (outbound logistics)* refere-se aos produtos que você envia aos seus clientes.

A logística agrega valor porque entrega um produto onde o cliente precisa, quando o cliente quer. A logística também custa dinheiro. O transporte de produtos em navios, caminhões, trens e aviões tem um preço. Além disso, se um produto está parado em um caminhão ou está acumulando poeira em um centro de distribuição, ele é um ativo que mobiliza o capital de giro e provavelmente se deprecia rapidamente. Os objetivos da função logística são movimentar as coisas depressa, minimizar os custos de transporte e diminuir o estoque. A seguir, veja alguns métodos através dos quais um departamento de logística pode tentar atingir esses objetivos:

- » Consolidar várias remessas pequenas em uma remessa grande com o objetivo de reduzir os custos de envio.
- » Dividir as remessas grandes em remessas pequenas para aumentar a velocidade.
- » Mudar de um meio de transporte para outro, seja para minimizar os custos ou para aumentar a velocidade de entrega.
- » Aumentar ou diminuir o número de centros de distribuição a fim de potencializar a velocidade ou reduzir os custos.
- » Realizar o outsourcing (terceirização) dos serviços de logística para um operador logístico terceirizado.

Você pode acompanhar um exemplo dos conflitos que podem ocorrer entre a logística e as compras: a logística quer diminuir o estoque, o que pode gerar pedidos em quantidades menores, todavia o departamento de compras quer reduzir o preço dos materiais comprados, o que pode significar comprar em quantidades maiores. A menos que o departamento de compras e a logística coordenem a tomada de decisão e alinhem seus objetivos com a finalidade de se chegar ao melhor resultado final, as duas funções acabam por trabalhar uma contra a outra e também em desacordo com os interesses fundamentais da sua empresa, dos seus clientes e dos seus fornecedores.

Operações

A terceira função indispensável à gestão da cadeia de suprimentos é a operação. As *operações* são responsáveis pelos processos em que sua empresa se concentra para criar valor. Veja abaixo alguns exemplos:

- » Em uma empresa de manufatura, as operações gerenciam os processos de produção.
- » Em uma empresa de varejo, as operações se concentram no gerenciamento de lojas.
- » Em uma empresa de e-commerce ou de operadores logísticos, a equipe de operações também pode ser a equipe de logística.

Em geral, os gerentes de operações se concentram na capacidade de utilização, o que significa perguntar: "Quanto se consegue fazer com os recursos que temos?". Os recursos podem ser recursos humanos (pessoas) ou área disponível e equipamentos (capital). Avalia-se o departamento de operações pela forma eficaz e eficiente de como ele utiliza a capacidade disponível para produzir os produtos e serviços que seus clientes compram. As equipes de operações compartilham alguns objetivos, dentre eles:

> » Reduzir a quantidade de capacidade desperdiçada devido a transições e manutenção.
> » Reduzir as paralisações por qualquer motivo, incluindo aquelas causadas pela falta de matéria-prima.
> » Alinhar as programações de produção e pedidos de matérias-primas com as previsões recebidas de clientes.

Embora intensificar a eficiência das operações pareça uma ótima ideia, às vezes, isso na verdade causa problemas na cadeia de suprimentos e faz mais mal do que bem. As empresas podem investir no aumento de sua capacidade apenas para descobrir que seus fornecedores ou sua infraestrutura de logística não podem comportar níveis mais altos de produção.

Conectando as Comunidades da Cadeia de Suprimentos

Se você já fez um teste de personalidade, como o Myers-Briggs Type Indicator, sabe que esses testes podem revelar diferenças significativas no modo como as pessoas abordam os problemas e tomam as decisões. Acontece que grupos de pessoas apresentam "personalidades" também. Essas personalidades constituem a cultura de um grupo, e a cultura é extremamente importante quando se trata de gerir uma cadeia de suprimentos.

Imagine que um de seus clientes seja uma empresa que preze muitíssimo a confiabilidade. Essa empresa considera importante que um fornecedor entregue exatamente o que foi pedido, exatamente da mesma maneira, sempre do mesmo jeito. A cultura desse grupo — as coisas que a empresa valoriza — influencia como ele avalia os seus fornecedores. Agora, suponha que esse cliente tenha a opção de trabalhar com dois fornecedores: um conhecido pela qualidade sistemática e outro conhecido pela flexibilidade e inovação. Naturalmente, o primeiro fornecedor seria a melhor adequação cultural para essa cadeia de suprimentos em particular, devido ao valor que o cliente deposita na confiabilidade.

O impacto da cultura também pode se aplicar às funções dentro da sua organização. Departamentos diferentes — como compras, logística e operações — geralmente desenvolvem suas próprias culturas. Se os valores desses departamentos colidirem, é difícil para a empresa gerenciar a sua cadeia de suprimentos de forma eficaz.

Uma maneira aconselhável de se pensar a respeito da cultura de uma empresa ou departamento é utilizando a estrutura desenvolvida pelo professor e líder de ideias inovadoras Dr. John Gattorna em *Dynamic Supply Chains: Delivering Value through People* ("*Cadeias de Suprimentos Dinâmicas: Agregue Valor Através das Pessoas*", em tradução livre), 2ª edição, 2010. Gattorna afirma que há quatro principais forças comportamentais (veja a Figura 2-3) que determinam a cultura de um grupo. Essas forças comumente estão relacionadas ao estilo do líder de um grupo e às regras de determinado setor de negócio.

> » **Força Integradora:** Força de coesão e cooperação, para cultivar relacionamentos.
> » **Força Desenvolvedora:** Voltada à criatividade, mudança e flexibilidade.
> » **Força Administradora:** Força de análise, sistemas e controle.
> » **Força Produtora:** Voltada à energia, ação e conquista de resultados.

FIGURA 2-3: Personalidade do grupo dominante.

A potencialidade dessas forças de personalidade ocasiona as diferenças na cultura de uma equipe ou de uma organização. O modo mais preciso de se avaliar a cultura é entrevistar formalmente as pessoas em uma equipe e depois analisar as respostas delas. Porém, em muitos casos, você pode ter uma boa noção da cultura de uma equipe simplesmente ao trabalhar com ela por um tempo.

As equipes que são influenciadas pela Força Integradora tendem a ter uma cultura de "grupo", em que se incentiva todos da equipe a cultivarem relacionamentos pessoais e a comunicarem-se de modo informal. Em uma cultura de grupo, as pessoas se sentem parte de uma família. Todavia, a cultura de grupo também costuma ser exclusiva — é a equipe deles contra tudo e contra todos.

As equipes que são inspiradas pela Força Desenvolvedora formam uma cultura "empresarial", na qual todos estão focados em alcançar uma perspectiva compartilhada. Comunicam-se informalmente e as ideias são trocadas com as pessoas dentro e fora do grupo. A cultura empresarial pode tolerar comportamentos "ruins", desde que eles não interfiram na conquista do objetivo compartilhado.

As equipes que são conduzidas pela Força Administradora desenvolvem uma cultura "hierarquizada", cuja comunicação é formal e compartilhada através dos canais oficiais. As culturas hierarquizadas são boas no desenvolvimento de processos e na garantia de consistência, mas são frequentemente lentas e inflexíveis.

As equipes que são geridas pela Força Produtora desenvolvem uma cultura "racional", em que as comunicações são concisas e rápidas. Faz-se planos, executa-se esses planos e envia-se as atualizações para manter as partes interessadas informadas. As culturas racionais são boas para manter as equipes focadas e entregar resultados. Porém, essas culturas muitas vezes apresentam dificuldades em se desviar de um plano, mesmo quando as circunstâncias ao redor mudam.

Uma prática válida ao analisar sua cadeia de suprimentos é enumerar os grupos que trabalham juntos e tentar identificar a cultura dominante em cada um deles. Geralmente, isso o ajuda a prever conflitos que podem surgir quando esses grupos interagem. E isso pode ajudá-lo a encontrar maneiras de usar essas diferenças a seu favor. Aqui estão alguns exemplos comuns que ilustram como isso pode funcionar:

» Os departamentos de compras geralmente têm uma cultura hierarquizada, ao passo que os departamentos de operações apresentam uma cultura racional. Nessa situação, o departamento de compras pode se sentir frustrado, pois o departamento de operações não segue as regras. As operações podem ser comprometidas em virtude de as compras estarem demorando. Assim, você poderia criar uma pequena equipe de expedidores, com membros tanto do departamento de operações como do departamento de compras, para gerenciar os pedidos urgentes, enquanto garante que todas as políticas sejam seguidas apropriadamente.

» Em geral, as grandes empresas têm regras rigorosas que levam a uma cultura hierarquizada. As empresas de tecnologia que têm como foco a inovação apresentam uma cultura empresarial. Com o propósito de que os processos burocráticos significativos se beneficiem das tecnologias mais recentes, elas podem precisar iniciar programas novos que respondam mais depressa e apresentem mais flexibilidade aos seus fornecedores.

» As equipes de recursos humanos geralmente têm uma cultura de grupo, enquanto os consultores podem ter uma cultura racional. A equipe de recursos humanos pode achar os consultores rudes e desinteressados, e os consultores podem ver a equipe de recursos humanos como intrometida e pouco profissional. Para que esses grupos trabalhem de forma eficaz por meio de uma fusão corporativa, por exemplo, talvez seja necessário agendar um horário para eles interagirem em um ambiente social, como um reunião de kick off.

Você também pode utilizar o entendimento das personalidades do grupo para ajudá-lo a escolher as equipes com as quais fazer uma parceria em sua cadeia de suprimentos. Caso a sua prioridade seja a criatividade e a inovação, por exemplo, é provável que você trabalhe melhor com parceiros da cadeia de suprimentos que são influenciados por uma cultura empresarial, pois, talvez, você fique desapontado com um parceiro que faça parte de uma cultura hierarquizada.

Gattorna salienta que as cadeias de suprimentos são dinâmicas, portanto, equilibrar essas forças é um processo contínuo. Um meio de estabelecer o equilíbrio é criar equipes de pessoas com cada uma dessas tendências. Se a equipe tiver um conjunto diversificado de personalidades, é mais provável que ela valorize os pontos fortes de diversos parceiros da cadeia de suprimentos e encontre modos de construir relacionamentos efetivos com outras equipes que acentuem qualquer uma das forças.

Projetando Sistemas da Cadeia de Suprimentos

O modo mais complicado de analisar uma cadeia de suprimentos é enxergá-la como um sistema. (Eu acho que esse ponto de vista muitas vezes é o mais recomendável.) Como muitos outros sistemas que encontramos todos os dias, as cadeias de suprimentos são constituídas de muitos componentes interconectados que podem se comportar de maneiras imprevisíveis.

Seu carro é um bom exemplo de um sistema do qual você depende todos os dias. Espera-se que seu carro o leve do ponto A para o ponto B. Na realidade, é bem provável que você ache que o seu carro o levará ao ponto B sempre que você quiser. Porém, na verdade, seu carro é um sistema e ele apenas pode funcionar da maneira que você espera se todos os componentes estiverem operando corretamente. Uma bateria descarregada, uma bomba de combustível danificada ou freios desgastados podem fazer com que todo o sistema pare (ou, no caso dos freios gastos, não pare!).

As cadeias de suprimentos também são sistemas. Os componentes que compõem as cadeias de suprimentos são pessoas, processos e tecnologias. Cada um desses componentes precisa ser organizado e gerenciado corretamente a fim de que o sistema funcione conforme o esperado.

Ao considerá-las como sistemas, você começa a ver que as cadeias de suprimentos apresentam regras e padrões estruturais que são fundamentais para entender como elas funcionam. Um bom exemplo de um desses padrões é quando uma empresa enfrenta grandes oscilações nos níveis de estoque. Pode ser difícil para as pessoas na empresa compreenderem por que essas oscilações ocorrem até você visualizar a cadeia de suprimentos como um sistema. Desse modo, você pode reconhecer um padrão chamado *efeito chicote (bullwhip effect)*, em que as altas e baixas de estoque são amplificadas à medida que elas se movimentam a montante de uma etapa anterior para a próxima em uma cadeia de suprimentos. O efeito chicote é um problema que ocorre com frequência nos sistemas da cadeia de suprimentos, e é um resultado normal e previsível de todos na cadeia de suprimentos que tomam decisões aparentemente lógicas. Para corrigir o problema, você precisa mudar o sistema, e isso significa que precisa entender o que realmente está acontecendo. Veja abaixo um cenário que explica como o efeito chicote pode acontecer:

Um cliente chega para comprar certa unidade de produto, a última unidade de produto da loja, portanto, a loja precisa pedir mais estoque ao atacadista. Porém, o atacadista não vende unidades de produtos individuais. Vende lotes com 100 unidades de produtos. Agora, a loja tem que comprar uma remessa completa — 100 unidades de produtos — apesar de ter vendido apenas uma. Caso esse tenha sido o último lote, o atacadista reabastecerá o estoque, solicitando mais itens da fábrica. A fábrica, no entanto, vende essas unidades de produto em lotes de 100 caixas, assim, o atacadista tem que comprar 100 caixas de 100 unidades cada. O atacadista acabou de comprar 10 mil unidades de produto, mesmo vendendo apenas 100.

Quantas unidades de produto a fábrica vendeu? 10 mil. Quantas o atacadista vendeu? 100. E quantas os clientes compraram? Sim... apenas 1. Um pequeno sinal de demanda no final da cadeia de suprimentos foi amplificado a cada etapa, criando um efeito chicote no estoque. Talvez a loja não venda outra unidade de produto, por isso, ela ficaria com as mãos atadas e com 99 unidades de produto no estoque. Talvez o atacadista nunca venda outra caixa de unidades de produto, então, ele acaba com 99 caixas de unidades de produto no estoque. Todo esse estoque extra custa dinheiro para todos na cadeia de suprimentos, sem agregar nenhum valor.

A seguir, confira três estratégias para alterar o sistema a fim de reduzir e até mesmo eliminar o efeito chicote:

» **Faça lotes menores.** Quanto menor o número de unidades de produto que a loja e o atacadista precisam comprar, menos amplificação ocorre quando os pedidos sobem na cadeia de suprimentos.

» **Melhore a previsão.** Se todos os parceiros da cadeia de suprimentos tiverem uma previsão melhor, haverá menos chances de encomendar unidades de produto que ninguém comprará.

» **Aperfeiçoe a comunicação.** Se a loja, o atacadista e o fabricante souberem exatamente quantas unidades de produto estão sendo vendidas, eles conseguirão gerir melhor seus estoques.

Um ponto importante a se perceber é que algumas das coisas que você deve fazer para reduzir o efeito chicote podem ser aparentemente estranhas para um gerente funcional. De fato, elas podem até interferir nos objetivos de suas equipes funcionais. Por exemplo, lotes com tamanhos menores podem aumentar os custos de compras e logística. Com o intuito de compreender muitos dos desafios que ocorrem todos os dias, sua equipe precisa reconhecer que as cadeias de suprimentos são sistemas e que as pessoas, os processos e as tecnologias interagem de maneiras que nem sempre são evidentes.

LEMBRE-SE

As cadeias de suprimentos são, de fato, sistemas, em que pessoas, processos e tecnologias interagem de formas complexas. Gerenciar sua cadeia de suprimentos como um sistema pode exigir uma abordagem diferente daquela que as equipes funcionais normalmente usam para avaliar o sucesso.

Em alguns casos, isso ajuda a construir um modelo de sua cadeia de suprimentos para mostrar como as partes do sistema interagem. Esses modelos podem evidenciar as relações de causa e efeito — como uma coisa afeta outra, o que faz com que algo aconteça, o que faz com que algo mais aconteça e assim por diante. Dito de outro modo, esses modelos podem demonstrar as relações causais. Muitas vezes, os modelos de sistemas revelam *loops de reforço*, em que uma série de eventos se repete, ficando mais forte a cada vez. Ou eles podem demonstrar *loops equilibrados*, cujo efeito é oposto, em que uma série de eventos se enfraquece com o tempo.

A Figura 2-4 é um exemplo de um diagrama de loop causal, uma das ferramentas mais comuns para projetar a dinâmica de um sistema. Neste exemplo, você pode ver como duas dinâmicas importantes da cadeia de suprimentos influenciam a participação de mercado de uma empresa. À medida que o número de clientes aumenta, a participação de mercado cresce cada vez mais. Todavia, à medida que a participação de mercado aumenta, o número de clientes em potencial diminui. Isso ocorre pois os clientes em potencial agora se tornaram clientes. Conforme o número de clientes potenciais diminui, o aumento da participação no mercado desacelera e acaba parando de crescer. Para mais informações sobre modelagem e simulação da cadeia de suprimentos, confira o Capítulo 18.

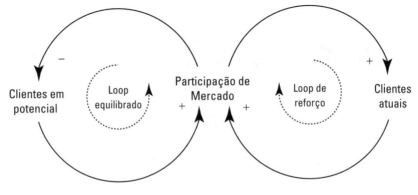

FIGURA 2-4: Exemplo de um diagrama de loop causal.

PAPO DE ESPECIALISTA

Atualmente, algumas universidades exigem que seus alunos de Gestão da Cadeia de Suprimentos participem de aulas sobre Dinâmica de Sistema, o que compreende todo um conjunto de ferramentas para prever como as cadeias de suprimentos se comportam com o tempo. A Dinâmica de Sistema foi originalmente desenvolvida na década de 1950 pelo professor Jay Forrester, do MIT.

DICA

A modelagem de dinâmica de sistema geralmente requer um software especial. Você encontrará as avaliações de várias opções diferentes (conteúdo em inglês) em `https://en.wikipedia.org/wiki/Comparison_of_system_dynamics_software`, mas, se você estiver procurando por uma ferramenta simples que lhe dê a chance de visualizar alguns exemplos e de tentar construir seu próprio modelo de dinâmica de sistema gratuitamente, confira o Insight Maker (conteúdo em inglês) em `www.insightmaker.com`.

Avaliando os Processos da Cadeia de Suprimentos

Você pode analisar uma cadeia de suprimentos em termos de fluxos, funções, comunidades ou sistemas. Mas, para gerenciar uma cadeia de suprimentos, você precisa conseguir avaliar o que está acontecendo. Praticamente todos os processos em uma cadeia de suprimentos podem ser medidos através de métricas quantitativas ou métricas qualitativas.

As *métricas quantitativas* são indicadores numéricos objetivos. As *métricas qualitativas* se referem a características intangíveis. Por exemplo, as métricas quantitativas podem compreender itens como os níveis atuais de estoque ou o custo com o transporte. As métricas qualitativas podem descrever o nível de envolvimento de seus funcionários ou o grau de satisfação de seus clientes com seu serviço. A Tabela 2-1 enumera alguns tipos comuns de métricas qualitativas e quantitativas.

TABELA 2-1   Métricas Quantitativas versus Métricas Qualitativas

Quantitativa	Qualitativa
Somas	Grau de satisfação
Índices	Probabilidade de fazer alguma coisa
Valores	Percepções
Quantidades	Desejo ou necessidade
Frequências	Nível de concordância

A coleta de medições custa dinheiro e leva tempo, por isso é importante decidir quais métricas você de fato precisa. O importante é identificar as etapas em cada processo da cadeia de suprimentos que serão mais pertinentes para entender como as coisas estão funcionando e quais decisões você precisa tomar. As métricas que lhe dão esse insight são chamadas de **indicadores-chave de desempenho** (*key performance indicators* — KPIs). Os KPIs em um negócio ou em uma fábrica podem ser muito diferentes dos KPIs em outros — isso depende apenas de quais processos são mais importantes em cada um deles. Você encontra mais informações sobre as métricas no Capítulo 16.

Uma boa maneira de procurar oportunidades de aperfeiçoamento em qualquer processo é comparar seu próprio desempenho com o de outras filiais. Por exemplo, você pode comparar os KPIs de uma instalação com os KPIs de outra instalação. A comparação de KPIs entre instalações e até mesmo entre empresas é um exemplo de *benchmarking*. As empresas podem avaliar seus KPIs da cadeia de fornecimento usando o modelo SCOR, abordado no Capítulo 5. O benchmarking tornou-se tão benquisto que existem muitas empresas cujo negócio é fundamentado em coletar KPIs da cadeia de suprimentos de cada uma das empresas de um setor e, em seguida, fornecer relatórios de benchmarking a todas as empresas.

DICA

As empresas (até mesmo as concorrentes!) compartilham dados de benchmarking o tempo todo. Porém, compartilhar informações de negócios também pode resultar em problemas se isso infringir as leis, como a Lei Clayton Antitruste nos EUA ou a Lei nº 12.529 no Brasil. Antes de iniciar o benchmarking com outras empresas, é uma boa deixar seu advogado corporativo a par de seus planos para ter certeza de que está tudo bem.

Há muitas maneiras diferentes de analisar uma cadeia de suprimentos. A fim de gerenciar bem uma cadeia de suprimentos, você precisa entender cada uma dessas perspectivas e usá-las para selecionar os KPIs que oferecem visibilidade sobre o desempenho de sua cadeia de suprimentos. O benchmarking desses KPIs em relação a outras instalações e outras empresas pode revelar tanto as áreas em que você está indo bem quanto as oportunidades de aperfeiçoamento.

> **NESTE CAPÍTULO**
>
> » **Definindo as suas prioridades na cadeia de suprimentos**
>
> » **Equilibrando o custo e o valor**
>
> » **Comprometendo-se a melhorar os resultados**

Capítulo **3**

Investigando a Sua Cadeia de Suprimentos

A ntes que você possa gerir algo, precisa compreender como ele funciona e o que você quer que ele faça. Uma cadeia de suprimentos não é exceção. Existem muitos tipos de cadeias de suprimentos, e cada uma delas precisa fornecer um tipo diferente de produto ou serviço para atender às necessidades dos clientes. Este capítulo aborda os fatores que definem como uma cadeia de suprimentos precisa trabalhar e como cada fator influencia os custos. Em seguida, o capítulo analisa como as trade-offs (trocas compensatórias) são gerenciadas em toda a cadeia de suprimentos.

Priorizando os Objetivos da Cadeia de Suprimentos

Um amigo meu tem um aviso em sua mesa de escritório que diz "Bom, Rápido, Barato... Escolha quaisquer dois desses". A mensagem é relevante para a gestão da cadeia de suprimentos, pois muitas vezes faz-se necessário descobrir o que é mais importante para você e estar disposto a sacrificar o resto.

Etapa 1: Entendendo o que os clientes valorizam

Com a finalidade de se tomar boas decisões sobre o que priorizar em uma cadeia de suprimentos, comece com seus clientes. Como o objetivo de uma cadeia de suprimentos é gerar valor a um cliente, a primeira etapa na engenharia e na gestão de uma cadeia de suprimentos é entender exatamente o que os seus clientes valorizam. Talvez eles valorizem uma seleção ampla de produtos disponíveis, por exemplo, ou quem sabe tenham preferência por um número pequeno de opções a um preço menor. Em contrapartida, seus clientes podem valorizar a disponibilização imediata de produtos para entrega, ou podem preferir que os produtos sejam entregues em suas casas no momento que escolherem.

As respostas podem ser "todas as alternativas acima", mas cada uma dessas escolhas estabelece necessidades diferentes em uma cadeia de suprimentos, e elas podem ser contraditórias. Isso muitas vezes ajuda a escolher um **cliente-chave** e focar as preferências específicas dele.

Algumas técnicas boas estão disponíveis para ajudar a identificar o que os clientes mais valorizam. Uma das mais famosas chama-se *desdobramento da função qualidade (QFD)* ou *casa da qualidade (HOQ)*. A Figura 3-1 mostra um exemplo de uma HOQ, que se parece com um monte de caixas com um teto no topo. Para construir uma HOQ, primeiramente você entrevista os clientes para constatar quais características ou recursos eles valorizam mais. Em seguida, combina esses recursos com o seu modelo a fim de garantir que você se concentre em fornecer produtos e serviços que realmente atendam às necessidades de seus clientes. Para obter mais informações a respeito de como construir uma HOQ, acesse: `https://hbr.org/1988/05/the-house-of-quality` (conteúdo em inglês).

Outra técnica comum para identificar as preferências do cliente chama-se *Teste A/B*. Para realizar um Teste A/B, você possibilita que o seu cliente escolha entre duas opções: a opção A e a opção B. Os sites de compras online costumam usar o Teste A/B para constatar quais produtos ou anúncios chamam mais atenção dos clientes, mas o teste também pode ser usado em experimentos presenciais.

QUAL SERIA A FUNÇÃO DO MILKSHAKE?

O Dr. Clayton Christensen nos apresenta um exemplo ótimo a respeito da sua Teoria dos Trabalhos a Serem Feitos, contando uma história sobre os gerentes de uma lanchonete de fast-food que queriam mensurar as suas vendas de milkshakes. O estabelecimento em questão estava vendendo muitos milkshakes logo de manhã, e os gerentes não conseguiam entender o porquê. Depois de entrevistar seus clientes, eles descobriram que as pessoas estavam comprando milkshakes no início de seus trajetos diários, porque isso lhes dava algo para fazer enquanto estavam presos no trânsito. Ou seja, o milkshake não era apenas comida; também era entretenimento! Compreender o que os clientes valorizavam a respeito de um produto ajudou os gerentes da lanchonete de fast-food a pensarem em um jeito diferente de embalar o produto, gerir os negócios e modelar a cadeia de suprimentos.

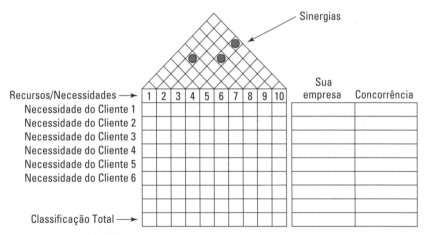

FIGURA 3-1: Exemplo de uma HOQ.

Etapa 2: Identificando os seus concorrentes

A próxima etapa na priorização dos objetivos de sua cadeia de suprimentos é identificar seus concorrentes. Na era do e-commerce, seus concorrentes talvez não sejam quem você pensa que são. Muitos estabelecimentos de varejo, por exemplo, demoram a perceber que o seu concorrente mais agressivo não é outra loja de materiais para construção e sim um site: a Amazon.com. No entanto, a Amazon.com não está competindo somente com os varejistas. Ela também está competindo com empresas de transporte, armazenagem e distribuição, e até com empresas de tecnologia como a Apple e a Microsoft.

A fim de entender quem são os seus concorrentes reais, você precisa parar de pensar no produto ou serviço que você vende e começar a pensar no problema que o seu produto ou serviço soluciona. O Dr. Clayton Christensen da Harvard Business School chama essa abordagem, de combinar seu produto com o problema de um cliente, de Teoria dos Trabalhos a Serem Feitos. Pense em qual "trabalho ou função" o seu produto ou serviço desempenha para os seus clientes, e quais outros produtos ou serviços poderiam realizar o mesmo trabalho de modo melhor, mais rápido ou mais barato. Tais produtos alternativos (ou serviços) são os verdadeiros concorrentes do seu produto, e você precisa projetar e gerenciar a sua cadeia de suprimentos com o intuito de que o seu produto consiga desempenhar o mesmo trabalho de modo melhor que os seus concorrentes desempenham.

Etapa 3: Entendendo como os seus produtos ou serviços funcionam

Agora, a etapa a se seguir na priorização dos objetivos de sua cadeia de suprimentos é entender as características de seus produtos ou serviços. O jeito mais fácil de ilustrar essa etapa é mostrar como os diferentes tipos de produtos precisam atingir objetivos diferentes a fim de oferecer o maior valor aos seus clientes.

A Tabela 3-1 e as seções seguintes descrevem as prioridades da cadeia de suprimentos para diferentes tipos de produtos. Estes exemplos definitivamente não são uma lista completa das cadeias de suprimentos, mas exemplificam o motivo pelo qual a cadeia de suprimentos de milho, por exemplo, apresenta prioridades diferentes da cadeia de suprimentos de computadores.

TABELA 3-1 Prioridades da Cadeia de Suprimentos

Tipo de Produto	Prioridades da Cadeia de Suprimentos
Commodities	Preço baixo, alta disponibilidade, padrões mínimos de qualidade
Artigos de luxo	Alta qualidade, exclusividade
Artigos de moda	Alta produtividade, estoque baixo, variedade grande
Bens duráveis de consumo	Equilíbrio entre o custo de transporte/custo do estoque e as necessidades do cliente
Tecnologia	Velocidade, flexibilidade, segurança

Commodities

As commodities são coisas fáceis de encontrar e simples de substituir. Dentre os exemplos comuns figuram o cultivo de alimentos, os minérios metálicos e a gasolina. Como é bem acessível substituir as commodities de um fornecedor pelas commodities de outro fornecedor, a maioria das pessoas compra as commodities de que precisam onde quer que seja, pelo menor preço que conseguem. À vista disso, as cadeias de suprimentos de commodities precisam ter alta disponibilidade, atender aos padrões mínimos de qualidade e serem baratas.

Artigos de luxo

Os bens de luxo, como carros e joias sofisticados, consistem na qualidade e variedade. Ao comprarem artigos de luxo, os clientes querem algo com o tamanho e a cor corretos e não querem que todos tenham o mesmo item. Ademais, garantir que os bens de luxo não apresentem defeitos ou avaria é de suma importância. As cadeias de suprimentos de artigos de luxo precisam satisfazer a uma grande diversidade de produtos e também ao quesito proteção, a fim de mantê-los seguros.

Artigos de moda

Os artigos de moda, como sapatos e bolsas, consistem na escolha e no tempo. Como os estilos mudam rapidamente, as cadeias de suprimentos de moda precisam transformar ideias em produtos e vendê-los aos clientes antes que os produtos se tornem antiquados. Manter a quantidade certa em estoque é um equilíbrio fundamental para a moda: caso você não tenha produtos em estoque, não poderá vendê-los. No entanto, se um item ficar no estoque por muito tempo, ele pode sair moda. As cadeias de suprimentos de artigos de moda precisam centrar-se na rapidez e na flexibilidade.

Bens duráveis de consumo

Os bens duráveis, como eletrodomésticos, são robustos e precisam durar muito tempo. Também são caros, desse modo, consomem capital quando estão no estoque. Contudo, leva-se muito tempo para fabricar os bens duráveis, e os clientes geralmente não querem esperar tanto tempo por eles. (Se a sua geladeira quebrar, você mais do que depressa quer uma nova na sua porta.) Os bens duráveis também podem enfrentar uma concorrência altíssima por preços, e o envio de itens grandes e pesados pode sair caro. As cadeias de suprimentos de bens duráveis de consumo precisam equilibrar o custo de manter os produtos disponíveis em estoque junto de onde os clientes vão querer comprá-los com o custo de transportar os produtos e mantê-los em estoque.

Tecnologia

Os produtos tecnológicos — como computadores, televisores e equipamentos eletrônicos — tendem a ser leves e caros. Também costumam se tornar obsoletos rapidamente. Costumam ser sensíveis a danos por umidade e são vulneráveis a roubos. As cadeias de suprimentos de produtos tecnológicos precisam ser rápidas, flexíveis e seguras.

Analisando os Geradores de Custo

A maioria dos gerentes de cadeias de suprimentos passa muito tempo procurando alternativas para reduzir os custos. Todavia, um dos grandes desafios das cadeias de suprimento é que as coisas geralmente estão interconectadas, portanto, realizar uma mudança em uma área a fim de reduzir os custos pode provocar uma mudança em algum outro lugar que, na realidade, aumenta o custo. Isso não significa que você não deva procurar oportunidades de redução de custos, mas é necessário entender como o sistema funciona para garantir que você não esteja criando problemas novos no processo.

Há quatro áreas decisivas que impulsionam a maior parte dos custos em qualquer cadeia de suprimentos, e eu as descrevo nas próximas seções. Pensar nessas peças como um todo pode ajudá-lo a encontrar verdadeiras oportunidades de economia.

Custos do processo de procurement

Um dos gastos mais visíveis para qualquer cadeia de suprimentos é o valor que você paga pelos produtos que compra. Alguns modos comuns de reduzir os custos do processo de departamento de compras são através da negociação de preços melhores com seus fornecedores, aceitar comprar quantidades maiores durante um período mais longo ou trocar para um fornecedor que concorde em aceitar preços menores. Além disso, cada fornecedor com quem você mantém um relacionamento custa-lhe dinheiro, porque alguém precisa encontrar o fornecedor, assinar todos os contratos, acompanhar o desempenho dele e garantir que ele seja pago. Portanto, o custo do processo de departamento de compras também compreende os salários e despesas gerais da sua equipe de compras e dos sistemas de informação que ela utiliza. Reduzir o número de fornecedores e otimizar seus processos de compras pode diminuir os custos do processo de procurement.

Custos de transporte

A circulação de um produto de um lugar ao outro custa dinheiro, e diferentes meios de transporte apresentam custos distintos. Esses meios têm velocidades diferenciadas, que podem ser tão consideráveis quanto o custo de transporte. Por exemplo, um meio de transporte mais rápido e mais caro pode, de fato, economizar dinheiro ao reduzir a quantidade de estoque que você tem em trânsito. Também é comum usar mais de um meio de transporte para movimentar um único produto de uma ponta a outra de uma cadeia de suprimentos. Mudar de um meio de transporte para outro usando o transporte multimodal pode otimizar os custos de transporte. Outra maneira comum de reduzir os custos de transporte é acomodar mais produtos em cada carga, melhorando assim a capacidade de utilização. O importante é lembrar-se de que a escolha de um meio de transporte mais lento e menos confiável pode até reduzir os custos de transporte, porém aumentará seu estoque e consumirá capital de giro.

LEMBRE-SE

Em geral, quando você classifica os métodos de transporte do menos caro ao mais caro, a ordem é a seguinte: dutoviário, contêiner marítimo, caminhão cheio, carga inferior a um caminhão e encomenda postal (serviço via correio).

Custos de estoque

Manter os produtos em estoque custa dinheiro. Naturalmente, os produtos que você está armazenando no estoque têm um custo. Se você está pegando dinheiro emprestado do banco para pagar por esse estoque (o que geralmente é o caso), seu estoque compreende o custo de seja lá qual for a taxa de juros que você esteja pagando ao banco. Outros custos incluem o pagamento de uma instalação para manter o estoque seguro e pagar às pessoas que movimentam o estoque para dentro e fora dessa instalação. Você também corre o risco de que os produtos sejam perdidos, danificados ou roubados. Não raro, esse problema é chamado de *perda de estoque*, o que também incorre em custo para a sua empresa. E, por fim, os produtos podem perder a validade ou tornarem-se obsoletos se ficarem em um depósito por muito tempo.

Custos de qualidade

Toda vez que compra um produto, você espera que ele atenda a certo nível de qualidade. Em alguns casos, talvez seja necessário ter processos formais de inspeção e garantia de qualidade a fim de assegurar que os produtos que você recebe dos fornecedores e os produtos que você envia aos seus clientes satisfaçam a esses requisitos. Qualquer produto que não atenda a esses padrões custa dinheiro, e quanto mais você precisa detectar problemas de qualidade, mais dinheiro você gasta. Reduzir a variação nos processos de fabricação e distribuição através de técnicas como a manufatura enxuta e o Seis Sigma, discutidas no Capítulo 4, pode diminuir os custos de qualidade em uma cadeia de suprimentos.

Você pode observar na Figura 3-2 como esses quatro geradores de custos da cadeia de suprimentos são interdependentes, e como as mudanças em qualquer um dos grupos podem afetar os outros.

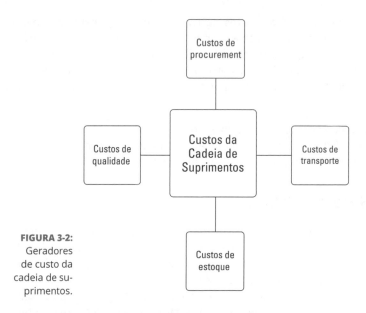

FIGURA 3-2: Geradores de custo da cadeia de suprimentos.

Gestão das Trade-offs

A gestão da cadeia de suprimentos implica em fazer escolhas e trade-offs que o ajudam a maximizar seus lucros em longo prazo. Basicamente, os conflitos ocorrem entre as duas funções em um negócio, bem como entre duas empresas que trabalham juntas como parte de uma cadeia de suprimentos. Existem seis conflitos ou trade-offs tão comuns que todo profissional de gestão da cadeia de suprimentos precisa entendê-los e saber como gerenciá-los com eficácia (veja a Tabela 3-2). Analiso estas trade-offs separadamente nas seções a seguir:

TABELA 3-2 Trade-offs e Soluções Comuns da Gestão da Cadeia de Suprimentos

Conflitos e Trade-offs	Soluções
Vendas versus operações	Planejamento de vendas e operações (S&OP)
Cliente versus fornecedor	Planejamento colaborativo, previsão e reabastecimento (CPFR)
Engenharia versus departamento de compras	Equipes multifuncionais
Estoque versus atendimento ao cliente (atacado/varejo)	Revisão orçamentária
Estoque versus tempo de parada (manufatura)	Manufatura enxuta
Procurement versus logística	Análise do custo total

Vendas versus operações

Os vendedores muitas vezes dizem que você não pode vender um produto que você não tem, e se perguntar a eles a quantidade de produtos que a empresa deve fazer, o número é alto. Em outras palavras, os vendedores querem ter certeza de que você tem produtos o bastante para atender a toda a demanda do cliente que eles possam gerar, além de um pouco mais. Raramente esse é um cenário realista.

Neste ínterim, as pessoas de operações e logística são responsáveis pelos custos de fabricação, movimentação e armazenamento de produtos. Eles também compreendem que as variações no fluxo de sua cadeia de suprimentos custam dinheiro, em razão de você pagar pelo espaço e pelos colaboradores a fim de atender aos seus picos de consumo, ainda que você não esteja usando esse espaço e essas pessoas no restante do tempo. O pessoal de operações quer fabricar e armazenar apenas o número de produtos necessários para manter baixos os custos de fabricação e logística.

Essa trade-off entre o departamento de vendas e o departamento de operações pode resultar em grandes conflitos em uma empresa. Em muitos casos, o departamento de vendas elabora uma previsão impraticável e o departamento de operações é acusado de ter muito estoque. Em outros, o departamento de vendas não consegue cumprir suas metas de receita porque a equipe de operações foi muito conservadora em seu planejamento.

Uma solução comum para esse problema é um processo chamado planejamento de vendas e operações (S&OP), que pressiona as equipes de vendas e operações a coordenarem e conciliarem os próprios objetivos e metas.

Normalmente, o S&OP começa com uma previsão de vendas para um determinado horizonte de planejamento. Por exemplo, a equipe de vendas estima que poderia vender 1.000 unidades de produto por mês durante os próximos 12 meses. Isso se chama *previsão sem restrições*, pois é baseada nos melhores dos cenários.

Uma vez definida a previsão, a equipe de operações a analisa e decide se os números são razoáveis e o que seria necessário para produzir essa quantidade de produtos. Em alguns casos, as operações podem não ter o pessoal, o equipamento ou as matérias-primas para fazer todas as unidades de produto solicitadas na previsão sem restrições. Nessa situação, a equipe de operações solicitaria à equipe de vendas que reduzisse a sua previsão com base em todas as restrições identificadas. Ou talvez seja necessário que a equipe de operações faça alterações ou investimentos que permitam atender à previsão de vendas.

O S&OP é um processo iterativo que precisa ser repetido para que a previsão de vendas sem restrição e o plano de produção de manufatura permaneçam em sincronia. Em muitos casos, o processo de S&OP envolve executivos seniores de uma empresa com o intuito de garantir que as trade-offs sejam compreendidas e alinhadas com a estratégia corporativa.

Aparentemente o S&OP é simples, mas muitas empresas têm dificuldade para fazê-lo funcionar. O Dr. Larry Lapide, do MIT, é um dos especialistas renomados em S&OP. Em seu artigo "Sales and Operations Planning Part I: The Process" (Planejamento de Vendas e Operações Parte 1: O Processo, em tradução livre) no *The Journal of Business Forecasting*, Dr. Lapide afirma que existem dez fatores que são necessários para o sucesso do S&OP:

» Reuniões de S&OP regulares e rotineiras.
» Cronogramas estruturados de reuniões.
» Preparação para auxiliar os aportes da reunião.
» Participação multifuncional.
» Participantes com poderes para tomar decisões.
» Uma organização imparcial e responsável que pode executar um processo disciplinado.
» Processo colaborativo interno que resulta em consenso e responsabilidade.
» Uma previsão de linha de base imparcial para iniciar o processo.
» Planejamento conjunto de oferta e demanda a fim de assegurar o equilíbrio.
» Respaldo de uma tecnologia integrada de planejamento de oferta e demanda.
» Aportes externos ao processo.

DICA

Para saber mais sobre detalhes do processo de S&OP, acesse: `http://ctl.mit.edu/sites/ctl.mit.edu/files/library/public/article_jbf_soplanningi_lapide.pdf` (conteúdo em inglês).

Sobretudo, o S&OP trata-se de compartilhar as informações e fazer com que as pessoas concordem com um planejamento. Há muitas empresas de software que oferecem ferramentas de S&OP para ajudar as equipes de vendas e operações a automatizarem os fluxos de trabalho e otimizarem o processo.

DICA

Antes de investir em um software de S&OP, é uma boa ideia obter informações de consultores especializados em S&OP e conferir as avaliações de produtos mais recentes de empresas de análise de software. As empresas cujos produtos recebem avaliações altas geralmente disponibilizam cópias desses relatórios gratuitamente.

Cliente versus fornecedor

Cada empresa em uma cadeia de suprimentos afeta todas as outras. Caso a sua empresa pegue de surpresa um de seus fornecedores com um pedido grande, esse pedido provavelmente criará problemas — e custará dinheiro ao fornecedor. Mas se o seu fornecedor tiver uma boa ideia do que você comprará e quando vai comprar, ele pode se planejar de modo a atender às suas necessidades e, ao mesmo tempo, manter o estoque e os custos de transporte baixos. Dito de outro modo, todo mundo sai ganhando quando os parceiros da cadeia de suprimentos colaboram e compartilham as informações.

Uma maneira de os parceiros da cadeia de suprimentos se ajudarem é por meio de um processo chamado de planejamento colaborativo, previsão e reabastecimento (CPFR). No processo de CPFR, as empresas compartilham as informações sobre o quanto esperam que seus clientes comprem e quanto estoque têm disponível com a finalidade de que possam ajudar uns aos outros a conquistar altos níveis de serviço com menores quantidades de estoque. Você pode realizar o download da visão geral do CPFR da GS-1, muito boa por sinal, neste endereço (conteúdo em inglês):

```
www.gs1us.org/DesktopModules/Bring2mind/DMX/Download.aspx?
Command=Core_Download&EntryId=492&language=en-US&PortalId=
0&TabId=134
```

PAPO DE ESPECIALISTA

O CPFR é uma marca registrada da GS-1, uma associação sem fins lucrativos que mantém padrões de comunicação da cadeia de suprimentos.

Engenharia versus departamento de compras

As equipes de engenharia estão sempre procurando maneiras de inovar, fazer mudanças e aperfeiçoar os produtos. A fim de que os seus processos de inovação funcionem bem, os engenheiros normalmente cultivam relacionamentos com fornecedores que podem ser flexíveis e colaborativos, porém essa flexibilidade e tempo investido na compreensão das necessidades dos engenheiros têm um custo. Em geral, os fornecedores que melhor inovam e colaboram são os mais caros. Enquanto isso, a equipe de departamento de compras está sempre buscando maneiras de obter produtos que atendam às especificações mínimas pelo preço mais favorável. Os menores preços comumente vêm de fornecedores que produzem com o mínimo de qualidade e têm sistemas e processos altamente padronizados. Os objetivos conflituosos entre a engenharia e o departamento de compras podem causar estresse dentro de uma empresa.

Uma das melhores maneiras de gerenciar esse estresse é criar equipes de produtos multifuncionais. Envolver os profissionais de departamento de compras durante a fase de projeto de um produto pode ajudá-lo a garantir que você está considerando os custos de cada etapa do ciclo de vida de um produto. Da mesma forma, envolver as equipes de engenharia em todo o processo de departamento de compras pode ajudá-lo a assegurar que as opções de baixo custo atendem às necessidades da sua empresa e de seus clientes e sejam devidamente avaliadas.

Outra maneira de gerir as trade-offs entre a engenharia e o setor de compras é utilizar a estratégia de *design-build*. Com design-build, concede-se um único contrato a um fornecedor que projeta e fabrica um produto. Dessa forma, o designer tem um incentivo para manter os custos de fabricação baixos e o fabricante tem incentivo para buscar opções inovadoras de design.

Estoque versus atendimento ao cliente

O estoque custa dinheiro porque mobiliza o capital de giro, consome mão de obra e instalações e deprecia-se rapidamente. Muitos profissionais da cadeia de suprimentos e analistas de negócios até mesmo dizem que o estoque é o verdadeiro inimigo. Talvez você esteja se perguntando por que todos não abrem mão do estoque logo de uma vez. Não seria muito mais fácil lidar com a cadeia de suprimentos se você não tivesse armazéns, centros de distribuição e depósitos?

Essa abordagem apresenta um grande problema: as empresas ganham dinheiro vendendo produtos para seus clientes, e se não têm produto para vender, não geram receita. Quando você pensa acerca do que os clientes valorizam — pelo que eles estão dispostos a pagar — o produto em si é somente uma parte da equação. Deve-se levar em consideração, por exemplo, se os clientes estariam dispostos a pagar a mesma quantia pelo seu produto caso tivessem que buscá-lo a 160 quilômetros de distância ou se tivessem que esperar pelo produto por um ano. Em outras palavras, a localização e a disponibilidade de um produto na realidade impactam muitíssimo no valor oferecido aos seus clientes e em suas receitas! O estoque funciona como um pulmão contra a incerteza sobre quem comprará o seu produto, por quanto comprará, quando vai comprá-lo e onde vai recebê-lo.

Quer os seus clientes comprem o seu produto em uma loja ou através de um site, a sua capacidade de lhes fornecer todos os produtos que eles desejam quando efetuam as compras chama-se *nível de serviço*. Os altos níveis de serviço são bons para os negócios. Os clientes tendem a comprar de fornecedores que atendem rapidamente às suas necessidades, portanto, os altos níveis de serviço podem aumentar a receita e expandir a participação no mercado. A conquista de um nível alto de serviço normalmente exige que você tenha estoque disponível. Para manter um nível de serviço de 100%, na verdade, você precisaria ter uma quantidade inesgotável de estoque, coisa pouco realista. Desse modo, você precisa encontrar maneiras de gerenciar a tensão entre reduzir os estoques a fim de minimizar os custos e aumentar os estoques para manter níveis de serviço aceitáveis.

As empresas equilibram os níveis de estoque e os níveis de serviço otimizando seus estoques. A otimização do estoque consiste no processo de redução de estoques para o nível mínimo necessário com o intuito de manter o nível de serviço desejado. Essa otimização começa com a *previsão*, processo em que você tenta estimar a quantidade de produto que você venderá e quando vai vendê-lo. As empresas lançam mão de inúmeros modos para gerar as previsões, desde regras básicas até modelos estatísticos sofisticados. Não importa qual método de previsão você use, a verdade é que a sua previsão ainda é uma estimativa. Uma piada comum entre os profissionais da cadeia de suprimentos é que a primeira regra de uma previsão é ela estar sempre errada.

A maneira de encarar os possíveis erros em uma previsão é manter o estoque extra à mão. Quanto melhor for a previsão — quanto mais confiança você depositar nela —, menos estoque extra será necessário para atender aos níveis desejados de atendimento ao cliente. Caso você não confie na sua previsão e queira ter certeza de que dispõe de produtos para vender quando os clientes quiserem, é necessário ter um estoque extra.

O grau em que uma previsão está errada é chamado de erro. Melhorar as suas previsões envolve reduzir esse erro o máximo possível. Há dois tipos de erros que podem ocorrer em uma previsão:

» Um erro imparcial é aleatório e, geralmente, é resultado de informações incorretas.

» Um erro tendencioso é um erro que ocorre em um padrão. Por exemplo, uma previsão pode sempre ser maior do que as vendas reais ou talvez pode ser menor.

A Figura 3-3 mostra um exemplo de uma previsão que é tendenciosa — sempre é maior do que as vendas reais. Se você puder calcular o valor do viés, poderá levá-lo em consideração para criar uma *previsão ajustada* nova.

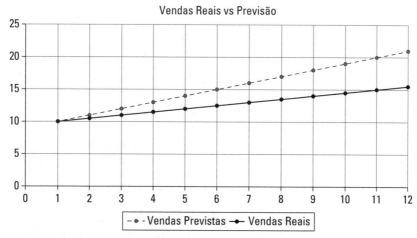

FIGURA 3-3: Ilustração de uma previsão parcial.

CAPÍTULO 3 **Investigando a Sua Cadeia de Suprimentos** 47

DICA

Em geral, é fácil identificar visualmente a tendência da previsão criando um gráfico que compara dados de previsão com dados reais.

PAPO DE ESPECIALISTA

O grau de precisão da previsão é geralmente medido como o desvio percentual absoluto médio (MAPE).

No final das contas, a maneira real como a maioria das empresas lida com o potencial de erros em uma previsão é aumentando seu estoque. Portanto, quanto melhor for a previsão — quanto mais confiança você tiver nela — menos estoque extra será necessário a fim de atender aos níveis desejados de atendimento ao cliente. Porém, se você não confiar em sua previsão e quiser ter certeza de que tem produtos para vender quando os clientes quiserem, é necessário dispor de um estoque extra.

DICA

Um estoque que proporciona proteção contra a falta de estoque chama-se *estoque de segurança*.

Estoque versus inatividade

As operações de manufatura concentram-se em maximizar a quantidade de produto que eles podem fabricar em um determinado período. Às vezes, os processos de fabricação precisam ser paralisados. Os agendamentos planejados de paralisação geralmente têm base nos turnos em que as pessoas trabalham. As paralisações planejadas também podem ocorrer para que a empresa possa realizar a manutenção ou alterar o equipamento com o intuito de fabricar produtos diferentes.

As paralisações não planejadas também acontecem por uma série de razões, todas elas bem ruins. Uma paralisação não planejada pode ser causada por uma queda de energia, um equipamento quebrado, uma greve ou um regulamento novo do governo. Uma paralisação não planejada também pode ser causada pela falta de estoque. A menos que você tenha as matérias-primas e os componentes necessários para se criar um produto, você não pode fabricá-lo.

Embora outros tipos de paralisações não planejadas sejam difíceis de prever e de controlar, é possível evitá-las devido à falta de materiais mantendo um estoque. As paralisações não planejadas podem ser difíceis de se prever e controlar, mas o estoque é uma parte do processo relativamente fácil de controlar. Consequentemente, os gerentes de operações de manufatura costumam preferir ter estoques extras como uma apólice de seguro — para garantir que eles nunca fiquem sem materiais, o que pode provocar uma paralisação não planejada. É óbvio que esse estoque mobiliza capital de giro e consome espaço.

As técnicas de manufatura enxuta ajudam a minimizar o número de paralisações não planejadas causadas pela falta de estoque, diminuindo a quantidade de estoque em uma cadeia de suprimentos.

Um dos elementos fundamentais da manufatura enxuta é o uso do *kanban* ou *sistema de produção puxada* para o reabastecimento do estoque. Um kanban é basicamente um contêiner para estoque. Com a manufatura enxuta, os kanbans vazios são usados para desencadear o reabastecimento de estoque em cada etapa de uma cadeia de suprimentos. Isso proporciona um fluxo suave e gradual do estoque. Quando você usa um sistema kanban, não há como o estoque ser "puxado" para a próxima etapa de uma cadeia de suprimentos. Ele só pode ser "puxado" pelo kanban no sentido a jusante do fluxo de produção.

As técnicas de manufatura enxuta tornaram-se populares porque ajudam a minimizar o número de paralisações não planejadas causadas pelo esgotamento de estoque, ao mesmo tempo em que minimizam a quantidade de estoque em uma cadeia de suprimentos.

PAPO DE ESPECIALISTA

A Toyota desenvolveu uma abordagem única para gerenciar o fluxo de produtos por meio de seu processo de fabricação, permitindo que a empresa minimize os custos de estoque e as paralisações não planejadas. Essa abordagem envolve ferramentas e técnicas que são coletivamente conhecidas como o Sistema Toyota de Produção. À medida que outras empresas adotaram essa abordagem, ela ficou conhecida como o método Lean (método enxuto), pois reduz a "gordura" do estoque em uma cadeia de suprimentos. O Capítulo 4 apresenta mais informações sobre o método Lean.

Departamento de compras versus logística

As equipes de departamento de compras procuram meios de obter os mesmos materiais a um custo menor. Duas formas comuns de reduzir custos são comprar em quantidades maiores e comprar de um fornecedor em uma região de baixo custo. Provavelmente, ambas as opções possibilitarão um custo menor por item, mas também podem aumentar os custos logísticos de modo não intencional.

Por um lado, ao aumentar a quantidade de material por pedido, chamada de *tamanho do lote,* você também aumenta o estoque que tem. Você começa sem estoque, então, recebe uma remessa de qualquer tamanho de lote que você concordou em comprar de seu fornecedor. Gradualmente, você passa a vender esse estoque para os clientes até que não sobre mais nada dele. Por fim, você fica sem estoque novamente. Durante esse período, quanto estoque você teve em média? A resposta é que a quantidade média de estoque — e a quantidade média de capital de giro que você tinha mobilizado no estoque — é metade do tamanho do seu lote. Logo, em média, quanto maior forem os seus pedidos, maior o seu estoque será. Você pode ver como isso funciona na Figura 3-4.

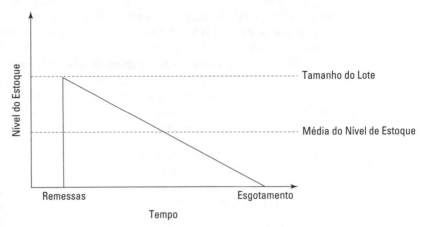

FIGURA 3-4: Nível médio do estoque.

Encomendar quantidades maiores também significa que você precisa ter espaço extra para armazenar o estoque e mais pessoas para gerenciá-lo. Ainda que aumentar os tamanhos dos lotes possa gerar um custo menor por unidade, isso pode maximizar ainda mais os custos de estoque.

Um problema semelhante ocorre quando você considera os fornecedores localizados em regiões mais distantes. O preço por unidade pode ser menor, porém os custos de transporte altos podem consumir todas as economias feitas e ainda mais um pouco. Enviar itens a uma distância maior pode também obrigá-lo a comprar em quantidades maiores. Quanto mais você precisar movimentar alguma coisa, mais as coisas podem dar errado ao longo do caminho. Com a finalidade de compensar esse risco, você provavelmente precisará — sim, é isso mesmo — aumentar o estoque.

A maneira de equilibrar as prioridades de compras e de logística é adotar uma abordagem de análise de custo total para as decisões de fornecimento. Esteja certo de que você está avaliando todos os elementos que terão custo na sua cadeia de suprimentos. Talvez você descubra um fornecedor próximo que possa entregar remessas pequenas e tenha um custo baixo de transporte. Essa é uma opção muito melhor do que um fornecedor de baixo custo em um local distante, o que exigiria um gasto maior em transporte e estoque.

NESTE CAPÍTULO

» Mapeando sua rede de suprimentos

» Fazendo melhorias nos processos

» Gerenciando os projetos da cadeia de suprimentos

Capítulo 4
Otimizando a Sua Cadeia de Suprimentos

Dependendo do produto ou serviço que esteja vendendo, você provavelmente dispõe de alternativas à sua escolha ao projetar a sua cadeia de suprimentos. Às vezes, você pode ter opções de como e onde comprar seus materiais ou fabricar seus produtos. Talvez você possa até escolher maneiras diferentes de distribuir seus produtos aos seus clientes. Este capítulo discute as técnicas para otimizar a sua cadeia de suprimentos a fim de garantir que você esteja criando o máximo de valor, de um jeito mais sustentável para você e seus clientes. Em seguida, o capítulo fala a respeito de como implementar melhorias em sua cadeia de suprimentos por meio de projetos multifuncionais.

Desenvolvendo a Sua Rede

Muitas vezes é importante pensar em sua cadeia de suprimentos como uma rede. As redes são compostas de nós e links. Conforme mostra a Figura 4-1, cada parada que um produto faz entre as matérias-primas e um cliente é um *nó* da rede. Uma fábrica é um nó, bem como um depósito, um centro de distribuição e uma loja de varejo. Os nós estão conectados por links. De modo geral, os *links* são meios de transporte, como um navio, uma ferrovia, um caminhão ou um drone. Os produtos circulam através de uma cadeia de suprimentos, fluindo através de links e parando nos nós.

FIGURA 4-1: Nós e links em uma cadeia de suprimentos.

Seu objetivo em qualquer cadeia de suprimentos é fornecer o valor máximo pelo menor custo. Uma maneira de atingir esse objetivo é alterar os nós e os links. Talvez você possa reduzir os custos de suas matérias-primas adquirindo-as de um fornecedor diferente, o que significa que você estaria alterando um de seus nós. Alterar um nó também significa alterar os links que conectam esse nó ao resto de sua cadeia de suprimentos.

Dá-se o nome de *otimização de rede* quando se faz alterações nos links e nós. Uma abordagem para otimização de rede é chamada de *mapeamento do fluxo de valor* (VSM). A Figura 4-2 demonstra um exemplo simples de VSM. Quanto mais você tenta otimizar a sua cadeia de suprimentos, maior — e mais complexo — o seu VSM fica.

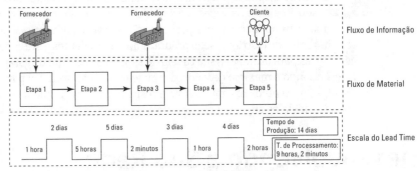

FIGURA 4-2: Exemplo de um VSM.

O mapeamento do fluxo de valor é uma parte importante do conjunto de ferramentas de um profissional que trabalha com o método enxuto (Lean), como você verá na próxima seção. No entanto, a otimização da rede pode ser feita em uma escala maior usando uma análise matemática sofisticada. Inúmeras plataformas de software da cadeia de suprimentos estão disponíveis para ajudar a analisar os fluxos da cadeia de suprimentos, começando com planilhas e avançando para ferramentas complexas de modelagem da cadeia de suprimentos. Por exemplo, além de incluir os custos de compra de materiais e de transportá-los entre os nós, algumas ferramentas de otimização de rede podem levar em consideração as variáveis como o desempenho do fornecedor e os impactos das tarifas e impostos. As seções sobre os softwares de modelagem de cadeia de suprimentos e softwares de business intelligence no Capítulo 12 discutem esse processo com mais detalhes.

Melhorando e Inovando os Processos

As cadeias de suprimentos são formadas por pessoas, processos e tecnologias. Todos esses três componentes precisam melhorar ao longo do tempo para que uma cadeia de suprimentos continue competitiva. As pessoas melhoram com educação, treinamento e experiência. A tecnologia progride através de melhorias em hardware e software. Os processos ficam melhores através da inovação e... bem, do aperfeiçoamento de processo.

Três abordagens que visam à melhoria de processos são particularmente significativas na gestão da cadeia de suprimentos: o método Lean, a Teoria das Restrições e o Seis Sigma. Essas abordagens compartilham um objetivo — o aperfeiçoamento do processo —, mas conseguem alcançá-lo concentrando-se em diferentes aspectos de um processo. A Tabela 4-1 ressalta o foco principal de cada método.

TABELA 4-1   Três Abordagens para a Melhoria de Processos

Método	Foco
Lean (Enxuto)	Reduz os resíduos
Seis Sigma	Reduz a variabilidade
Teoria das Restrições	Reduz os gargalos (restrições)

Método Lean

O método *Lean*, também conhecido como método enxuto, é uma abordagem para a gestão da cadeia de suprimentos que se originou na Toyota, e é por isso que se ouve as pessoas o chamarem de Sistema de Produção Toyota (TPS). O raciocínio por trás do Lean é que você usa a menor quantidade de tempo, esforço e recursos, mantendo um fluxo estável e equilibrado em uma cadeia de suprimentos. A melhor forma de se conseguir isso é dispor de processos lógicos e disciplinados e comunicações impecáveis.

DICA

Como o Lean originou-se de uma empresa japonesa, muitos dos princípios da fabricação Lean são descritos usando nomes japoneses.

Muitas pessoas se enganam ao pensar que o método Lean é um programa de treinamento ou um conjunto de ferramentas que uma empresa pode comprar. No entanto, o Lean é na verdade uma filosofia — uma maneira diferente de enxergar a criação de valor em uma empresa. Para que o Lean funcione adequadamente, todos na empresa precisam trabalhar juntos a fim de erradicar os três fatores que provocam a ineficiência:

- **Muda:** Desperdício
- **Mura:** Alta variabilidade da operação
- **Muri:** Mau dimensionamento de pessoas e equipamentos

Quando alguém identifica a necessidade de inovar ou melhorar um processo, os principais interessados se reúnem para um evento *kaizen* (*kaizen* é uma palavra japonesa que rima com zen). Durante um kaizen, as partes interessadas formam uma equipe e observam como o processo está funcionando, surgem ideias sobre como melhorá-lo e elas implementam as mudanças. Isso parece simples, e deveria ser. Como as culturas de negócios muitas vezes dificultam que as pessoas falem ou sejam ouvidas, uma abordagem formal como o Lean ajuda a envolver todo mundo.

DICA

Um valor primordial do TPS reside no fato de que as pessoas devem ser tratadas com respeito, porque todos os trabalhadores têm ideias para contribuir que podem beneficiar a empresa.

No método Lean existem oito tipos de Muda, ou desperdícios/resíduos, que as empresas devem eliminar constantemente de seus processos e de suas cadeias de suprimentos:

- **Transportation (Transporte):** Sempre que você envia algo de um lugar para outro, está consumindo tempo e dinheiro. Quanto menos você precisar enviar um produto, melhor.
- **Inventory (Estoque):** Toda vez que você tem produtos em estoque, está desperdiçando dinheiro ao ocupar espaço e mobilizar capital de giro.
- **Motion (Movimentação):** Sempre que você movimenta algo quando não é necessário, ou quando não está de alguma forma agregando valor a um produto para um cliente, está desperdiçando tempo e dinheiro.
- **Waiting (Espera):** Toda vez que você tem que esperar que uma coisa aconteça antes que possa fazer outra coisa, está perdendo tempo e dinheiro.
- **Overproduction (Produção em excesso):** Sempre que você fabrica um produto em excesso ou faz um produto antes de vendê-lo ou usá-lo, você perdeu tempo e dinheiro.

> » **Overprocessing (Processamento em excesso):** Toda vez que você faz algo que não agrega valor — que um cliente não pagará —, está perdendo tempo e dinheiro.
>
> » **Defects (Defeitos):** Sempre que você faz um produto que não pode utilizar ou vender, você desperdiça tempo e dinheiro. Isso também inclui os desperdícios, como refugo e retrabalho.
>
> » **Untapped skills and employee creativity (Habilidades inexploradas e criatividade dos funcionários):** Sempre que você falha em se comprometer e inspirar os funcionários a oferecerem ideias, implementarem melhorias ou identificarem desperdícios, você está perdendo um ativo pelo qual já pagou — os cérebros deles.

DICA

Um jeito de se lembrar dos oito tipos de desperdícios é por meio do acrônimo "TIM WOODS". (O S [*skills*] no final vem de Habilidades no último item.)

PAPO DE ESPECIALISTA

Originalmente, a Toyota identificou sete tipos de desperdícios, mas como se adotou o método Lean em outras empresas, a maioria dos especialistas chegou a um consenso de que a criatividade humana inexplorada é tão importante que precisa ser incluída como um oitavo tipo de desperdício.

DICA

O TPS originou-se no mundo da manufatura, por isso muitas vezes é chamado de manufatura enxuta, todavia os princípios têm sido gradualmente adotados em organizações de varejo, distribuição e até mesmo em serviços. Hoje em dia, você pode encontrar os procedimentos Lean em praticamente todos os setores.

Seis Sigma

Seis Sigma é um método de melhoria de processos com base em estatísticas. A ideia básica é que a variação é ruim. Quando você está gerindo um processo de manufatura ou uma cadeia de suprimentos, é necessário consistência e previsibilidade. Caso você não tenha consistência, um percentual das coisas que faz não será aproveitado pelos seus clientes. Se você tem consistência — ou seja, se tem um processo sob controle — há uma chance muito maior de que os produtos que você faz sejam interessantes. Os processos consistentes resultam em produtos com alto nível de qualidade.

PAPO DE ESPECIALISTA

Os estatísticos descrevem a variação de um processo em termos da quantidade de desvio de um valor médio. O símbolo utilizado para representar o desvio em uma equação matemática é a letra grega sigma (σ). Qualquer conjunto de dados sobre um processo tem algum desvio, porém, quanto mais sigmas você tiver, mais estável será o seu processo. Portanto, a base estatística do Seis Sigma é reduzir a variabilidade do processo a ponto de os defeitos ocorrerem apenas no sexto sigma (6σ) ou 3,4 vezes por milhão.

Não quero me aprofundar muito em matemática aqui; você pode encontrar muitos outros livros a respeito disso. O importante a se compreender acerca do

Seis Sigma é que ele tem por finalidade o número mínimo de defeitos — ou seja, qualidade melhor — como resultado da menor variação do processo. Você pode obter isso ao avaliar o processo e ao usar as ferramentas matemáticas a fim de aprimorar a consistência.

Para aplicar o Seis Sigma como metodologia de melhoria de processo, você segue cinco etapas. Estas etapas formam o acrônimo DMAIC (pronuncia-se "dã-mei-ik").

1. **Define (Definir).**
2. **Measure (Medir).**
3. **Analyze (Analisar).**
4. **Improve (Melhorar).**
5. **Control (Controlar).**

PAPO DE ESPECIALISTA

Outro método do Seis Sigma chamado DMEDI (Definir, Medir, Explorar, Desenvolver, Implementar) é utilizado para projetar processos novos.

Etapa 1: Definir

A primeira etapa é definir claramente o processo que você está tentando melhorar e por que você quer melhorá-lo. Durante essa fase, você precisa criar um caso de negócios para saber a razão pela qual o projeto é fundamental e quais recursos são necessários para concluí-lo. Uma parte importante da elaboração do caso de negócios é obter o feedback das pessoas que lidam com os resultados de um processo: os clientes. Esse feedback chama-se *voz do cliente* (VOC). A visão geral do projeto, incluindo a VOC, deve ser resumida em um termo de abertura do projeto Seis Sigma.

DICA

Redigir o termo de abertura do projeto pode ser mais difícil do que as pessoas esperam. Não fique angustiado se preocupando em escrever um termo de abertura perfeito. Em vez disso, apenas crie um rascunho que explique o que você está tentando fazer. Isso facilita colocar no papel o que está pensando e obter informações de outras pessoas. O termo é apenas o seu ponto de partida. Não há problema em fazer alterações e aprimorá-lo à medida que o projeto avança.

Etapa 2: Medir

A segunda etapa é medir o processo que você está tentando melhorar. Como o Seis Sigma é um método matemático, você precisa reunir os dados para conseguir mensurar como o processo está funcionando e calcular a quantidade de variação. Realizar boas medições é fundamental para que você possa calcular as vantagens durante as próximas etapas de um projeto. Se as suas medições não forem meticulosas, suas tentativas de melhoria provavelmente serão infrutíferas.

Etapa 3: Analisar

Depois de coletar os dados sobre o processo, você os analisa. No mundo do Seis Sigma, essa análise normalmente exige um entendimento sólido de estatística e do uso de algum software de análise estatística. Em termos gerais, os dados ajudam a identificar as variações em um processo e mostram como essas variações afetam a qualidade de seus produtos. A análise de dados pode ajudá-lo a compreender o que está causando a variabilidade — as causas-raiz — a fim de que você possa procurar maneiras de melhorar o processo.

Etapa 4: Melhorar

A próxima etapa trata-se de colocar em prática o conhecimento que você obteve da análise de dados, fazendo alterações para melhorar o processo. Essas alterações podem acontecer ao mesmo tempo ou podem ser implementadas em fases ao longo do tempo. Normalmente, esta etapa compreende alguns estudos-piloto para confirmar que as mudanças possibilitam os benefícios esperados antes de implementá-los ao longo de um processo. Se você decidir que existem muitas melhorias que precisarão ser disponibilizadas online, ao longo do tempo, você pode sequenciá-las em um *Metodologia de Gerenciamento de Portfólio de Projetos (MGPP)*. Um MGPP é como um roteiro que mostra a prioridade de implementação de melhorias.

Etapa 5: Controlar

O interessante de aprimorar um processo é que, às vezes, quando você para de prestar atenção, ele volta a funcionar como antes da melhoria. No Seis Sigma, a etapa final é implementar um sistema para assegurar que as melhorias que você fez sejam duradouras. Não raro, o controle envolve a realização de medições e relatórios constantes com a finalidade de demonstrar que as melhorias continuam disponíveis e proporcionando consistência ao longo do tempo.

LEMBRE-SE

Utiliza-se o método DMAIC para melhorar um processo existente. O DMEDI é usado para projetar processos novos.

Existem muitos cursos disponíveis para ajudar as pessoas a aprenderem sobre o Seis Sigma, e muitos deles até mesmo lhe concedem um certificado após a conclusão. Geralmente, há quatro níveis (belts) para o treinamento e a certificação Seis Sigma:

> » Os yellow belts (profissionais de nível tático) compreendem os conceitos básicos e a terminologia do Seis Sigma e podem colaborar como membros de um projeto de melhoria de processos.
>
> » Os green belts (profissionais que dedicam um bom tempo a atividades de melhoria contínua e execução de projetos Seis Sigma) têm um entendimento sólido do Seis Sigma e podem liderar projetos de melhoria de processos por conta própria.

- » Os black belts dominam o Seis Sigma e podem ensinar outras pessoas a gerenciarem projetos de melhoria de processos.
- » Os master black belts têm um nível tão grande de conhecimento que podem treinar e supervisionar os black belts.

Há tanta semelhança entre os métodos Lean e Seis Sigma que muitas pessoas os combinam em uma única disciplina chamada Lean Seis Sigma.

Teoria das Restrições

A Teoria das Restrições (TOC) é um dos conceitos mais simples e poderosos da cadeia de suprimentos. A lógica básica é que todo processo é limitado por algum tipo de *restrição* (pense no ditado: "Uma cadeia é tão forte quanto o mais fraco dos seus elos [links]"). A TOC, na realidade, tem a ver com a sintonização de toda a cadeia de suprimentos para funcionar no mesmo ritmo que a etapa mais lenta do processo. Há muitos exemplos de como as restrições de fato controlam todos os processos ao nosso redor. No mundo das corridas automobilísticas, há momentos em que é necessário restringir a velocidade com que os carros correm pela pista, de modo que você envie um carro de segurança que ninguém possa ultrapassar. Quando você está escoando a água de uma banheira, a velocidade com que a água sai é limitada pelo tamanho do ralo. Em outras palavras, a etapa mais restritiva de um processo é aquela que limita todo o sistema. A TOC o ajuda a focalizar os esforços de melhoria nas restrições, porque é aí que você pode ter o maior impacto na cadeia de suprimentos.

Depois de encontrar a restrição, você tem duas opções:

- » Desacelerar todas as outras etapas para que elas ocorram na mesma velocidade da etapa de restrição. Isso impedirá o acúmulo de estoque entre as etapas do seu processo.
- » Melhorar a restrição para que todo o sistema se movimente mais rapidamente. À medida que você melhora continuamente a restrição (talvez usando o Seis Sigma), em algum momento ela atinge o ponto em que não será a etapa mais lenta em seu processo. Dito de outro modo, ela deixa de ser a restrição. Alguma outra etapa se torna a restrição que está limitando seu processo, e o ciclo começa novamente.

EXEMPLO DO MUNDO REAL

Digamos que você tenha uma cadeia de suprimentos que envolva muitas etapas. Seus clientes, no final da cadeia de suprimentos, querem comprar 1.000 unidades de determinado produto por mês. Mas você só consegue entregar 750. À vista disso, como detectar os problemas e os corrigir para que você consiga aumentar a capacidade de sua cadeia de suprimentos e vender aos seus clientes os produtos que eles querem?

Em virtude da TOC, você sabe que todo o processo é limitado por uma única restrição — nesse caso, a etapa mais lenta do processo. Desse modo, ao invés de tentar corrigir tudo, você precisa começar descobrindo qual etapa está retardando o restante do sistema.

Depois de encontrar a restrição, você tem duas opções. Primeiro, pode desacelerar todas as outras etapas para que todo o sistema funcione na mesma velocidade. Nesse caso, você ajustaria cada etapa para produzir apenas 750 unidades de produto por mês. Assim, não terá acumulação de estoque entre as etapas do seu processo. Porém, você também não atenderia a todas as necessidades de seus clientes.

A segunda opção é melhorar a restrição que permite que toda a cadeia de suprimentos se movimente de modo mais rápido. À medida que você continua a fazer melhorias, em algum momento, a restrição chegará a um ponto em que não estará mais limitando o processo. Nesse ponto, alguma outra etapa se torna a restrição no processo. Assim, você passa a se concentrar na restrição nova.

PAPO DE ESPECIALISTA

A Teoria das Restrições popularizou-se com um romance chamado *A Meta*, de Eliyahu M. Goldratt. Herbie era um dos personagens fictícios do livro, e seu nome já foi adotado como jargão da TOC como uma forma de descrever a etapa de restrição em qualquer processo. Embora procurar por uma restrição aparentemente seja lógico, o problema é que elas costumam ser difíceis de encontrar. Quando uma restrição está no início de um processo (como um carro de segurança) ou no final (como o ralo de uma banheira), o processo provavelmente se comporta de modo estável. Quando uma restrição ocorre no meio de um processo, ela pode instaurar o caos. Por exemplo, uma máquina no meio de uma linha de montagem quebra e pode se tornar um Herbie. Todavia, até que você a visualize através da perspectiva do TOC, as pessoas podem não ver como os arranques e as paradas de uma máquina realmente provocam a ineficácia em toda cadeia de suprimentos e reduzem a capacidade geral da empresa.

Estruturando os Projetos da Cadeia de Suprimentos

Os projetos são o modo pelo qual as empresas efetuam mudanças. Como as cadeias de suprimentos precisam se adaptar às mudanças o tempo todo, o gerenciamento de projetos tornou-se uma parte importante da gestão da cadeia de suprimentos. Uma característica comum dos projetos da cadeia de suprimentos é que eles tendem a ser multifuncionais. Talvez seja necessário que você tenha especialistas em logística e gerentes de operações, profissionais de recursos humanos, experts em tecnologia da informação e contadores trabalhando juntos. Isso pode representar desafios em termos de comunicação e carga de trabalho. Primeiro, é necessário analisar as características comuns dos projetos da cadeia de suprimentos e como elas podem gerar esses desafios. Em seguida, você precisa ter um conjunto de princípios que o ajude a liderar projetos multifuncionais e a enfrentar esses desafios com eficiência.

Gestão de Equipes de Projetos Multifuncionais

As cadeias de suprimentos conectam empresas e vão além do sistema de silos dentro de uma empresa. Como resultado, os projetos da cadeia de suprimentos geralmente compreendem membros da equipe de diversas áreas. Uma equipe de projeto da cadeia de suprimentos pode incluir pessoas de desenvolvimento de negócios, atendimento ao cliente, expedição, recebimento, manufatura, tecnologia da informação, contabilidade e recursos humanos. A gestão de projetos da cadeia de suprimentos multifuncionais é um meio excelente de desenvolver uma ampla rede e um entendimento sólido sobre a complexidade das cadeias de suprimentos. O gerente de projeto deve ser extremamente influente, prestar o máximo de atenção às comunicações e ajudar os membros da equipe a administrarem as prioridades em prol da equipe.

Reunir pessoas com conjuntos de habilidades diferenciados em uma equipe de projetos pode ser uma ótima maneira de estimular a inovação e acelerar a mudança. As equipes de projetos multifuncionais também enfrentam alguns desafios significativos. Os três desafios mais comuns para os gerentes de projetos multifuncionais são a autoridade, a comunicação e a priorização.

Autoridade

Entende-se por autoridade o poder que você tem de contratar, demitir, recompensar e advertir alguém. Não raro, os principais membros da equipe se reportam aos gerentes de outro departamento da empresa e são emprestados somente ao projeto; desse modo, pode ser difícil para o gerente de projetos da cadeia de suprimentos abordar diretamente os problemas de desempenho, porque ele não tem autoridade para fazê-lo. Se o gerente de projetos não tiver autoridade para gerir os membros da equipe, ele dependerá da influência para manter todos os membros da equipe na mesma sintonia.

Comunicação

Os especialistas de qualquer campo têm as suas próprias ferramentas, regras e linguagem. Na gestão da cadeia de suprimentos, a mesma palavra pode significar algo diferente, dependendo do contexto. Por exemplo, as empresas de transporte (como as companhias de navegação e as empresas de transporte de cargas) referem-se a seus clientes como *expedidores (shipper)*, enquanto seus clientes costumam usar o termo *remetentes (shipper)* para descrever a empresa de transporte. (Em inglês, o termo utilizado é "shipper". No Brasil, segundo a legislação do CTe [Conhecimento de Transporte Eletrônico], usa-se, dependendo do contexto e da função, expedidor, remetente [nesse caso], recebedor, emitente e destinatário.) O gerente de projetos precisa ser capaz de disponibilizar a tradução entre as funções e incentivar as pessoas a explicar o que estão tentando dizer sem usar jargão.

Prioridades

Ao solicitar que alguém colabore em um projeto, pode ser que essa pessoa não tenha parado de trabalhar em outras coisas; ele ou ela pode estar trabalhando em vários projetos. Caso um dos outros projetos exija mais tempo e atenção, você deve garantir que o seu projeto receba suporte o bastante para evitar confusões. Antecipe os possíveis problemas a fim de que você possa tomar as providências formais. Você pode fazer um acordo com o chefe do membro da equipe para assegurar que o seu projeto seja priorizado, por exemplo. Ou talvez o chefe do membro da equipe dê a palavra que esse colaborador vai dedicar determinado número de horas por semana ao seu projeto.

Desenvolvendo Planos de Projetos Multifuncionais

Uma das melhores maneiras de lidar com o desafio de gerenciar um projeto multifuncional é arquitetar um plano sólido de projeto. Ao elaborar o plano, você permite que todos tenham a oportunidade de disponibilizar as informações e capturar as interdependências. Por exemplo, o pessoal de recursos humanos talvez não consiga dar início ao treinamento de funcionários em um processo novo até que o equipamento necessário tenha sido entregue e instalado. Um plano de projeto integrado e multifuncional facilita a visualização dessas relações e possibilita uma visão mais clara do tempo necessário para se concluir um projeto. Desenvolver um plano integrado também oferece uma oportunidade natural para qualquer pessoa da equipe pedir explicações sobre as palavras ou jargões incomuns.

Você pode utilizar muitas abordagens para elaborar um plano de projeto integrado, mas a estratégia a seguir funciona melhor para mim:

1. **Reúna os representantes de todas as funções necessárias para uma reunião de planejamento.**

   Os representantes podem incluir as pessoas de logística, operações, tecnologia da informação, recursos humanos e contabilidade.

2. **Peça à equipe para criar uma lista de entregas.**

   Os *entregas* são resultados expressamente definidos que o projeto deve produzir.

   DICA

   Para saber se uma entrega está de acordo, use o teste Concluído/Não Concluído. Você deve ser capaz de perguntar se uma entrega está concluída ou não. A resposta não deve ser "Quase", "Grande parte" ou "64,67% concluída". A resposta deve ser "Sim, concluída" ou "Não, não está concluída".

3. **Peça à equipe para desenvolver dez tarefas para cada entrega.**

   Você pode perguntar aos membros da equipe: "Se vocês resumissem o que seria necessário para concluir essa entrega em dez etapas, quais seriam essas etapas?". Cada etapa é uma tarefa. Uma lista estruturada de tarefas, conforme a da Figura 4-3, chama-se *estrutura analítica de projeto (EAP)*.

ID	Nome	Responsável
1	Escolher o local para o centro de distribuição	Sue
1.1	Estudar o design de rede por completo	Bob
1.2	Selecionar 3 regiões para estudo de potenciais áreas	Jim
1.3	Finalizar os estudos das áreas	Dean
1.4	Enviar o estudo das áreas para avaliação do VP	Sue
1.5	Agendar as visitas	Dean
1.6	Realizar negociações com os desenvolvedores	Jill
1.7	Escolher a área final	Sue
1.8	Assinar o contrato	Sue
2	Escolher o corretor de imóveis	Dean
2.1	Adquirir lista de corretores licenciados	Jim
2.2	Entrevistar as referências do cliente	Dean
2.3	Entrevistar os candidatos a corretores	Dean

FIGURA 4-3: Amostra de estrutura analítica de projeto.

DICA

Eu prefiro que entregas e tarefas comecem com verbos, facilitando o entendimento do que precisa ser feito. "Fazer um rascunho do processo de recebimento" é mais descritivo do que "Processo de recebimento", por exemplo.

4. **Peça à equipe para decidir quais tarefas devem ser concluídas antes que outra tarefa possa começar.**

   Os relacionamentos entre tarefas são chamados de *dependências*. A tarefa que precisa acontecer primeiro chama-se *predecessora*. A tarefa que tem que esperar chama-se *sucessora*. Para projetos pequenos e simples, você pode acompanhar as dependências manualmente, porém na maioria dos projetos da cadeia de suprimentos, as dependências fazem com que eles fiquem complicados. A Figura 4-4 mostra um *diagrama de rede* que ilustra as relações predecessoras e sucessoras entre as tarefas.

   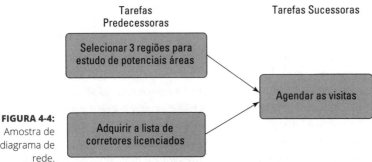

   FIGURA 4-4: Amostra de diagrama de rede.

   DICA

   Usar um software de gerenciamento de projetos para acompanhar as tarefas e as dependências pode ajudá-lo a evitar erros e a economizar muito tempo.

5. **Avalie o cronograma e divida o plano.**

   Geralmente, as dependências indicam que se leva mais tempo para concluir um projeto do que o esperado ou o tido como aceitável. Nesse ponto, você precisa encontrar alternativas lógicas para encurtar o cronograma. Este processo chama-se *compressão* do plano de projeto.

   Comece examinando as tarefas que estão impulsionando a programação — aquelas que estão demorando mais tempo para serem concluídas. A maior série de tarefas chama-se *caminho crítico*. O único modo de encurtar um projeto é alterar as tarefas no caminho crítico. Talvez algumas tarefas não precisem ocorrer em sequência ou em série. Em vez disso, elas podem ser executadas ao mesmo tempo ou em paralelo, ou podem ser independentes. Prossiga com as análises das tarefas no caminho crítico até ter um cronograma que seja aceitável para a equipe e para o seu superior.

   DICA

   Elaborar uma lista de entregas e tarefas do projeto é relativamente fácil e pode ser feito com um programa de processamento de texto ou de planilha eletrônica, mas o cálculo dos cronogramas do projeto e o caminho crítico são complexos. O software de gerenciamento de projetos executa isso automaticamente, o que economiza muito tempo quando você está dividindo um plano de projeto.

CAPÍTULO 4 **Otimizando a Sua Cadeia de Suprimentos** 63

Criando uma Matriz RACI

Quando há muitas pessoas trabalhando em um projeto, elas muitas vezes têm opiniões diferentes sobre as próprias atribuições e responsabilidades. É necessário que você demonstre uma compreensão clara do que todos estão fazendo para garantir que todas as tarefas sejam concluídas. É muito mais fácil determinar antecipadamente as expectativas do que enfrentar mal-entendidos mais tarde.

Para qualquer tarefa em um projeto, existem apenas cinco atribuições diferentes que um membro da equipe pode desempenhar:

» **Nenhuma atribuição:** O membro da equipe não tem relação com a tarefa.
» **Informado:** Notifica-se o membro da equipe de que uma tarefa está ocorrendo ou que ela foi concluída.
» **Consultado:** Solicita-se que o membro da equipe disponibilize as informações para uma tarefa, porém não é ele que a executa e também não está tomando as decisões.
» **Responsável:** O membro da equipe é responsável por ajudar a concluir uma tarefa. Se a tarefa exigir que alguém trabalhe ou tome uma decisão, essa pessoa é responsável por trabalhar nessa tarefa até que ela esteja concluída.
» **Aprovador:** Membro da equipe que é o único, e somente ele, responsável por concluir a tarefa. O aprovador pode precisar tomar as decisões e fazer o trabalho. Ou talvez precise incitar e estimular os membros de sua equipe para realizarem o trabalho. Quando chega a hora da pergunta fatídica: "Esta tarefa está completa?", o aprovador responsável é a pessoa cuja carreira e credibilidade estão em jogo.

Designar as pessoas a essas cinco atribuições facilita a comunicação do que cada membro da equipe precisa fazer a fim de que o seu projeto seja bem-sucedido. Você pode documentar as atribuições com uma Matriz RACI (pronunciado como "*RAY-SEE*", abreviação em inglês de Responsible [Responsável], Accountable [Aprovador], Consulted [Consultado] e Informed [Informado]).

Ao utilizar uma matriz RACI como a da Figura 4-5, você enumera todas as tarefas do seu projeto e define a atribuição de cada um dos membros de sua equipe no suporte de cada tarefa. Se houver divergências a respeito da atribuição de alguém em uma tarefa, em teoria, você terá a chance de resolvê-las antes de criarem um problema para o projeto. Lida horizontalmente, uma matriz RACI facilita com que o gerente de projeto saiba quem precisa ser envolvido para que cada tarefa seja realizada. Lida verticalmente, você consegue visualizar de modo fácil qual é a atribuição de cada pessoa e em quais tarefas elas estão envolvidas.

Tarefas	Sue	Bob	Jim	Dean	Jill
Estudar o design de rede por completo	I	A	R	R	
Selecionar 3 regiões para o estudo de potenciais áreas	I	C	A	R	
Finalizar os estudos das áreas		R	R	A	
Enviar os estudos das áreas para avaliação do VP	A	R	R	R	I
Agendar as visitas	C	C	C	A	C
Realizar as negociações com os desenvolvedores	C			R	A
Escolher a área final	A	R	R	R	R
Assinar o contrato	A	I	I	I	I

FIGURA 4-5: Amostra de matriz RACI.

DICA

Às vezes pode ser difícil convencer os membros da equipe de que apenas uma pessoa deve ser a responsável por todas as tarefas. No entanto, descobri que quando mais de uma pessoa é responsável, é mais difícil gerenciar o projeto. Caso duas pessoas insistam que ambas são responsáveis por uma tarefa, pense na possibilidade de dividir essa tarefa em duas tarefas menores e responsabilizar cada pessoa por uma dessas duas tarefas.

Criando um Projeto com Indicadores de Desempenho

Acompanhar o progresso de um projeto é crucial para descobrir o que está funcionando, o que não está funcionando e onde você precisa centralizar os recursos para manter o projeto em andamento. Uma das maneiras mais eficazes de acompanhar um projeto é utilizar os indicadores de desempenho (scorecards) e atualizá-los regularmente. Para a maioria dos projetos, recomendo que se realizem atualizações semanais, sempre em um mesmo momento em todas as semanas; para projetos que estão progredindo lentamente, as atualizações mensais ou trimestrais são aceitáveis. Em alguns casos, as coisas mudam tão rápido que você precisa de atualizações diárias — ou mesmo de hora em hora.

O indicador de desempenho do projeto deve facilitar e fazer com que qualquer pessoa saiba rapidamente o andamento do projeto — quer esteja antes do prazo e dentro do orçamento, quer esteja atrasado e acima do orçamento; quer as coisas estejam indo conforme o planejado ou se os riscos não planejados estão colocando o projeto em perigo. Veja a seguir os itens que gosto de incluir em um indicador de risco e que atualizo semanalmente:

» **Status dos principais entregas:** Quais entregas foram concluídos e se foram entregues no prazo, adiantados ou atrasados.

» **Últimas realizações:** Coisas recentes que foram concluídas desde a última vez em que o indicador de desempenho foi atualizado.

CAPÍTULO 4 **Otimizando a Sua Cadeia de Suprimentos** 65

» **Próximas tarefas:** Coisas em que a equipe estará trabalhando agora e no meio tempo em que o indicador de desempenho for atualizado futuramente.

» **Riscos e preocupações:** Desafios e questões inesperadas que estão causando problemas ou que podem interferir no projeto.

O acesso fácil a essas informações presentes em um indicador de desempenho facilita muitíssimo a gestão, o reconhecimento das pessoas por suas conquistas e as ajuda a lidar com os desafios. Desse modo, ao compreender o que está acontecendo, o que deveria estar acontecendo e o que pode acontecer, você consegue tomar decisões melhores, o mais depressa possível. No entanto, existem outras informações que, às vezes, agregam valor a um indicador de desempenho, como as informações sobre o desempenho orçamentário, classificações de qualidade e envolvimento dos funcionários. Para elaborar um bom indicador de desempenho, entenda quais informações você precisa acompanhar para que todo mundo fale a mesma língua e garanta o sucesso dos projetos multifuncionais da cadeia de suprimentos.

A Figura 4-6 é um exemplo de indicador de desempenho que facilita a comunicação de quatro informações indispensáveis acerca do status de um projeto.

Indicador de desempenho de projeto para a semana de 21 de janeiro

Status dos principais entregas	Próximas tarefas
Últimas realizações	Riscos e preocupações

FIGURA 4-6: Amostra de indicador de desempenho de projeto.

Usando o Modelo DIRETO (DIRECT Model)

Ao longo dos anos, desenvolvi uma abordagem para liderar as equipes multifuncionais chamada de modelo DIRETO de liderança de projeto. A ideia para essa abordagem veio da constatação de que todo filme — não importa o quão bons sejam os atores — precisa de um diretor que faça com que todos trabalhem nas coisas certas no momento certo, e um projeto multifuncional em uma empresa não é diferente.

Concebe-se o modelo DIRETO a partir das seis coisas em que um líder precisa se concentrar para ajudar sua equipe a concluir um projeto com sucesso (veja a Figura 4-7):

- » Definir o objetivo (Define)
- » Investigar as opções (Investigate)
- » Determinar um plano de ação (Resolve)
- » Executar o plano (Execute)
- » Mudar o sistema (Change)
- » Transição de pessoas (Transition)

FIGURA 4-7: As seis responsabilidades de um líder que usa o modelo DIRETO.

Defina o objetivo

Todo projeto deve começar com um termo de abertura que descreva claramente o escopo, o cronograma e o orçamento do projeto, identifique o responsável pelo custo e explique por qual motivo o projeto é importante. Esse documento ajuda a garantir que todos tenham expectativas semelhantes em relação ao projeto e pode prevenir a *mudança constante de escopo* (trabalho novo adicionado ao projeto posteriormente).

Investigue as opções

Antes de investigar o caminho de determinada solução, geralmente é uma boa ideia considerar outras maneiras para conquistar o seu objetivo. Ao investigar as suas opções antecipadamente, você reduz as chances de se sentir arrependido ao realizar uma compra e passa a levar em consideração os muitos pontos de vista que podem influenciar as decisões na cadeia de suprimentos.

Determine um plano de ação

Quando as opções são claras, a equipe precisa tomar uma decisão e seguir em frente. Os projetos da cadeia de suprimentos podem ser interrompidos pela *paralisia por análise*, quando as equipes se atolam tentando coletar dados em vez de tomar decisões e agir. Por outro lado, os projetos da cadeia de suprimentos também podem entrar em colapso porque a equipe está ocupada trabalhando antes da hora — antes de compreender apropriadamente todas as interdependências e riscos.

DICA

Determinar um plano de ação é uma arte de liderança que compreende sondar e ouvir para assegurar que você entenda bem as prioridades e preocupações dos membros de sua equipe, além de ajudá-los a aceitar a necessidade de se comprometerem. O melhor modo de elaborar um plano de ação é fazer com que a equipe crie um único plano de projeto que mostre as dependências entre todas as tarefas dela.

Execute o plano

Quando o plano é adotado, a equipe precisa se concentrar em sua execução. Avançar com o andamento de um projeto, conseguir cumprir com os prazos e mantê-lo dentro do orçamento exige habilidades especiais. As surpresas sempre acontecerão, e elas levam tempo e dinheiro para serem resolvidas, porém a credibilidade da equipe e o valor do projeto dependem de que o trabalho seja feito a tempo. A execução do plano requer foco, senso de urgência e boa comunicação entre os membros da equipe.

Mude o sistema

Os projetos consistem em como mudar a maneira pela qual a cadeia de suprimentos — o sistema — funciona. Você deve compreender como um sistema funciona, o estado atual, antes de alterá-lo. Tal compreensão origina-se do trabalho que a sua equipe realiza para definir e investigar o projeto. Você também precisa saber como prever o funcionamento do sistema quando a alteração for concluída — o estado futuro —, advindo do trabalho feito pela equipe para a resolução e execução. A mudança do estado atual para o estado futuro não acontece instantaneamente ou por um passe de mágica. Faz-se necessário também planejar a implementação. Caso você esteja dando início a um novo centro de distribuição na segunda-feira, por exemplo, pense na possibilidade de fechar o antigo na sexta-feira anterior ou administrar os dois centros paralelamente por seis meses para garantir que o novo esteja funcionando corretamente. Você também deve estudar os problemas que provavelmente ocorrerão durante a alteração, como remessas extraviadas ou equipamentos que não funcionam conforme o esperado.

Transição de pessoas

Você precisa pensar a respeito das pessoas que operam o sistema e como as mudanças afetarão as rotinas de seus clientes, seus funcionários e outras partes interessadas. Se o seu projeto influenciará a vida dessas pessoas, você precisa ajudá-las a se preparar para a mudança. Sempre que algo muda, as pessoas precisam processar e aceitar tal mudança. O especialista em comportamento organizacional Dr. William Bridges estudou o processo pelo qual as pessoas passam ao reagirem a uma mudança em seu ambiente e chamou esse processo de *transição*. O aspecto fundamental é que gerenciar a transição é tão importante quanto gerenciar a mudança. Enquanto a mudança tem a ver com o sistema, a transição tem a ver com as pessoas.

2 Gestão dos Processos da Cadeia de Suprimentos

NESTA PARTE...

Divida sua cadeia de suprimentos em processos de alto nível usando o modelo SCOR.

Analise como diferentes tipos de cadeias de suprimentos planejam, fornecem, produzem e entregam produtos e serviços.

Explore as oportunidades de capturar valor e reduzir desperdício a partir da logística reversa.

Considere o conjunto de outros processos que permitem que uma cadeia de suprimentos opere de maneira eficiente.

> **NESTE CAPÍTULO**
>
> » Dividindo a cadeia de suprimentos em processos
>
> » Organizando os processos conforme a estrutura do modelo SCOR
>
> » Desenvolvendo métricas e metas para a sua cadeia de suprimentos

Capítulo **5**

Conectando os Processos da Cadeia de Suprimentos

O Capítulo 2 aborda muitas maneiras diferentes de como você pode descrever uma cadeia de suprimentos, e uma das opções era analisá-la como uma série de processos. Este capítulo se aprofunda nessa perspectiva centrada no processo e demonstra como definir os objetivos, mensurar o desempenho e tomar as melhores decisões de gestão.

A gestão da cadeia de suprimentos é um campo tão novo que não existem regras ou padrões oficiais para muitos desses processos. As empresas consorciadas têm trabalhado juntas nos últimos anos com o intuito de desenvolver uma estrutura compartilhada chamada de Modelo de Referência de Operações da Cadeia de Suprimentos (modelo SCOR - Supply Chain Operations Reference). À medida que essas empresas começaram a incorporar o modelo SCOR em seus sistemas de gestão, tornou-se mais fácil para todos nós nos comunicarmos mais eficazmente sobre o que de fato está acontecendo em nossas cadeias de suprimentos.

Entendendo os Processos da Cadeia de Suprimentos

Eu defino o *processo da cadeia de suprimentos* como qualquer atividade ou série de atividades que agreguem valor a um produto ou a um serviço. Por exemplo, fazer um hambúrguer é um processo da cadeia de suprimentos, pois os clientes estão dispostos a pagar mais por um hambúrguer em um lanche com alface e tomate dentro de um pão fatiado do que pagar pelos ingredientes separados. Servir um lanche também é um processo de cadeia de suprimentos; clientes que comem um lanche com hambúrguer em uma lanchonete, onde o garçom serve o alimento à mesa, pagam mais do que quando compram o mesmo lanche com hambúrguer em um drive-thru. Qualquer coisa que agregue valor — qualquer coisa que circule ou mude de algum modo um produto ou serviço que o cliente esteja disposto a pagar — é um processo da cadeia de suprimentos.

Ao começar a pensar em cadeias de suprimentos em termos de processos, você começa a visualizar com mais clareza como todas as peças se encaixam. Você tem um processo para encomendar os componentes antes de poder fazer os seus produtos. Em seguida, tem os processos de produção, de vendas e de entrega. Cada um dos processos em uma cadeia de suprimentos depende e se conecta a outros processos. Os processos da cadeia de suprimento não funcionam sozinhos ou em sistemas de silos; todos eles são interdependentes.

Embora os detalhes da maioria dos processos da cadeia de suprimentos variem extremamente entre as indústrias e as empresas, percebe-se que eles podem ser agrupados em um número surpreendentemente pequeno de categorias. De fato, a maioria dos processos da cadeia de suprimentos se enquadra em uma destas seis categorias:

- Planejamento
- Fornecimento
- Produção
- Entrega
- Devolução
- Viabilização

Essas categorias do processo de alto nível não abarcam por completo tudo o que é feito em uma cadeia de suprimentos, todavia elas compreendem a maioria das etapas significativas e necessárias para criar e agregar valor.

Apresentação do Modelo SCOR

O modelo SCOR é uma estrutura que você pode usar para mapear os processos em qualquer cadeia de suprimentos. Ele apresenta seis processos de nível superior — as principais atividades envolvidas na criação e entrega de valor a um cliente. Como cada um desses processos contém muitos níveis de subprocessos, eles normalmente são chamados de *grupos de processos*. Os seis processos são:

» Planejamento
» Fornecimento
» Produção
» Entrega
» Devolução
» Viabilização

Deve-se planejar todas as atividades da cadeia de suprimentos de modo que o processo de Planejamento se conecte com todos os outros. Assim sendo, há uma sequência lógica a partir do Fornecimento, no qual você compra materiais para a Produção, em que você produz os produtos para a Entrega, na qual você entrega esses produtos para os seus clientes. Em qualquer momento nos processos de Fornecimento, Produção ou Entrega, você pode precisar enviar alguns de seus produtos de volta à cadeia, de modo que o processo de Devolução fica abaixo de todos eles. E como o modelo SCOR é projetado para caracterizar uma cadeia de suprimentos, não apenas uma empresa individual, esses processos também precisam se conectar com os seus clientes e fornecedores. Portanto, o processo de Fornecimento *da sua empresa* conecta-se ao processo de Entrega *dos seus fornecedores*. E o processo de Entrega *da sua empresa* conecta-se ao processo de Fornecimento *de seus clientes*. Com a finalidade de realizar todo esse trabalho, você precisa dispor da habilidade e da tecnologia de informação vigente a fim de Viabilizar (Viabilização) esses processos. A Figura 5-1 mostra como esses processos se conectam em sua empresa e como eles vinculam a sua empresa ao resto de sua cadeia de suprimentos.

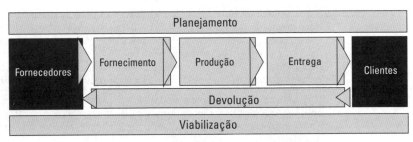

FIGURA 5-1: Os seis processos da cadeia de suprimentos de nível superior na estrutura do SCOR.

CAPÍTULO 5 **Conectando os Processos da Cadeia de Suprimentos**   73

PAPO DE ESPECIALISTA

Ao longo dos anos, as empresas de consultoria, os analistas e diversas indústrias desenvolveram seus próprios modelos de processos da cadeia de suprimentos. Essas estruturas podem até se valer de palavras diferentes, mas elas englobam os mesmos conceitos do SCOR. Por exemplo, a empresa de análise Gartner inclui etapas de processo semelhantes em seu Modelo de Atributos de Talentos da Cadeia de Suprimentos, porém eles adicionaram o Desenvolvimento de Produtos Novos e o Gerenciamento de Clientes como processos. E o Departamento de Defesa dos EUA substituiu a Produção pela Manutenção em sua estrutura de processos. Logo, quando você compreende os princípios do modelo SCOR, entender os outros modelos fica fácil.

Um bom modo de exemplificar como o modelo SCOR funciona é analisando como ele se aplicaria a uma cadeia de suprimentos que você já conhece. Por exemplo, imagine que, de repente, você está gerenciando a cadeia de suprimentos de uma lanchonete que faz diversos lanches. A Tabela 5-1 ilustra como os processos de nível superior da estrutura do SCOR podem ajudá-lo a pensar em problemas que você precisa avaliar.

TABELA 5-1 Exemplos de Processos SCOR de Nível Superior

Processo	Descrição
Planejamento	É necessário estimar quantos lanches com hambúrgueres você fará, decidir onde vai produzir esses hambúrgueres e determinar quais são as prioridades da sua cadeia de suprimentos. Talvez seja preciso escolher entre se concentrar na qualidade e no frescor, no atendimento ao cliente e na facilidade para o cliente ou no custo baixo. Essas escolhas influenciarão outras decisões e trade-offs que você faz em toda a cadeia de suprimentos.
Fornecimento	Você precisa decidir em que lugar comprará os seus ingredientes e suprimentos. É necessário negociar com seus fornecedores para obter os melhores preços, juntamente com a melhor qualidade e serviço. Talvez seja melhor dispor de fornecedores próximos, para que o transporte de produtos seja rápido e barato. Ou talvez tenha lógica escolher fornecedores mais distantes, porém que forneçam os produtos a um custo menor ou em quantidades maiores.
Produção	Você precisa gerenciar o processo de produção de seus hambúrgueres. Será importante definir os estágios de seu processo de produção e quanto tempo cada um deles levará. É necessário também decidir se os hambúrgueres devem ser feitos à mão ou se você pode comprar uma máquina que faça com que eles fiquem melhores, mais rápidos e mais baratos do que ficariam caso fossem feitos por uma pessoa.
Entrega	Você precisa administrar a logística para entregar os lanches na mão de seus clientes. Isso significa que é imprescindível decidir se você deseja que os clientes peguem os lanches em um balcão ou se um garçom os servirá na mesa. Ou talvez você precise ter um drive-thru ou, quem sabe, possa fazer a entrega dos lanches nas casas ou no local de trabalho de seus clientes.
Devolução	Há produtos em que é fundamental pensar a respeito do que acontecerá com eles depois que o cliente terminar de usá-los. No caso dos lanches como hambúrgueres, talvez seja necessário pensar em lavar os pratos e reciclar os guardanapos.

Processo	Descrição
Viabilização	Por último, porém não menos importante, você precisa decidir o que mais precisa ser feito para que a cadeia de suprimentos funcione. Pode ser necessário contratar pessoas com qualificações específicas, o que sugere que você precisa analisar como as encontrará e como avaliará o desempenho delas. E pode haver outros processos que você precise viabilizar para que sua cadeia de suprimentos alcance seus objetivos, como campanhas de marketing ou práticas contábeis.

DICA

É possível ver nesse exemplo como o modelo SCOR pode ajudá-lo a expandir as opções que você tem e como elas afetarão o design de sua cadeia de suprimentos.

Cada um desses processos é discriminado detalhadamente nos Capítulos 6 a 11.

Usar uma estrutura de processo como o modelo SCOR é uma boa maneira de analisar as etapas envolvidas na execução de uma cadeia de suprimentos. Ela pode ajudá-lo a identificar as trade-offs em sua cadeia de suprimentos e garantir que suas decisões se alinhem com os resultados que os clientes valorizam. No entanto, o mais importante é que, ao usar uma estrutura de processo, você poderá identificar e concentrar-se nas métricas que são essenciais para a gestão eficaz de sua cadeia de suprimentos.

SIPOC

Ao analisar como um processo da cadeia de suprimentos realmente funciona, é importante identificar os cinco principais atributos denominados pelo acrônimo SIPOC (em inglês):

- *Suppliers (Fornecedores)* são pessoas, grupos ou sistemas que fornecem entradas para um processo. Isso pode compreender as empresas das quais você compra suprimentos, mas também pode incluir um sistema de computador que forneça os dados necessários.

- *Inputs (Entradas/Insumos)* incluem qualquer coisa que entra em um processo, um sistema ou uma máquina. Podem compreender as matérias-primas, componentes, materiais de embalagem, informações e instruções.

- *Process (Processos)* é a etapa de uma cadeia de suprimentos que você está tentando analisar. O processo pode ser um processo de planejamento (como definir metas de estoque) ou um processo de execução (como selecionar um item em um centro de distribuição).

- *Outputs (Saídas/Produto Final)* é o que um processo produz. As saídas incluem o produto ou serviço que o processo deve entregar e também pode incluir informações. Em muitos processos, as saídas também incluem os resíduos.

- *Customers (Clientes)* são pessoas, grupos ou sistemas que usam os produtos finais de um processo. O cliente em um SIPOC não precisa ser o cliente que compra o seu produto acabado.

(continua)

CAPÍTULO 5 **Conectando os Processos da Cadeia de Suprimentos** 75

(continuação)

Uma análise SIPOC ajuda a mostrar as dependências entre cada um dos processos em uma cadeia de suprimentos. Um bom modo de exemplificar uma análise SIPOC é examinando o processo de picking dos pedidos em um centro de distribuição:

- *Suppliers (Fornecedores)* compreendem o departamento de recebimento, cuja responsabilidade é colocar o estoque no depósito e inserir os dados no sistema de gerenciamento de depósito responsável por fazer o acompanhamento do estoque.
- *Inputs (Entradas/Produto Final)* englobam os produtos que estão armazenados no estoque junto às instruções sobre onde encontrá-los dentro do próprio depósito.
- *Process (Processos)*, neste caso, poderia ser "apanhar um item do estoque". Ou você pode dividir o processo em etapas mais detalhadas, como "imprimir a lista de coleta, viajar até o primeiro local de coleta, colocar o item no carrinho" e assim por diante.
- *Outputs (Saídas/Produto Final)* é o item coletado, onde ele é entregue e quanto tempo leva para concluir o processo. As saídas também podem incluir a atualização do sistema de gerenciamento do depósito quando a retirada estiver concluída e a criação de um romaneio de carga para a expedição.
- *Customers (Clientes)*, neste caso, será o departamento de expedição, responsável pelo próximo processo na cadeia de suprimentos.

Este exemplo mostra que você pode pensar em uma cadeia de suprimentos como sendo uma série de SIPOCs. O cliente de um processo é o fornecedor do próximo processo. Por exemplo, o departamento de expedição é o cliente do processo de separação, mas no próximo processo — expedição — o departamento de expedição é o fornecedor, e o provedor de transporte é o cliente.

A estruturação nítida dos SIPOCs é importante quando se analisa os impactos de automação de um processo, em razão da necessidade de se considerar como os fornecedores e os clientes do processo poderiam ser afetados por uma mudança. Uma ferramenta relevante para transmitir essa informação é um diagrama SIPOC, como o mostrado na figura abaixo:

Determine as Métricas do Processo

Depois de definir os processos em uma cadeia de suprimentos, o próximo passo é decidir como medi-los. As métricas reduzem a subjetividade de um processo e trazem à baila as coisas que realmente importam.

Em muitos casos, as métricas são *quantitativas,* o que significa que elas representam dados objetivos fáceis de calcular e comprovar. O tempo que um processo leva para ser concluído, o número de unidades produzidas e a quantia de dinheiro gasto são exemplos de métricas quantitativas.

Em outros casos, as métricas são qualitativas. O índice de satisfação de seus clientes com um processo, o nível de praticidade dele ou a probabilidade de os clientes o recomendarem podem ser medidas importantes, mas difíceis de avaliar. As métricas que dependem do julgamento ou da opinião de alguém são *qualitativas*.

DICA

Alguns processos da cadeia de suprimentos são melhor calculados quantitativamente, alguns qualitativamente, e alguns de modo quantitativo e qualitativo. O essencial é escolher as métricas que o ajudem a entender o quanto um processo está funcionando e se ele oferece oportunidades para agregar valor ou minimizar o desperdício.

Veja a seguir as três métricas de uma lanchonete fast-food, que podem ser bem relevantes:

» **Ciclo de pedido para entrega:** Quanto tempo leva desde o momento em que um cliente faz um pedido até recebê-lo?

» **Competência de pedido perfeito:** Qual percentual de pedidos é entregue no prazo e exatamente como o cliente pediu (e pagou) por eles?

» **Pesquisa de satisfação ao cliente (Net Promoter Score - NPS):** Qual é o percentual de satisfação da experiência dos clientes que recomendaria a lanchonete à outra pessoa?

Observe que o ciclo de pedido para entrega e a competência para o pedido perfeito são métricas quantitativas; elas são baseadas em dados objetivos. O grau de satisfação do cliente (NPS), no entanto, é uma métrica qualitativa; é a avaliação de como as pessoas se sentem e, portanto, baseia-se em dados subjetivos.

LEMBRE-SE

Geralmente, é melhor usar uma combinação de métricas quantitativas e qualitativas para compreender como sua cadeia de suprimentos está funcionando e onde você pode identificar oportunidades de melhorias.

Desenvolvendo a Cadeia de Suprimentos Ideal

Na verdade, não existe uma "cadeia de suprimentos perfeita", porque o desempenho da cadeia de suprimentos depende de muitos fatores. Mas existem diferenças perceptíveis entre uma boa cadeia de suprimentos e uma ruim. Uma boa cadeia de suprimentos sempre disponibilizará aos clientes o que eles querem por um preço que estejam dispostos a pagar, enquanto gera uma margem de lucro suficiente à sua empresa.

Essa definição é aparentemente simples, mas, na verdade, projetar e gerir uma cadeia de suprimentos que possa atender às expectativas de seus clientes de forma lucrativa é complicado devido a uma série de razões. Primeiro, o mundo real é cheio de surpresas que o compelem a escolher entre a possibilidade de gastar mais dinheiro ao solicitar um pedido ou arriscar-se a decepcionar seus clientes. Em segundo lugar, ao longo do tempo, as prioridades dos clientes mudarão e a sua empresa evoluirá, portanto, sua cadeia de suprimentos precisa se adaptar a essas mudanças.

Existem quatro objetivos que podem auxiliá-lo a avaliar como sua cadeia de suprimentos deve ser projetada: capacidade, capacidade de resposta, flexibilidade e custo. Todos esses objetivos são fundamentais, porém muitas das decisões da cadeia de suprimentos exigirão de você a realização de trade-offs. A fim de entender o quão importante cada um desses fatores é para sua cadeia de suprimentos, talvez o que pode ajudá-lo é classificar eles. Por exemplo, você pode elaborar um gráfico, como o da Figura 5-2, que mostre a importância de cada um desses fatores para seus clientes. Nesse gráfico, quanto mais à direita estiver uma estrela, mais importante é o atributo da cadeia de suprimentos para seus clientes. Priorizar os seus objetivos da cadeia de suprimentos desse modo pode ajudar todo mundo da sua equipe a compreender o que será necessário para que sua cadeia de suprimentos atenda às necessidades de seus clientes e, ao mesmo tempo, permitir que sua empresa tenha lucro.

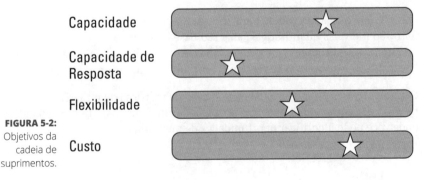

FIGURA 5-2: Objetivos da cadeia de suprimentos.

» **Capacidade:** A *capacidade* refere-se à quantidade de produto ou serviço que sua cadeia de suprimentos pode produzir em determinado período de tempo. Um dos principais objetivos da gestão da cadeia de suprimentos é oferecer aos seus clientes o máximo de produtos ou serviços que eles estejam dispostos a comprar. Se você não tem capacidade suficiente, seus clientes terão que ficar sem os produtos que desejam, ou comprarão de seus concorrentes, porque você não está atendendo à demanda deles. Todavia, ao dispor de muita capacidade, você está mobilizando o capital sem gerar retorno. Portanto, manter a quantidade adequada de capacidade é um equilíbrio importante.

LEMBRE-SE

O que está intimamente relacionado ao conceito de capacidade é o conceito de *disponibilidade*, que se trata da capacidade que um sistema dispõe para fornecer os produtos ou os serviços quando os clientes querem. Os clientes nem sequer se importam com a capacidade da sua cadeia de suprimentos; o que importa para eles é a disponibilidade de produtos ou serviços. Porém as empresas geralmente se concentram na capacidade, pois quanto mais capacidade você tem, mais fácil é manter a alta disponibilidade. Quando você não tem capacidade o bastante, ou quando não gerencia bem a sua capacidade, sua disponibilidade fica baixa e isso significa que os clientes não podem comprar seus produtos ou serviços quando eles precisam.

» **Capacidade de Resposta:** *Capacidade de resposta* é o cálculo da rapidez com que sua cadeia de suprimentos pode fornecer um produto ou serviço a um cliente. Basicamente, você calcula a capacidade de resposta desde o momento em que o cliente faz um pedido até o momento em que esse pedido é entregue ao cliente. Alguns produtos, como os navios, podem levar anos para serem projetados e construídos. As cadeias de suprimentos desses produtos não são muito responsivas. Outros produtos, como uma pizza, podem ser feitos e entregues na porta do cliente em 30 minutos. À vista disso, a capacidade de resposta obviamente varia muito dependendo do tipo de produto que sua cadeia de suprimentos está fornecendo. Mas dentro de um determinado setor, a capacidade de resposta é, muitas vezes, um diferencial determinante entre os concorrentes. Os clientes costumam comprar quando precisam de algo, assim, a empresa mais receptiva — aquela que consegue entregar o produto mais rapidamente — tem uma chance maior de conseguir o pedido.

LEMBRE-SE

A capacidade de resposta da cadeia de suprimentos é de suma importância para gerar receitas brutas, porque isso muitas vezes é um fator crítico na decisão de compra de um cliente.

» **Flexibilidade:** *Flexibilidade* é a medida de quão bem sua cadeia de suprimentos maximiza ou desacelera em resposta a mudanças. Caso os clientes sempre quisessem o mesmo material nas mesmas quantidades e em intervalos regulares, o gerenciamento da cadeia de suprimentos seria muito mais simples. Mas não é assim que funciona no mundo real. Em uma semana, todo mundo está comprando donuts, e ninguém está comprando sorvete. Na semana seguinte, todo mundo está comprando sorvete, e ninguém está comprando donuts. Portanto, as cadeias de suprimentos devem ter flexibilidade para responder às mudanças na demanda — sejam elas aumentos ou reduções.

As cadeias de suprimentos também precisam ter flexibilidade quando se trata de fornecimento. Em outras palavras, sua cadeia de suprimentos deve ser capaz de agregar valor aos seus clientes mesmo que seus fornecedores tenham baixa disponibilidade.

» **Custo:** O *custo*, obviamente, é a quantidade de dinheiro necessária para operar a sua cadeia de suprimentos. A gestão da cadeia de suprimentos precisa fornecer a capacidade, a capacidade de resposta e a flexibilidade que seus clientes precisam com o menor custo possível. O indicador de custo é o teste final da gestão da cadeia de suprimentos. Você tem um objetivo de agregar valor aos seus clientes; quanto menos você gastar para conquistar esse objetivo, maior será a sua recompensa monetária.

> **NESTE CAPÍTULO**
>
> » Definindo metas de alto nível para oferta e demanda
>
> » Focando as necessidades de seus clientes
>
> » Desenvolvendo planos para fornecimento, fabricação, entrega e devolução

Capítulo **6**

Planejamento da Cadeia de Suprimentos

Antes de estruturar e gerenciar uma cadeia de suprimentos, você precisa planejar o que ela deverá fazer. O planejamento lhe concede a oportunidade de definir metas, avaliar as opções e tomar as decisões; também o ajuda a garantir que você invista seu tempo e seu dinheiro com sabedoria.

O planejamento da cadeia de suprimentos não é um evento individual. Ele é um processo contínuo e interativo que assegura que sua cadeia de suprimentos se adapte às mudanças em seus negócios.

Este capítulo aborda como planejar uma cadeia de suprimentos, analisando-a como um sistema, isso é, examinando-a de diversos ângulos: quais são os seus recursos, necessidades, clientes e produtos; como você fará e entregará os seus produtos; e como você lidará com as devoluções de produtos usados ou com defeitos.

Equilibrando a Oferta e a Demanda

A questão fundamental que reside no centro nevrálgico de cada planejamento da cadeia de suprimentos é: "Como vamos equilibrar a oferta com a demanda?". Há três abordagens principais para harmonizar a oferta e a demanda:

> » Fabricação contra previsão de demanda (Make-to-stock).
> » Fabricação conforme pedido (Make-to-order).
> » Projeção sob encomenda (Engineer-to-order).

Quando o seu planejamento da cadeia de suprimentos baseia-se na abordagem *de fabricação contra previsão de demanda*, você começa prevendo o quanto acha que os clientes comprarão. Essa previsão direciona todo o seu planejamento de fabricação e distribuição. O trabalho está concluído e os produtos estão prontos para serem enviados antes que você receba um pedido de um cliente. Por vezes, essa abordagem é chamada de *sistema de empurrar*, pois você está empurrando os produtos para os clientes, mesmo que eles ainda não tenham feito os pedidos.

Ao desenvolver o seu planejamento sobre os alicerces da abordagem *de fabricação conforme pedido*, todos os seus serviços de fabricação e distribuição ficam aguardando a chegada de um pedido. Finaliza-se o trabalho de design do produto, mas você não fabrica ou movimenta um produto até obter o pedido para ele. Essa abordagem exemplifica o *sistema de puxar*, porque um pedido tem que puxar os produtos através da cadeia de suprimentos.

Quando o seu planejamento de cadeia de suprimentos baseia-se na abordagem de *projeção sob encomenda*, você está produzindo um produto personalizado para cada pedido, de modo que não pode finalizar o design do produto até que seu cliente lhe disponibilize as especificações. O trabalho de engenharia final, fabricação e distribuição são acionados pelo pedido do cliente. Semelhante à fabricação conforme pedido, a projeção sob encomenda é um sistema de puxar.

Você encontrará mais detalhes sobre a implementação da fabricação contra previsão de demanda, fabricação conforme pedido e projeção sob encomenda no Capítulo 8.

A fabricação contra previsão de demanda, a fabricação conforme pedido e a projeção sob encomenda são formas diferentes de planejar uma cadeia de suprimentos. Uma empresa pode apresentar mais de uma cadeia de suprimentos, e muitas dessas empresas operam em todos os três tipos de cadeias, enquanto utilizam muitos dos mesmos ativos da cadeia de suprimentos.

Uma boa maneira de visualizar como essas três abordagens funcionam é através do exemplo da compra de um carro novo. Você poderia dirigir até a concessionária local de carros e comprar qualquer um dos carros disponíveis. Cada carro foi fabricado com base em uma previsão; o fabricante imaginou que alguém iria querer comprá-lo. Depois que o fabricante previu a demanda, eles empurram o estoque para dentro da cadeia de suprimentos do revendedor a fim de atender a essa demanda. Todos esses carros, portanto, vieram de uma cadeia de suprimentos baseada na fabricação contra previsão de demanda.

No entanto, talvez você não goste de nenhum dos carros que o revendedor tem em estoque. Talvez você queira um carro com uma combinação específica de características, como um automóvel vermelho, com o interior bege e um kit multimídia de alta qualidade. A concessionária ficará satisfeita em lhe disponibilizar esse carro, mas precisa encomendá-lo da fábrica. A cadeia de suprimentos de um automóvel que você encomenda desse jeito é uma cadeia de suprimentos de fabricação conforme pedido. O fluxo de material, informação e dinheiro é bem diferente do fluxo em uma cadeia de suprimentos de fabricação contra previsão de demanda.

De repente, uma de suas amigas fica sabendo a respeito de seu carro novo e fica com inveja. Ela quer um carro parecido, todavia ela deseja que o banco traseiro seja convertido em um espaço para levar seu cachorro da raça terra-nova. Esse item não é um item padrão de fábrica, mas a fábrica (por um preço) concordou em produzi-lo. O fabricante deve projetar o compartimento para o cachorro e adquirir todos os materiais, e, desse modo, o processo pode demorar um pouco. O fabricante não teria projetado esse tipo de compartimento e atendido às exigências da cliente até que ela tivesse solicitado. Agora, que se tem um pedido e sabe-se exatamente o que a cliente quer, a fábrica pode produzir um carro que atenda perfeitamente às necessidades dela. Essa cadeia de suprimentos baseia-se no sistema de projeção sob encomenda.

Alinhando os Recursos com as Necessidades

Os planejamentos da cadeia de suprimentos são desenvolvidos em sintonia com seus objetivos, ou *suas necessidades*. Não importa se o seu planejamento tenha como base os processos de fabricação contra previsão de demanda, fabricação conforme pedido ou projeção sob encomenda, ele sempre começa pela identificação de uma necessidade. O planejamento que você elabora explica como você pretende atender a essa necessidade, considerando todos os seus recursos e restrições.

Tudo o que você usa para realizar um trabalho na cadeia de suprimentos é um *recurso*. As pessoas são recursos. As instalações são recursos. Os maquinários são recursos. O estoque é um recurso.

Todo recurso apresenta restrições — coisas que ele pode e não pode fazer. As restrições podem ser limitações físicas, ou podem ser limites impostos à cadeia de suprimentos por regras financeiras, de segurança e políticas. Veja abaixo alguns exemplos de restrições que podem existir em relação aos seus recursos da cadeia de suprimentos:

> » Os funcionários podem trabalhar somente 40 horas por semana, a menos que você pague horas extras.
> » Uma máquina pode operar por apenas 1.000 horas antes de precisar de manutenção.
> » Os operadores devem apresentar uma certificação antes de poderem operar um equipamento.
> » O estoque de produtos acabados não pode ser armazenado fora durante o inverno.

A relação entre os itens dessa lista é que cada um deles restringe a capacidade dos recursos da cadeia de suprimentos. Portanto, o seu planejamento da cadeia de suprimentos precisa levar em consideração todas essas restrições. Um planejamento que sugere uma semana de trabalho de 45 horas, mas não inclui o custo adicional de horas extras, pode fazer com que você não atinja as suas metas financeiras. Um planejamento que implica a armazenagem do estoque em um espaço aberto enquanto você espera que os clientes o comprem pode funcionar durante o verão, mas não durante o inverno. As restrições nem sempre são óbvias; é necessário análise e estudo para entender todas as restrições que afetam o desempenho de uma cadeia de suprimentos. Identificar e gerenciar as restrições não perceptíveis é fundamental para um bom planejamento.

Suponha que sua necessidade seja fazer 100 unidades de produto por dia. Você precisa descobrir quais recursos são necessários para atender a essa necessidade e quais são as restrições existentes desses recursos. Você precisará de equipamentos de fabricação, funcionários qualificados, matérias-primas de seus fornecedores e muitos outros recursos. Cada um desses recursos está sujeito a restrições; talvez o equipamento de fabricação possa produzir apenas dez itens por hora, as matérias-primas não sejam entregues por cinco semanas, e seus funcionários só estejam disponíveis às terças-feiras.

O modelo de planejamento da cadeia de suprimentos mostrado na Figura 6-1 ilustra os fatores envolvidos no alinhamento de recursos com as necessidades e mostra que todos esses fatores estão sujeitos a restrições.

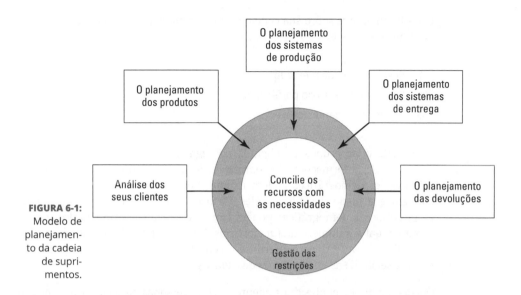

FIGURA 6-1: Modelo de planejamento da cadeia de suprimentos.

Análise dos Seus Clientes

Eu defino uma cadeia de suprimentos como "um sistema complexo composto de pessoas, processos e tecnologias que são projetados e gerenciados para agregar valor a um cliente". Os analistas de planejamento da cadeia de suprimentos tendem a se concentrar em pessoas, processos e tecnologias. Contudo, um bom planejamento da cadeia de suprimentos também exige que você alinhe os planos com as necessidades de seus clientes, que são a fonte de cada centavo que circula em sua cadeia de suprimentos. Cada cliente é único, com necessidades, preferências e restrições específicas. Quanto melhor você compreender os seus clientes, maior será a chance de garantir que sua cadeia de suprimentos concretize o valor que eles esperam.

Alguns clientes têm necessidades ou preferências específicas e estão dispostos a esperar — e pagar — por um produto personalizado que seja perfeito para eles. Esses clientes ficariam insatisfeitos com um produto de uso generalizado, mesmo que fosse mais barato e estivesse imediatamente disponível. Se você tem clientes como esses, possivelmente precisará ter uma cadeia de suprimentos de projeção sob encomenda. Outros clientes estão mais interessados em um custo menor, o que pode levá-lo a implementar uma cadeia de suprimentos para fabricação conforme o pedido, pois isso minimiza o custo do estoque. Alguns ainda precisam adquirir o produto imediatamente, o que o obriga a implementar uma cadeia de suprimentos para fabricação contra previsão de demanda. Entender as necessidades de seus clientes o ajuda a tomar decisões melhores sobre sua cadeia de suprimentos. Há três maneiras comuns de analisar os clientes e as necessidades deles:

- » Segmentação de mercado
- » Desenvolvimento do perfil (persona)
- » Análise dos clientes-chave

Você pode criar grupos de clientes ao segmentá-los com base nas características de informações demográficas. Se seus clientes são pessoas, as informações demográficas podem incluir onde eles moram, quanto dinheiro ganham e a idade dos filhos deles. Caso os seus clientes sejam empresas, as informações demográficas podem compreender a classificação do setor, a receita anual e o número de funcionários. Uma vez definidos os segmentos de seus clientes, você pode conferir se o seu planejamento de cadeia de suprimentos se alinha às necessidades de cada segmento.

Outra maneira de conhecer os clientes é criar personas para eles. Uma *persona* (ou perfil do cliente) é uma descrição de um cliente imaginário que representa as principais características de muitos de seus clientes reais. O exemplo a seguir é uma persona que uma empresa de bens de consumo pode desenvolver a fim de descrever um cliente-alvo para seu sabão em pó de lavar roupas:

> Bob é um homem solteiro que trabalha 60 horas por semana e tem uma vida social ativa fora do trabalho. Ele tem pouquíssimo tempo livre, desse modo, usa tudo à disposição que possa resolver os seus problemas com rapidez e facilidade. Para ele, lavar roupas dá um trabalhão, mas é necessário. Ele compra seu sabão em pó em um mercado perto de seu apartamento.

Uma persona pode ser relevante para o marketing e também pode ser pertinente para o seu planejamento da cadeia de suprimentos. Compreender as personas de seus clientes o ajuda a entender o que eles valorizam; desse modo, você consegue desenvolver uma cadeia de suprimentos que atenda às necessidades deles.

Uma terceira maneira de determinar as necessidades do cliente é identificar os clientes reais que têm maior probabilidade de comprar os seus produtos, seus *clientes-chave*. Ao estudar seus clientes-chave, você pode ter uma noção melhor do que eles querem ou precisam, quanto eles comprarão e quanto estão dispostos a pagar.

Um sistema de Gerenciamento de Relacionamento com o Cliente (CRM) pode fornecer dados úteis para o estudo de seus clientes, acompanhando as compras e outras interações com eles. Os dados do CRM podem ser usados para elaborar personas, analisar os segmentos de mercado ou estudar os comportamentos dos clientes em potencial (veja o Capítulo 12 para mais informações sobre os sistemas CRM).

O Planejamento dos Produtos

Parte do planejamento da cadeia de suprimentos é ser transparente a respeito do que você fará e como o fará. A cadeia de suprimentos de um produto pode mudar com base em fatores relacionados à demanda. Por exemplo, os designs de produtos geralmente mudam com base no feedback do cliente. As cadeias de suprimentos também podem ser alteradas com base em fatores relacionados à oferta. Por exemplo, os recursos e restrições podem impor alterações em seu produto. Saber quais materiais estão facilmente disponíveis, onde obtê-los e quanto custam são fatores importantes na tomada de decisões sobre o design de muitos produtos. Em geral, as características do produto evoluem com o tempo, e essas características devem ser incorporadas ao planejamento da cadeia de suprimentos.

Um bom exemplo de como as características do produto precisam ser consideradas durante o planejamento da cadeia de suprimentos é um catalisador automotivo dentro do sistema de exaustão de um carro. Existem dois metais que podem ser utilizados como catalisadores em um catalisador automotivo: a platina e o paládio. Quando a platina fica cara, as montadoras optam por catalisadores automotivos feitos de paládio. Por sua vez, quando o preço do paládio sobe, as montadoras de veículo escolhem os catalisadores automotivos de platina. Dito de outro modo, à medida que os preços da platina e do paládio flutuam, as montadoras alteram o design de seus carros e replanejam a cadeia de suprimentos dos seus catalisadores automotivos.

DICA

Uma lista de materiais enumera todas as partes que entram em um produto e pode ajudá-lo a identificar muitos dos recursos que devem ser incluídos no seu planejamento da cadeia de suprimentos.

Outro exemplo de como os produtos influenciam a cadeia de suprimentos é o tamanho da embalagem e a quantidade. Saber se você vai embalar uma caixa de gizes de cera para venda individual ou vai enviá-los em lotes grandes pode ser um fator importante para determinar as necessidades de sua cadeia de suprimentos e definir os recursos necessários. As caixas pequenas devem ser de fácil manuseio para os funcionários de uma loja. Lotes grandes precisam ser compatíveis com o equipamento de manuseio de material em cada ponto da etapa da cadeia de suprimentos no sentido a jusante.

O Planejamento dos Sistemas de Produção

O planejamento de produção determina quando, onde e como fazer os produtos para que você possa atender às suas necessidades sem violar suas restrições de produção. Você pode planejar o envio de todas as matérias-primas para uma única instalação e fabricar seus produtos lá, por exemplo. Esse é um exemplo de produção centralizada. Quando a manufatura exige investimentos grandes em bens de equipamento (como fábricas caras), um planejamento de produção centralizado pode fazer sentido. Quando as necessidades do cliente ou do produto exigem prazos de entrega curtos e baixos custos de transporte, um planejamento de produção distribuído é mais coerente. A produção distribuída engloba a fabricação de produtos em vários locais para satisfazer a demanda em cada região.

DICA

A Impressão 3D (veja o Capítulo 13) tem o potencial de fazer com que a produção distribuída seja uma boa opção para muitos produtos que são atualmente fabricados de modo centralizado.

Caso uma de suas instalações de fábrica não tenha capacidade para produzir todo o seu produto, você poderá dividir o processo de fabricação entre várias instalações. Dividir as etapas de manufatura em diversas fábricas pode ser uma boa maneira de maximizar o seu acesso aos recursos e eliminar as restrições (como não ter espaço suficiente ou pessoas o bastante) em cada instalação de produção. A divisão da manufatura também pode viabilizar o acesso às competências locais e aos recursos de baixo custo.

Uma das questões a se levar em consideração ao dividir as etapas de um processo de manufatura é o impacto que ele terá no estoque. Os produtos montados parcialmente entre as etapas de manufatura são chamados de produtos em processo, ou WIP. Quanto mais longe uma etapa de manufatura for da próxima, mais WIP você provavelmente acumulará entre as etapas.

O Planejamento dos Sistemas de Entrega

Fabricar os seus produtos é uma coisa; entregá-los para os seus clientes é outra completamente diferente. Os fatores que envolvem a localização, as características do seu produto e as necessidades de seus clientes podem restringir o seu sistema de entrega. As operações de entrega (incluindo a circulação e o armazenamento de produtos) são chamadas de *logística*. A coleta de recursos que você usa para realizar esse trabalho é uma rede logística (ou distribuição).

As redes logísticas comportam muitos formatos e tamanhos. Se você estiver fazendo pequenas unidades de produto e quiser vendê-las diretamente aos consumidores através da internet, por exemplo, pode montar um centro de distribuição de e-commerce ao lado de sua fábrica. Esse esquema facilita o envio de produtos aos clientes quando eles fazem um pedido. Nesse caso, a sua rede logística começa nos seus fornecedores, flui através de sua fábrica para o centro de distribuição, e termina em seus clientes.

Todavia, se você está vendendo as unidades de produto para uma rede grande de lojas varejista, provavelmente sua fábrica precisa enviá-las às lojas por intermédio de caminhões de carga. Agora, caso você esteja enviando as unidades de produto para lojas internacionais, talvez seja necessário transportá-las via contêiner. Dependendo para onde você envia os produtos, talvez seja necessário pensar em questões como tarifas e acordos de comércio internacional.

O Capítulo 9 apresenta mais informações sobre os processos envolvidos na entrega de um produto.

O Planejamento das Devoluções

Quando você planeja sua cadeia de suprimentos, é importante considerar as devoluções. Isso é normal na maioria das empresas, mas é algo frequentemente negligenciado durante o processo de planejamento. Dependendo do setor do mercado, de 5% a 10% de todos os produtos vendidos podem ser devolvidos pelos clientes, e no e-commerce esse número pode ser de 30% ou mais.

Muitos varejistas do e-commerce fazem de tudo para que seja mais fácil para os clientes devolver os produtos, porque acreditam que isso aumentará as vendas (e a lucratividade) em longo prazo.

A rede de produtos devolvidos é chamada de *logística reversa*, pois o fluxo vem do cliente e volta para sua empresa. No entanto, a logística reversa envolve muito mais do que apenas clientes devolvendo produtos dos quais não precisam, não querem ou não estão satisfeitos. Utiliza-se também a logística reversa para consertar ou reciclar produtos, bem como para garantir que os produtos perigosos sejam descartados com segurança. Como em qualquer outra cadeia de suprimentos, os objetivos da logística reversa incluem minimizar os custos e maximizar o valor; o valor de uma cadeia de logística reversa é geralmente a quantidade de dinheiro recuperada dos produtos devolvidos.

As empresas que fabricam computadores, por exemplo, têm cadeias de logística reversa. Se você comprar um computador que pare de funcionar durante o período de garantia, normalmente poderá devolvê-lo ao fabricante. O fabricante faz com que a devolução seja fácil e rápida para você, o cliente, pois tem a expectativa que você compre mais produtos dele futuramente. Talvez ele até envie um computador novo para você, para substituí-lo. Mas agora a empresa tem um computador quase novo que não funciona. Caso ela não faça nada com o computador devolvido, esse computador danificado entra na chamada depreciação de estoque. A empresa, no entanto, pode recuperar a maior parte do valor do ativo devolvido com um bom planejamento da cadeia de logística reversa. Por exemplo, ela pode realizar uma série de testes, reparar os defeitos e revender o computador como uma unidade recondicionada.

Uma cadeia de logística reversa bem planejada para os produtos devolvidos cria valor de duas maneiras: mantém os clientes satisfeitos e reduz as perdas de descarte de produtos danificados ou defeituosos.

Outra estratégia para cadeias de logística reversa concentra-se na reciclagem. Muitos produtos contêm materiais valiosos que podem ser recuperados quando chegam ao fim de sua vida útil. Os dispositivos eletrônicos, por exemplo, geralmente apresentem metais preciosos, como prata e ouro. Uma cadeia de logística reversa comum é a rede de ferros-velhos e de reciclagem de sucata que recolhem tudo, desde latas velhas até carros antigos para serem fundidos e transformados em produtos novos.

Em alguns setores, uma cadeia de logística reversa bem planejada pode gerar oportunidades novas de negócios. Automóveis, aviões e equipamentos pesados têm muitos componentes que podem ser remanufaturados. Esses componentes usados, chamados componentes *de base*, tornam-se matérias-primas para o processo de remanufatura que produz peças novas. Normalmente, as peças remanufaturadas são muito mais baratas de fabricar do que as novas, embora geralmente atendam às mesmas especificações técnicas. A economia pode ser repassada aos clientes, que ganham descontos ao comprar peças remanufaturadas.

Além de ser bom para os negócios, as cadeias de logística reversas podem beneficiar o meio ambiente, especialmente no que diz respeito aos produtos que contêm produtos químicos prejudiciais (como as baterias e alguns dispositivos eletrônicos). Dada a oportunidade de recuperar valor a partir de produtos usados e em virtude dos benefícios ambientais, muitas empresas estão se esforçando para projetar cadeias de suprimentos de circuito fechado, o que significa que todos os seus produtos podem ser reciclados.

Uma cadeia de logística reversa planejada de modo apropriado pode, de fato, criar uma fonte adicional de suprimento e, ao mesmo tempo, aumentar os lucros.

NESTE CAPÍTULO

» Avaliando os custos totais de compras

» Criando categorias e segmentos de fornecedores

» Gerenciando os relacionamentos com seus fornecedores

» Analisando os riscos do processo de departamento de compras

Capítulo **7**

Fornecimento, Compras e Departamento de Compras

Para sua empresa vender coisas aos seus clientes, primeiro você precisa comprar coisas de outras empresas. O processo de comprar coisas para sua empresa apresenta muitos nomes, porém os três mais comuns são *fornecimento, compra* e *departamento de compras* (veja a nota de rodapé na página 9). As empresas que lhe vendem produtos e serviços são seus *fornecedores* ou *distribuidores*. Uma vez que as cadeias de suprimentos fluem das matérias-primas para um cliente, seus fornecedores *em sua cadeia de suprimentos são a montante*.

Os profissionais de departamento de compras agregam valor à cadeia de suprimentos, avaliando constantemente o mercado e selecionando as estratégias de fornecimento que minimizam os riscos e os custos às suas empresas. Dentre as suas responsabilidades está o cálculo do custo total de cada opção, pois a economia inicial de qualquer alteração é frequentemente compensada por custos adicionais mais tarde.

Este capítulo analisa os problemas que você precisa levar em consideração como parte do seu processo de compra. A gestão da cadeia de suprimentos compreende as decisões sobre o que comprar, de quem comprar, quando comprar e quanto comprar de uma só vez. Essas escolhas impactam muitíssimo no custo de fornecer os produtos e serviços de que seus clientes precisam. O dinheiro que você economiza ao tomar boas decisões acerca das compras permite a redução dos preços que você cobra dos clientes, aumentando os lucros da sua empresa.

Compreendendo o Conceito de Matriz Estratégica de Abastecimento

Até pouco tempo, os departamentos de compras se concentravam em comprar coisas da forma mais barata possível. À medida que os executivos passaram a entender o impacto que as compras têm nas cadeias de suprimentos, desenvolveu-se a conscientização de que o processo de departamento de compras precisa ser estratégico. Atualmente, as empresas compilam os dados de compras a fim de avaliarem o que compram, de quem compram e o que podem mudar para agregarem valor adicional à sua cadeia de suprimentos. Esse processo é chamado de *abastecimento estratégico (gestão estratégica)*.

Toda empresa de consultoria tem seu próprio modelo de matriz estratégica de abastecimento, mas todos esses modelos apresentam algumas etapas básicas em comum:

1. **Coleta e análise de dados sobre o que você comprou anteriormente.**
2. **Coleta e análise das previsões a respeito do que você comprará futuramente.**
3. **Avaliação do desempenho dos fornecedores anteriores em termos de custo e qualidade.**

4. Investigação de outros fornecedores que possam oferecer os mesmos produtos e serviços a preços melhores ou a níveis de qualidade mais altos.

5. Considerar as oportunidades de se realizar o processo de outsourcing (terceirização) ou de insourcing (trazer de volta à empresa os produtos ou serviços que em algum momento foram terceirizados).

6. Determinar a importância do produto ou do serviço e como ele está disponível no mercado.

7. Avaliação do impacto das condições de pagamento em seu capital de giro.

8. Avaliação dos riscos associados a cada fornecedor.

9. Faça mudanças.

10. Repita as etapas de 1 a 9.

O valor que o processo de compra agrega à sua empresa pode ser calculado a partir da identificação dos custos — e das oportunidades de receita perdida — resultantes de um alinhamento ruim com o resto da cadeia de suprimentos. A aplicação dos princípios de matriz estratégica de abastecimento o ajuda a garantir a otimização do desempenho de toda a sua cadeia de suprimentos.

Segmentando a Sua Cadeia de Suprimentos

É mais fácil analisar os dados de compra quando você segmenta sua cadeia de suprimentos com base nas características dos fornecedores. Um modo de segmentar os fornecedores é classificá-los em *níveis* que tenham como base a distância a montante que eles se encontram em sua cadeia de suprimentos. As empresas das quais você compra são seus fornecedores de Nível 1; as empresas das quais seus fornecedores de Nível 1 compram bens e serviços são seus fornecedores de Nível 2, e assim por diante, conforme mostra a Figura 7-1. A empresa que fabrica o produto final, no fim de todos os níveis, chama-se *fabricante original do equipamento (OEM)*.

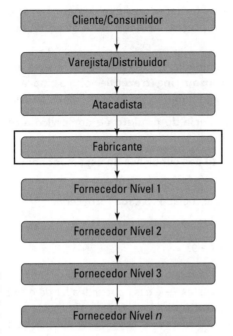

FIGURA 7-1: Níveis em uma cadeia de suprimentos.

Os fornecedores também podem ser classificados em *categorias de gastos* baseadas em como a sua empresa utiliza os bens e os serviços que eles oferecem. Caso um fornecedor lhe ofereça coisas que estão inclusas em seus próprios produtos, essa empresa é um *fornecedor direto*. As coisas que você compra desse fornecedor são *materiais diretos* e *serviços diretos*. Agora, se um fornecedor está lhe ofertando coisas que não necessariamente serão incluídas nos produtos e serviços que você vende, ele é categorizado como *fornecedor indireto*.

Imagine que você tenha uma lanchonete de fast-food. As empresas que lhe vendem hambúrgueres, alface e pães fazem parte dos fornecedores diretos de Nível 1. Os itens que você compra desses fornecedores entram diretamente em seus produtos. A empresa que vende farinha ao seu fornecedor de pães é um dos seus fornecedores de Nível 2. Você pode não ter ideia de qual empresa é o fornecedor de Nível 2, todavia ela desempenha um papel importante ao manter a sua cadeia de suprimentos funcionando corretamente.

Por outro lado, as empresas que lhe vendem guardanapos, sabonetes para as mãos e cera para o piso são fornecedores indiretos de Nível 1, porque os produtos deles, na verdade, não estão incorporados aos produtos e serviços que você vende. Esses fornecedores ainda são necessários e ainda fazem parte de sua cadeia de suprimentos, mas a conexão é indireta.

A Figura 7-2 demonstra parte de uma cadeia de suprimentos OEM automotiva. Categoriza-se os fornecedores como diretos ou indiretos e eles são classificados em níveis para cada categoria.

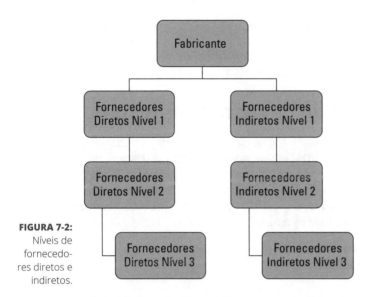

FIGURA 7-2: Níveis de fornecedores diretos e indiretos.

Gestão dos Custos do Ciclo de Vida

Uma parte fundamental da compra é analisar e entender o custo total de tudo que você adquire. O custo total é quase sempre muito maior do que o preço que as pessoas esperam pagar. Veja a seguir alguns dos custos que contribuem para o custo total e que impactam financeiramente na sua empresa:

- » Preço de compra
- » Transporte
- » Custos de manutenção de estoques
- » Inspeção de qualidade e custos de retrabalho
- » Seguro
- » Perda de estoque, segurança e prevenção contra perdas
- » Encargos, tarifação e impostos
- » Permissões
- » Taxas de licenciamento
- » Manutenção preventiva
- » Custos de descarte e valor recuperável
- » Responsabilidade pelo produto, recalls e riscos de garantia

Em outras palavras, o preço de compra é uma das muitas variáveis a se considerar quando você calcula quanto algo realmente custará. Na prática, esse panorama geral de quanto alguma coisa custa é muitas vezes chamado de *custo total de propriedade* (TCO) ou de custo do ciclo de vida. Compreender o TCO pode ajudá-lo a assegurar a tomada de decisões de compra que agregue o maior valor, em vez de apenas o menor custo.

Minimizando os custos dos insumos

Um negócio é sustentável apenas se tiver lucro. As compras podem impactar amplamente na lucratividade de qualquer empresa. Os produtos e os serviços que o seu departamento de compras adquire são os insumos para a sua empresa, e cada centavo que você economiza ao reduzir os custos de insumo se converte em puro lucro. Os profissionais de compras estão sempre procurando maneiras de minimizar os custos.

As opções comuns abaixo são bons pontos de partida quando você procura por meios de diminuir os custos:

» Negociar um acordo de longo prazo em troca de custos mais baixos.
» Aumentar as quantidades de pedidos em troca de um desconto por volume.
» Aceitar produtos de qualidade inferior em troca de uma redução de preço.
» Solicitar novas cotações de preços para fornecedores com custos menores.

Os gerentes de compras mais criativos podem até mesmo explorar alternativas adicionais que poderiam se traduzir em economia:

» Aumentar o lead time que os fornecedores dispõem para atender a um pedido.
» Compartilhar as informações com fornecedores que lhes permitam realizar o planejamento com mais antecedência.
» Alterar o design de produtos ou de embalagens para usar insumos menos caros.
» Oferecer garantias financeiras para patrocinar o investimento de um fornecedor com instalações e equipamentos.

LEMBRE-SE

Minimizar os custos de insumo é um processo ininterrupto. Os gerentes de compras devem analisar constantemente os custos dos insumos de seus produtos e serviços e colaborar com seus fornecedores (e suas equipes internas), a fim de encontrar novos meios de reduzir esses custos e maximizar os lucros.

O fornecimento de seus insumos

Um único link de uma cadeia de suprimentos geralmente tem cinco componentes: fornecedores (suppliers), insumos (inputs), processos (processes), produto final (outputs) e clientes (customers) (SIPOC em inglês). Um diagrama SIPOC é um modo prático de ilustrar esse conceito (veja a Figura 7-3; para mais informações sobre o SIPOC, veja o Capítulo 5).

Supplier (Fornecedor)	Inputs (Insumos)	Process (Processo)	Outputs (Prod. Final)	Customers (Clientes)
Processador de carne de alta qualidade	Hambúrguer	Fazer os lanches e entregá-los para os clientes	Lanches finalizados, devidamente preparados e embalados para venda	Pedestres Drive-thru
Melhor padaria	Pães			
Principais condimentos	Ketchup Mostarda Maionese			
Armazém de suprimento de papel	Guardanapos e embalagens			

FIGURA 7-3: Diagrama SIPOC.

Se você analisar o processo de produção de um sanduíche com hambúrguer, por exemplo, os principais insumos são os ingredientes: carne, pão e molhos. É necessário um fogão para fritar o hambúrguer, portanto, um fogão pode ser listado como um insumo. Você também precisa de um tipo de papel manteiga para embrulhar o lanche, juntamente com guardanapos e um saco de papel. Todos esses itens são insumo do seu processo, e cada insumo vem de um fornecedor.

Escolher onde comprar seus insumos pode influenciar sobretudo na qualidade de seus produtos e serviços e na lucratividade de sua empresa. Você não quer pagar mais do que o necessário por qualquer um deles; isso seria um desperdício de dinheiro. Em contrapartida, às vezes, você de fato recebe pelo que paga. O dinheiro que tenta economizar ao escolher um fornecedor de baixo custo pode resultar em custos de transporte mais altos, entregas duvidosas, aumentos no estoque ou problemas de qualidade.

Um modo de enfrentar tal desafio é segmentar seus insumos em categorias de gastos. Você pode segmentar os insumos de diversas maneiras, porém o modo mais comum é criar um gráfico comparativo que contraste o grau de importância e de risco de cada insumo e a quantia de dinheiro gasta em cada um. A Figura 7-4 mostra um exemplo desse tipo de diagrama de segmentação.

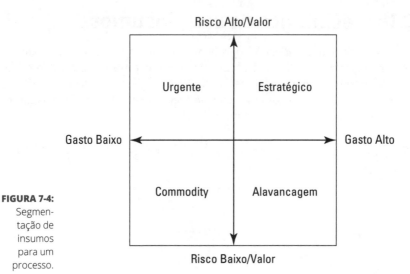

FIGURA 7-4: Segmentação de insumos para um processo.

Entender qual é a categoria de gasto de um insumo pode ajudá-lo a tomar decisões mais inteligentes sobre onde obter os produtos e serviços necessários para oferecer sustentação à sua cadeia de suprimentos. A seguir, veja algumas orientações de como gerenciar, da melhor maneira possível, o processo de departamento de compras para bens e serviços em cada categoria:

» **Alavancagem:** Se você gasta muito dinheiro com um insumo específico, mas pode comprá-lo de vários lugares e tê-lo disponível de imediato, ele é um insumo e uma oportunidade de alavancagem. Dito de outro modo, esse item é uma moeda de troca que você pode usar a fim de obter preços melhores para as outras coisas.

» **Commodity:** Caso você não gaste muito dinheiro com um insumo e o item seja fácil de conseguir quando você precisa, ele é, na verdade, somente uma commodity. Faça o melhor acordo que puder e siga adiante. Certifique-se de que não está pagando demais, é claro, mas não se preocupe muito com a origem do item.

» **Urgente:** Se você não gasta muito dinheiro com um insumo específico, todavia o item é difícil de obter quando você precisa, ele é um componente urgente com grande chance de criar gargalos. O mesmo se aplica caso os seus padrões de qualidade para um insumo sejam especialmente altos. Para componentes urgentes, é necessário cultivar e manter relacionamentos sólidos com seus fornecedores a fim de garantir que você sempre tenha suprimento disponível.

> **Estratégico:** Caso você gaste muito dinheiro com um insumo, e esse item seja difícil de obter, ele é um insumo estratégico. Gerenciar os insumos estratégicos adequadamente pode ser uma das suas maiores oportunidades para maximizar a lucratividade e mitigar os riscos na cadeia de suprimentos da sua empresa. Além de cultivar relacionamentos fortes, você deve pensar nos fornecedores de produtos e serviços estratégicos como candidatos a uma fusão, aquisição ou um empreendimento conjunto.

Prevendo a sua demanda

Para tomar decisões inteligentes a respeito da compra de seus insumos, você precisa compreender do que precisará. A diferença entre comprar uma peça por semana e comprar 100 peças por dia pode ter um impacto enorme a respeito de qual fornecedor você deve comprar e quanto deve pagar.

Estimar a quantidade de produtos que você precisará chama-se *previsão de demanda*. O desafio da previsão de demanda é que você quase nunca sabe exatamente de quanto e quando precisará. Suas necessidades dependem de muitos fatores, como quantos produtos acabados seus clientes decidem comprar. Mesmo assim, é necessário fazer algumas suposições embasadas sobre quanto você espera comprar, para escolher os fornecedores certos e negociar os termos certos.

Processos de insourcing, outsourcing e offshoring

É difícil para uma empresa ser bem-sucedida quando ela tenta um pouco de tudo e não consegue se sair bem em nada. Em vez disso, cada empresa precisa descobrir quais características fazem dela genuinamente valiosa em uma cadeia de suprimentos. No contexto de gestão da cadeia de suprimentos, suas *competências de base* são aquelas que a sua empresa pode desempenhar melhor que as outras por um custo menor.

As competências de base são essenciais para assegurar sua posição competitiva em uma cadeia de suprimentos. Normalmente, as empresas se concentram em desenvolver suas competências de base por intermédio da pesquisa e do desenvolvimento e por meio da melhoria contínua dos processos. De modo geral, a origem de qualquer trabalho diretamente relacionado às suas competências de base deve ser proveniente de pessoas que trabalham dentro da empresa, ou seja, funcionários. Melhor dizendo, o trabalho deve ser delegado a um setor especializado, ou seja, o *insourcing*.

Não é que algumas funções não sejam importantes para a sua empresa, mas elas não fazem parte das competências de base, o que sugere que outras empresas podem fazer o mesmo trabalho melhor, mais rápido e mais barato do que a sua empresa. Em virtude desse trabalho não ser a sua competência de base e não ser importante para assegurar sua posição competitiva, não faz sentido pagar mais para você mesmo fazê-lo. Em vez disso, talvez seja melhor implementar o *outsourcing*.

Em alguns casos, há boas razões comerciais para realizar *offshoring* — relocar os processos de negócio de um país para outro. Embora seja controverso, o offshoring pode reduzir custos e potencializar a qualidade, além de permitir que sua empresa acesse talentos e abra novos mercados. No mundo da tecnologia da informação, muitas empresas descobriram que faz sentido relocar as funções de programação e suporte técnico para a Índia. No mundo da manufatura, muitas empresas internacionais construíram fábricas na China.

Porém, o offshoring também pode provocar alguns riscos reais. Por exemplo, um desafio com a manufatura offshoring é que as cadeias de suprimentos maiores resultam em custos de transporte mais altos e na necessidade de transportar mais estoques. Dois outros riscos do offshoring são, primeiro, a comunicação e a coordenação das atividades da cadeia de suprimentos com pessoas separadas por distância e fusos horários e, segundo, lidar com problemas relacionados à propriedade intelectual.

Talvez a sua empresa tenha decidido há alguns anos que o offshoring fazia sentido, porém, devido a mudanças no mercado, o offshoring não proporciona mais vantagens à sua cadeia de suprimentos. Nesse caso, você pode decidir alocar o trabalho de uma jurisdição estrangeira para uma localização nacional. Tal procedimento chama-se *reshoring* ou *nearshoring*.

Um bom exemplo de um setor que faz muito insourcing, outsourcing e offshoring é a produção automotiva. A maioria das grandes marcas de automóveis enxerga o design, a montagem e o marketing dos carros como suas competências de base, fundamentais para seu papel estratégico na cadeia de suprimentos. Muitas das peças que entram em seus carros, no entanto, são feitas por outras empresas. Em outras palavras, as montadoras fazem o outsourcing da fabricação dos componentes através de fornecedores terceirizados. Talvez para essas empresas faça sentido comprar esses componentes de fornecedores que estão próximos às instalações de montagem automotiva, porque eles oferecem baixos custos de transporte e prazos de entrega curtos. Todavia, em alguns casos, é muito mais barato fabricar os componentes ou até mesmo carros inteiros em outro país, assim, as empresas realizam o offshoring de alguns ou de todos esses processos. Posteriormente, elas podem decidir que é melhor relocar a manufatura para seus países de origem e fazer o reshoring de alguns de seus processos.

Gestão de Relacionamentos com Fornecedores

Do ponto de vista de seus fornecedores, você é o cliente. Esse fato pode ser óbvio, mas é inacreditável a frequência com que as pessoas se esquecem disso. Pense em todas as coisas que seus clientes fazem para facilitar a sua vida — ou dificultá-la. Bons clientes lhe comunicam com bastante antecedência quando desejam comprar algo; eles compram quantidades previsíveis; e eles estão dispostos a pagar uma quantia razoável de dinheiro. Os clientes problemáticos querem comprar tudo de última hora, fazem pedidos enormes e brigam por cada centavo. Que tipo de cliente você é para seus fornecedores?

Eventualmente, você pode achar que seus fornecedores vivem conforme o ditado "O cliente tem sempre razão", mas é preciso equilibrar isso com outro ditado: "Você recebe pelo que paga." Como cliente, seu comportamento na hora da compra afeta os custos que o seu fornecedor tem que pagar e a disposição dele em negociar com você. Por exemplo, caso você possa compartilhar uma previsão precisa com seu fornecedor com bastante antecedência, ele poderá reduzir com segurança a quantidade de estoque que transporta sem se preocupar se essa quantidade conseguirá atender aos seus pedidos — uma situação em que todos saem ganhando. Se você entender essa dinâmica e usá-la a seu favor, seus fornecedores conseguem repassar parte das economias para você. Esse cenário exige que os dois lados compartilhem algumas informações, o que requer confiança.

Desenvolver e manter bons relacionamentos com fornecedores pode ser uma estratégia para se granjear conhecimento de mercado e acesso antecipado a inovações. É bem provável que seus fornecedores vendam para os seus concorrentes as mesmas coisas que lhe vendem. Portanto, eles podem saber muito mais a respeito das tendências e das tecnologias novas no setor do que você, entretanto, apenas compartilharão essas informações se confiarem em você.

Veja abaixo quatro estratégias as quais você deve focar a fim de conquistar a confiança de seus fornecedores:

» **Seja honesto:** Compartilhe informações que ajudarão seus fornecedores a serem mais bem-sucedidos. Se houver informações que você não possa compartilhar, basta dizer isso. Mas nunca minta para eles.

» **Seja razoável:** Seus fornecedores precisam ganhar dinheiro, então tente ser razoável ao negociar os preços. Deixe claro que você deseja que eles tenham sucesso, todavia, eles também precisam ajudá-lo a ter sucesso.

» **O que eu ganharei com isso?** Pergunte-se. Seja claro a respeito de seu relacionamento com um fornecedor e o que você gostaria de obter com ele.

Quanto mais você se beneficiar ao fazer negócios com um fornecedor, mais forte será esse relacionamento.

» **O que os fornecedores ganharão com isso?** Questione-se. Entenda as vantagens que seus fornecedores ganham ao fazer negócios com você e investigue quais outras opções eles têm. Os fornecedores podem se recusar a fazer negócios com um cliente de quem não gostam; se isso acontecer, pode prejudicar sua cadeia de suprimentos. Quanto mais um fornecedor valorizar a sua empresa, mais forte será seu relacionamento.

Em algum momento, todo relacionamento com um fornecedor chega ao fim. Às vezes é porque os fornecedores acabam sendo parceiros ruins. Outras, é simplesmente resultado das mudanças dos mercados e das tecnologias. Quando for necessário terminar um relacionamento com um fornecedor, faça questão de cumprir os termos e as condições de todos os contratos vigentes. Pense na possibilidade de envolver o seu advogado para ter certeza de que não esteja criando nenhuma responsabilidade jurídica para a sua empresa.

LEMBRE-SE

Há duas boas razões pelas quais você deve tentar terminar o relacionamento com fornecedores da melhor forma possível:

» Futuramente, você pode precisar mais uma vez desse fornecedor.
» Você não quer que outros fornecedores pensem que a sua empresa é complicada de fazer negócios.

Elaborando os Contratos de Fornecimento

Ao fechar um acordo com um fornecedor, você provavelmente elabora um contrato. Esse contrato pode assumir várias formas, dependendo do que você está comprando, de quanto está comprando e de onde está comprando.

» **Contrato de preço fixo:** Um contrato de preço fixo determina a quantidade de produtos ou serviços que serão comprados e quanto eles custarão. Esse tipo de contrato pode incluir ajustes de inflação — no Brasil, esse tipo de contrato é conhecido como PF-AEP — e pode incluir remuneração de incentivo para atingir metas — também denominado PFRI, no Brasil.

- » **Contrato por administração:** Um contrato por administração reembolsa um fornecedor pelos seus custos e permite-lhes cobrar uma taxa adicional. A taxa é geralmente uma porcentagem fixa dos custos.
- » **Contrato de mão de obra e material:** Um contrato de mão de obra e material é frequentemente usado para reparos. O comprador concorda em pagar as taxas definidas pelo fornecedor para as peças e mão de obra que ele usa em um projeto.

Provavelmente, você assina um contrato de mão de obra e material toda vez que leva seu carro à manutenção.

- » **Contrato de entrega indefinida:** Um contrato de entrega indefinida é usado quando o comprador não sabe quanto vai encomendar ou quando precisará dos materiais entregues. Normalmente, esses contratos determinam as quantidades mínimas e máximas para o fornecedor, mas proporcionam ao comprador a flexibilidade para comprar a quantidade de que precisa, contanto que esteja dentro dos limites preestabelecidos.

Os contratos de entrega indefinida são importantes quando a sua programação de produção sofre variação.

Determinando os termos do contrato

Do ponto de vista da cadeia de suprimentos, esteja atento a duas questões sempre que você estabelecer os termos e condições para um contrato do fornecedor:

- » Como você quer que as coisas funcionem se tudo correr conforme o planejado?
- » Como você lidará com os problemas que surgirem caso aconteçam surpresas ou se as circunstâncias mudarem?

Abordar essas questões no contrato no início de um relacionamento beneficia tanto você quanto seus fornecedores.

Vamos imaginar os tipos de problemas que uma lanchonete de fast-food precisaria levar em consideração ao estabelecer os termos de contrato com a empresa que fornece os pães de hambúrguer:

- » Quantos pães o fornecedor precisa entregar?
- » Quanto pagaremos pelos pães?
- » Como nós e o fornecedor avaliaremos a qualidade?
- » Com que rapidez o fornecedor precisa entregar os pedidos?
- » Qual a vigência do contrato?

» O fornecedor pode vender os mesmos pães a outras lanchonetes?
» Quando vamos pagar pelos pães?
» Como resolveremos os problemas e as discordâncias?

Essa lista não está completa, é claro, mas dá uma ideia de alguns dos problemas que você precisa pensar ao estabelecer os termos de um contrato com seus fornecedores.

CUIDADO

Não sou especialista em direito, portanto, nenhuma dessas informações deve ser tratada como aconselhamento jurídico. Sempre que você for fechar um contrato, é necessário procurar o parecer de um advogado. Certificar-se de que seu contrato esteja redigido corretamente pode proteger você e seu fornecedor, caso as coisas não saiam conforme o planejado.

Determinando as condições de pagamento

A negociação das condições de pagamento pelos produtos que você compra de um fornecedor é uma ferramenta poderosa. Gerenciá-las de modo apropriado pode impactar o desempenho financeiro de sua cadeia de suprimentos. Há três tipos de condições de pagamentos:

» **Pagamento adiantado:** Algumas empresas esperam que seus clientes paguem antecipadamente. Elas querem o dinheiro em mãos antes de fornecer um produto ou um serviço a fim de assegurar que seus clientes paguem.

» **Pagamento contra entrega:** Uma empresa pode pedir a seus clientes que paguem assim que entregarem um produto ou um serviço. Com o pagamento contra entrega, há o risco de que um cliente não pague, mas, pelo menos, o fornecedor saberá e poderá agir imediatamente.

» **Condições de pagamento líquido:** Alguns fornecedores vendem produtos e serviços e aguardam o pagamento posterior. Esta é uma forma de crédito chamada de *condição de pagamento líquido*. Um fornecedor pode enviar um pedido a um cliente com o entendimento de que esse cliente pagará a fatura dentro de 30 dias, o que é chamado de prazo de pagamento líquido de 30 dias. Com as condições de pagamento líquido, há um risco maior de os clientes não pagarem suas faturas, o que é chamado de *inadimplência*.

As condições de pagamento do fornecedor impactam e muito o seu fluxo de caixa e seu capital de giro. O tempo entre o recebimento do dinheiro de seus clientes e o momento em que você paga seus fornecedores é chamado de *ciclo de conversão de caixa*. Veja a seguir três exemplos que demonstram como as condições de pagamento e o ciclo de conversão de caixa podem influenciar os negócios:

» **Ciclo de conversão de caixa zero:** Suponha que você receba de seus clientes quando eles fazem um pedido, e que imediatamente você faça um pedido ao seu fornecedor e pague por ele ao mesmo tempo. Em outras palavras, você é pago e seu fornecedor é pago no momento em que seu cliente faz o pedido. Muitas transações de consignação funcionam dessa maneira. Nesse caso, seu ciclo de conversão de caixa é zero.

» **Ciclo de conversão de caixa positivo**: Imagine que você compre produtos de fornecedores em condições de pagamento líquido de 30 dias corridos e venda aos seus clientes em condições de pagamento líquido de 60 dias corridos. Isso significa que você paga seus fornecedores 30 dias antes de receber de seus clientes. Nesse cenário, você precisa dispor de 30 dias de capital de giro para respaldar as suas vendas, o que é um ciclo de conversão de caixa positivo.

Os ciclos de conversão de caixa positivos são comuns em todos os tipos de negócios, porém são caros. Talvez seja necessário pegar emprestado o capital de giro de um banco que cobra juros. Os gerentes da cadeia de suprimentos podem mitigar a quantidade de capital de giro que a empresa precisa emprestar e aumentar a lucratividade ao encurtar o ciclo de conversão de caixa.

» **Ciclo de conversão de caixa negativo:** Suponha que seus clientes paguem por um produto hoje, mas seus fornecedores podem esperar 30 dias para receber. Ou seja, você pode ficar com esse dinheiro disponível por 30 dias. Em vez de pagar um banco ao pedir dinheiro emprestado, você pode fazer com que o mesmo banco lhe pague em forma de rendimentos. Os ciclos de conversão de caixa negativos são raros, entretanto podem ser instrumentos poderosos para as cadeias de suprimentos gerarem valor aos negócios.

PAPO DE ESPECIALISTA

Nos primórdios da Dell Computadores, o ciclo de conversão de caixa negativo foi um dos segredos para o sucesso da empresa. A Dell exigia que os clientes pagassem quando fizessem pedidos, porém negociava com seus fornecedores para prorrogarem os pagamentos. Com efeito, a Dell Computadores conseguia manter o dinheiro de seus clientes no banco por um mês ou dois antes de pagar seus fornecedores e, na verdade, ganhava dinheiro com os rendimentos provenientes dessa transação.

A Figura 7-5 ilustra esses ciclos de conversão de caixa.

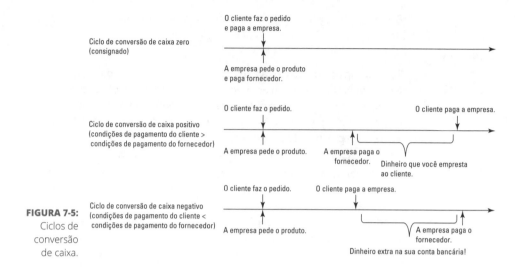

FIGURA 7-5: Ciclos de conversão de caixa.

À primeira vista, parece óbvio que você queira estabelecer prazos de pagamento curtos aos seus clientes e condições de pagamento mais flexíveis em relação aos seus fornecedores, mas essa estratégia pode não ser a melhor escolha com o passar do tempo. Talvez a concessão de crédito aos seus clientes seja necessária para você fechar o negócio. Agora, caso você fique insistindo que seus clientes paguem adiantado, e os seus concorrentes ofereçam a eles condições de pagamento de 30 dias corridos, você pode até perder a clientela. No final, os seus fornecedores gastam dinheiro para lhe concederem crédito; desse modo, você pode passar a impressão de que está recebendo crédito de graça ao pedir para seus fornecedores que estendam as condições de pagamento, mas, por fim, esse custo aparecerá em algum outro lugar em sua declaração de renda.

Mitigando os Riscos do Fornecedor

Um dos aspectos mais desafiadores do fornecimento — e também um dos mais mal administrados — é lidar com o risco. Não é difícil saber se um fornecedor é mais barato do que o outro e, portanto, saber qual deles lhe trará menos custos iniciais também não é difícil. Todavia considere o custo de um fornecedor que não cumpre suas promessas e como ele impactará seus resultados, caso os materiais que você compra forem danificados, de baixa qualidade ou falsificados, ou se não forem entregues quando você precisar deles. Dito de outro modo, pense na possibilidade de potenciais custos associados ao risco do fornecedor.

Em geral, você pode pensar em *risco* com o sentido de *incerteza*. As cadeias de suprimentos estão repletas de incerteza; um número infinito de coisas pode acontecer e mudar o fluxo de dinheiro, de material e de informação. Você nunca vai identificar e mitigar todos os riscos. No entanto, pode ter uma boa noção dos possíveis riscos e desenvolver estratégias para minimizar seus efeitos em sua cadeia de suprimentos.

Você pode facilmente criar um bom registro dos riscos (também chamado de indicadores de desempenho de risco) usando um programa de planilha eletrônica. Digite um nome para o risco, o problema que ele possivelmente criará, um número para indicar a gravidade desse problema e outro número para sinalizar a probabilidade de o risco ocorrer. Dadas essas informações, o programa de planilha calcula um índice de risco para que você possa se concentrar nos riscos com maior probabilidade de ocorrerem e visualizar os impactos que eles podem causar.

Lidando com os riscos

Para cada risco, decida como você lidará com ele. Talvez você pense que existem muitas maneiras de lidar com um risco, mas todas as opções se enquadram em apenas quatro categorias. Na lista a seguir, descrevo cada opção em termos dos riscos que você corre ao dirigir um carro:

» **Aceite o risco:** Se você aceitar o risco, você sabe que ele existe, porém está disposto e preparado para viver com as consequências, caso ele se materialize. Há o risco de que uma pedra voe da estrada e lasque a pintura do seu carro, mas você não pode fazer muito para evitar esse risco, sua probabilidade é bem pequena e o custo de consertar a pintura danificada é relativamente baixo. Você provavelmente aceitaria esse risco.

» **Evite o risco:** Às vezes, você pode escolher evitar o risco. Há o risco de que, se você passar por uma área em construção de estradas, fique preso em um engarrafamento. Você demoraria mais para chegar ao seu destino e provavelmente gastaria mais gasolina. Em vez de lidar com esse risco, você possivelmente vai preferir uma rota que não esteja em construção, assim, evita o risco de chegar atrasado por causa da construção de estradas.

» **Transfira o risco:** Há muitos riscos inevitáveis e potencialmente caros. Você pode optar por transferir esses riscos para outra pessoa. Por exemplo, você poderia bater em outro carro ou outro carro poderia bater em você. O custo de consertar ou comprar outro carro — ou de pagar pelo tratamento médico de uma pessoa ferida — pode custar uma fortuna. Caso as pessoas tivessem que arcar com esses custos, a maioria delas não poderia nem dirigir. Em vez disso, elas transferem esse risco ao comprar seguros. Elas pagam uma taxa relativamente pequena a uma seguradora, que aceita o risco em nome delas. Caso ocorra um acidente, a seguradora concorda em arcar com os custos.

» **Mitigue o risco:** Em muitos casos, há coisas que você pode fazer para mitigar um risco — com a finalidade de torná-lo menos severo ou menos provável. Por exemplo, você pode parar para encher o tanque antes que o indicador de combustível caia abaixo de um quarto de tanque, pois isso reduz o risco de ficar sem gasolina. Por quê? Porque ao ficar sem combustível, você perde muito tempo tentando encontrar um posto de gasolina, demora para chegar lá e para voltar ao seu carro. O custo de manter a gasolina no tanque — ao fazer um tipo de estoque — é muito menor do que o custo que você teria se ficasse sem gasolina. Portanto, você atenua esse risco ao manter algum estoque de gasolina.

Decidindo quais riscos gerenciar

Ao saber como administrar os riscos, você precisa decidir quais deles você precisa gerenciar. Siga os seguintes passos:

1. **Identifique o processo, insumo ou fornecedor com o qual você está preocupado.**

Digite isso em forma de título para fins de registro.

2. **Pense nas coisas que poderiam dar errado em relação a esse insumo ou a esse fornecedor.**

Em outras palavras, liste todas as fontes de risco ou incerteza. Não tente avaliar ou filtrar os riscos; coloque tudo na lista. Insira cada um deles na coluna "Descrição do Risco".

3. **Pense em como esses riscos impactariam a sua cadeia de suprimentos.**

Provavelmente, você descobrirá que alguns riscos apresentam mais de um impacto. Caso esteja dirigindo por uma zona de construção, o risco de ficar preso no trânsito tem dois impactos: aumenta o tempo necessário para chegar ao seu destino e potencializa a quantidade de combustível que você gasta para chegar lá. Insira cada um desses impactos na coluna "Descrição do Impacto".

DICA

Quando você inserir essas informações no seu registro de riscos (veja "Mitigando os Riscos do Fornecedor", anteriormente neste capítulo), coloque cada combinação de risco e impacto em uma linha separada. Caso um risco tenha dois impactos, insira o mesmo risco nas duas linhas. Se dois riscos puderem causar o mesmo impacto, enumere esse impacto nas duas linhas.

4. **Quantifique a probabilidade de cada risco.**

Este passo pode ser um pouco complicado, mas fica mais fácil com a prática. Pense na probabilidade de cada risco ocorrer e classifique-o em uma escala de 1 a 10. Um risco que tem uma alta probabilidade de ocorrer — o que significa que você tem quase certeza de que ele acontecerá — recebe uma pontuação 10. Um risco que tem uma baixa probabilidade de ocorrer — o que significa que é muito improvável que ele aconteça — recebe uma pontuação 1. Insira a probabilidade de um risco ocorrer na coluna denominada "Probabilidade de Risco".

DICA

LEMBRE-SE

A maioria dos riscos varia entre 1 e 10, e as discussões que você tem com uma equipe sobre o número certo dizem muito a respeito de como os membros de sua equipe pensam (veja a seguir "Riscos e Impactos do Brainstorming").

Se um risco apresenta uma probabilidade 0, ele não é um risco e não deve estar na lista.

5. **Decida com que gravidade cada impacto desestabilizaria sua cadeia de suprimentos.**

   Um risco que teria um impacto catastrófico recebe uma pontuação 10. Um risco que teria um impacto relativamente menor recebe uma pontuação 1. A maioria dos impactos se encaixa entre 1 e 10. Insira a gravidade de cada impacto na coluna "Gravidade do Impacto".

6. **Multiplique a probabilidade pelo impacto para cada risco.**

   Na coluna denominada Índice de Risco, multiplique o valor da coluna Probabilidade de Risco pelo valor da coluna Gravidade do Impacto. O índice de risco facilita a identificação dos riscos que representam as maiores ameaças à sua cadeia de suprimentos e nos quais você precisa concentrar sua atenção e seus recursos. Se o risco for provável e o impacto for grave, o índice de risco é alto. Caso a probabilidade de o risco ocorrer seja baixa e o impacto seja mínimo, o índice de risco será baixo.

A Figura 7-6 ilustra um registro de risco completo. Neste exemplo, o risco de falha da máquina apresenta o maior índice de risco e deve ser tratado primeiro.

RISCOS E IMPACTOS DO BRAINSTORMING

Começar com uma lista de riscos e impactos pode ser um desafio. É comum que as pessoas tenham um bloqueio criativo ao escreverem, porém uma das melhores maneiras de superar isso é começar a escrever. Outra boa maneira de redigir a lista é reunir algumas pessoas para falar sobre os riscos. Peça para uma pessoa registrar tudo, ou até gravar. Inicie uma conversa a respeito das coisas que poderiam dar errado e certifique-se de que a pessoa registre uma lista de tudo que o grupo discute. Reúna e traga tantas ideias à tona quanto puder. Não deixe que alguém do grupo atrase o processo dificultando ou ignorando qualquer um dos riscos e potenciais impactos. Basta adicionar cada um à lista e prosseguir com o brainstorming.

À medida que a lista de riscos e impactos fica mais extensa, você começará a pensar de modo mais predominante sobre a vulnerabilidade da sua cadeia de suprimentos, até mesmo a respeito das coisas sobre as quais você praticamente não tem controle. Em algum momento, no entanto, você perceberá que sua lista é boa o bastante. Você nunca conseguirá enumerar todos os risco e impactos possíveis, mas terá um bom panorama que mostra nitidamente as suas vulnerabilidades.

Item #	Descrição do Risco	Descrição do Impacto	Probabilidade do Risco	Gravidade do Impacto	Índice de Risco (Probabilidade x Impacto)
1	Tornado	Fechar a fábrica para reparos	1	10	10
2	Falência de fornecedores	Indisponível para compra de itens	3	7	21
3	Falha na máquina	Indisponível para a manufatura de produtos	6	5	30

FIGURA 7-6: Registro de riscos.

Garantindo a Ética nas Compras

Como o processo de compra implica em grandes decisões sobre quantias gigantescas de dinheiro, é importante garantir que essas decisões sejam tomadas de maneira justa e ética. As pessoas nem sempre reconhecem os dilemas éticos ou podem até mesmo ter percepções diferentes acerca do que é certo e errado. A fim de garantir que não aconteça confusão sobre o comportamento apropriado na hora da compra, estabeleça um código de ética formal e escrito, o qual todos que tomam decisões de compra devem seguir.

Sua política de ética de compras pode compreender as seguintes situações:

» Aceitar presentes de fornecedores.
» Apoiar as pequenas empresas.
» Lidar honestamente com fornecedores.
» Evitar o trabalho escravo e o trabalho infantil.
» Cumprir as leis.
» Incentivar a competição.
» Relatar os conflitos de interesse.
» Honrar as condições de pagamento.
» Avaliar como os fornecedores tratam os funcionários.
» Analisar os salários e o horário de trabalho dos fornecedores.

DICA

Para encontrar orientações a respeito de como criar e implementar uma política de ética de compras, consulte uma organização profissional como o Institute for Supply Management (https://www.instituteforsupplymanagement.org) ou o Chartered Institute of Procurement and Supply (https://www.cips.org) — conteúdos em inglês.

110   PARTE 2 **Gestão dos Processos da Cadeia de Suprimentos**

> **NESTE CAPÍTULO**
>
> » Decidindo o que, quanto e quando produzir
>
> » Escolhendo os processos de manufatura adequados para sua cadeia de suprimentos
>
> » Melhorando a qualidade e reduzindo os resíduos

Capítulo **8**

A Manufatura dos Seus Produtos ou Serviços

Todo negócio produz alguma coisa — um produto ou um serviço — e cada produto ou serviço tem uma cadeia de suprimentos. Este capítulo descreve como as etapas seguidas para se fazer *qualquer coisa* podem ser divididas em um punhado de subprocessos a fim de que você possa avaliá-los e gerenciá-los de forma eficiente. Em termos de estrutura de processo, como o Modelo de Referência de Operações da Cadeia de Suprimentos (SCOR; veja o Capítulo 5), a *Produção* refere-se ao grupo de processos que transforma os componentes em um produto ou serviço novo que tenha valor para um cliente. O trabalho de supervisionar estes processos é geralmente chamado de *gerenciamento de operações*.

> ## DEFINIÇÕES TÉCNICAS
>
> O melhor lugar para se obter as definições precisas da maioria dos termos de gestão de operações é o Dicionário da APICS. Você pode comprar uma cópia do dicionário da APICS, ou pode fazer o download gratuito do app APICS Dictionary (anteriormente chamado Learn It), que apresenta as mesmas palavras e definições. O app também inclui questionários, flashcards e outras atividades que podem ajudá-lo a construir seu vocabulário de gestão de operações. Para maiores informações, acesse: `www.apics.org/apics-for-individuals/apps/apics-learn-it` (conteúdo em inglês).

Este capítulo explica como desenvolver suas operações para que você produza o número adequado de produtos no momento certo. Primeiro, você analisará o planejamento de um cronograma de produção. Em seguida, examinará os dois principais ambientes para a fabricação de produtos: a *manufatura discreta*, em que os itens são feitos individualmente ou em lotes, e a *fabricação contínua*, na qual os itens são feitos em um fluxo. Depois disso, você passará a considerar se deve produzir os produtos antes ou depois de um cliente realizar um pedido. Por fim, você verá alguns dos elementos-chave da gestão de qualidade e sustentabilidade em virtude de eles serem questões estratégicas imprescindíveis e substancialmente influenciadas pelos seus processos de Produção.

Honestamente, não é nada fácil fazer com que a terminologia relacionada ao processo de Produção entre na cabeça das pessoas. E empresas diferentes usam as mesmas palavras com sentidos distintos. Mantive as definições simples e disponibilizei exemplos com base em coisas da sua vida cotidiana, como administrar uma lanchonete de fast-food. Porém, esses mesmos termos e conceitos são usados diariamente nas cadeias de suprimentos de carros, eletrodomésticos, comida congelada para micro-ondas e, basicamente, todos os outros produtos e serviços que você compra. Naturalmente, as mesmas ideias se aplicam à sua cadeia de suprimentos, não importa o tipo de negócios que você esteja gerenciando. Assim, ao longo do capítulo, pense em como cada um dos tópicos se relaciona com alguma parte do seu próprio negócio e se os seus processos de Produção estão alinhados com o que seus clientes de fato valorizam.

Planejamento e Programa de Produção

O processo de fabricar qualquer coisa na verdade começa quando você decide o que produzir, quanto produzir e quando produzir. Em uma empresa de manufatura, isso é (convenientemente) chamado de planejamento e programação de produção. As empresas de serviços geralmente complicam um bocado as coisas encontrando nomes criativos para esse processo, porém a maioria deles se parece muito com "planejamento e programação de serviços".

DICA

Se você está trabalhando em uma cadeia de suprimentos de serviços, tente não ficar preso à palavra Produção. Basta lembrar que o objetivo de qualquer processo de Produção é transformar insumos, tais como matérias-primas e habilidades técnicas, em produtos finais para um cliente. Para um médico, o processo de Produção seria realizar um procedimento cirúrgico. Para um artista, seria criar uma pintura.

Planejamento de produção

Antes de elaborar um bom planejamento de produção, você precisa levar muitos fatores em consideração. Veja abaixo dez exemplos dos tipos de informações que você realmente precisa estudar antes de saber se um planejamento de produção de fato funcionará:

» Descubra quando os clientes precisam do produto e se já estão esperando por ele.
» Determine quanto tempo levará para que você fabrique o produto.
» Identifique a capacidade do seu processo de fabricação.
» Determine o tempo de preparação necessário para criar o produto e se isso afeta o tempo de preparação de outros produtos.
» Especifique como priorizar a ordem na qual você criará produtos.
» Determine quais peças, componentes ou suprimentos você precisa ter disponíveis para conseguir fabricar um produto específico.
» Descubra se você já tem as peças necessárias ou se precisa encomendá-las.
» Caso seja necessário encomendar as peças, confira o prazo de entrega do fornecedor e o prazo de validade dos produtos.
» Identifique os riscos que possam interromper a produção.
» Descubra se você precisa agendar um horário para pausas, feriados, trocas e manutenção de equipamentos.

Essa lista não está completa, todavia ela é suficiente para esclarecer as coisas. Há tantos fatores a se considerar que o planejamento de produção pode rapidamente se tornar gigantesco. A única maneira de fazer com que isso funcione é desenvolver um processo de planejamento de produção e definir algumas regras. No entanto você também precisa garantir que as regras ofereçam flexibilidade o bastante para alterar o planejamento quando necessário. A Figura 8-1 é uma perspectiva de altíssimo nível das etapas envolvidas na criação de uma programação de produção.

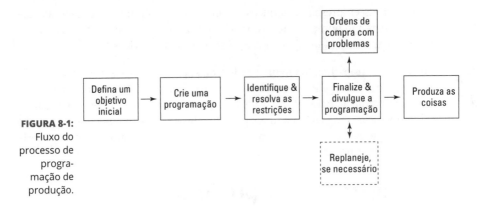

FIGURA 8-1: Fluxo do processo de programação de produção.

Definindo uma meta de demanda

O planejamento da produção começa com uma meta cujo patamar é elevado: quanto você quer vender. Você pode pensar nisso como o cenário "de um mundo perfeito". Se acha que terá um milhão de clientes no próximo mês em sua lanchonete de fast-food, você começará com uma meta de demanda de um milhão de sanduíches. Essa meta de demanda de alto nível chama-se Plano Mestre de Demanda (PMD). Tudo bem se o seu PMD for um tanto otimista, mas tente elaborar também um PMD realista. Não tem lógica desenvolver um planejamento de produção para uma meta de vendas que você nunca conseguiria atingir.

Desenvolvendo uma programação de produção

Depois de determinar sua meta de demanda, você divide essa meta de vendas em um Plano Mestre de Produção (PMP). Dito de outro modo, ao elaborar o PMP, você decide como e o que precisará produzir todos os dias para atingir a meta do PMD. Criar um PMP o obriga a examinar mais atentamente os materiais necessários e quando você precisará deles. Isso também o leva a analisar as pessoas e equipamentos disponíveis para fabricar seus produtos.

Ao criar seu PMP, você começa a desvendar as *restrições de produção*, que são os gargalos ou problemas que podem interferir na produção. Talvez você não consiga comprar a quantidade de matérias-primas que deseja, pois seus fornecedores não têm capacidade suficiente, por exemplo. Ou talvez seu equipamento de fabricação não possa produzir os materiais com rapidez o bastante. No exemplo de uma lanchonete de fast-food, duas restrições evidentes que o PMP precisará avaliar são o espaço e o tempo. Há uma quantidade limitada de espaço para armazenar os pães, os hambúrgueres e as alfaces, e, como esses ingredientes são perecíveis, você precisa usá-los antes que estraguem.

Cada restrição encontrada exigirá que você tome algumas decisões. Você precisa refletir se pode fazer algo para resolver ou eliminar a restrição, como encontrar um fornecedor novo ou alugar um espaço de armazenamento extra. Ou você pode precisar alterar a sua programação de produção. É comum repetir esse processo de resolução de restrição diversas vezes, porque cada vez que você altera o PMP com o intuito de solucionar uma restrição é necessário conferir se essa alteração influencia outras restrições. Em outras palavras, a programação de produção é um processo iterativo.

Finalizando a programação de produção

Quando você sabe quais materiais precisa encomendar e tem certeza de que eles podem ser entregues a tempo, você pode finalizar, divulgar e executar sua programação de produção. O programa de produção final disponibiliza à sua equipe as metas reais de produção — quanto você espera produzir e quando espera produzir. Ele também direciona os pedidos de compra no sentido da autorização de compra dos componentes que você precisa de seus fornecedores. A programação pode ser dividida em trabalhos ou lotes de produtos similares que estão sendo produzidos para o mesmo cliente. Depois que os trabalhos são programados, é possível sequenciar a entrega dos produtos para que eles fiquem prontos just in time (JIT) e possam ser utilizados.

DICA

A manufatura enxuta geralmente combina o sequenciamento de partes e entregas JIT. Por exemplo, em uma instalação de uma montadora automotiva, existem muitos tipos diferentes de estofados para assentos de automóveis. Desse modo, os assentos são sequenciados a fim de estarem prontos em uma ordem específica e serem entregues na linha de montagem JIT.

Se tudo funcionar corretamente, a programação de produção não será alterada e será estável. Porém, nem sempre as coisas funcionam assim. Mesmo depois de o cronograma de produção ser divulgado, há uma boa chance de que você acabe fazendo alterações se as coisas não saírem conforme o esperado — caso uma remessa de suprimentos atrase ou uma máquina quebre, por exemplo. Quando você revisa a programação, pode ser necessário alterar a ordem das tarefas de produção ou ajustar suas metas de produção. Naturalmente, esse replanejamento também afeta seus fornecedores e seus níveis de estoque, pois isso alterará a ordem na qual você usa cada componente. Como muitas atividades são direcionadas pela programação de produção, o replanejamento frequente pode resultar em confusão e frustração. Um programa de produção que sempre muda chama-se programa nervoso.

DICA

Os programas de produção nervosos geram desperdício em uma cadeia de suprimentos, como trabalho desnecessário e excesso de estoque.

A maioria das empresas faz uma escolha sobre até que ponto pode alterar de modo realista a programação de produção sem instaurar o caos na cadeia de suprimentos. Esse intervalo, geralmente calculado em dias ou semanas, chama-se *horizonte firme*. Por exemplo, as pessoas podem decidir que não há problemas em modificar a programação de produção, desde que se avise com uma semana de antecedência. Nesse caso, seria possível (mas não recomendável) fazer alterações na programação de produção fora do período de uma semana do horizonte de tempo. Entretanto, uma vez ultrapassado o horizonte de tempo — uma vez que as pessoas estarão a menos de uma semana de uma produção —, a programação estará congelada, e não se permitirá nenhuma alteração.

LEMBRE-SE

Quanto mais cedo você conseguir identificar uma restrição no processo e replanejar a programação de produção, melhor será. Na maioria dos casos, modificar a programação de produção depois de ter emitido os pedidos de compra significa que você terá um estoque extra, o que aumenta seus custos.

Você pode imaginar o desafio de uma programação de produção para uma lanchonete de fast-food. Suponha que algo inesperado aconteça: você venda menos lanches do que o esperado, todos peçam picles extras ou seja necessário substituir a alface. Em cada caso, você precisa analisar se essas diferenças mudam as suas metas ou geram restrições; em caso afirmativo, você precisará replanejar sua programação de produção.

DICA

Suas metas de produção sempre devem estar alinhadas com suas metas de vendas a fim de garantir que você não esteja produzindo demais ou de menos para satisfazer seus clientes. Esse processo é chamado de vendas e planejamento das operações (S&OP), e foi discutido no Capítulo 3.

PAPO DE
ESPECIALISTA

Antigamente, as pessoas preparavam e atualizavam as programações de produção manualmente, o que era um processo complexo e demorado. Hoje, a maioria das empresas atualiza as programações automaticamente usando um software de planejamento das necessidades de material (MRP). Veja o Capítulo 12 para uma explicação mais detalhada a respeito do MRP.

Considerando a capacidade

Cada pessoa, cada grupo de pessoas e cada máquina no mundo tem um limite de quanto pode processar ou produzir em determinado período de tempo. Quer você esteja no setor de fabricação de garrafas ou no setor hospitalar, você se refere a esse limite como sua *capacidade*. Há muitos modos de se calcular e definir a capacidade, mas quando você deixa as banalidades de lado, há três conceitos que todo gerente da cadeia de suprimentos precisa compreender, pois eles estão incluídos no sua programação de produção: capacidade teórica, capacidade operacional e capacidade de utilização.

Capacidade teórica

A *capacidade teórica* é o máximo que uma máquina (ou pessoa) pode produzir. A capacidade teórica de sua lanchonete de fast-food imaginária é a quantidade que você poderia fazer se cada pessoa e cada máquina estivessem trabalhando ininterruptamente, a cada minuto, todo santo dia. Isso pode se traduzir em um monte de sanduíches e batatas fritas, porém ainda não é infinito.

Capacidade operacional

Sejamos realistas: a maioria dos processos não funciona em sua capacidade teórica (pelo menos, não por muito tempo!). As pessoas precisam fazer pausas. Instalações fecham para a troca de turno. Leva-se tempo para realizar a manutenção de equipamentos e as atualizações de software. Quando você considera todas essas restrições, acaba com um novo limite de quanto pode ser feito, muito menor do que sua capacidade teórica. Esse limite é chamado de *capacidade operacional* (ou *capacidade efetiva*).

A menos que você esteja fazendo apenas um produto repetidamente, é bem provável que seja necessário desligar algumas máquinas e fazer alterações entre as tarefas, como trocar as ferramentas ou introduzir componentes diferentes. Esse tempo de preparação afeta a capacidade operacional disponível para a fabricação dos produtos. E, claro, as coisas podem sair errado — uma máquina pode quebrar, você pode ficar sem estoque ou alguém pode se atrasar para a troca de turno. Qualquer um desses problemas — e muitos outros — pode retardar processo de manufatura, e todos eles consomem a sua eficiência.

DICA

Como você não consegue produzir mais de um produto do que sua capacidade teórica permite, ela é tecnicamente uma das restrições de produção. No entanto, como a capacidade operacional é quase sempre inferior à capacidade teórica, é raro que um processo seja de fato limitado pela capacidade teórica.

DICA

A capacidade operacional é uma das principais restrições à produção. Em muitos casos, há coisas que você pode fazer a fim de aumentar a capacidade operacional, como implementar turnos extras ou modificar os seus procedimentos de manutenção. Portanto, você consegue um pouco de flexibilidade ao gerenciar a capacidade operacional de sua programação de produção. Um objetivo comum dos gerentes da cadeia de suprimentos é potencializar a capacidade operacional e aproximá-la o máximo possível da capacidade teórica.

Capacidade de utilização

Com todos os fatores que podem restringir a produção, o resultado final e real de um processo de manufatura é normalmente uma fração do que você acha que produziria. Uma maneira comum de medir a produção do produto final, ou o **rendimento**, é através do percentual da capacidade operacional que você realmente usa. Esse percentual chama-se *capacidade de utilização*. Se o seu processo estiver trabalhando a todo o vapor, fazendo o máximo possível de unidades de produto, sua capacidade de utilização será de 100%.

PAPO DE ESPECIALISTA

O Federal Reserve dos Estados Unidos acompanha a produção industrial e a capacidade de utilização em vários setores de negócios como uma maneira de calcular o desempenho da economia. Você pode encontrar os índices recentes da capacidade de utilização em `www.federalreserve.gov` (conteúdo em inglês).

LEMBRE-SE

Um objetivo comum da gestão da cadeia de suprimentos é aumentar a capacidade de utilização. Quanto mais capacidade você utiliza, mais produtos está produzindo e mais dinheiro consegue ganhar com os ativos que tem.

Você pode ver como esses conceitos estão relacionados, observando o exemplo da lanchonete de fast-food. O número de lanches que você faz na prática é a sua produção do produto final, uma quantidade menor do que sua capacidade operacional que, por sua vez, é menor que a capacidade teórica. A Figura 8-2 ilustra a relação da produção (capacidade de utilização) com a capacidade operacional e a capacidade teórica.

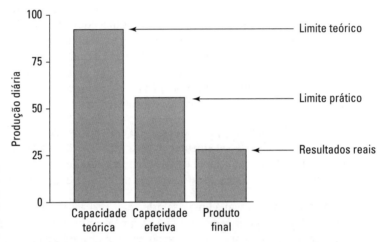

FIGURA 8-2: Capacidade de produção e produto final.

Aparentemente, potencializar a capacidade de utilização é uma boa ideia. Entretanto, ao prestar mais atenção, às vezes ela pode na verdade aumentar seus custos e diminuir sua eficiência. Por exemplo, seu carro provavelmente tem capacidade para dirigir a 160 quilômetros por hora. No entanto, o consumo de combustível é melhor perto dos 80 quilômetros por hora. (Vamos ignorar as leis de trânsito por um instante e focar apenas os problemas mecânicos.) Além de gastar mais gasolina, dirigir seu carro a 160 quilômetros por hora fará com que muitas das peças se desgastem mais rapidamente. E você tem menos tempo para reagir se houver um buraco na estrada. Então, mesmo que o carro tenha a *capacidade* de velocidade caso necessária, é bem provável que você dirija em um ritmo mais lento em seu deslocamento diário. Ou seja, você decidirá que, em geral, é melhor operar seu carro bem abaixo da capacidade teórica.

Da mesma forma, os processos de manufatura geralmente se tornam menos eficientes quando se aproximam de seus limites de capacidade. Uma razão evidente é que o equipamento pode se desgastar mais rapidamente, o que causa paradas. Ademais, aumentar a capacidade de utilização (em outras palavras, fabricar mais produtos) pode resultar em um problema de estoque se o resto de sua cadeia de suprimentos não puder acompanhar o processo (veja a Teoria das Restrições, no Capítulo 4). Seu verdadeiro intuito como gerente da cadeia de suprimentos é fabricar somente a quantidade de produtos que seus clientes comprarão — disponibilizando suprimento o bastante para atender à demanda. Se sua produção for alta, mas suas vendas forem baixas, o aumento da capacidade de utilização de produção significa apenas que você criará estoques desnecessários e reterá o dinheiro da sua empresa. E isso não é nada bom para a cadeia de suprimentos.

LEMBRE-SE

O objetivo do planejamento e da programação de produção é fabricar a mesma quantidade de produtos que seus clientes comprarão no momento exato em que precisarem. Desenvolver a sua programação de produção em torno da demanda dos clientes e das restrições de sua cadeia de suprimentos garante que você utilize sua capacidade de modo eficiente, enquanto mantém o estoque o mais baixo possível.

Identificando os Tipos de Processos de Fabricação

O mundo da gestão de cadeia de suprimentos apresenta dois tipos de processos para a manufatura de produtos:

- » **Discreto:** Alguns produtos são fabricados como itens separados ou em lotes. Em outras palavras, eles são feitos por intermédio de um processo *discreto*.
- » **Contínuo:** Outros produtos não podem ser facilmente separados em unidades individuais ou lotes, portanto eles são feitos por processo *contínuo*.

Em sua lanchonete imaginária, por exemplo, os hambúrgueres e as batatas fritas são feitos por intermédio de um processo discreto, e o sorvete é feito através de um processo contínuo. Cada hambúrguer e cada batata frita serão um pouco diferentes. Porém o sorvete é todo misturado. Compreender as diferenças básicas entre os processos de manufatura discreta e fabricação contínua o ajudará a pensar sobre como sua cadeia de suprimentos funciona e também a visualizar maneiras de gerenciá-la de forma mais eficaz.

Operando um processo de manufatura discreta

Você pode encontrar muitos exemplos de produtos fabricados com um processo discreto, como aparelhos de televisão, carros, guitarras, móveis e roupas. O produto final de um processo de manufatura discreta geralmente é medido pelo número de itens produzidos durante um determinado período, comumente por hora ou por dia. Esse indicador é o *índice de produtividade*.

LEMBRE-SE

Diversos princípios da manufatura discreta também se aplicam às cadeias de suprimentos de empresas de serviços. Um call center pode calcular o seu índice de

CAPÍTULO 8 **A Manufatura dos Seus Produtos ou Serviços** 119 produção como o número de chamadas atendidas por dia; um serviço de limpeza pode medir seu índice de produção pelo número de casas limpas a cada semana.

Em geral, a manufatura discreta é dividida em etapas repetidas para cada produto. Todavia, há dois modos diferentes de executar esse trabalho: disponibilizar o trabalho aos trabalhadores (linha de montagem) ou levar os trabalhadores até o trabalho (manufatura celular). A Figura 8-3 exemplifica a diferença.

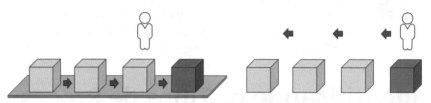

FIGURA 8-3: Linha de montagem versus manufatura celular.

Você pode direcionar o trabalho para os trabalhadores usando uma linha de montagem. Através de uma linha de montagem, as mesmas etapas de produção são repetidas em cada estação, enquanto os produtos seguem descendo a linha de uma estação à próxima. O tempo necessário para cada etapa de um processo de linha de montagem é chamado *takt time*.

Takt é uma palavra alemã que designa a batuta usada pelo maestro para conduzir o ritmo de uma orquestra sinfônica. Assim, no mundo da manufatura, o takt time é o tempo necessário para se concluir cada etapa de um processo. Para criar um fluxo estável em uma linha de montagem, cada uma das etapas do processo precisa ter um takt time semelhante. Ajustar as etapas do processo para atingir um takt time consistente é chamado de *balanceamento* ou *nivelamento* de linha.

O tempo necessário para que todas as etapas de produção sejam concluídas, do começo ao fim, é chamado de *tempo de ciclo*. Melhor dizendo, o tempo mínimo necessário para produzir cada produto (ou lote de produtos) é o tempo de ciclo. E calcula-se o tempo de ciclo somando o takt time de todas as etapas do processo.

Para produtos volumosos e difíceis de movimentar, ou que exigem muito tempo e personalização, a utilização de uma linha de montagem pode não ser a melhor abordagem. Pode ser mais fácil fabricar todo o produto em um único local, trazendo as ferramentas e componentes para tal localização. O local onde esses produtos são construídos chama-se *célula de manufatura* (ou *tenda de manufatura*), por isso essa abordagem é chamada de *manufatura celular*. Você encontrará células de manufatura nas fábricas de grandes produtos, como aviões e casas móveis. Mas você também pode ver as células de manufaturas em fábricas que produzem pequenos itens artísticos como joias ou artesanato pintado à mão.

PAPO DE ESPECIALISTA

O uso da palavra "celular", nesse caso, se remete aos dias anteriores aos telefones celulares. É contraditório, mas você nunca usaria um processo de manufatura celular para fabricar um produto de produção em massa como um telefone celular.

EXEMPLO DO MUNDO REAL

A Ford Motor Company foi pioneira no uso de linhas de montagem móveis com o Ford Modelo T, em 1913. O tempo de ciclo para o processo de produção era de apenas 93 minutos e seu índice de produção era o de um carro a cada três minutos. De tão acelerado, uma das restrições do processo era que a tinta não secava rápido o suficiente!

Quer você esteja usando a manufatura celular ou uma linha de montagem, a capacidade da manufatura discreta é relativamente flexível. Você pode operar uma linha de produção em um único turno (ou mesmo parte de um turno) e depois encerrar a linha. Caso você precise de mais capacidade, poderá acrescentar um segundo ou terceiro turno a essa mesma linha de produção sem comprar equipamentos novos ou alterar o processo de manufatura.

O lado negativo é que a manufatura discreta é intrinsecamente inoperante, porque o equipamento fica parado sempre que você não o estiver usando para fabricar produtos. Você paga para ter o equipamento disponível 24 horas por dia, 7 dias por semana, mesmo que o utilize somente em uma parte do turno por dia.

Outro desafio na manufatura discreta é que ocorrem gaps entre as etapas e cada etapa leva um tempo diferente. Pode-se levar três minutos para fritar um hambúrguer, porém a próxima etapa — colocá-lo em um pão com ketchup e mostarda — leva apenas alguns segundos. Portanto, você poderia dizer que a manufatura discreta é "irregular" e que os gaps de tempo entre os processos causam desperdício e ineficiência. Ao aplicar os princípios da manufatura enxuta, os gerentes da cadeia de suprimentos procuram por maneiras de reduzir os gaps entre as etapas do processo e nivelar o fluxo de produtos em toda a cadeia de suprimentos (para mais informações sobre a manufatura enxuta, veja o Capítulo 4).

Muitos dos princípios da manufatura enxuta podem minimizar a ineficiência dos processos de manufatura discreta, fazendo com que eles se comportem mais como processos de fabricação contínua.

Operando um processo de fabricação contínua

Muitos processos de fabricação não consistem em itens individuais. As fábricas de cervejas, os fabricantes de produtos químicos, as refinarias de gasolina, as fábricas de processamento de alimentos e até as usinas elétricas de carvão ou gás natural são exemplos de empresas que usam processos contínuos. Com um processo contínuo, você essencialmente alimenta o material em uma ponta e obtém um fluxo constante de produto na outra extremidade.

Quando estão em execução, os processos de fabricação contínua tendem a ser altamente eficientes, porque a capacidade de cada etapa do processo pode ser dimensionada para o mesmo índice de fluxo de material, ou *ganho*. No entanto, iniciar e parar os processos contínuos geralmente é demorado e mais caro do que iniciar e interromper processos discretos.

Outro desafio comum na fabricação contínua é que existe uma quantidade mínima de fluxo necessária para o processo funcionar. É como um motor de carro que morre quando atinge uma determinada velocidade mínima. Além disso, com a fabricação contínua, é mais difícil alternar de um produto para outro. Você provavelmente precisará encerrar a linha, desobstruir todo o equipamento e, em seguida, reiniciar a linha inteira. Portanto, embora eles sejam normalmente mais eficientes quando comparados à manufatura discreta, os processos de fabricação contínua não lhe proporcionam muita flexibilidade para ajustar seu índice de produção ou alternar entre os tipos de produtos que você produz.

Escolhendo Seu Ambiente de Produção

No final das contas, a eficácia da sua cadeia de suprimentos determina o sucesso do seu negócio. Com o intuito de oferecer aos clientes o que eles desejam, quando desejam, você precisa decidir se deve ou não fabricar o produto antes que os clientes estejam dispostos a comprá-lo ou se deve esperar até que eles façam um pedido. A escolha do *ambiente de produção* adequado baseia-se em dois fatores: *o que você está produzindo* e *a necessidade dos seus clientes*. Existem três tipos de ambientes de produção à escolha:

- » Fabricação contra previsão de demanda (Make-to-stock)
- » Fabricação conforme pedido (Make-to-order)
- » Projeção sob encomenda (Engineer-to-order)

A Figura 8-4 compara esses três ambientes de produção e mostra como cada um deles influencia a quantidade de personalização possível e o lead time dos seus produtos.

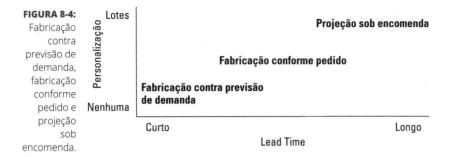

FIGURA 8-4: Fabricação contra previsão de demanda, fabricação conforme pedido e projeção sob encomenda.

O *lead time total* de um produto (também chamado de tempo de resposta do cliente) é o tempo entre o momento em que um cliente faz um pedido e quando você entrega o produto a ele. O lead time total é composto de vários blocos pequenos de lead time, incluindo o tempo necessário para processar um pedido, o tempo necessário para fabricar um produto e o tempo necessário para entregar o produto ao cliente. Em outras palavras, o lead time total compreende o lead time do processamento de pedidos, o lead time de fabricação e o lead time de entrega.

LEMBRE-SE

Quando você decide qual ambiente de produção usar, é necessário considerar o prazo em que os clientes precisam do produto, quanto tempo levará para produzi-lo e em que medida a personalização será necessária.

Fabricação contra previsão de demanda

Se seus clientes precisarem de um produto imediatamente e o produto não precisar de personalização, você provavelmente vai querer ter alguns itens pré-fabricados e prontos para compra. Essa abordagem chama-se *fabricação contra previsão de demanda*. O estoque — seu estoque ativo — garante que você possa atender aos pedidos dos clientes rapidamente.

O maior benefício de uma estratégia de fabricação contra previsão de demanda é que os clientes podem receber seus pedidos imediatamente. Ter um alto nível de disponibilidade de produtos é fundamental para manter os clientes felizes e aumentar sua participação no mercado. Se você não tem produtos disponíveis para um cliente comprar, ele pode fazer negócios com seus concorrentes.

No entanto, a estratégia de fabricação contra previsão de demanda apresenta alguns desafios:

» Quando você fabrica um produto antes de receber um pedido, seus clientes precisam aceitar o produto do jeito que está; você não pode personalizá-lo.

» Você precisa prever quanto e quando seus clientes comprarão. Dito de outro modo, você está assumindo um risco e especulando que haverá demanda futura.

» Depois de fabricar produtos, eles ficam em estoque e mobilizam o dinheiro até que sejam vendidos, gerando custo à sua empresa. (Você também deve considerar os custos do espaço do depósito e as pessoas necessárias para movimentar, gerenciar e fazer a manutenção do estoque.)

» O estoque pode ser roubado ou danificado, ou pode se tornar obsoleto e inutilizável.

PAPO DE ESPECIALISTA

Ouve-se com frequência os profissionais da cadeia de suprimentos falarem sobre a quantia de dinheiro perdida devido à perda de estoque. Este é um jargão para descrever os produtos que são roubados, danificados ou desperdiçados. Eles são chamados de perda de estoque porque levam a uma redução — ou perda — do estoque.

LEMBRE-SE

O estoque adiciona custos à cadeia de suprimentos. Mas também agrega valor reduzindo os prazos de entrega para o seu cliente. Na maioria dos casos, seu objetivo é manter estoque suficiente para atender às necessidades de seus clientes e nada mais.

Fabricação conforme pedido

Se o lead time de fabricação for menor do que o tempo de resposta necessário do cliente, talvez você não precise manter um estoque. Em vez disso, você pode esperar até que um pedido chegue, e depois produzir o produto para ele. A estratégia de *fabricação conforme pedido* apresenta muitas vantagens em relação à abordagem de fabricação contra previsão de demanda. A fabricação conforme pedido elimina os custos de estoque e armazenagem, permitindo que o dinheiro fique disponível, o que se traduz diretamente em lucros maiores.

Os sanduíches são um bom exemplo de um produto de fabricação conforme pedido. Sua lanchonete tem todos os ingredientes à disposição, porém você não gostaria de fazer sanduíches antes do tempo e esperar que alguém os compre. Em vez disso, você espera que um cliente faça um pedido e, em seguida, faz o sanduíche para ele. Os cartões de visita são outro bom exemplo de um ambiente de fabricação conforme pedido; a impressora tem todos os materiais disponíveis, mas as pessoas não podem confeccionar nenhum cartão de visita até saberem o que imprimir neles.

Para implementar com sucesso uma abordagem de fabricação conforme pedido, você precisa enfrentar três desafios:

» Você deve saber o tempo esperado de resposta do cliente.

» Seu lead time de fabricação deve ser menor do que a necessidade do seu cliente.

» Seu processo de fabricação deve ser confiável e ter capacidade suficiente para atender à demanda do cliente.

Se um cliente deseja que os pedidos sejam atendidos em 48 horas e o produto leva duas semanas para ser feito, obviamente a estratégia de fabricação conforme pedido não funcionará. Todavia, caso os clientes possam esperar duas semanas após o pedido ser feito e você conseguir fabricar o produto em 48 horas, a fabricação conforme pedido é uma opção tentadora. Essa estratégia pode reduzir custos sem impactar a disponibilidade do produto.

Projeção sob encomenda

Em alguns casos, os clientes querem produtos e serviços específicos que realmente não podem ser pré-planejados, como iates, motores de corrida ou armários personalizados. Quando seus clientes desejam esse tipo de personalização, deve-se esperar até que eles façam um pedido antes mesmo de você saber o que produzirá. Esse ambiente de produção usa a abordagem de *projeção sob encomenda*.

Em uma abordagem de projeção sob encomenda, você normalmente não precisa se preocupar muito com o estoque de produtos acabados, e seus clientes recebem o produto ou o serviço exatamente como eles querem. A má notícia é que você tem um lead time maior antes de entregar o produto ao cliente, e a previsão de demanda e a programação de produção são bem trabalhosas.

TIPOS DE PROCESSOS VERSUS AMBIENTES DE PRODUÇÃO

Você pode estar tentando classificar as diferenças entre os tipos de processo e os ambientes de produção. Em geral, o *tipo de processo* é determinado pelo tipo de produto que você está fazendo. Os processos discretos são usados para fabricar produtos que precisam ser montados, e os processos contínuos são utilizados para fabricar produtos que precisam ser misturados, incorporados ou cozidos. O tipo de ambiente de produção tem a ver com o lead time que os clientes aceitam e quanto de personalização eles exigem. Se o lead time é curto, você não terá tempo para personalização. O ambiente de produção será o de fabricação contra previsão de demanda e seus clientes comprarão os produtos do seu estoque. E se os clientes desejam algum tipo de personalização e podem tolerar um lead time maior, então o seu ambiente de produção será o de fabricação conforme pedido. Agora, quando seus clientes querem algo muito exclusivo e estão dispostos a esperar o tempo necessário para que você projete e desenvolva o produto, logo, a melhor opção é um ambiente de projeção sob encomenda. A matriz na figura exemplifica os produtos que se encaixam em cada tipo de processo e em cada ambiente de produção.

(continua)

(continuação)

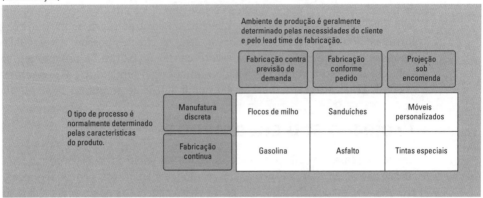

Implementando o Controle e a Garantia de Qualidade

Quer seu processo seja contínuo ou discreto, quer você opere em um ambiente de produção de fabricação conforme pedido, seus clientes esperam certo nível de qualidade. Garantir que sua cadeia de suprimentos produza produtos de altíssima qualidade pode impactar no sucesso de seus negócios.

Atente-se aos riscos da baixa qualidade

Veja abaixo alguns exemplos dos custos em potencial da baixa qualidade:

- » Reparar, reformular e descartar os produtos de baixa qualidade, antes que eles possam ser enviados.
- » Devolver, consertar e substituir um produto defeituoso depois de ter sido enviado.
- » Reembolsar os clientes.

Os produtos de baixa qualidade também ocasionam sérios riscos para o seu negócio:

- » Clientes insatisfeitos que futuramente não comprarão seus produtos.
- » Clientes insatisfeitos que compartilham suas experiências negativas com outros clientes ou clientes em potencial.
- » Responsabilidade por danos resultantes do desempenho de um produto defeituoso.

Provavelmente, você pode pensar em muitas outras maneiras de como a qualidade a desejar pode exaurir os lucros dos resultados da sua empresa. Ao somar todos os custos de baixa qualidade, você pode ver facilmente por que as empresas estão tão interessadas em melhorá-la em seus processos de fabricação.

Controlando a qualidade e variabilidade

Pense em sua lanchonete de fast-food imaginária e em como seus clientes podem descrever a qualidade de suas batatas fritas. Aqui estão algumas coisas que provavelmente seus clientes valorizam:

- Ingredientes bem lavados e seguros para comer.
- Totalmente cozidos.
- Tamanho das porções (nem muito grandes, nem muito pequenas).
- Disponibilidade (preparado rapidamente e servido quente).

Para atender às necessidades de seus clientes, você precisa servir batatas fritas de alta qualidade sempre que alguém fizer um pedido. Os clientes podem até *relevar* batatas fritas servidas frias uma vez ou outra, mas se continuarem recebendo produtos de má qualidade, eles vão parar de frequentar o seu restaurante.

Você pode medir a qualidade de um produto — e quanta variabilidade você tem em um processo para fabricar um produto — através do controle de qualidade (CQ) e da garantia de qualidade (GQ).

O *controle de qualidade* consiste em testar e avaliar os produtos finais para garantir que sejam aceitáveis. Por exemplo, o controle de qualidade implica retirar alguns produtos da linha a cada hora e testá-los em laboratório, ou você pode fazer o teste drive de um carro novo para se certificar de que ele funciona corretamente.

A *garantia da qualidade* trata-se de analisar cada etapa de um processo de produção e garantir que as coisas estejam funcionando corretamente ao medir a variabilidade. A GQ começa com o entendimento de que os produtos são os produtos finais de um processo. Se o processo for exatamente o mesmo o tempo todo, os produtos serão sempre exatamente os mesmos. Se um processo de produção muda, mesmo que pouco, isso provoca diferenças nos produtos acabados.

DICA

Muitas empresas usam os termos *controle de qualidade* e *garantia de qualidade* indistintamente, o que sem dúvidas pode ser confuso. A rigor, o *controle de qualidade* trata de *testar os produtos* e a *garantia de qualidade* tem a ver com o *monitoramento do processo*.

LEMBRE-SE

Em qualquer processo de manufatura, o controle de variabilidade está no cerne da garantia de qualidade.

CAPÍTULO 8 **A Manufatura dos Seus Produtos ou Serviços** 127

Uma pequena quantidade de variabilidade em qualquer processo é natural e não necessariamente um problema. Por exemplo, provavelmente nenhum dos clientes em uma lanchonete perceberá se as suas batatas fritas foram servidas em 3 minutos, ou em 3 minutos e 10 segundos. Há muitas coisas em um ambiente de produção que podem mudar ao longo do dia, como a temperatura e a umidade, e cada uma dessas alterações causa pequenas variações em um processo. Isso se chama *variabilidade controlada*. A quantidade de variabilidade que você decide aceitar chama-se *limite de controle* ou *tolerância*. Contanto que seu processo fique dentro dos seus limites de controle, você pode manter um nível consistente de qualidade para os produtos que faz.

Os métodos constantes de melhoria de processos, como o Seis Sigma, podem ajudar a reduzir as tolerâncias de um processo, o que significa que seus produtos finais serão mais consistentes.

Um pouco de variação pode ser aceitável, mas a variabilidade se torna um problema quando é imprevisível e quando o seu processo excede os seus limites de controle. Esse tipo de variabilidade chama-se *variabilidade aleatória* (ou *variabilidade descontrolada*). Por exemplo, um cliente em sua lanchonete definitivamente perceberia se todos os outros fossem servidos em 3 minutos, e demorasse uma hora para lhe serverem a comida! Se um processo está gerando resultados aleatórios, há uma boa chance de que muitos dos produtos não atendam aos seus padrões de qualidade ou às necessidades de seus clientes. Investigar a causa-raiz da variabilidade descontrolada geralmente leva à descoberta de riscos ocultos ou problemas em um processo. Se demora uma hora para fritar um hambúrguer, logo, algo provavelmente deu errado no processo. Talvez o pedido tenha sido perdido ou o chef tenha feito uma pausa. Você precisa identificar a causa-raiz e, em seguida, modificar o processo a fim de evitar que esse problema ocorra posteriormente.

As mesmas causas-raiz afetarão com frequência muitos pontos em um processo. Portanto, identificar e eliminar as causas-raiz da variabilidade descontrolada pode ajudá-lo a corrigir problemas em toda a cadeia de suprimentos.

Os gurus da qualidade também falam a respeito da variabilidade de causa comum, semelhante à variabilidade controlada e à variabilidade de causa especial, que por sua vez é análoga à variabilidade aleatória. A variabilidade de causa comum é oriunda de alguma coisa no ambiente, como a temperatura, ao passo que a variabilidade de causa especial pode ser atribuída a um motivo ou evento específico, como um pedido equivocado.

O controle de qualidade e a garantia de qualidade são caros e levam tempo, porém, são apólices de seguro contra irregularidades que podem resultar outros custos. Compreender os verdadeiros custos da baixa qualidade, tais como o retrabalho, desgaste da marca e operações de reparo, pode ajudar no cálculo das vantagens que podem ser obtidas com o investimento na gestão da qualidade.

PAPO DE ESPECIALISTA

CERTIFICAÇÃO ISO 9001 (SGQ)

As empresas que se concentram na implementação e na gestão de qualidade em seus processos geralmente almejam a certificação ISO 9001. A Organização Internacional de Normalização (ISO) gerencia essa certificação para sistemas de gestão da qualidade. Obter a certificação ISO 9001 é uma maneira de mostrar aos seus clientes que você pode produzir de forma consistente. Como os problemas de qualidade impactam em todas as direções na cadeia de suprimentos, muitas empresas de manufatura também exigem que seus fornecedores tenham a certificação ISO 9001.

Reduzindo os Resíduos de Manufatura

Quando a maioria das pessoas pensa em um processo de fabricação, elas se concentram em como transformar um conjunto de insumos em um conjunto de produtos finais. Os produtos finais importantes, é claro, são aqueles que você pode vender para um cliente. Os processos de fabricação também apresentam produtos finais que não são utilizáveis e acabam sendo descartados. Qualquer coisa que sobra em algum ponto no processo de fabricação é *resíduo*. Sejam limalhas metálicas, gás de dióxido de carbono, óleo usado ou materiais de embalagem antigos, esse resíduo se acumula e precisa ser descartado em algum lugar. Muitas vezes, a eliminação de resíduos é um custo imperceptível, mas é um dinheiro necessário a ser gasto para que você possa fabricar o seu produto. Há muitas opções à sua disposição ao projetar e gerenciar um processo de manufatura que consequentemente influenciarão os tipos de resíduos produzidos, por isso é melhor considerar essa questão desde cedo.

Veja abaixo duas boas razões para você estar sempre procurando meios de minimizar os resíduos em sua cadeia de suprimentos:

» Você teve que pagar pelos materiais que está descartando.
» Qualquer coisa que sobra tem que ir para algum lugar. Se esse resíduo entrar em contato com o ar, água ou com o solo, pode ser ruim para o meio ambiente. E talvez seja necessário pagar alguém para descartá-lo.

Diminuir os resíduos pode ter um impacto positivo tanto no planeta quanto no lucros da empresa, pois, muitas vezes, é o modo mais rápido e eficaz para realizar grandes melhorias. Em muitos casos, é tão fácil quanto olhar para os resíduos de um processo de manufatura e perguntar: "Como eu poderia gerar os mesmos resultados para o meu cliente, eliminando essas coisas do processo?".

Algumas cadeias de suprimentos usam embalagens de papelão ondulado descartável, por exemplo. Substituir essas caixas de papelão por embalagens reutilizáveis feitas de madeira, metal ou plástico pode eliminar uma fonte de resíduo e economizar dinheiro também. Em outros casos, o papelão ondulado pode ser uma escolha melhor, porque é mais leve de ser transportado e mais fácil de reciclar.

Você também pode reciclar alguns resíduos convertendo-os em calor ou eletricidade, o que poderia diminuir as despesas operacionais de suas instalações. Alguns resíduos orgânicos podem ser compostados. Às vezes, a água pode ser limpa e reciclada.

LEMBRE-SE

As três opções a se prestar atenção ao analisar os resíduos de fabricação são a redução, a reutilização e a reciclagem. Se você não consegue reduzir os resíduos, talvez possa reutilizá-los. E também deve procurar maneiras de transformar os resíduos em dinheiro. Você pode encontrar empresas que compram óleo usado, papelão, paletes e sucata de metais para reciclagem, por exemplo. Cada centavo que retorna à empresa oriundo da monetização de seus resíduos vai diretamente para o seu lucro líquido.

DICA

As empresas, às vezes, ignoram oportunidades excelentes de aumentar os lucros porque não consideram o valor de redução dos resíduos. Caso você queira aumentar a lucratividade em $1 por meio das vendas, e seu produto tiver apenas uma margem de lucro de 10%, você precisará vender um valor extra de $10 em produtos. Todavia, você também pode conseguir o mesmo aumento no lucro eliminando $1 de resíduos em qualquer ponto da sua cadeia de suprimentos. Diminuir os resíduos costuma ser um retorno muito mais fácil do que aumentar as vendas.

Ao procurar constantemente oportunidades para reduzir, reutilizar e reciclar toda a sua cadeia de suprimentos, você pode reduzir os resíduos, economizar dinheiro e minimizar seus impactos no meio ambiente. É por isso que muitas empresas começaram a mudar seus sistemas de gestão com o intuito de irem além das métricas de desempenho financeiro. A abordagem mais comum, chamada de *tripé da sustentabilidade (tripsle bottom line)*, avalia o desempenho de uma empresa fundamentada em impactos sociais, desempenho financeiro e sustentabilidade ambiental. Essa abordagem também é chamada de os três Ps (pessoas, lucro e planeta — people, profit e planet, em inglês). Algumas empresas até publicam relatórios de sustentabilidade junto com seus relatórios financeiros anuais para os investidores.

> **NESTE CAPÍTULO**
>
> » Escolhendo os modais de transporte
> » Integrando os processos de gerenciamento de estoque e armazenamento
> » Selecionando o equipamento de manuseio de material
> » Obtendo ajuda dos fornecedores de logística terceirizados

Capítulo 9
Entregando Seus Produtos ou Serviços

Quando foi a última vez que você pegou um item de uma prateleira da mercearia e perguntou-se: "Como isso chegou aqui?". A maioria das pessoas nem sequer pensou em perguntar isso. Caso perguntassem, a resposta lhes daria uma nova perspectiva sobre a importância da logística em suas próprias cadeias de suprimentos.

Tomemos o exemplo de um simples pote de margarina. A margarina é feita a partir de óleos vegetais. Essa cadeia de suprimentos complexa começa com as fazendas que colhem os vegetais e os enviam por caminhão ou trem às fábricas para o processamento. Os óleos são processados em margarina e, em seguida, embalados em pequenos recipientes que são colocados em recipientes maiores que, por sua vez, são colocados em paletes. Enviam-se os paletes de margarina por caminhão ou trem, em contêineres refrigerados, aos centros de distribuição. Em seguida, os centros de distribuição separam os paletes e enviam quantidades menores de margarina às lojas de modo individual. Por último, mas não menos importante, alguém na loja descarrega o caminhão e a margarina é estocada nas prateleiras das lojas.

Cada etapa nessa cadeia de suprimentos engloba diversos participantes e muitas decisões. Cada etapa precisa funcionar corretamente; caso contrário, os clientes não receberão a margarina deles. Saber como coordenar toda essa logística é uma parte de suma importância da gestão da cadeia de suprimentos.

Este capítulo examina as diferentes modalidades (modais) dos meios de transporte que você pode usar e explica as etapas envolvidas na movimentação de produtos por meio de um centro de distribuição, incluindo as diferentes maneiras de reabastecer o estoque. O final do capítulo discute o papel fundamental que os provedores de logística terceirizados podem desempenhar em sua cadeia de suprimentos.

Compreendendo os Modais de Transporte

Movimentar produtos de um lugar para outro envolve transporte. Os produtos que estão sendo transportados são chamados de carga ou frete. Se você é a pessoa que envia o frete, você é o remetente. O lugar de onde você envia o frete é a origem. Se você é a pessoa a quem o frete está sendo enviado, você é o destinatário. O lugar onde o frete é entregue chama-se destino. Cada combinação de uma origem (O) e um destino (D) é chamada de *par OD*, e o tempo que a carga leva para chegar de sua origem ao seu destino é o *tempo de trânsito*.

O método usado para enviar os produtos de uma origem para um destino é chamado de modal de transporte. Ao escolher um modal de transporte para um par OD, você cria uma rota.

Há muitas maneiras de transportar cargas de um lugar para outro, todavia sete modais primários de transporte abrangem a maioria dos cenários de logística:

- » Dutoviário
- » Transporte marítimo
- » Barcaça
- » Transporte ferroviário
- » Caminhões
- » Serviço postal
- » Transporte aéreo

Além do mais, esses sete modais de transporte são *multimodais*, nos quais meios são combinados para movimentar um produto da origem para o destino. Movimentar uma remessa de um modal de transporte para outro é chamado de *transbordo*. Um contêiner de remessa pode ser carregado em um caminhão, transbordado em um navio, descarregado em um trem e entregue ao seu destino, por exemplo.

Dutoviário

Para líquidos e gases, os dutos costumam ser o modal de transporte mais barato, seguro e confiável. A maioria das pessoas está familiarizada com os dutos que fornecem água e gás natural às residências. Em uma escala maior, os dutos são usados em todo o mundo para transportar enormes quantidades de água, petróleo, gasolina e gás natural.

Transporte marítimo

Para a maioria dos produtos que se deslocam de um continente para outro, os navios de carga, ou cargueiros, tendem a ser a opção de menor custo. Embora a maioria dos cargueiros seja movida por motores a diesel, eles ainda são normalmente chamados de navios a vapor. As empresas que operam esses navios de carga são chamadas de linhas marítimas.

Há tipos diferentes de navios que são projetados para transportar tipos específicos de carga. Conforme os tipos de materiais que fluem através de sua cadeia de suprimentos, você pode depender de muitos tipos de navios de carga. Hoje em dia, os cargueiros mais comuns são os navios porta-contêineres; navios graneleiros; navios-tanques; e supercargueiros Ro-Ro. A carga que não é líquida chama-se carga de produtos secos, e as mercadorias secas podem ser enviadas fracionadamente ou colocadas em contêineres. Os navios porta-contêineres são projetados para transportar mercadorias secas em cargas fracionadas que são carregadas em contêineres marítimos padronizados. Os navios graneleiros transportam produtos secos a granel que não precisam ser colocados em contêineres, como minérios. Os navios-tanques transportam líquidos, especialmente petróleo e gás natural liquefeito. As embarcações roll-on e roll-off, chamadas de *Ro-Ro*, são usadas para transportar carros e outros itens grandes que precisam ser conduzidos ou movimentados para dentro e para fora do navio.

Transporte ferroviário

Para cargas grandes e pesadas que precisam percorrer longas distâncias em terra, as ferrovias costumam ser o caminho a se utilizar. O tipo de vagão que você usa depende do tipo de carga que está enviando. Os vagões de carga são fechados, proporcionando a máxima flexibilidade e proteção à carga (veja a Figura 9-1). Os vagões de carga refrigerados são utilizados para produtos alimentícios que precisam ser controlados por temperatura. Os vagões hopper são usados para carga a granel, como grãos e carvão. Os vagões-tanque transportam líquidos e gases comprimidos. Os vagões-prancha transportam de tudo.

PAPO DE ESPECIALISTA

TRANSPORTE DE CARGA FRACIONADA EM CONTÊINER

Há dois tipos de carga de produtos secos: a granel e fracionada. As mercadorias secas a granel são commodities, como carvão e minério de ferro, que podem ser despejadas na área de armazenamento do navio, muitas vezes chamada de *porão*. As mercadorias fracionadas são colocadas em contêineres. Antigamente, as transportadoras acomodavam a carga a granel em barris, baldes, sacos e quase todos os tipos de embalagens personalizadas que você possa imaginar. Ou seja, havia muito trabalho manual envolvido no carregamento de um navio com esses pacotes individuais, o que gerava muitos empregos para os estivadores e trabalhadores temporários. Desde a década de 1950, uma quantidade crescente de carga fracionada tem sido transportada por navios porta-contêineres especializados em contêineres marítimos padronizados de 20 e 40 pés (veja a figura). Os contêineres marítimos podem ser rapidamente carregados e descarregados de um navio através de guindastes pórticos, o que aumenta muito a rapidez e a eficiência das cadeias de suprimentos globalizadas.

O tamanho de um navio porta-contêineres é medido pelo número de contêineres de 20 pés que ele pode transportar. A unidade de medida para os navios de contêineres é a de unidades equivalentes de 20 pés (TEUs). Um contêiner de 40 pés ocupa a mesma quantidade de espaço que dois contêineres de 20 pés, é claro. Os maiores navios porta-contêineres podem transportar quase 20.000 TEUs, mas esses navios são grandes demais para muitos portos e canais.

Se você enviar um contêiner inteiro de um destino para outro, o meio de transporte será chamado de carga completa de contêiner (FCL). Às vezes, diversas remessas menores são combinadas em um único contêiner; esse meio é chamado de carga incompleta de contêiner (LCL). Como é complicado combinar várias remessas em um contêiner, a LCL tende a ser mais cara que a FCL.

FIGURA 9-1: Um vagão.

Ao enviar remessas por via férrea, você fica à mercê da programação da ferrovia e dos locais por onde ela passa. Seu vagão será conectado a outros vagões que estão indo à mesma direção geral, e o trem precisará parar ao longo do caminho para deixar alguns vagões e pegar tantos outros. Seu vagão pode ser desconectado e ter que ficar esperando em algum lugar por um bom tempo, aguardando outro trem para pegá-lo e levá-lo à próxima etapa de sua jornada. O resultado é que a carga ferroviária geralmente é lenta e os tempos de trânsito podem ser imprevisíveis.

Para um trem transportar e entregar vagões, ele precisa da malha ferroviária. Muitas fábricas e centros de distribuição que transportam muita carga em trens têm o próprio conjunto de trilhos instalados, chamado de *linhas ferroviárias secundárias*. Se não existir nenhuma linha ferroviária secundária, a carga pode ter que ser carregada em caminhões que vão até as rampas ferroviárias — uma instalação que as ferrovias usam para movimentar a carga entre caminhões e trens.

Caminhão

Uma das maneiras mais comuns de transportar cargas por terra é usando caminhões grandes. Algumas pessoas chamam esses caminhões de veículos de 18 rodas, mas os profissionais se referem a eles como semirreboques. As empresas que operam esses caminhões grandes são chamadas de transportadoras. O caminhão em si é a tração ou uma unidade de potência, e a carreta é chamada de... veja bem, carreta ou baú.

A quantidade de carga que um único caminhão pode transportar é limitada por duas coisas: tamanho e peso. Os caminhões devem ser pequenos o suficiente para passar debaixo das pontes e curtos o bastante para virar as esquinas. Ademais, eles não podem ser tão pesados ao ponto de danificarem a estrada por onde passam, e as condições climáticas, como o congelamento e o descongelamento, podem alterar a capacidade de uma estrada. Portanto, há regulamentos que limitam a quantidade de peso que você pode carregar em um caminhão, e isso pode mudar dependendo da sua localização e da época do ano. Os regulamentos também determinam quanto tempo os motoristas de caminhão podem passar atrás do volante e com que frequência precisam fazer uma pausa para intervalos.

Dois tipos de transporte de carga para caminhões são comuns nos Estados Unidos: a carga completa (full truckload — FTL) e a carga inferior a um caminhão ou fracionada (less than truckload — LTL). Mesmo que as cargas de caminhão pareçam praticamente idênticas, o processo e o preço para o transporte da carga completa (FTL) e para a carga fracionada (LTL) são diferentes.

Nos Estados Unidos, com a FTL, você pode escolher qualquer origem e destino e, geralmente, pagar uma taxa fixa por quilômetro. (No Brasil, a carga tributária de transporte rodoviário pode chegar a até 60% do faturamento de uma empresa. Lembre-se de que aqui temos impostos federais, estaduais e municipais. Para mais informações, acesse: http://www.antt.gov.br/). Em solo estadunidense, não importa se você está enviando uma única caixa de sapatos ou caixas de sapatos o bastante para encher um caminhão baú, você paga o mesmo preço de qualquer maneira. Desse modo, é de interesse das transportadoras norte-americanas usar o quanto podem a capacidade para enviarem cargas. Em outras palavras, pode-se maximizar a utilização da capacidade dos semirreboques.

DICA

Como as remessas FTL viajam diretamente da origem até o destino, sem paradas ou intervalos, elas geralmente são a maneira mais rápida e confiável de enviar uma carga.

Com a LTL, no entanto, a carga é combinada com a carga de outros remetentes no mesmo caminhão baú. Nos Estados Unidos, você paga somente pela quantidade de capacidade que está usando do transporte. Dependendo da transportadora, você paga o montante da combinação do peso e das dimensões da sua remessa, bem como a distância do envio dela.

Para remessas grandes a FTL é mais econômica, e para remessas pequenas a LTL é melhor. É comum definir um limite para decidir qual modal de transporte você deve utilizar. Muitos remetentes usam o limite de 15 mil libras (cerca de 6.800kg). Qualquer remessa que seja mais leve que 15 mil libras deve ser LTL, e qualquer remessa mais pesada que isso deve ser FTL.

DICA

Os preços de transporte de cargas por caminhão podem mudar ao longo do tempo. Quando os preços sobem porque a demanda por caminhões está superando a oferta das transportadoras, você não tem muita escolha a não ser pagar o preço mais alto. Caso contrário, sua carga será deixada para trás, enquanto as transportadoras vão a lugares onde podem ganhar mais dinheiro. Quando os preços estão em queda, as transportadoras ainda podem tentar tirar o máximo que conseguirem de você. O preço que você pagaria para alugar um caminhão hoje é chamado de *taxa de câmbio de mercado*. Se você usa esse tipo de transporte com frequência, pode negociar taxas mais baixas, chamadas de *taxas contratadas*, com uma transportadora. Os contratos de taxa de negociação com transportadoras podem proporcionar proteção contra oscilações de preços, mas tal contrato pode não ser cumprido caso o preço de mercado relacionado ao transporte de cargas suba muito e rapidamente. Caso você use muito transporte via caminhão, é uma boa ideia comparar regularmente as tarifas que está pagando com os valores que outros remetentes estão pagando. Duas empresas que fornecem esses dados de referência são a Cass Information Systems, Inc. e a Chainalytics. Isso pode ajudar a garantir que você não esteja pagando mais do que deveria e também pode mostrar se suas taxas estão muito abaixo do mercado.

Serviço postal

Se você estiver enviando uma carga relativamente pequena, como algumas caixas, provavelmente escolherá o serviço oferecido por transportadoras de serviço postal para cargas pequenas. Nos Estados Unidos, esse tipo de transporte de cargas pequenas é dominado por quatro empresas: United Parcel Service (UPS), FedEx, DHL e US Postal Service (USPS). O preço que você paga por uma remessa de pacotes é determinado por quatro itens: peso, dimensão, par de DO (veja "Compreendendo os Modais de Transporte", anteriormente neste capítulo) e velocidade. Caso você esteja enviando uma caixa grande e pesada para longe e precise que ela chegue amanhã, esse envio sairá bem caro. Se estiver enviando uma remessa pequena e leve para perto e não se importe quando ela chegue, esse envio será relativamente barato.

TIPOS DE CARRETAS

Os três tipos de carretas que são mais comuns nos Estados Unidos são baú, plana e frigorífica.

As *carretas baú* são basicamente grandes caixas de alumínio com rodas na parte inferior. Você pode enviar praticamente qualquer coisa em uma carreta baú, desde que a carga fique bem acomodada e não seja muito pesada. Como as portas estão na parte de trás da carreta, você tem que carregá-la de frente para trás; não é possível acessar a carga da frente até que descarregue tudo o que está atrás.

As *carretas planas* são boas alternativas para cargas que não precisam de proteção contra o clima e são mais fáceis de carregar e descarregar. Por exemplo, é muito mais fácil carregar tubos longos em uma carreta plana do que empurrá-los para a parte de trás de uma carreta baú.

Para alimentos perecíveis, você precisa de *carretas frigoríficas*. Elas são semelhantes às carretas baú, exceto pelo fato de serem isoladas e terem uma unidade de refrigeração na frente que resfria o ar interno.

DICA

Com a ascensão do e-commerce, o serviço postal tornou-se imprescindível para muitas cadeias de suprimentos de varejo. À medida que mais clientes compram produtos online e eles são entregues em suas casas, os varejistas estão gastando mais dinheiro com o serviço postal. Caso você trabalhe no setor de varejo, analise suas taxas de serviço postal regularmente a fim de entender quanto está gastando e em que tem oportunidades de reduzir custos.

Transporte aéreo

Para cargas que precisam percorrer longas distâncias rapidamente, a melhor opção normalmente é o avião (veja a Figura 9-2). De modo geral, os itens pesados custam mais para serem transportados por via aérea do que os leves, o que significa que é mais fácil justificar o custo do frete aéreo para itens pequenos e leves, como celulares, do que para produtos pesados, como peças de tratores. No entanto, talvez você precise de um item com tanta urgência que esteja disposto a pagar o alto custo do frete aéreo. Normalmente, a carga aérea é transportada em contêineres especiais chamados *iglus*, projetados para proteger tanto a carga quanto o avião.

FIGURA 9-2: Carga aérea.

Escolhendo os Modais de Transporte

A gestão da logística implica a escolha de seus modais de transportes. A escolha dos modais de transporte para as suas cargas depende de três fatores:

» **Características do produto:** É necessário analisar quais modais de transportes se encaixam melhor ao produto que você está enviando, e considere também o tipo de compartimento de carga no qual você vai enviá-lo. Por exemplo, os produtos pequenos, leves e valiosos podem ser enviados de forma barata pelo ar. Mas o frete aéreo geralmente não é uma opção prática para produtos grandes, pesados e de baixo valor. A LTL pode ser mais barata que a FTL, todavia a sua carga tem maior probabilidade de ser danificada, porque será carregada e descarregada diversas vezes durante a viagem. Alguns produtos alimentícios podem ser transportados em um caminhão baú, e outros exigem o transporte em caminhões refrigerados. Alguns produtos, como madeira para construção e tubos, são mais fáceis de carregar e descarregar de uma carreta plana do que de um caminhão baú.

» **Características das instalações:** Você precisa considerar o design e as capacidades das instalações pelas quais o produto circulará. Isso inclui as instalações de origem e destino e os centros de distribuição, portos e cross-dockings entre eles. Algumas instalações têm linhas ferroviárias secundárias, porém muitas não têm. Existem diferentes designs e alturas para o carregamento das docas em instalações. E todo centro de distribuição dispõe de equipamentos de manuseio para materiais diferentes. Você pode se encontrar em uma situação em que poderia economizar dinheiro ao enviar uma carga de 10.000 libras (cerca de 4.500kg) via LTL, mas como a doca de destino apresenta a altura errada, você precisa enviar a carga via FTL.

» **Restrições de tempo:** Você também precisa levar em consideração as questões relacionadas ao tempo. Naturalmente, a velocidade é uma consideração importante no transporte; modais de transporte mais rápidos geralmente custam mais dinheiro. Entretanto, gastar mais dinheiro em transporte também pode ter outras vantagens. Por exemplo, é relativamente barato transportar computadores em contêineres marítimos que levam 30 dias para atravessar o oceano. Mas isso significa que os clientes têm que esperar muito tempo para que seus computadores cheguem, e eles podem decidir comprar de um concorrente. Enquanto isso, o capital de giro do remetente está vinculado a esse estoque que está no oceano. O envio desses mesmos computadores por via aérea, embora mais caro, pode aumentar as receitas e diminuir os custos de estoque.

Ao avaliar esses fatores, você pode analisar os custos de cada modal de transporte a fim de determinar qual deles faz mais sentido para uma determinada remessa — melhor dizendo, qual rota possibilita o maior valor pelo menor preço. Você pode elaborar um documento chamado *mapeamento da rota*, que especifica as regras sobre quais modais de transporte usar e quais transportadoras selecionar com base em fatores como o tipo de carga, o tamanho da carga e o par OD.

Se você não envia muita carga, terá que pagar as taxas de mercado pelo frete. Caso envie com frequência, poderá negociar um preço melhor com suas transportadoras. Essas negociações levam a contratos, e as taxas contratadas podem fazer você economizar um bom dinheiro com os custos de transporte.

Se você for uma empresa remetente de grande porte, poderá conseguir com que as transportadoras passem a competir umas com as outras, a fim de lhe oferecerem o menor preço. As transportadoras baseiam suas propostas na localização dos pares OD e na quantidade de carga que você espera enviar. Em outras palavras, as propostas são baseadas no volume de frete esperado para cada rota. Aparentemente, o processo de carregar uma carga do ponto A e descarregá--la no ponto B é bastante simples, mas as transportadoras também precisam encontrar um cliente que as pague para levar uma carga do ponto B de volta ao ponto A. Esse arranjo é chamado de *frete de retorno* ou *viagem de retorno*. Caso suas transportadoras pensem que podem encontrar fretes de retorno que coincidam com suas cargas, elas lhe oferecem um custo menor para transportá-las. Se a transportadora não encontrar um frete de retorno e o caminhão tiver que regressar vazio, ela cobrará a quilometragem de ida e volta. Embora alguns modais pareçam funcionar melhor em teoria, você pode ser pego de surpresa por dois desafios práticos e criar problemas na sua cadeia de suprimentos:

» Se o modal de transporte que você deseja usar está disponível para sua origem e seu destino. (Você não pode enviar algo por via férrea se não houver trilhos de trem nas proximidades.)

» Se o modal de transporte escolhido tem capacidade disponível. (Você não pode enviar algo por caminhão se não houver caminhões ou motoristas disponíveis.)

Gerenciamento de Armazenamento e Estoque

Em praticamente todas as cadeias de suprimentos existem gaps entre o momento em que algo é feito e quando um cliente está disponível para comprar esse algo ou recebê-lo. Tais gaps sinalizam que os produtos acabam ficando parados. O problema é que esses produtos pertencem a alguém e mobilizam dinheiro. Além disso, alguém precisa acompanhar onde esses produtos estão e protegê-los contra danos (e talvez até mesmo contra roubo). Em outras palavras, mesmo quando os produtos estão em um depósito ou em um centro de distribuição, eles ainda custam muito dinheiro. É por isso que o gerenciamento de estoque é tão importante.

Suponha que você administre uma lanchonete de fast-food. Você sabe que é indispensável nunca, em hipótese alguma, ficar sem batatas fritas. É necessário decidir quantas batatas você precisa manter no estoque: talvez, o suficiente para uma semana normal ou o bastante para a semana mais movimentada que você já teve. A única maneira real de garantir que você nunca fique sem batatas fritas é tendo uma quantidade infinita de estoque, coisa impraticável; portanto, você tem que determinar uma meta razoável de estoque. Essa quantidade depende da demanda (quanto seus clientes comprarão) e do fornecimento. Caso você saiba que seus fornecedores podem enviar um carregamento de batatas fritas congeladas ou batatas em natura em 24 horas, não é necessário manter um estoque muito grande em sua lanchonete. Porém, se o fornecedor precisar de uma semana para enviar uma nova remessa, você provavelmente precisará ter mais estoque disponível, como um estoque pulmão, em virtude do aumento da demanda. Você pode pensar no estoque em termos de gráfico, conforme mostrado na Figura 9-3. Sempre que uma nova remessa de batatas chega, a quantidade de estoque aumenta. Como você vende batatas fritas aos clientes, o estoque diminui gradualmente. É necessário assegurar que uma nova remessa seja entregue antes que o nível de estoque atinja zero; caso contrário, você terá clientes sem batatas fritas. Essa situação chama-se *stockout* (*falta de estoque*), e ela gera dois problemas:

» Torna-se uma venda perdida. (Você perdeu o dinheiro que poderia ganhar.)
» Isso deixa seus clientes insatisfeitos. (Clientes insatisfeitos param de comprar de você e também contam aos amigos sobre a péssima experiência que tiveram.)

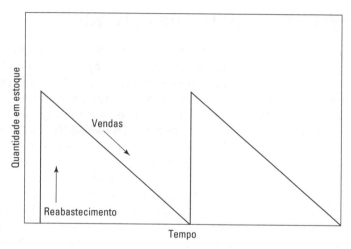

FIGURA 9-3: Gráfico de estoque.

DICA

Os stockouts são grandes desafios que muitas vezes não são reconhecidos. Analisar as vendas que uma empresa faz é fácil, mas descobrir as vendas que a empresa perdeu por causa dos stockouts é difícil.

Qualquer loja, fábrica ou centro de distribuição emprega oito processos de alto nível para o estoque físico:

» Recebimento
» Regras para envio
» Contagens
» Picking (Separação)
» Packing (Etiquetagem e embalagem)
» Expedição
» Gerenciamento de pátio
» Relatório de avaria, falta e excesso

Recebimento

Quando os produtos chegam a uma instalação, alguém precisa autorizar a entrada deles. O processo de recepção do estoque ao chegar chama-se *recebimento*. O recebimento geralmente compreende o agendamento dos compromissos de entrega, além do descarregamento das mercadorias e realização de uma inspeção de qualidade.

Não raro, o recebimento é feito em uma plataforma de carga e descarga — uma parte da instalação projetada para facilitar o embarque e o desembarque de caminhões ou vagões ferroviários. Além de descarregar as mercadorias físicas, o recebimento inclui a verificação da documentação e o registro computadorizado da entrada em estoque.

Regras para envio de estoque

Depois que os produtos foram recebidos e passaram por uma inspeção de qualidade, eles precisam ser armazenados para que você possa encontrá-los quando precisar deles. Esse processo chama-se *regras para envio de estoque (put away)*. O local onde você armazena um determinado produto é chamado de *localização*. Os centros de distribuição costumam ter inúmeras localizações, todas gerenciadas por um sistema de gerenciamento de armazém (WMS). (Há mais informações a respeito dos sistemas WMS no Capítulo 12.) Como os produtos apresentam características diferentes (dimensões, pesos e assim por diante), normalmente distribuir suas localizações faz sentido. Uma seção de um armazém pode ter locais pequenos para itens leves; outra área pode ter locais grandes, no chão, para armazenar itens pesados. Esse tipo de divisão chama-se *slotting* (processo de alocação de produtos para locais no armazém de acordo com as regras de negócios e as características do produto). A fim de minimizar a distância do deslocamento das pessoas, você deve dispor de um centro de distribuição para que os produtos que você envia com mais frequência sejam mais fáceis de acessar e os produtos enviados com menos frequência fiquem mais distantes.

Contagens de estoque

Estoque é dinheiro, então qualquer um que esteja analisando o seu negócio do ponto de vista financeiro quer ter certeza de que sabe quanto dinheiro tem e onde esse estoque está localizado. Periodicamente, você precisa efetuar a contagem do estoque físico para garantir que seus registros estejam corretos.

Existem duas abordagens comuns para contagem do estoque físico. A abordagem tradicional é fechar uma instalação durante o período menos movimentado do ano para contar tudo, um item por vez. Esse processo é lento, caro e (infelizmente) deixa a desejar. As pessoas que realizam a contagem do estoque podem cometer erros ao longo do caminho, portanto, em vez de corrigir os registros do estoque, você pode na verdade gerar irregularidades novas. À vista disso, muitas empresas implementaram a contagem cíclica, na qual dividem a instalação e contam um pouco de cada vez ao longo do ano. Até o final do ano, a empresa fez, pelo menos, uma contagem do estoque físico em cada seção da instalação e corrigiu os erros encontrados. Geralmente, a contagem cíclica é mais eficiente e precisa do que a contagem do estoque físico tradicional.

As contagens de estoque podem ser fundamentais para os contadores, que querem garantir que os números que eles veem nos livros estão de acordo com o que está acontecendo na loja. As contagens de estoque também são importantes para o pessoal de logística confirmar que o estoque não está sendo perdido, danificado ou roubado. Quando o estoque desaparece por razões inexplicáveis, esse desaparecimento é chamado de *perda de estoque*.

Picking (Separação)

Quando um cliente quer um produto que está armazenado em seu centro de distribuição, você precisa retirar esse item da prateleira (ou do chão) e prepará-lo para envio. Dependendo do tamanho do seu centro de distribuição, essa separação pode demorar um pouco. (Muitos centros de distribuição têm mais de 300 mil metros quadrados.) Se dois clientes comprarem o mesmo produto, você deverá separar os dois itens ao mesmo tempo. E se um único cliente comprar dois produtos, você deverá separá-los durante o mesmo deslocamento. Ao pensar em quanto tempo leva para se deslocar entre onde os itens são armazenados e onde eles são empacotados para envio, você percebe como o processo de separação (picking) pode ser importante — e ineficiente.

A boa notícia é que o processo de separação ficou mais eficiente com o advento das novas tecnologias nos últimos anos. Um sistema de execução de armazém (WES) utiliza algoritmos de roteamento sofisticados para traduzir os pedidos dos clientes em caminhos de separação que minimizam o tempo e a distância com que as pessoas ou os robôs separam os pedidos. Os sistemas de separação por indicação luminosa (pick-to-light) e outros monitores dão dicas visuais ao pessoal (apanhadores), que os ajudam a trabalhar com mais rapidez e precisão. Os sistemas de separação de pedidos por voz (pick-to-voice) instruem os operadores, dizendo-lhes aonde ir e o que separar, além de confirmar se eles realizaram o trabalho corretamente. O processo de separação é um ótimo exemplo de como as pessoas e a tecnologia trabalham lado a lado em uma cadeia de suprimentos com a finalidade de melhorar a eficiência. Para mais informações sobre os sistemas WES, veja o Capítulo 12.

Packing (Etiquetagem e embalagem)

Ao enviar algo para um cliente, você precisa ter certeza de que chegará em boas condições, e para isso a embalagem é fundamental. A embalagem é uma forma de proteção; é como uma apólice de seguro contra todas as ameaças de manuseio e ambientais que seu produto enfrentará, desde o momento em que sai de suas instalações, até o momento em que seu cliente estiver pronto para usá-lo. Escolher a embalagem adequada para envio depende dos produtos, do método de envio e do destino. O método adequado de embalagem é aquele que garante que seu produto chegue em boas condições pelo menor custo.

Sem dúvidas, a forma mais comum de embalagem é o papelão, também conhecido como papelão corrugado ou, simplesmente, ondulado. O papelão ondulado é barato, forte e leve, por isso é um material perfeito para embalar todos os tipos de produtos. Alguns produtos ainda podem ser danificados caso se movimentem dentro de uma caixa de papelão. Uma solução é adicionar materiais de preenchimento, como papel de embalagem, isopor para preenchimento de embalagens ou plástico bolha.

Casos os produtos que você está enviando sejam sensíveis à umidade, talvez seja necessário usar um revestimento anticorrosivo, uma embalagem especial ou pacotes absorventes de sílica em gel. Os produtos eletrônicos são sensíveis à eletricidade estática, portanto, eles exigem proteção especial contra descargas eletrostáticas.

Expedição

Você tem muitas maneiras de enviar um produto de um lugar para outro. O modal de transporte escolhido determina como você precisa preparar a carga para envio, incluindo a documentação e a etiquetagem adequada. A documentação para o envio de um pacote doméstico através de uma transportadora de serviço postal é muito diferente da documentação para envio internacional em um navio porta-contêineres.

PAPO DE ESPECIALISTA

Quando você organiza o envio de produtos a outra pessoa, precisa acertar os detalhes, como onde ele será retirado, onde será deixado, quem pagará as taxas tributárias ou aduaneiras, quem pagará pelo seguro e quem arcará com os custos do envio. O contrato entre um carregador e uma transportadora que especifica os termos do acordo é chamado de *conhecimento de transporte* — em inglês, *bill of lading (BoL)*. Em terras britânicas, o termo refere-se ao embarque marítimo; já nos Estados Unidos, o termo se aplica a qualquer tipo de transporte. No Brasil, é conhecido como Conhecimento de Transporte Eletrônico, o famoso CT-e. O CT-e é um documento fiscal exigido em operações de transporte de carga, independente do modal usado (rodoviário, aéreo, aquaviário, ferroviário e dutoviário), em que se pratica a legislação tributária de impostos municipais, estaduais e federais. O BoL é emitido pela transportadora para o remetente e serve como um recibo para provar que a transportadora pegou o material e concordou em entregá-lo.

PAPO DE ESPECIALISTA

Para evitar confusão, as 11 combinações mais comuns dessas opções são definidas por uma abreviação chamada International Commercial Terms (Incoterms — Termos Internacionais de Comércio). Cada Incoterm é um código de três letras que representa um acordo de envio específico, portanto, quando você especifica o Incoterm, fica imediatamente claro quem pagará por cada parte do processo de envio. Por exemplo, o Incoterm DDP (abreviação de Delivered Duty Paid — Entregue com Taxa Paga) significa que tudo — incluindo os custos de remessa e todos os encargos tributários ou aduaneiros — será pago pelo remetente, enquanto o Incoterm DAP (sigla de Delivered at Place — Entregue no Local) significa que o frete será pago pelo vendedor, todavia as taxas serão pagas pelo destinatário.

Os Incoterms são usados em todo o mundo e são atualizados periodicamente pela Câmara de Comércio Internacional (International Chamber of Commerce — ICC). A última atualização do Incoterms foi publicada em 2010 e está disponível em `https://iccwbo.org/resources-for-business/incoterms-rules/incoterms-rules-2010/` (conteúdo em inglês).

Alguns produtos, como álcool e tabaco, exigem licenças ou permissões especiais. Outros produtos estão sujeitos a restrições comerciais quando são enviados para outro país. Além do mais, alguns produtos são perigosos e talvez não sejam aceitos por uma transportadora em particular. Saber bem de todos esses detalhes de envio requer comunicação entre o vendedor, o comprador e cada transportadora que manuseia a carga enquanto ela estiver em trânsito. Na melhor das hipóteses, erros e falhas de comunicação podem causar atrasos que impedem que os produtos cheguem aos clientes com rapidez e segurança. Na pior, a gestão insatisfatória dos processos de expedição pode incorrer em ações judiciais e multas.

Gerenciamento de pátio

Um aspecto importante, muitas vezes negligenciado, de administrar uma instalação de distribuição é o *gerenciamento do pátio*, processo pelo qual se rastreiam as cargas em seu estacionamento. Para compreender a razão pela qual o gerenciamento de pátio é uma parte fundamental do gerenciamento de estoque, primeiro você precisa perceber que as transportadoras têm duas maneiras de entregar e retirar sua carga:

- » **Carga e descarga móvel (Live load and unload):** Uma transportadora aparece, descarrega ou carrega sua carga e vai embora. Outra transportadora regressa em sua doca de carregamento, realiza o carregamento de sua carga e a leva embora.

  A parte boa da carga e descarga móvel é que sua carga permanece em movimento. A parte ruim é que o caminhão tem que aguardar enquanto está sendo carregado.

- » **Sistema de engate e desengate (Drop and hook):** Com o engate e desengate, o caminhão deixa a carga ou contêiner e parte. Você pode carregar uma carreta acoplando-a a um caminhão para conectá-la e transportá-la.

> O sistema de engate e desengate é muito mais rápido para o caminhão do que carga e descarga móvel, e pode ser uma escolha melhor a se fazer a fim de que a cadeia de suprimentos funcione sem problemas. O principal problema é que, ao utilizar o sistema de engate de desengate, você tem estoque dentro de cargas ou contêineres esperando em seu pátio.

Gerenciar o estoque no pátio é tão importante quanto gerenciar o estoque dentro de seu centro de distribuição.

Relatório de avaria, falta e excesso

Quando você tem muito estoque, seja em uma loja ou em um depósito, muitas coisas podem sair errado. Os envios podem não ter o número correto de unidades neles, por exemplo, ou podem ser danificados em algum ponto da cadeia de suprimentos.

Para lidar com esses problemas, você deve ter um processo de avaria, falta e excesso (OS&D). Um bom processo de OS&D desempenha dois papéis importantes:

» Ele permite que você gaste o tempo necessário para lidar com exceções sem interferir no fluxo normal de produtos e informações.

» Ele permite que você corrija os problemas com eficiência e mantenha registros precisos de como eles foram resolvidos.

Você pode descobrir um problema de OS&D quando receber produtos em uma loja ou em um centro de distribuição, ou quando estiver vendendo ou enviando um produto. Além disso, embora esse material esteja em sua instalação, ele pode ser descartado ou usado de outra forma.

Implementando Políticas de Pedido de Estoque

Tentar manter a quantidade adequada de estoque disponível é um negócio pra lá de complicado. Ao manter muito estoque, você está desperdiçando dinheiro por mobilizar o capital de giro. Mantenha um estoque insuficiente e você perderá receita, pois não terá nada para vender aos seus clientes. Duas das decisões mais importantes que você pode tomar são quando pedir mais estoque e quanto pedir. A abordagem usada para tomar essa decisão chama-se política de estoque.

Comece com a questão de quando solicitar mais estoque de seus fornecedores. Talvez seja necessário fazer um pedido quando seus níveis de estoque atuais caírem abaixo de um determinado nível. Nesse caso, o nível de estoque atual é o desencadeador (gatilho) da sua política de estoque. Ou você pode solicitar o estoque em um cronograma definido, como uma vez por semana. Nesse caso, sua política de estoque é criada com base em pedidos periódicos. O acionamento de pedidos com base nos níveis de estoque geralmente é mais eficiente do que os pedidos periódicos. Mas os fornecedores geralmente agendam as entregas periodicamente porque é mais conveniente. Portanto, você precisa entender a dinâmica de uma cadeia de suprimentos específica para tomar a melhor decisão sobre qual gatilho de estoque utilizar.

A próxima pergunta é quanto pedir. Uma abordagem matematicamente precisa para a escolha da quantidade perfeita do pedido, ou tamanho do lote, é chamada de lote econômico de compras (LEC — ou EOQ, em inglês). A fórmula EOQ equilibra o custo de fazer um pedido em relação ao custo de manter o estoque. Em teoria isso até funciona bem, todavia normalmente são necessários alguns ajustes para que funcione no mundo real. Por exemplo, você pode calcular que seu EOQ é de 15 unidades de produto, mas descobrir que as unidades de produto, na verdade, vêm em lotes de 20. Você também precisa considerar outros fatores ao decidir quanto pedir, como quando uma grande promoção ocorrerá e se são esperados aumentos ou diminuições na demanda de um produto.

Os itens gerenciados por uma política de estoque são chamados de unidades distintas mantidas em estoque, ou SKUs. Suponha que seu centro de distribuição manipule o mesmo tipo de pasta de dente em três tamanhos. Cada tamanho é um SKU separado.

Sancionar e implementar políticas de estoque pode se tornar complexo. Imagine como seria otimizar as políticas de estoque para 10.000 SKUs ao mesmo tempo! Por esse motivo, as políticas de estoque comumente são gerenciadas automaticamente por um WMS.

PAPO DE ESPECIALISTA

Uma das inovações importantes na filosofia Lean (abordada com mais detalhes no Capítulo 4) é uma abordagem para ordenação de estoque chamada *kanban*. Em um sistema kanban, você escolhe um tamanho de lote para cada SKU e o tamanho do lote nunca muda. Quando você utiliza todos os itens em um lote, outro lote cheio está à espera. Ao começar a puxar esse segundo lote, o sistema automaticamente faz um pedido de outro lote. Um sistema kanban é o mesmo que uma política desencadeada em determinado nível de estoque e apresenta um pedido com quantidade fixa (tamanho do lote). O sistema kanban é simples e evita muitos erros dispendiosos (como pedidos em excesso e stockouts) que podem ocorrer com políticas de estoque mais sofisticadas. Os sistemas kanban ajudam a garantir que o estoque chegue quando for necessário, e não antes, por isso é uma forma de reabastecimento Just In Time (JIT).

Escolhendo o Equipamento de Manuseio de Material

Muitas ferramentas e tecnologias estão disponíveis para ajudar a aumentar a segurança e a eficiência de movimentação e armazenagem dos produtos. O especialista em engenharia industrial, Dr. Michael Kay, da North Carolina State University, criou um sistema de classificação de equipamentos de manuseio de materiais que associa essas ferramentas em cinco categorias:

» **Equipamento de transporte:** O equipamento de transporte inclui tudo o que é usado para movimentar um produto de um lugar a outro. As empilhadeiras são tipos comuns de equipamentos de transporte. Transportadores contínuos e guindastes também são comuns, especialmente em instalações automatizadas.

» **Equipamento de posicionamento:** O equipamento de posicionamento movimenta os produtos em pequenas distâncias, como em uma determinada área de trabalho. Esse tipo de equipamento pode ser usado para elevar um produto de modo que a pessoa que o empacota possa ficar em uma posição mais confortável.

» **Equipamento de formação de carga unitizada:** Combinar vários itens em um único contêiner ou em uma unidade de carga pode facilitar a sua movimentação, mas quando você combina vários produtos em um palete, precisa de maneiras de mantê-los juntos. Os filmes stretch para paletização de cargas e as fitas PET são dois exemplos comuns de equipamento de formação de carga unitizada.

PAPO DE ESPECIALISTA

Quando você está enviando uma carga, a combinação de unidades menores em unidades maiores reduz o número de etapas necessárias para movimentá-las. Quando os produtos são agrupados em uma única unidade, como quando são colocados em um palete, eles são chamados de *cargas unitizadas* ou *unidade de carga*.

» **Equipamento de armazenamento:** O equipamento de armazenamento permite aumentar a quantidade de material que você mantém em uma área específica: sua capacidade de armazenamento. Imóveis são caros, então as empresas geralmente aumentam a quantidade de capacidade de armazenamento em um centro de distribuição, construindo montantes e mezaninos, como os mostrados na Figura 9-4. A adição de um montante com três níveis quadruplica a quantidade de material que você pode armazenar no mesmo espaço, porém, para acessar os níveis mais altos do montante, você precisa de um equipamento de transporte que possa alcançá-lo. Um mezanino fornece outro andar para armazenar os materiais. Normalmente, os mezaninos são usados para armazenar itens pequenos e leves que as pessoas escolhem ao andar pela instalação.

PAPO DE ESPECIALISTA

Em instalações automatizadas, o equipamento de armazenamento também pode operar o transporte, o processo de separação e o envio ao estoque. Esses sistemas são chamados de sistemas automatizados de estocagem e recuperação automática (AS/RS). Os sistemas AS/RS podem funcionar 24 horas por dia e tendem a ser muito mais rápidos do que os seus pares humanos. Entretanto, esses sistemas são caros, e geralmente não são muito flexíveis. Caso seus volumes aumentem significativamente em alguns anos, seu AS/RS pode se tornar um gargalo.

» **Equipamento de identificação e controle:** O equipamento de identificação e controle ajuda você a monitorar o estoque. Essa área de gerenciamento de estoques avançou rapidamente nos últimos anos. Os códigos de barras são comuns, e para lê-los são necessárias impressoras e leitores de código de barras. Outros métodos comuns são a identificação por radiofrequência (RFID) e os drones.

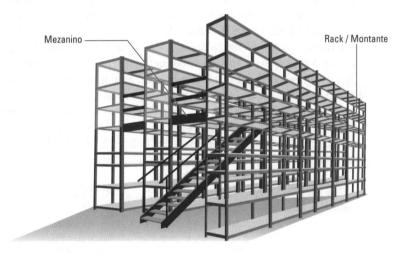

FIGURA 9-4: Montantes de armazenamento e mezanino.

PAPO DE ESPECIALISTA

As etiquetas RFID são pequenos chips eletrônicos que armazenam dados de identificação (como um número de série) e se comunicam sem fio com dispositivos chamados leitores RFID. Atualmente, as etiquetas RFID são comuns em coisas cotidianas, como cartões de crédito, passaportes e chaves de carros, mas também são usadas para rastrear os produtos em uma cadeia de suprimentos. As lojas de varejo e centros de distribuição podem usar a RFID para rastrear a localização de produtos e melhorar a exatidão de suas contagens de estoque. Algumas empresas estão querendo anexar os leitores RFID a drones, os quais voariam em um centro de distribuição ou em um pátio de carga e descarga, realizando contagens de estoque físico de modo totalmente automatizado.

DICA

Você pode ler mais sobre a classificação de equipamentos de manuseio de materiais do Dr. Kay em: `www.mhi.org/cicmhe/resources/taxonomy` (conteúdo em inglês).

Gestão e Atendimento de Pedidos

Uma parte essencial da logística é entender como seus clientes comprar produtos ou serviços de você. Os métodos incluem:

- » Pedidos de compra através do seu site.
- » Chamando um gerente de conta.
- » Usando um sistema de estoque para acionar automaticamente um pedido eletrônico.

Mesmo que esteja se comunicando eletronicamente, é bom pensar em um pedido como se você estivesse preparando uma ordem de venda por escrito (como a da Figura 9-5) para enviar aos seus clientes a lista de coisas que eles compraram. Cada item que um cliente compra segue em uma linha separada do pedido de venda. Diversas ordens de compra do mesmo item apenas alteram a quantidade mostrada nessa linha. Todavia, se eles pedirem dois ou mais SKUs, cada um desses itens entrará em uma linha separada. Quando você está calculando seu índice de sucesso em relação ao atendimento dos pedidos de clientes, é possível usar linhas (a porcentagem de linhas que você conseguiu enviar) ou pedidos (a porcentagem de pedidos completos que você conseguiu atender). Como você precisa preencher todas as linhas para atender a um pedido completo, é muito mais difícil alcançar um índice alto de atendimento a pedidos do que conseguir um índice alto para as linhas.

FIGURA 9-5: Amostra de pedido de venda.

Número do Item (SKU)	Descrição	Quantidade	Preço	Total
1A1	Lâmpadas	5	$1,00	$5,00
2B2	Baterias	10	$2,25	$22,50
3C3	Lanternas	3	$10,00	$30,00

Em muitos casos, os pedidos podem ser atendidos com os produtos mantidos no estoque. Quando não há produtos suficientes disponíveis para atender a um pedido, esse item se caracteriza por ser um pedido de produto fora do estoque (back-order ou pedido em atraso), ou seja, um produto que não está disponível em estoque e será entregue assim que chegar. Em uma situação de back-order, você não pode enviar uma remessa ao seu cliente até que fabrique mais produtos ou reabasteça o estoque através de seu fornecedor.

Os fabricantes, centros de distribuição de varejo e centros de atendimento de comércio eletrônico recebem pedidos de clientes, mas há diferenças na forma como esses pedidos são efetuados e atendidos:

- **Fabricação e atacado:** Nas cadeias de suprimento de manufatura e atacado, os pedidos dos clientes geralmente vêm na forma de ordens de compra (POs). Um pedido de compra é um contrato em que um comprador concorda em pagar a seu fornecedor pela entrega de um produto ou serviço. Uma PO pode ser um documento em papel ou pode ser transmitido eletronicamente.
- **Varejo:** Para centros de distribuição que atendem a lojas de varejo e restaurantes, os pedidos podem ser acionados de várias maneiras. Você pode receber um pedido de compra de uma loja, mas caso a loja e o centro de distribuição façam parte da mesma empresa, o processo de pedidos pode ser informal. O centro de distribuição pode monitorar as vendas da loja e enviar os reabastecimentos automaticamente. Essa abordagem é um exemplo de estoque gerenciado pelo fornecedor, e é discutida no Capítulo 15. Em alguns casos, o centro de distribuição principal pode até enviar produtos novos e promoções para uma loja sem que ela os solicite.
- **E-commerce:** Um desafio interessante da cadeia de suprimentos que surgiu nos últimos anos é gerenciar os pedidos do e-commerce. Naturalmente, os pedidos de e-commerce são efetuados online por clientes em todo o mundo, e normalmente são pedidos de quantidades pequenas de produtos. Arquitetou-se os ambientes de distribuição mais tradicionais a fim de aumentar a eficiência usando cargas unitizadas com o intuito de enviar produtos para um número limitado de locais. Mas, para o atendimento aos pedidos de e-commerce, você precisa da flexibilidade nos processos de separação, embalagem e envio de itens individuais de maneira eficiente, o que exige uma abordagem diferente para o layout da instalação e para o processo de slotting.

CENTROS DE DISTRIBUIÇÃO VERSUS CENTROS DE ATENDIMENTO

Os centros de distribuição tradicionais são geralmente projetados em torno de paletes porque as cargas unitizadas são uma maneira eficiente de movimentar os produtos. Um centro de distribuição pode receber uma carga unitizada contendo 100 unidades de produto e, em seguida, usar uma empilhadeira para movimentar esse palete até um local de armazenamento no chão ou em um montante. Quando um cliente faz um pedido, o palete é apanhado por uma empilhadeira, carregado em um caminhão e enviado ao cliente. Mas, para um centro de atendimento de e-commerce, há muito mais trabalho envolvido. Em vez de enviar o palete inteiro, um centro de atendimento envia uma unidade de produto de cada vez a 100 clientes diferentes. O e-commerce está crescendo rapidamente, muitas empresas introduziram softwares e robôs que automatizam grande parte do trabalho de separação, embalagem e remessa de itens individuais aos clientes. Encontrar novas maneiras de melhorar a eficiência do atendimento para o e-commerce é um dos tópicos mais polêmicos entre os profissionais da gestão da cadeia de suprimentos.

Potencializando os Serviços Logísticos Terceirizados (3PL)

A logística pode ser complicada e cara. É bem provável que você não consiga encontrar uma única empresa em qualquer lugar que administre toda a logística de sua cadeia de suprimentos. Em vez disso, muitas empresas contratam outras empresas especializadas em logística. O uso de um operador logístico terceirizado (3PL) é uma estratégia que pode mitigar os custos e melhorar o serviço para você e seus clientes.

A seguir, veja alguns tipos comuns de 3PLs:

» **3PL baseado no transporte (Asset-based 3PL):** Uma empresa para operar o transporte.

» **3PL baseado em armazenamento (Non-asset-based 3PL):** Uma empresa que lida com armazenamento.

» **3PL de serviço com valor agregado (Value-added service):** Uma empresa que lida com a montagem de kits, embalagens ou devoluções.

» **3PL de distribuição (Freight forwarding service):** Uma empresa que ajuda com a distribuição e os envios entre transportadoras.

» **3PL de serviço de agenciamento personalizado (Customs brokerage service):** Uma empresa que trabalha com governos estrangeiros para movimentar a carga através das fronteiras.

» **3PL de alocação de pessoal e reforço de mão de obra (Flexible workforce or workforce augmentation service):** Uma empresa que fornece trabalhadores temporários para reduzir a necessidade de funcionários em tempo integral.

DICA

Qualquer empresa pode se denominar uma 3PL. O termo é apenas uma palavra da moda; isso significa que a empresa pode ajudar com alguma parte do seu processo de logística.

> **NESTE CAPÍTULO**
> » Processando as devoluções
> » Remanufatura e reciclagem
> » Lidando com devoluções fraudulentas
> » Utilizando as trade-ins para aumentar as receitas

Capítulo **10**

Gerenciamento das Devoluções de Produto e Logística Reversa

As cadeias de suprimentos nem sempre circulam em uma direção, e elas não precisam terminar em seu cliente. Há muitas cadeias de suprimentos que operam em sentido inverso, com produtos circulando a montante de um cliente e voltando para um fornecedor. Entretanto, as cadeias reversas de suprimentos (logística reversa) geralmente não recebem tanta atenção quanto as cadeias de suprimentos de manufatura e varejo.

As empresas podem até utilizar a logística reversa como forma de maximizar as vendas, a crescente participação de mercado e reduzir os seus custos de fabricação. A logística reversa também desempenha um papel importante na redução dos impactos ambientais de um produto. Este capítulo aborda as cadeias de suprimentos reversas, também conhecidas como logística reversa, e explica como o gerenciamento eficaz delas pode resultar benefícios para as empresas e seus clientes.

Receitas Crescentes com Devoluções Fáceis

A logística reversa, quando bem gerenciada, pode fidelizar o cliente e potencializar o faturamento. Algumas lojas online construíram sua estratégia de negócios para oferecer devoluções isentas de custo aos seus clientes. A Zappos.com, loja de sapatos online, é um exemplo. Se você pedir um par de sapatos no site da empresa e não gostar, poderá enviar os sapatos de volta sem nenhum custo adicional. As devoluções isentas de custo são um bom negócio para os clientes, pois eliminam o risco de eles ficarem com um par de sapatos que não lhes serviu ou que fica melhor em uma foto do que na vida real. Como resultado, a política de devoluções sem custo desempenhou um papel fundamental na estratégia da Zappos.com de aumentar o faturamento e maximizar a participação de mercado.

Mas o serviço de devoluções não é de fato isento de custos. A Zappos.com ainda tem que pagar pelo frete de devolução, é claro, e precisa processar os sapatos devolvidos para garantir que eles estejam em condição de uso. Depois disso, a empresa precisa preparar os sapatos devolvidos para outro cliente e armazená-los de volta ao estoque.

Pense em alguns dos custos envolvidos nessa transação de devolução "isenta":

- Envio ao cliente
- Devolução do cliente
- Custo de transporte e locomoção do estoque, desde o momento em que o produto é enviado até ele ser relocado no estoque
- Processamento de recebimento
- Execução da inspeção de qualidade
- Processamento dos reembolsos ao cliente
- Reembalagem
- Reestocagem

Todos esses custos devem ser absorvidos no preço que a empresa cobra pela porcentagem de sapatos que não são devolvidos. Dito de outro modo, esses custos são despesas indiretas. Para que a estratégia da Zappos.com seja bem-sucedida, ela precisa garantir que a logística reversa seja extremamente eficiente.

Caso a sua empresa lide com devoluções dos seus clientes — e quase todas as empresas lidam —, é necessário pensar em como elas se ajustam à sua estratégia empresarial geral. Cada centavo que sua empresa pode economizar reduzindo as despesas gerais se traduz em puro lucro, desse modo, assegurar que você tenha um processo eficiente para gerenciar a sua logística reversa e lidar com as devoluções deve ser prioridade máxima. As próximas seções abrangem diferentes cenários da logística reversa e os problemas que você deve levar em consideração em cada um deles.

PAPO DE ESPECIALISTA

Muitas empresas insistem em dar aos seus clientes permissão para devolver um produto emitindo uma autorização de devolução de mercadoria (ADM) — um acordo da empresa que aceitará o produto quando ele for devolvido. O número de ADM facilita com que a empresa processe as devoluções quando elas são recebidas.

Processando as Devoluções de Produtos Novos ou em Excesso

Quando você é um cliente, especialmente em um ambiente de varejo, normalmente se espera que você possa devolver um produto não utilizado a fim de ter o reembolso total. Uma loja que tem uma política de reembolso flexível incentiva os clientes a comprarem mais, fazendo com que eles se tornem leais a uma marca; uma política de reembolso rigorosa tem o efeito oposto, faz com que os clientes fiquem com um pé atrás na hora da compra.

As devoluções de varejo podem se originar de um cliente que recebeu um presente indesejado; talvez não gostou da cor ou o presente era do tamanho errado. Essas devoluções aumentam exponencialmente nos períodos de compras natalinas.

Há outros cenários de devoluções que ocorrem nas cadeias de suprimentos de varejo e atacado, por exemplo, quando o cliente muda de ideia ou quando compra exageradamente. As compras em excesso acontecem quando um cliente não tem certeza de quanto precisará, então ele compra muito e devolve o que sobrou. Você pode resumir esses cenários da seguinte forma:

- » Mudou de ideia
- » Devolução de presente
- » Devolução de excesso

Antes de aceitar a devolução de um produto usado, você precisa considerar os problemas que podem ocorrer, incluindo o desgaste devido ao uso, adulteração e substituição. Você precisa ter um planejamento a fim de lidar com qualquer uma dessas situações.

Desgaste mínimo

Às vezes, só manusear um produto pode provocar arranhões ou outros danos leves na embalagem ou no produto em si. Nesse caso, outro cliente pode não estar disposto a pagar o preço total por ele. Você tem algumas escolhas. Você poderia ter um processo para limpar, polir e reembalar o produto para que pareça novo, ou reduzir o preço e vendê-lo com desconto. O fundamental é decidir quanto um cliente estaria disposto a pagar pelo produto em sua condição atual, quanto custaria para reembalar o produto e se o produto seria digno de compra depois de reembalado. Se o aumento no valor for maior que o custo de reembalagem, então é um bom investimento. Caso contrário, é melhor vendê-lo como está com um desconto.

Danos ou adulterações

Alguns produtos perdem todo o seu valor depois que a embalagem é aberta. Os medicamentos são um ótimo exemplo. Você compraria um frasco de comprimidos que alguém abriu após ser devolvido à loja?

Podem ocorrer danos ou adulterações em qualquer produto, incluindo eletrônicos e computadores. Antes de relocar um item e vendê-lo para outro cliente, você precisa ter um processo que verifique a adulteração e garanta que os produtos estejam realmente funcionando, como se fossem novos.

Substituição

De vez em quando, um cliente devolve o produto errado, por acidente ou de propósito. Uma cliente que está reformando sua casa, por exemplo, pode comprar acessórios semelhantes em diversas lojas de construção e decoração, confundir-se com os produtos e devolver um deles à loja errada. Se sua loja aceita devoluções, você precisa ter um processo para lidar com esse tipo de substituição acidental.

Ou você pode ter um cliente que substitui um equipamento antigo por um novo e, em seguida, tenta lhe devolver o antigo na embalagem nova. Esse tipo de substituição — quando é intencional, em vez de acidental — pode ser mais difícil de lidar. Para mais detalhes veja "Lidando com Devoluções Não Autorizadas e com Produtos Fraudulentos", mais adiante neste capítulo.

Processando as Devoluções de Produtos Usados ou com Defeitos

Às vezes, os clientes devolvem os produtos depois de usá-los, seja porque não os querem mais ou porque os produtos não funcionaram conforme o esperado. O modo como você lida com as devoluções de produtos usados e defeituosos pode impactar muito em seu relacionamento com os clientes.

Normalmente, aceitar devoluções de produtos usados é considerado uma cortesia. Vez ou outra, os varejistas permitem que os clientes devolvam produtos usados como forma de fidelizar a marca. Na maioria dos casos, os produtos usados não são facilmente vendidos, portanto, essas devoluções, em geral, são revendidas com um desconto grande, sem garantia, leiloadas a fim de que as seguradoras recuperem um pouco do dinheiro, ou até mesmo descartadas.

Como desejam cultivar a lealdade do cliente, os varejistas precisam lidar com o processo de reaver uma parte do dinheiro ou com o descarte rapidamente, recuperando o máximo de valor possível, sem correr o risco de comprometer sua marca vendendo produtos usados abaixo do padrão para outros clientes.

Gestão das Cadeias de Suprimentos de Ciclo Fechado

Nos últimos anos, as empresas, os consumidores e as autoridades ficaram mais preocupados com o que acontece com os produtos no final do ciclo de vida deles. Para os gerentes da cadeia de suprimentos, essa preocupação significa pensar em produtos em termos de todo o seu ciclo de vida: do começo ao fim, do nascimento até a morte, da lama ao caos. As cadeias de suprimentos começam com matérias-primas extraídas da Terra e terminam com produtos usados sendo devolvidos à Terra — seria ideal que fosse de uma maneira que não agredisse o planeta. As cadeias de suprimentos que circulam dessa forma são chamadas de *cadeias de suprimentos de ciclo fechado.* Em uma cadeia de suprimentos de ciclo fechado, você recicla todos os componentes quando o produto chega ao fim de sua vida útil.

Um ótimo exemplo de uma cadeia de suprimentos de ciclo fechado são as baterias para carros elétricos. Essas baterias são feitas de materiais caros, mas são projetadas de modo que mais de 90% dos componentes possam ser reciclados. Quando uma dessas baterias chega ao fim de sua vida útil, a maior parte dela pode ser reutilizada em uma nova bateria, o que reduz a quantidade de material que termina em um aterro sanitário.

A cadeia de suprimentos de ciclo fechado dessas baterias apresenta outro impacto interessante: reduz drasticamente o custo de matérias-primas utilizadas para a próxima bateria, o que beneficia os consumidores, o planeta e o fabricante. Isso é uma situação em que os dois lados saem ganhando!

Uma estratégia estreitamente parecida é a dita remanufatura. Na *remanufatura*, uma peça é projetada de tal modo que possa ser reconstruída e reutilizada repetidas vezes. Uma peça usada que está sendo devolvida à remanufatura é chamada de *peça usada reciclável*. A remanufatura é uma estratégia comum para as peças usadas em carros, aviões e equipamentos pesados. Normalmente, remanufaturar essas peças custa muito menos do que fabricar peças novas a partir do zero, o que economiza dinheiro da manufatura. Tais economias podem ser repassadas aos consumidores. Todos saem ganhando com a remanufatura, pois ela reduz a quantidade de energia usada para fabricar um produto e minimiza a quantidade de material enviada aos aterros sanitários.

CUIDADO

Ao gerenciar uma cadeia de suprimentos de ciclo fechado, a inspeção e a classificação de componentes de entrada é imprescindível. As peças usadas recicláveis de baixa qualidade resultam peças remanufaturadas que deixam a desejar.

Lidando com Devoluções Não Autorizadas e com Produtos Fraudulentos

Em qualquer cadeia de suprimentos, os produtos às vezes são devolvidos de maneiras misteriosas. Em primeiro lugar, os clientes podem enviar de volta produtos que eles nunca compraram, ou você pode não ser capaz de identificar o produto, de onde veio ou de que empresa ele é. Essa situação exige muito jogo de cintura. Você não quer perder tempo e dinheiro fazendo uma investigação que custa mais do que o produto vale, mas pode valer a pena fazê-la para descobrir quanto vale o produto e qual a melhor forma de recuperar esse valor. Há probabilidade de que você acabe descartando alguns itens valiosos, porém você nunca recuperará o tempo e o dinheiro gastos tentando identificar uma peça inútil.

Infelizmente, a logística reversa tornou-se alvo de criminosos. Uma fraude comum é comprar um produto legítimo e devolver um produto diferente para um reembolso. Alguém poderia comprar uma peça de roupa cara e devolver uma falsificação barata, ou poderia comprar um computador caro e devolver um computador diferente com componentes inferiores. Seu departamento de processamento de reembolsos precisa autenticar os produtos que retornam de seus clientes para garantir que eles sejam o que deveriam ser.

Entretanto, as devoluções fraudulentas não se originam necessariamente de criminosos. Os clientes desavisados às vezes acabam comprando produtos falsificados por acidente, especialmente online, e tentam devolvê-los a uma loja oficial quando não funcionam adequadamente. Tais devoluções podem ser úteis para ajudar sua empresa a entender o mercado de produtos falsificados.

DICA

A falsificação é o principal problema para alguns produtos; ela custa dinheiro à sua empresa em razão de os produtos falsificados não gerarem receita e serem de baixa qualidade, o que prejudica a sua marca. Os produtos falsificados representam também um custo social, porque os lucros muitas vezes apoiam o crime organizado. Uma maneira de saber se seus produtos estão sendo pirateados é procurar por falsificações entre as devoluções de seus clientes.

Obviamente, você precisa evitar que as peças falsificadas entrem na sua cadeia de suprimentos como devoluções. Lidar com clientes que devolvem produtos fraudulentos pode ser bem delicado. Você precisa saber quando ignorar o problema e quando prestar queixas às autoridades. Muitas empresas de grande porte têm equipes dentro de seu departamento jurídico — geralmente formadas por profissionais de segurança pública — que investigam esses incidentes e oferecem recomendações sobre como lidar com eles.

Gerenciamento das Trade-ins

Muitas empresas oferecem aos seus clientes crédito em uma compra nova, ou seja, aceita-se produtos usados na compra de produtos novos (trade-ins/trocas). Dois exemplos bem comuns são a compra de carros e celulares. Provavelmente, você vê uma dúzia de comerciais de televisão todos os dias em que um revendedor promete lhe pagar um "bom dinheiro" em troca de seu carro, por exemplo. As trade-ins também estão se tornando comuns com outros produtos, como eletrodomésticos, livros e baterias. Certa vez, enquanto viajava para o exterior, descobri que não podia comprar cerveja na mercearia a menos que eu tivesse uma garrafa usada para fazer a troca. Atualmente, a Amazon.com incentiva os clientes a trocar itens que eles compraram.

As trade-ins geralmente apresentam vantagens para produtos que têm uma vida longa. Elas podem ser ótimas maneiras de ganhar mais dinheiro e facilitar a vida dos clientes. Os créditos dessas operações de trade-in reduzem o preço de compra do seu produto, desse modo, aumentam as suas vendas. Se você puder trocar os produtos que já foram comercializados para obter lucro, também poderá ganhar dinheiro com essas transações. Nesse ínterim, seu cliente recebe um produto novinho em folha e não precisa se preocupar em descartar o antigo.

Para que um programa de trade-in impacte o aumento das vendas, ele deve ser de fácil uso para os clientes, e eles devem sentir que estão fazendo um bom negócio. Para ele ser lucrativo, você precisa ter um bom processo a fim de avaliar o valor real da troca e um sistema adequado para vender o produto depois de trocá-lo.

> **NESTE CAPÍTULO**
>
> » Alinhando as regras de negócios e as metas de desempenho
>
> » Monitorando e protegendo os seus ativos e produtos
>
> » Usando a tecnologia de informação a seu favor
>
> » Montando sua equipe de suprimentos
>
> » Aperfeiçoando suas aptidões de gerenciamento de projetos

Capítulo **11**

Descomplicando a Sua Cadeia de Suprimentos

O modelo SCOR (veja o Capítulo 5) ajuda a organizar os processos de uma cadeia de suprimentos dentro de uma empresa para que você possa gerenciá-los com mais eficiência. A maioria dos processos que direcionam as cadeias de suprimentos engloba uma das seguintes categorias: planejamento, fornecimento, produção, entrega ou devolução. Este capítulo discute outros processos indispensáveis que não se encaixam perfeitamente em nenhuma dessas categorias do modelo SCOR. Eles chamam-se processos estratégicos, pois são os alicerces que fazem outros processos funcionarem. Os exemplos de processos estratégicos compreendem a abordagem que você utiliza no gerenciamento de regras de negócios, as metas de desempenho, os ativos, a segurança física, a tecnologia de informação, os recursos humanos e os projetos.

Gerenciamento das Suas Regras de Negócios

Quer você perceba ou não, sua empresa é administrada por um conjunto de regras. Talvez você tenha regras que definam o que acontece quando uma remessa está com dois dias de atraso, quanto de crédito conceder a um cliente novo e onde armazenar os produtos acabados antes de enviá-los. As regras possibilitam a consistência em uma cadeia de suprimentos e orientam os seus funcionários a como lidar com situações específicas. Pode-se escrever muitas dessas regras em um manual de políticas, regulamentá-las em procedimentos operacionais padronizados ou registrá-las em um programa de computador. Pode-se arquivar outras regras em memorandos, ou elas podem existir apenas na cabeça das pessoas e serem divulgadas de boca em boca. Embora os resultados dessas regras — as consequências — sejam frequentemente óbvios, encontrá-las pode exigir um certo trabalho investigativo.

DICA

As tensões entre funcionários, fornecedores e clientes são correntemente uma indicação de um problema com as regras de negócios. A técnica dos cinco porquês (5-Why) pode ser usada para identificar as contradições ou os gaps em suas regras. Comece perguntando "Por que fazemos isso?". Depois de responder a essa pergunta, questione "Por que?" novamente. E continue perguntando "Por que?" até descobrir as regras de negócios que estão causando o conflito.

As regras de negócios criam problemas quando não conseguem solucionar um fator importante ou quando se contradizem. Veja um bom exemplo de como as regras de negócios podem gerar conflitos em uma cadeia de suprimentos. Suponha que o departamento de transporte de uma empresa desenvolva um mapeamento de rotas com instruções sobre o envio de material de um fornecedor à sua fábrica. O mapeamento de rotas determina a seguinte regra comercial, elaborada para mitigar os custos de transporte:

> Para remessas com menos de 4.500kg, use o tipo de transporte de carga inferior a um caminhão (LTL), que exige um tempo de trânsito de dois dias. Para remessas com mais de 4.500kg, utilize o tipo de transporte de carga completa (FTL), que requer apenas o tempo de trânsito de um dia.

Nesse meio tempo, para aumentar a flexibilidade de sua cadeia de suprimentos, a fábrica implementa sua própria regra de negócios:

> Os fornecedores precisam atender a todos os pedidos em um dia.

Cada uma dessas regras parece ser uma boa ideia, mas cumprir ambas seria impossível. Sempre que o fornecedor recebe uma encomenda que pesa menos de 4.500kg, ele precisa escolher qual das duas regras de negócios deve infringir.

Nesse caso, talvez seja necessário alterar uma das regras existentes, decidir qual delas tem prioridade ou elaborar uma regra nova que inclua as remessas que pesam menos de 4.500kg.

Gerenciamento do Desempenho da Cadeia de Suprimentos

Na verdade, o que importa é como a cadeia de suprimentos funciona em sua totalidade e como sua empresa está se comportando. Como diz o velho ditado: "quando algo pode ser medido, pode ser gerenciado". Você precisa se perguntar o que quer fazer (metas de desempenho) e como você pode mensurar isso (indicadores). Assim, você pode desenvolver indicadores que podem ser compartilhados com seus clientes e fornecedores, o que ajuda a estabelecer o alinhamento da cadeia de suprimentos.

Definindo as metas de desempenho

Quase todas as metas de desempenho na gestão da cadeia de suprimentos envolvem trade-offs relacionadas à utilização de ativos — em outras palavras, qual o grau de eficiência e eficácia de uma empresa ao usar o dinheiro de que dispõe para agregar valor aos seus clientes e gerar lucros. Você pode monitorar, por exemplo, a quantidade de capital de giro que está atrelada ao estoque. Caso o estoque esteja com um nível muito baixo, você poderá perder vendas devido aos stockouts ou talvez desperdice a capacidade de produção em virtude das paralisações; se o estoque for muito alto, você pode estar mobilizando o capital de giro desnecessariamente. É necessário definir um meta de desempenho para o estoque que estabeleça um equilíbrio entre essas prioridades de negócios conflitantes. Portanto, você precisa definir indicadores que mostrarão se você alcançou essas metas e se elas tiveram os resultados desejados.

Com intuito de identificar quais devem ser suas metas de desempenho, comece com o plano de negócios da sua empresa. Se o plano de negócios afirma que sua empresa está tentando aumentar a participação de mercado, então suas metas de desempenho da cadeia de suprimentos devem se concentrar na disponibilidade e no atendimento ao cliente. Caso o seu plano de negócios esteja focado na redução de custos, as metas de desempenho poderiam visar às reduções de estoque, a capacidade de utilização e as reduções de preço do fornecedor. Alinhar seus indicadores de desempenho da cadeia de suprimentos com o plano de negócios facilita a visualização do valor que a gestão da cadeia de suprimentos está agregando ao resultado final.

Alinhando seus indicadores com seus clientes

As pessoas e as empresas têm uma tendência natural de se concentrar em suas próprias necessidades e desejos, todavia a gestão da cadeia de suprimentos é um esforço coletivo. Todas as empresas de uma cadeia de suprimentos estão trabalhando juntas, em última instância, a fim de fornecer um produto ou serviço para um cliente final por um preço que ele esteja disposto a pagar. Ao alinhar todos esses indicadores, os parceiros da cadeia de suprimentos podem desempenhar um trabalho melhor ao gerenciar o fluxo de dinheiro, material e informações oriundas das matérias-primas até os clientes finais.

Um modo simples de conciliar os indicadores da cadeia de suprimentos é cada empresa na cadeia perguntar aos seus clientes: "Como vocês avaliam o desempenho de seus fornecedores?". Quando os fornecedores têm essas informações, eles podem adotar tais indicadores. Isso pode resultar uma mudança de indicadores internos para os indicadores externos de cada empresa; em vez de se concentrar em indicadores internos, como a lucratividade, as empresas podem começar a prestar mais atenção aos indicadores externos, como a entrega no prazo.

Tão importante quanto conhecer os indicadores de seus clientes é compreender exatamente o que eles significam. Por exemplo, alguns clientes medem o desempenho de entrega com base em quando um produto é enviado de um fornecedor e outros o avaliam com base em quando a remessa chega. Alguns clientes incluem os custos de transporte e impostos quando comparam o custo de um produto com outro, e outros clientes não fazem isso. Entender quais fatores estão incluídos nos indicadores de um cliente evita confusão e facilita que os clientes fechem negócios com você.

Compartilhe seus indicadores com seus fornecedores

Para atender às suas necessidades, seus fornecedores precisam entender como você avalia o desempenho deles. Se você tem um indicador de desempenho (scorecard) para seus fornecedores (veja o Capítulo 18), pense na possibilidade de compartilhar as pontuações com eles. Você também deve explicar em que se baseiam as medições e por que essas metas de desempenho são importantes para você. Quando você e seus fornecedores analisam os mesmos indicadores, fica muito mais fácil colaborar com melhorias que beneficiarão todos.

Imagine que seus clientes estejam começando a tomar decisões de compra com base na sustentabilidade dos produtos que adquirem. Para atender às necessidades de seus clientes, você precisará que seus fornecedores informem a própria sustentabilidade. Colaborar com seus fornecedores de modo a melhorar a sustentabilidade possibilita que você encontre soluções que beneficiem toda a sua cadeia de suprimentos, como mudanças de embalagem, métodos de otimização de transporte e reduções no estoque.

Para obter informações mais detalhadas sobre os indicadores da cadeia de suprimentos, veja o Capítulo 16.

Gestão de Ativos

A palavra *ativo* apresenta um significado um tanto distinto em contextos diferentes. Para um contador, um ativo é qualquer coisa que tenha valor — incluindo dinheiro. Nesta seção, os ativos referem-se às ferramentas e equipamentos (ativos fixos ou imobilizados) usados para fabricar e distribuir produtos. As cadeias de suprimentos costumam apresentar um alto investimento em ativos, o que significa que há muito dinheiro atrelado a ferramentas e equipamentos.

Os ativos se enquadram em duas categorias principais que têm como base se eles podem ser movimentados facilmente ou não. Os ativos fixos também são chamados de imobilizados porque se encontram em uma instalação e são difíceis de movimentar. A maioria das máquinas de manufatura, bem como equipamentos de manuseio de material, como montantes e transportadores contínuos, são ativos fixos. Ativos circulantes ou móveis podem ser movimentados e incluem contêineres, veículos e ferramentas.

Um objetivo comum dos gerentes da cadeia de suprimentos é aumentar a eficiência dos ativos, o que pode ser feito de duas maneiras:

» Reduza seus ativos
» Use mais os seus ativos

A eficiência dos ativos da cadeia de suprimentos é medida pela sua capacidade de utilização (veja o Capítulo 8). À medida que sua capacidade de utilização aumenta, você usa seus ativos com mais eficiência.

Os ativos circulantes tendem a receber menos atenção do que os ativos fixos, porque são geralmente menos caros. Mas quando você usa um grande número deles em seu negócio, a gestão adequada de seus ativos circulantes pode ter um grande impacto em sua lucratividade. Muitas instalações de manufatura, por exemplo, movimentam os componentes em contêineres chamados caixas para armazenamento, tonéis ou silos. Esses contêineres são ativos circulantes. O gerenciamento de contêineres envolve, efetivamente, garantir que você gaste o mínimo necessário para comprá-los, não compre mais do que realmente precisa e use os que comprar o máximo possível. A gestão de ativos para esses contêineres também pode incluir a limpeza, manutenção de rotina e descarte quando eles não estiverem mais em condições de uso. Se os contêineres não forem administrados com eficiência, a empresa precisará comprar mais contêineres, o que reduzirá os lucros.

Para gerenciar a eficiência dos ativos circulantes nas cadeias de suprimentos, você precisa saber onde eles estão localizados. Nos últimos anos, muitas empresas começaram a usar a tecnologia de rastreamento para melhorar a gestão de ativos. As etiquetas de identificação por radiofrequência (RFID) e as unidades de sistema de posicionamento global (GPS), por exemplo, podem facilitar o rastreamento de ativos circulantes em tempo real. Como resultado, perde-se menos tempo procurando esses ativos e gasta-se menos dinheiro substituindo ativos que foram perdidos.

A Etiquetagem de Seus Produtos

Monitorar os produtos à medida que eles circulam pela cadeia de suprimentos pode ser um grande desafio. Salvo algumas exceções, você precisa etiquetar cada produto para que saiba o que ele de fato é. Ao analisar os seus processos de etiquetagem, você deve levar cinco coisas em consideração:

» Para que a etiqueta será aplicada? Em algumas situações, você precisa colocar a etiqueta diretamente em um produto ou em um pacote. Em outras, convém etiquetar uma unidade maior, como uma caixa, um palete ou um contêiner de remessa. Se você souber quais itens estão em um contêiner de remessa, por exemplo, não será necessário examinar cada item individualmente — basta conferir a etiqueta do contêiner de remessa.

» Quais informações a etiqueta precisa conter? Para muitos produtos, é importante rastrear o número do lote, a unidade mantida em estoque (SKU) e a data de validade. A etiqueta também pode apresentar um número de série, para que você possa procurar todas as informações sobre esse item em um banco de dados. Se o produto for vendido em uma cadeia de suprimentos de varejo, talvez você queira incluir o preço na etiqueta; isso economizará tempo e dinheiro dos varejistas, pois eles não precisarão incluir o próprio preço.

» Quem precisa ler a etiqueta? Às vezes, você quer que seja fácil para uma pessoa ler uma etiqueta sem nenhum equipamento especial; nesse caso, o texto precisa ser claro e grande o bastante para ser lido. Também precisa ser escrito em uma linguagem que a pessoa que está lendo entenderá. (Lembre-se: muitas cadeias de suprimentos são globais.) Em outros casos, talvez você queira que a etiqueta seja lida por um computador; é muito mais eficiente um computador ler códigos de barras ou códigos de resposta rápida (QR) do que ler caracteres de texto. Por fim, você pode querer adicionar recursos de segurança a uma etiqueta, como tintas magnéticas

PAPO DE ESPECIALISTA

ou marcações invisíveis, que podem ser lidas apenas com o uso de equipamentos especiais.

Há muitas vantagens em ter produtos com etiquetas que tenham códigos de barras. Os códigos de barras usam linhas para representar números, o que facilita a leitura da etiqueta pelos computadores. Se os códigos de barras devem ser compartilhados entre os parceiros em uma cadeia de suprimentos, um órgão especializado deve emitir esses números. Esse serviço é normalmente fornecido por uma organização de padrões globais chamada GS1 (https://www.gs1.org; conteúdo em inglês). O uso de códigos de barras padronizados e de números de identificação de produtos permite que fabricantes, distribuidores e varejistas usem a mesma etiqueta para identificar e gerenciar um produto. A GSI Brasil tem integração com o Cadastro Nacional de Produtos (CNP) e com o Cadastro Centralizado de GTIN (CCG), banco de dados da Secretaria do Estado da Fazenda (SEFAZ) que apresenta uma série de informações sobre os produtos que têm código de barras (GTIN) em suas embalagens. O CCG é usado pela SEFAZ para validar as informações acerca dos produtos com GTIN na NF-e e na NFC-e.

» Como você colocará a etiqueta? Às vezes, você pode inserir as informações diretamente em um produto carimbando, imprimindo ou gravando-as na superfície. Nesse caso, a etiqueta se torna de fato parte do produto. No entanto, muitas vezes é mais fácil imprimir as informações em uma etiqueta feita de papel, plástico ou metal e, em seguida, anexá-la ao produto.

» Qual a durabilidade da etiqueta? Você deve pensar em como as informações em uma etiqueta serão usadas e em quais ambientes a etiqueta será exposta, ao decidir quanto tempo ela precisará durar. Algumas etiquetas são desenvolvidas para serem temporárias e algumas precisam ser permanentes. As etiquetas temporárias podem incluir informações que são irrelevantes depois que o item foi comprado (como preço e SKU) ou instruções para saber como montar o produto corretamente (como o site usado para registrar o produto devido à garantia do fabricante). As etiquetas temporárias devem ser resistentes o suficiente para durar até que o produto tenha sido adquirido e deve ser fácil para o cliente removê-la sem causar danos ao produto. Há outras situações em que você deseja que a etiqueta seja um recurso permanente do produto. Com computadores, por exemplo, a etiqueta do número de série pode ajudar os usuários a solucionarem problemas. Com as peças de serviço como os filtros de óleo, o número do modelo impresso no produto reduz as chances de uma mistura.

É fácil não dar importância quando o processo de etiquetagem é bem elaborado e bem executado, mas quando as etiquetas não têm informações, contêm erros ou não resistem ao desgaste de uma cadeia de suprimentos, você pode ter um baita de um problema. Em casos extremos, a etiquetagem inadequada pode levar as empresas a rejeitarem toda a produção de produtos valiosos. Normalmente, a etiquetagem inadequada resulta em gargalos e atrasos, enquanto as pessoas tentam encontrar as informações necessárias para processar uma transação. Pense na última vez que esteve no supermercado e ouviu alguém gritar: "Confira o preço no corredor 10!". O caixa teve que interromper o processo de pagamento das compras por causa de uma pergunta a respeito de uma etiqueta.

Problemas de Segurança da Cadeia de Suprimentos

Há uma série de problemas relacionados à segurança e à proteção que as cadeias de suprimentos precisam lidar. Isso inclui ameaças, tais como roubo e falsificação, e também precauções especiais que garantem que produtos delicados ou perecíveis sejam mantidos nas condições adequadas em toda a cadeia de suprimentos.

Garantindo a segurança física

As cadeias de suprimentos são dotadas de uma presença física — uma materialidade — fácil de ignorar. As pessoas, instalações, computadores e os equipamentos são essenciais para que as cadeias de suprimentos funcionem apropriadamente. Todos esses fatores estão sujeitos a uma diversidade de ameaças, e é por isso que você precisa proteger sua cadeia de suprimentos fisicamente.

Nos centros de distribuição, por exemplo, a segurança física inclui sistemas que protegem o pessoal. Infelizmente, em alguns casos, trabalhadores insatisfeitos tornaram-se violentos com seus colegas ou tentaram sabotar uma instalação. Ladrões podem invadir para furtar os equipamentos ou o estoque. Ao mesmo tempo, muitos trabalhadores furtam os produtos das instalações onde trabalham ou montam círculos criminosos dentro das operações oficiais de distribuição. Ninguém gosta de pensar nessas situações, mas elas acontecem. É necessário proteger sua cadeia de suprimentos contra esses riscos implementando processos e sistemas de segurança.

Lidando com a falsificação

Há muito tempo, os produtos falsificados têm sido o principal problema para as cadeias de suprimentos. O progresso, como a globalização e o comércio eletrônico, faz com que seja mais fácil para os falsificadores ingressarem em mercados legítimos e venderem seus produtos aos clientes desavisados.

Os produtos falsificados minam o faturamento das empresas oficiais, enganam os órgãos federais ao não pagarem impostos e, em alguns casos, põem os consumidores em perigo. Entretanto, investigar as operações de falsificação e convencer as autoridades policiais a processarem os criminosos não é nada fácil. E não adianta, pois alguns clientes estão dispostos a comprar itens falsos por uma verdadeira pechincha.

Quando se trata de produtos de valor alto, como produtos farmacêuticos, os clientes esperam — e precisam — receber produtos autênticos e de altíssima qualidade. Para as empresas que fabricam os produtos autênticos e representam as marcas, é extremamente importante que os clientes reconheçam a diferença entre os artigos originais e as falsificações.

Felizmente, você pode usar uma variedade de tecnologias para etiquetar os produtos originais. Essas tecnologias compreendem a RFID, hologramas de segurança e tintas especiais que têm texturas exclusivas ou reagem à luz ultravioleta e infravermelha. Talvez você não tenha como impedir que os criminosos copiem seus produtos, todavia o uso de tecnologias contra a falsificação pode facilitar a diferenciação entre seus produtos originais e os falsificados.

A estratégia contra a falsificação pode proteger sua empresa de arcar com a responsabilidade pelo produto. Caso alguém se machuque por causa de uma falsificação de baixa qualidade, você poderá provar que o produto não é seu. Em um número crescente de setores, as regulamentações governamentais exigem que os fabricantes e distribuidores assegurem que os produtos que eles vendem possam ser rastreados até a origem.

Cumprindo com as exigências da conformidade regulatória

Cada país, estado, município e cidade onde você faz negócios tem seu próprio conjunto de leis e regulamentações, que podem mudar com frequência. Essas normas podem impactar positivamente ou negativamente em sua cadeia de suprimentos, portanto, você deve manter a conformidade regulatória. Não tenho espaço para enumerar todos os modos pelos quais tais regulamentações podem afetar sua cadeia de suprimentos, mas aqui estão alguns exemplos:

» Nos Estados Unidos, as regulamentações federais determinam quanto tempo um motorista de caminhão pode passar ao volante antes de fazer uma pausa.

» Muitos países têm regulamentações sobre quais tipos de madeira podem ser usados na fabricação de paletes.

» Alguns países impõem tarifas e cotas a produtos importados de outros países.

» Os Estados Unidos e a União Europeia têm leis que regulam quais fornecedores podem vender tungstênio, tântalo, estanho ou ouro — muitas vezes chamados de *minerais de conflito* —, pois a maioria das minas que produzem esses minerais sustentam atividades criminosas, desumanas e terroristas.

Não respeitar essas normas e regulamentações pode provocar grandes transtornos em sua cadeia de suprimentos, como ter remessas apreendidas pela fiscalização alfandegária e aduaneira. Em casos extremos, as violações podem resultar multas e até condenações de prisão. Assegurar a conformidade regulatória precisa ser uma prioridade em sua cadeia de suprimentos.

As necessidades dos produtos específicos

Alguns produtos exigem atenção especial em cada etapa de uma cadeia de suprimentos. Para garantir que esses produtos sejam manuseados corretamente, talvez seja necessário providenciar sinais ou etiquetas especiais. Você também pode precisar usar sensores especiais que monitorem seus produtos em toda a cadeia de suprimentos. Por exemplo, você pode inserir um termômetro dentro de um contêiner de transporte refrigerado com o intuito de saber se o conteúdo teve aumento de temperatura durante a viagem. Confira abaixo alguns exemplos de produtos que requerem manuseio especial:

» Os alimentos frescos precisam ser mantidos frios; por essa razão, os produtos que sempre precisam de refrigeração às vezes são descritos como *cadeia fria*.

» É necessário manter alguns produtos químicos aquecidos. A borracha a granel, por exemplo, pode se tornar inutilizável caso fique muito fria.

» Os produtos como baterias, pneus, gasolina e explosivos são materiais perigosos; eles precisam ser armazenados e transportados de modo a reduzir o risco de que possam pegar fogo ou machucar alguém.

» Os materiais radioativos exigem cadeias de suprimentos especiais que incluem monitoramento e testes regulares de exposição à radiação.

Protegendo as informações da cadeia de suprimentos

Como as empresas dependem mais da tecnologia da informação, elas também se tornam mais vulneráveis a ataques de vírus e hackers. Como os clientes e fornecedores geralmente fornecem acesso uns aos outros aos seus sistemas de informação, eles podem se tornar alvos de invasores que obtêm acesso a informações confidenciais. Portanto, os processos de segurança da informação precisam fazer parte de toda a sua cadeia de suprimentos quando você pensa na gestão dela.

Alguns aspectos do seu processo de segurança da informação estão relacionados à tecnologia, como políticas de senha, métodos de criptografia e ferramentas antivírus. Porém, muitas vulnerabilidades de informações dependem da exploração do comportamento humano, como e-mails de phishing (técnica de fraude online, empregada por cybercriminosos e hackers para roubar senhas de banco e demais informações pessoais) que induzem os usuários a exporem seus nomes de usuário e senhas. Além de desenvolver procedimentos de segurança da informação sólidos para seus próprios sistemas e colaboradores, você deve garantir que os clientes e fornecedores que têm acesso aos seus sistemas estejam protegidos contra eventuais ataques.

Usando a Tecnologia da Informação a Seu Favor

A tecnologia da informação (TI) impacta em praticamente todos os negócios; desse modo, manter-se atualizado em relação aos recursos de TI tornou-se uma parte essencial da gestão da cadeia de suprimentos. Desde a década de 1970, a velocidade do processamento de informações empresariais tem sido impulsionada pela Lei de Moore, segundo a qual os computadores têm que duplicar seu poder de processamento a cada 18 meses. O processamento mais rápido indica que as cadeias de suprimentos podem usar computadores para processar e compartilhar mais informações de modo imediato.

A Figura 11-1 mostra um gráfico que eu chamo de *cadeia de valor da informação*, que ilustra a relação entre pessoas e TI na cadeia de suprimentos. Assim como as pessoas, os computadores são capazes de processar dados, tomar decisões e realizar ações. Caso se expresse isso em uma escala do simples ao complexo, você evoluirá a partir dos dados (à esquerda) para informação, conhecimento e (finalmente) discernimento (à direita).

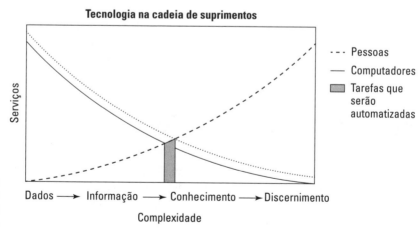

FIGURA 11-1: A cadeia de valor da informação.

Os computadores processam quantidades enormes de dados com eficiência, mas se tornam menos eficientes à medida que as ideias se tornam mais complexas. As pessoas não são tão eficientes no processamento de ideias simples, porém são muito eficientes em lidar com ideias complexas que envolvem conhecimento e

> ### COMO ISSO MUDOU AS CADEIAS DE SUPRIMENTOS
>
> Certa vez, participei de uma reunião sobre alguns desafios de TI enfrentados pela equipe de projeto ao montar uma nova instalação de distribuição. Frustrado e relutante em aceitar um atraso, o executivo sênior disse: "Nós costumávamos preencher essa documentação à mão, e funcionava muito bem. Não vamos paralisar todo este edifício por causa de um dos computadores". Alguns meses depois, a instalação foi aberta sem que os problemas de TI fossem resolvidos. O processo de recebimento manual era ineficiente, e logo a empresa enfrentava uma fila gigantesca de cargas que aguardavam para serem recebidas. O executivo aprendeu que resolver os desafios de TI tinha que se tornar uma prioridade, pois seus processos manuais antigos não conseguiam acompanhar a recente rapidez de seus negócios.

discernimento. Os computadores já podem executar muitas das tarefas humanas, e à medida que o poder de processamento evolui, eles estão assumindo mais essas tarefas de modo melhor, mais rápido e mais barato do que seus parceiros humanos. A estratégia para otimizar o papel da TI nas cadeias de suprimentos é alcançar o equilíbrio adequado na cadeia de valor da informação: usar os computadores para processar dados e informações, de modo que as pessoas possam se concentrar em tarefas que exigem conhecimento e discernimento.

O Capítulo 12 abrange os tipos específicos de software que você pode utilizar a fim de melhorar os processos da cadeia de suprimentos; a cadeia de valor da informação se aplica a todos eles. Sua meta é automatizar as funções de dados e de informações em toda a sua cadeia de suprimentos, em que os computadores possam fazê-las funcionar melhor, mais rápido e mais barato do que os humanos. Conforme a tecnologia se torna mais poderosa, a gama de funções que devem ser automatizadas cresce.

Potencializando os Recursos Humanos

Uma cadeia de suprimentos é formada por pessoas, processos e tecnologias. Os gerentes das cadeias de suprimentos tendem a se concentrar nos processos e na tecnologia e, não raro, subestimam a importância das pessoas. Uma cadeia de suprimentos com produtos excelentes, processos perfeitos e tecnologia de ponta ainda pode parar de operar se você não tiver as pessoas certas nos lugares adequados, usando as habilidades necessárias para desempenhar o trabalho apropriadamente.

As pessoas em toda a extensão da cadeia de suprimentos decidem com quem fazer negócios, quais processos e tecnologias implementar e como solucionar os problemas. Fazer com que as pessoas se envolvam com o trabalho, dando-lhes os recursos de que precisam para serem bem-sucedidas, e mantê-las próximas umas das outras a fim de desempenharem as suas funções são partes extremamente importantes de qualquer cadeia de suprimentos.

A maioria dos problemas de recursos humanos que os gerentes da cadeia de suprimentos precisam analisar pode ser dividida em três processos: recrutar, desenvolver e reter. Veja a seguir algumas coisas que você precisa levar em consideração para assegurar que a sua capacidade de recursos humanos sustente sua cadeia de suprimentos:

» **Recrutar:** Você precisa decidir quantas pessoas são necessárias para realizar o trabalho em cada etapa de sua cadeia de suprimentos e quais habilidades elas precisam ter a fim de que se qualifiquem para uma função. Também é necessário descobrir onde encontrar essas pessoas, quanto custará contratá-las e quais são as melhores maneiras de se conectar a elas e atraí-las à sua empresa. A parceria com escolas de ensino médio, escolas técnicas e universidades pode facilitar o recrutamento de estudantes. O envolvimento ativo na comunidade local e com as associações profissionais pode ajudá-lo a recrutar talentos experientes.

DICA

Muitas vezes, é difícil desenvolver um plano de viabilidade para o custo de recrutamento. No entanto, ele ajuda a analisar o problema de maneira diferente. Em vez de perguntar "Quanto devemos pagar pelo recrutamento?", pergunte: "Quanto nos custará se essa posição não for preenchida, ou se for preenchida por alguém que não tenha as habilidades e a experiência necessárias para desempenhá-la bem?". O custo real pode englobar a perda de oportunidades de vendas, clientes insatisfeitos ou horas extras, e pode levar os demais funcionários à exaustão. Ajudar as pessoas a verem o custo de deixar uma posição em aberto pode facilitar a justificar o investimento necessário para recrutar candidatos qualificados.

» **Desenvolver:** Pode haver uma diferença entre as habilidades necessárias para conseguir um emprego e as habilidades necessárias para realizar a função relacionada a esse emprego. Por exemplo, mesmo se você exigir que os candidatos tenham um diploma de engenharia antes de contratá-los, talvez ainda seja necessário treiná-los no que se refere às particularidades de seu produto e às ferramentas disponíveis em sua empresa. Suas iniciativas de desenvolvimento devem identificar os conhecimentos (knowledge), competências (skills) e habilidades (abilities) (CHAs) que cada pessoa precisa para ser bem-sucedida em sua função. Concentrar-se nos CHAs pode auxiliar você e os membros de sua equipe a entrarem em um acordo a respeito do treinamento de que precisam, além de demonstrar de forma mais simples os benefícios tangíveis de seu investimento no desenvolvimento deles.

DICA

As pessoas são diferentes e aprendem de maneiras distintas. Ao invés de formular uma abordagem uniformizada para o desenvolvimento de talentos, geralmente é mais válido oferecer opções às pessoas e incentivá-las a escolher o método de aprendizagem que funciona melhor para elas.

CAPÍTULO 11 **Descomplicando a Sua Cadeia de Suprimentos** 173

» **Reter:** Seus funcionários, em última análise, criam o valor para sua empresa, e o talento vai aonde é tratado da melhor forma. Parte de tratar bem as pessoas é garantir que elas sejam pagas de forma justa pelo trabalho que estão fazendo. Uma maneira de fazer isso é realizar um estudo de remuneração que compare os salários de seus funcionários com os de empresas semelhantes. Embora os salários e benefícios sejam incentivos fundamentais, eles podem não ser o bastante para manter seus funcionários felizes. Ajudar as pessoas a verem que o trabalho delas é importante e dar-lhes oportunidades de se expressar a respeito de como as decisões são tomadas pode fazer com que elas fiquem mais comprometidas. Outras técnicas populares em alguns setores para reter talentos incluem os regimes de trabalhos flexíveis, programas de assistência de ensino e regalias no local de trabalho, como lanches à vontade. O custo dessas iniciativas pode muitas vezes ser compensado por uma redução da rotatividade de pessoas e maior destreza para atrair os melhores talentos.

DICA

Tratar os trabalhadores com respeito e solicitar contribuições de todos são partes fundamentais da filosofia Lean (veja o Capítulo 4).

CONECTE O DESENVOLVIMENTO DE TALENTOS AO DESEMPENHO CORPORATIVO

Os executivos de uma empresa de manufatura global perceberam que muitos de seus problemas na cadeia de suprimentos eram resultado de falhas de comunicação entre os gerentes. O custo desse problema era difícil de calcular, mas provavelmente causava prejuízos milionários em lucros perdidos devido a estoques desnecessários. Ademais, os gerentes da cadeia de suprimentos em toda a empresa perdiam o maior tempo discutindo a respeito da terminologia da cadeia de suprimentos, em vez de alinhar suas metas de desempenho. Com o intuito de que todos falassem a mesma língua, os executivos passaram a exigir que todos os gerentes da cadeia de suprimentos de toda a empresa tirassem uma certificação profissional em supply chain. A fim de passar no teste de certificação, todas essas pessoas precisariam estudar o mesmo material e aprender o mesmo método para descrever os processos da cadeia de suprimentos.

Todos os gerentes tinham o mesmo objetivo de desenvolvimento — tirar a certificação —, todavia poderiam conquistá-lo de modos diferentes. Muitos deles escolherem assistir aulas ministradas por instrutores ou cursos online, ao passo que outros estudavam por conta própria. A empresa os apoiaria, seja lá qual fosse a opção escolhida, porém, se não obtivessem a certificação dentro de dois anos, eles não poderiam mais trabalhar como gerentes da cadeia de suprimentos.

174 PARTE 2 **Gestão dos Processos da Cadeia de Suprimentos**

> Pouco depois de os gerentes começarem os respectivos treinamentos, ficou evidente aos executivos que a natureza das discussões deles havia mudado. Agora, os gerentes da cadeia de suprimentos falavam a mesma língua e conseguiam se comunicar melhor sobre os desafios e as oportunidades que estavam enfrentando.

Dominando as Técnicas de Gerenciamento de Projeto

As empresas se modificam por meio de projetos, portanto, o gerenciamento de projetos é um processo estratégico de suma importância em sua cadeia de suprimentos. Muitas empresas acham difícil implementar projetos de cadeia de suprimentos com sucesso, por isso há uma demanda crescente por gerentes de projetos da cadeia de suprimentos.

Um dos melhores recursos para treinamento em gerenciamento de projetos é o Project Management Institute (PMI), que criou o *Project Management Body of Knowledge (PMBOK — Conjunto de Práticas de Gestão de Projetos)*. O PMBOK analisa os projetos em cinco fases principais e, em cada uma dessas fases, há tarefas específicas pelas quais o gerente de projetos é responsável.

- » **Iniciação:** Descreva amplamente os objetivos do projeto.
- » **Planejamento:** Elabore um plano detalhado, incluindo um orçamento e cronograma.
- » **Execução:** Finalize as atividades no plano.
- » **Monitoramento:** Acompanhe os principais indicadores de desempenho para garantir que as metas sejam cumpridas.
- » **Fechamento:** Conclua todas as etapas finais, como a realização de uma análise de lições aprendidas e a designação de membros da equipe a novas funções.

O PMI oferece várias certificações, incluindo o Project Management Professional, que são baseadas nos conceitos do PMBOK. Para maiores informações, visite: `www.pmi.org/` (conteúdo em inglês).

Um desafio comum em projetos de cadeia de suprimentos é que eles envolvem equipes multifuncionais. O modelo de liderança DIRETO de projeto (veja o Capítulo 4) é um método eficaz de lembrar as seis coisas que os líderes precisam para ajudar as equipes multifuncionais a se concentrarem:

- » **Defina os objetivos:** O líder de projeto precisa garantir que as metas do projeto sejam nitidamente definidas para toda a equipe, geralmente em um documento chamado termo de abertura do projeto.

- » **Investigue as opções:** A equipe do projeto precisa promover uma ampla rede e pensar em todas as maneiras pelas quais eles poderiam atingir os objetivos.
- » **Determine um plano de ação:** Depois de analisar as opções, a equipe precisa decidir o que fazer e elaborar um plano.
- » **Execute o plano:** As equipes do projeto precisam seguir o plano e relatar seu progresso regularmente. Os planos geralmente mudam, portanto, a execução de qualquer plano inclui a gestão de mudanças no escopo, no cronograma e no orçamento.
- » **Mude os sistemas e processos:** Os projetos normalmente levam à implementação de novos processos e tecnologias, muitas vezes, envolvendo decisões complicadas e alinhamento complexo. Caso você esteja montando um novo centro de distribuição, por exemplo, precisa planejar o horário em que vai começar a aceitar pedidos. Preparar-se para tal mudança envolve um planejamento rigoroso, por exemplo, como os primeiros pedidos serão redirecionados à nova instalação. Normalmente, os problemas de mudança são projetos separados dentro de um projeto maior da cadeia de suprimentos.
- » **Transição de pessoas:** Os projetos da cadeia de suprimentos afetam as pessoas, a tecnologia e os processos, e você deve considerar quais ajustes as pessoas precisam fazer. Aprender um novo conjunto de rotinas leva tempo, e as pessoas normalmente resistem a mudanças se não entendem as razões delas. Administrar a transição entre todas as partes interessadas que serão impactadas por uma mudança pode ser a diferença entre o sucesso e o fracasso.

O recrutamento, o desenvolvimento e a retenção de gerentes de projeto competentes da cadeia de suprimentos podem ser um belo desafio por dois motivos. Em primeiro lugar, você quer alguém que entenda de duas áreas — gestão da cadeia de suprimentos e gerenciamento de projetos —, e pessoas com essas competências podem ser difíceis de encontrar. Em segundo lugar, os trabalhos de gerenciamento de projetos são geralmente temporários; quando o projeto é concluído, o gerente de projetos está desempregado.

Uma das maneiras mais eficazes de resolver esse problema é criar um departamento de gerenciamento de projeto (PMO). A vantagem do PMO é que ele permite que os gerentes de projeto desenvolvam e compartilhem práticas recomendadas em todos os seus projetos de cadeia de suprimentos. Por esse motivo, também pode ser chamado de centro de excelência (CoE). Como há projetos em andamento de diferentes áreas da cadeia de suprimentos, o PMO oferece um nível maior de segurança de trabalho para os gerentes de projeto, portanto, é menos provável que eles busquem trabalho em outro lugar.

Um PMO também pode ser um ótimo local de treinamento para profissionais da cadeia de suprimentos. As pessoas que entram e saem do PMO aprendem sobre muitas partes do negócio e desenvolvem uma compreensão melhor de como essas partes se encaixam. É difícil desenvolver esse conhecimento vasto quando as pessoas estão presas em silos funcionais e profissionais.

3 Usando a Tecnologia para Gerenciar as Cadeias de Suprimentos

NESTA PARTE...

Analise os diferentes tipos de software da cadeia de suprimentos e veja como eles se encaixam em seus processos.

Dicas valiosas e truques para você encontrar as soluções adequadas para a sua cadeia de suprimentos.

Pense a respeito do futuro das cadeias de suprimentos à medida que a automação se torna mais comum.

Entenda como as tendências, como o e-commerce, a impressão em 3D e o big data, estão mudando as regras para os gerentes da cadeia de suprimentos.

> **NESTE CAPÍTULO**
>
> » Conferindo como os softwares da cadeia de suprimentos evoluíram
>
> » Compreendendo as abreviações dos softwares
>
> » Entendendo onde cada tipo de software se encaixa na sua cadeia de suprimentos
>
> » Os conselhos dos especialistas

Capítulo **12**

Gestão dos Softwares da Cadeia de Suprimentos

A tecnologia de informação tornou-se uma parte essencial da gestão da cadeia de suprimentos, pois praticamente todos os processos em uma cadeia de suprimentos envolvem inserir, processar, compartilhar e recuperar dados. Automatizar as tarefas de um processo pode aumentar sua eficiência, mas escolher o melhor modo de automatizar uma tarefa pode ser pra lá de complicado. Como há muitos processos em uma cadeia de suprimentos, também existem muitas categorias diferentes de software que você precisa gerenciar. Dentre as categorias de software, você encontrará diversas empresas que vendem pacotes de software com diferentes funções, recursos e preços.

Por alguma razão, descreve-se quase todos os tipos de software da cadeia de suprimentos com um nome de três palavras, e os gerentes da cadeia de suprimentos usam essas iniciais de categorias de software como uma espécie de representação visual. Por exemplo, é bem comum um gerente da cadeia de suprimentos perguntar aos seus colegas se o WMS e o TMS estão compartilhando os dados de BI com o ERP. (Você saberá sobre cada um deles mais adiante neste capítulo.) Infelizmente, essas abreviações também podem causar confusão e fazer com que os softwares utilizados nas cadeias de suprimentos pareçam ser mais difíceis do que deveria.

A boa notícia é que, se você começar entendendo o que precisa acontecer em uma cadeia de suprimentos — os processos —, é muito mais fácil compreender o que as muitas ferramentas de software fazem e como elas funcionam juntas. Este capítulo explica como os processos da cadeia de suprimentos evoluíram para plataformas de software, como essas plataformas se integram umas às outras, e como obter ajuda na escolha da combinação adequada de software para sua cadeia de suprimentos.

Entendendo Como os Processos Evoluem

Hoje em dia, é difícil encontrar um processo da cadeia de suprimentos que não esteja vinculado a um software. Você não pode fazer um pedido, realizar uma ligação ou movimentar uma caixa sem registrar o monitoramento de uma transação em um ou mais sistemas. Todavia, os processos não são automatizados de uma hora para outra — eles precisam evoluir.

Uma abordagem que acompanha a evolução de um processo ou do software que suporta esse processo é o *modelo de maturidade em capacitação* (CMM). Os CMM costumam levar de quatro a cinco etapas para descrever uma trajetória de "imatura" à "madura." A Figura 12-1 mostra um CMM de quatro etapas.

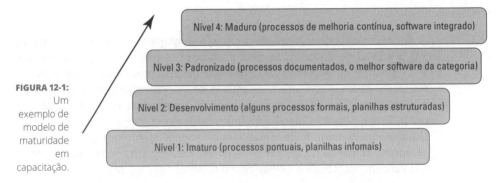

FIGURA 12-1: Um exemplo de modelo de maturidade em capacitação.

Logicamente, as pessoas querem pular de um processo imaturo para um maduro, mas praticamente todo processo e todo software tem que percorrer a trajetória imatura a fim de amadurecer em etapas graduais. Entender em que lugar você está em um CMM pode ajudá-lo a concentrar-se em aonde está indo e o que precisa fazer para chegar lá.

DICA

É necessário que um processo seja estável e repetível antes de poder ser automatizado de forma eficaz. A automatização de um processo imaturo muitas vezes gera trabalho extra, como a correção de dados imprecisos e a substituição de regras no sistema.

O software da cadeia de suprimentos é um investimento empresarial. Uma ótima ideia ao avaliar qualquer investimento empresarial é comparar as consequências financeiras de se desenvolver algo em vez de comprá-lo ou alugá-lo. Você pode colocar essa abordagem em prática a fim de avaliar um investimento de automação de um processo da cadeia de suprimentos comparando as quatro opções:

» Execute o processo manualmente, sem software (não faça nada).
» Compre um software que esteja disponível de imediato no mercado (compre).
» Assine um plano de uma solução baseada em nuvem (alugue).
» Desenvolva um programa a partir do zero (faça).

A opção de compra é simples. Você conversa com um representante de vendas, gasta algum tempo negociando os preços, instala o software em seus computadores e treina sua equipe.

A opção de aluguel é mais recente, mas está rapidamente se tornando popular. Em vez de comprar e instalar um software em seus próprios computadores, você pode obter uma assinatura do software e executá-lo na nuvem. Você não precisa instalar nada; basta acessar o software por meio de um navegador da web ou de um aplicativo e pagá-lo conforme o utiliza. Grosso modo, você aluga o software (veja o Capítulo 14 para obter mais informações a respeito das soluções baseadas em nuvem).

Desenvolver o software da cadeia de suprimentos consiste em escrever seu próprio código de software. Para empresas que apresentam necessidades específicas, escrever seu próprio software pode ser um investimento que vale a pena. No entanto, muitas empresas acabam fazendo seu próprio software sem perceber o que está acontecendo e depois percebem que foi um erro. Veja abaixo um exemplo de como as empresas podem, sem querer, criar problemas desenvolvendo o próprio software:

1. **Alguém decide que tem muitas informações para monitorar e que as coisas estão ficando para trás, então, elabora uma planilha com o intuito de começar a organizar os dados. A planilha se torna uma parte essencial do gerenciamento desse processo.**

2. **A planilha ganha vida própria, ao passo que mais campos são adicionados, e é compartilhada com outras pessoas que também começam a depender dela e a realizar melhorias.**

3. À medida que a planilha fica maior e é usada com mais frequência, as pessoas começam a escrever macros e a criar fórmulas complexas que automatizam as etapas do processo. Neste ponto, a planilha na verdade se tornou um aplicativo de software simples, mas ninguém percebe esse fato ainda.

4. O arquivo da planilha fica tão grande que começa a ficar lento e, mais dia menos dia, os dados viram uma bagunça quando alguém comete um erro de entrada de dados. Para melhorar o desempenho dessa planilha importantíssima, alguém cria um banco de dados usando uma ferramenta como o Microsoft Access.

5. O acesso é tão limitado que logo o banco de dados é reescrito em SQL (Structured Query Language). Agora, o banco de dados está, de fato, armazenando os dados importantes e torna-se essencial para operar os negócios, mas não existem documentos ou materiais de treinamento. Então, um belo dia, o sistema falha inesperadamente e ninguém sabe como consertá-lo.

6. Um fornecedor aparece com um software que faz algo muito semelhante ao banco de dados, porém é melhor e tem uma série de recursos e funcionalidades. O custo de comprar (ou alugar) esse software é mais barato do que o custo de manutenção de seu sistema desenvolvido internamente. Você precisa decidir se quer descartar todos os seus dados antigos e começar do zero ou gastar muito tempo e dinheiro para importar seus dados antigos para dentro do novo sistema.

A advertência é: tenha cuidado ao armazenar os dados importantes em planilhas. Embora o uso de uma planilha eletrônica possa ser uma opção de baixo custo em curto prazo, isso pode resultar em uma migração de sistema cara futuramente. Caso você perceba que esse cenário começa a se desenrolar em sua cadeia de suprimentos, talvez seja uma boa ideia parar e perguntar se uma solução comercial melhor está disponível. Ao identificar que existem soluções de software disponíveis para a maioria dos processos da cadeia de suprimentos, e as implementando logo no início da maturidade do seu processo, você economiza tempo e dinheiro.

LEMBRE-SE

Uma regra importante aplica-se a todos os sistemas de software da cadeia de suprimentos: a utilidade do sistema depende da precisão dos dados com os quais ele deve trabalhar. Ou seja, se entra lixo no sistema, sai lixo. Primeiramente, fornecer dados de qualidade ao sistema é fundamental para manter a integridade desses dados ao longo do tempo.

Sistemas de Gestão de Transporte

Um *sistema de gestão de transporte* (TMS) monitora as remessas/expedições e as transportadoras. Ele pode incluir recursos como um guia de mapeamento que lhe informa qual modo de transporte e qual transportadora você deve usar para uma remessa. Um guia de mapeamento pode ter divisões de peso, especificando (por exemplo) que qualquer remessa doméstica menor que 45 kg deve ser enviada através de um serviço postal, uma remessa entre 45kg e 450kg deve ser transportada em uma carga inferior a um caminhão (LTL) e uma remessa acima de 450kg deve ser enviada via carga completa (FTL).

Um TMS pode ajudá-lo a analisar seu histórico de frete, monitorando quantas cargas você envia em cada rota. Você pode usar esse histórico como a base de uma previsão de frete — uma estimativa de quanto você espera enviar em cada rota posteriormente. A previsão de frete o auxilia a examinar as ofertas das transportadoras interessadas em transportar seu frete. Quando a licitação de transporte é concluída e os contratos entram em vigor para cada rota, tais informações são carregadas no guia de mapeamento do TMS.

Muitos TMS monitoram as entregas à medida que um produto circula pela cadeia de suprimentos, e isso pode ajudá-lo — e ajudar seus clientes — a acompanhar suas remessas. Quando você agenda a remessa para um produto, você informa o TMS. (Às vezes, essa notificação é chamada de aviso de embarque antecipado — ASN.) Quando a transportadora chega para pegar a remessa, o TMS é notificado e o status desse produto é atualizado. Sempre que a transportadora entrega o produto na cadeia de suprimentos, seu TMS pode ser notificado. (Essas mensagens são geralmente chamadas de mensagens de status de envio.) Depois que o produto é recebido, o TMS pode disparar as ações adicionais, como emitir a nota ao cliente e autorizar o pagamento da transportadora.

Alguns TMS podem fazer o planejamento de rotas analisando a remessa que precisa ser enviada. Esses sistemas calculam as melhores combinações de cargas para maximizar o uso da capacidade de transporte e, ao mesmo tempo, minimizar os custos. Eles podem até realizar alterações nas rotas à medida que novas remessas são inseridas no sistema. Esse tipo de planejamento e execução de transporte é um bom exemplo de como a tecnologia pode resolver problemas e encontrar soluções que até mesmo um humano experiente acharia extremamente difícil de solucionar. Os sistemas que executam essas funções avançadas também são chamados de sistemas de planejamento de transporte, sistemas de execução de transportes ou sistemas de mapeamento de remessa.

Veja a seguir alguns fornecedores de TMS (alguns sites apresentam o conteúdo em inglês):

» **BluJay**
www.blujaysolutions.com/solutions/transportation-gtn/transportation-management/

» **C.H. Robinson**
https://www.chrobinson.com/pt-br/

» **GT Nexus**
www.gtnexus.com/solutions/transportation-management

» **JDA**
https://jda.com/solutions/adaptable-manufacturing-distribution-solutions/intelligent-fulfillment/transportation-management

» **MercuryGate**
http://mercurygate.com/

» **Oracle**
https://www.oracle.com/br/applications/supply-chain-management/solutions/logistics/transportation-management.html

» **SAP**
https://www.sap.com/brazil/products/transportation-logistics.html

» **TMS First**
www.tmsfirst.com/

» **Transplace**
www.transplace.com/transportation-management/

Sistemas de Gerenciamento e Execução de Armazéns

Monitorar todas as coisas armazenadas em um depósito ou em um centro de distribuição dá um tremendo trabalho, além de ser complicado. A ferramenta que faz esse trabalho chama-se *sistema de gerenciamento de armazém* (WMS). Calcular como separar cada pedido e combinar as linhas de pedidos individuais em remessas exige um trabalho ainda maior. O sistema que toma essas decisões chama-se *sistema de execução de armazém* (WES). Entretanto, os limites entre o WMS e o WES são um tanto tênues.

Você pode pensar em um WMS como sendo o sistema que gerencia a lista de embarque dos passageiros de um avião. Cada passageiro é designado a um assento e recebe um cartão de embarque antes de chegar ao avião. Dito de outro modo, o WMS sabe qual material está chegando e sabe onde ele deve ser armazenado. Quando os passageiros embarcam no avião, seus cartões de embarque são escaneados. Para um WMS, esse processo se caracteriza como um processo de recebimento. Quando você está lidando com itens armazenados em vez de passageiros de um voo, o WMS recebe os itens em um estoque à medida que as remessas chegam dos fornecedores e monitora onde esses itens são depositados no armazém.

O WES funciona ao contrário. O agente de embarque poderia dizer: "Ei, Comissária de Bordo 3, traga-me a passageira Cassandra Jones do assento 12B". A comissária de bordo encontraria a passageira e depois acompanharia essa pessoa para fora do avião e de volta ao portão. A WES recebe os pedidos de itens que precisam ser enviados para um cliente e determina quem deve escolher cada um desses itens no estoque. Ou seja, o WES decide o que deve acontecer — quais processos de armazém para executar — e emite essas instruções.

As funções principais de um WMS refletem as funções de um armazém: recebimento, envio ao estoque, separação e expedição. O WMS também disponibiliza ferramentas que ajudam a realizar contagens de estoque e fazer ajustes nos níveis de estoque. O WMS pode ajudar com processos mais complicados, como combinar produtos individualmente em kits, ou *montagem de kits*. Um exemplo de montagem de kits é agrupar todas as peças necessárias para fazer um ajuste do motor para que um cliente possa encomendá-las todas ao mesmo tempo. O WMS pode ser capaz de rastrear o processo de divisão de carregamentos a granel em unidades menores, um processo chamado *de fracionamento de carga*. O fracionamento de cargas é comum em armazéns que lidam com reabastecimentos de lojas pequenas ou que realizam o atendimento de e-commerce direto ao cliente.

DICA

As verdadeiras diferenças entre um WMS e um WES muitas vezes têm mais a ver com marketing do que com tecnologia. A questão fundamental é que você precisa de um software para gerenciar a movimentação e o armazenamento de materiais em um armazém. Chame o sistema de algo que as pessoas possam entender com facilidade e que faça com que você se sinta à vontade com a quantia gasta em um software.

SOFTWARE DE PLANEJAMENTO VERSUS SOFTWARE DE EXECUÇÃO

Às vezes, as pessoas separam o software da cadeia de suprimentos em duas categorias: software de planejamento e software de execução. O software de planejamento coleta dados e estima as maneiras mais eficientes de usar os recursos da cadeia de suprimentos. O software de execução examina os pedidos feitos e decide como lhes atender. Em outras palavras, o software de planejamento tenta preparar sua cadeia de suprimentos com base no que se espera do futuro, e o software de execução toma decisões sobre o que você precisa fazer hoje. Gerenciar qualquer processo da cadeia de suprimentos envolve planejamento e execução. O termo "execução da cadeia de suprimentos" é muito popular entre as empresas de software, porém é necessário aprofundar-se para entender quais processos da cadeia de suprimentos seu software deve automatizar.

Veja a seguir alguns fornecedores de WMS (alguns sites apresentam o conteúdo em inglês):

- **HighJump**
  http://www.otimis.com/pt/solucoes/wms
- **Infor**
  www.infor.com/product-summary/scm/supply-chain-execution/
- **JDA**
  https://jda.com/solutions/profitable-omni-channel-retail-solutions/intelligent-fulfillment/warehouse-management
- **Manhattan Associates**
  www.manh.com/products/warehouse-management
- **Oracle**
  https://www.oracle.com/br/applications/supply-chain-management/solutions/logistics/warehouse-management.html
- **SAP**
  https://www.sap.com/brazil/products/extended-warehouse-management.html
- **Softeon**
  www.softeon.com/our-solutions/product-solutions/warehouse-management
- **Tecsys**
  www.tecsys.com/supply-chain/solutions/warehouse-management/

Sistemas de Planejamento de Demanda

Determinar a quantidade de produtos que seus clientes provavelmente comprarão é um dos maiores desafios em qualquer cadeia de suprimentos. Esse processo é chamado de previsão ou (se você quiser parecer sofisticado) planejamento de demanda. Tal hipótese a respeito do futuro pode se basear em muitas informações, como o quanto você vendeu anteriormente, o quanto de estabilidade você acha que a economia terá futuramente, ou qual nível de eficácia você espera do seu marketing. Há muitos modos de prever a demanda, mas isso geralmente exige uma combinação de matemática e avaliação. Elaborar essas previsões repetidamente para uma diversidade de produtos exige um tipo especial de software chamado *sistema de planejamento de demanda* (DPS).

Em geral, um DPS oferece muitos métodos para prever a demanda e permite acrescentar informações ou ajustar a previsão. Ele o ajuda a observar as previsões em diferentes níveis, desde a previsão do nível individual da unidade distinta mantida em estoque (SKU) até a sua programação da demanda principal. Você pode configurar o DPS para usar diferentes métodos de previsão de produtos com base em se a demanda é estável ou volátil. Se você tem produtos que vendem mais durante o inverno e menos no verão, talvez a previsão seja necessária para contabilizar a sazonalidade.

Um DPS normalmente faz interface com um histórico de pedidos do cliente, desse modo, ele consegue incorporar as informações sobre as vendas anteriores na previsão. O DPS também pode ser vinculado a um sistema de planejamento de necessidades de material (MRP) (veja a próxima seção), pois esse sistema lhe oferece um ponto de partida para a criação de um programa mestre de produção.

Veja a seguir alguns fornecedores de DPS (alguns sites apresentam o conteúdo em inglês):

- **Demand Solutions**
  https://pt.demandsolutions.com/forecast-management-demand-planning-inventory-forecasting-software.html
- **Infor**
  www.infor.com/solutions/scm/planning/
- **John Galt**
  http://johngalt.com/
- **Kinaxis**
  www.kinaxis.com/en/solution/supply-chain-planning-solution/demand-planning/
- **Logility**
  https://www.logility.com/solucoes/otimizacao-de-demanda
- **Oracle**
  https://www.oracle.com/br/applications/supply-chain-management/solutions/supply-chain-planning/demand-management.html
- **SAP**
  https://www.sap.com/brazil/products/advanced-planning-optimization.html
- **ToolsGroup**
  https://knowledge.toolsgroup.com/demand-planning

Sistemas de Planejamento de Necessidades de Material

Antes de montar um produto, você precisa ter todas as peças, partes e componentes necessários. Às vezes, o processo de montagem tem várias etapas que precisam acontecer em locais diferentes e em uma sequência específica. O propósito de um *sistema de planejamento de necessidades de material* (MRP) é descobrir quais partes são necessárias, quando e onde você precisa delas, a fim de conseguir fabricar seus produtos.

A princípio, o sistema MRP precisa saber o que você planeja fazer e quando planeja fazer. Isso é, ele começa com sua previsão de produção, também chamada de programa mestre de produção. Com base nesse programa, o sistema MRP analisa a lista de materiais para cada produto que você deseja fazer. Esse documento enumera todos os componentes necessários para fabricar um produto. Depois de examinar cada lista de materiais, o sistema MRP verifica o nível de estoque de cada componente para ver se você dispõe das peças necessárias quando precisar delas. Caso o estoque seja insuficiente, o sistema MRP calcula quanto você deve comprar e quando deve comprar, a fim de que o material chegue a tempo para você fabricar seu produto.

Em alguns casos, o sistema MRP vai além do planejamento de executar tarefas. O sistema pode emitir pedidos de compras para componentes, por exemplo, e monitorar o desempenho de seu processo de manufatura para ajustar o programa conforme necessário.

Suponha que você tenha uma fábrica que produza dois modelos de bicicletas: um para meninos e outro para meninas. Os quadros para esses modelos são diferentes, porém o restante é idêntico, incluindo as rodas, pedais, correntes e outras peças. Como você decide quantas unidades de cada peça precisa e quando deve comprar essas unidades de seus fornecedores para fabricar suas bicicletas?

A abordagem mais simples é decidir quantas unidades de cada tipo de bicicleta você planeja fabricar em um determinado período de tempo, o dito *horizonte de planejamento*. Imagine que seu horizonte de planejamento seja de um ano e você decida fabricar 100.000 unidades de cada modelo de bicicleta durante esse período. Esse número é a sua meta de produção: 100.000 de cada modelo de bicicleta ou 200.000 bicicletas no total.

Durante o ano, sua fábrica fica aberta por 50 semanas (fechando por duas semanas para manutenção e feriados). Para atingir sua meta de produção, é necessário produzir uma média de 2.000 unidades de cada tipo de bicicleta a cada semana, ou 4.000 bicicletas no total por semana.

A lista de materiais para cada bicicleta inclui duas rodas, um quadro, uma catraca, uma corrente, dois pedais e um guidão. Cada componente vem de um fornecedor diferente, com prazos de entrega distintos e tamanhos de lotes diversos.

Você pode encomendar todas as peças necessárias no início do período — peças suficientes para fabricar 200.000 bicicletas. Porém essa abordagem seria um desastre! Seus fornecedores estariam se esforçando ao máximo para atender ao seu pedido, e você precisaria que todas as peças fossem entregues antes de começar a trabalhar. Todo esse estoque teria um custo. Seria necessário pagar seus fornecedores por todas as peças que eles fizeram, e você precisaria armazenar e proteger todas elas em um armazém. É bem provável que algumas peças se perderiam, seriam danificadas ou roubadas, resultando custos de perda de estoque.

Um sistema MRP tenta melhorar essa situação comparando o programa mestre de produção com os níveis de estoque esperados e, em seguida, encomendando as peças de que você precisa para que cheguem a tempo.

PAPO DE ESPECIALISTA

Algumas pessoas usam o termo *planejamento de recursos de manufatura* ou *planejamento de recursos de produção* para descrever o software que executa essas tarefas. Você pode até mesmo ouvir as pessoas chamarem o planejamento de necessidades de material de MRP e o planejamento de recursos de produção de MRP II. A menos que você esteja realmente interessado em uma carreira de gerente de sistemas de software de cadeia de suprimentos, é improvável que você precise descrever as diferenças entre o MRP e o MRP II.

Veja a seguir alguns fornecedores de MRP (alguns sites apresentam o conteúdo em inglês):

» **IFS**
https://www.ifsworld.com/br

» **Infor**
www.infor.com/solutions/erp/

» **Microsoft**
https://dynamics.microsoft.com/pt-br/

» **Oracle** (também chamado JD Edwards)
https://www.oracle.com/br/products/applications/jd-edwards-enterpriseone/overview/index.html

» **SAP**
https://www.sap.com/brazil/products/supply-chain-iot/manufacturing.html

CAPÍTULO 12 **Gestão dos Softwares da Cadeia de Suprimentos** 189

Sistemas de Planejamento de Necessidades de Distribuição

Às vezes, as empresas precisam prever o estoque e planejar os pedidos de reposição em diversos níveis de centros de distribuição. Uma instalação principal pode receber remessas FTL de fornecedores e dividir essas remessas em paletes, que por sua vez são enviados para os centros de distribuição locais. O sistema de software que funciona com base nesse processo chama-se *planejamento de necessidades de distribuição* (DRP). Um sistema DRP é semelhante a um sistema MRP (veja "Sistemas de Planejamento de Necessidades de Material", anteriormente neste capítulo). Enquanto um sistema MRP se concentra em garantir que o material esteja disponível a fim de sustentar um processo de fabricação, um sistema DRP gerencia a disponibilidade de produtos em armazéns e centros de distribuição. Os elementos de previsão de um sistema DRP lembram as funções de um sistema DPS (veja "Sistemas de Planejamento de Demanda" anteriormente neste capítulo), permitindo que o sistema utilize uma variedade de informações para elaborar a previsão mais exata.

Além de prever a demanda em cada ponto de distribuição, o sistema DRP deve considerar as quantidades de pedidos (chamados tamanhos de lote). O sistema também deve levar em consideração os prazos de entrega de cada produto para decidir quando cada pedido deve ser atendido e, dessa forma, mitigar os custos de estoque e assegurar que ele permaneça no nível desejado.

Veja a seguir alguns fornecedores de DRP (alguns sites apresentam o conteúdo em inglês):

- **Infor**
  www.infor.com/solutions/scm/planning/
- **Microsoft**
  https://dynamics.microsoft.com/pt-br/
- **Oracle**
  https://www.oracle.com/br/products/applications/jd-edwards-enterpriseone/overview/index.html
- **SAP**
  https://www.sap.com/brazil/products/supply-chain-iot/manufacturing.html

Sistemas de Gerenciamento de Trabalho

As cadeias de suprimentos não englobam apenas itens de estoque; as pessoas também estão envolvidas. É necessário decidir quantas pessoas você precisa em cada turno para atender às demandas do seu armazém. Você também precisa acompanhar o desempenho de seus funcionários e identificar aqueles que merecem gratificações e aqueles que precisam de mais treinamento. Você desempenha essas tarefas através de um software chamado *sistema de gerenciamento de trabalho* (LMS).

Os sistemas LMS podem ajudar na programação a fim de garantir que você tenha pessoas suficientes para trabalhar em cada turno. Esse sistema reduz o risco de não realização do trabalho devido a pouca mão de obra disponível, o que pode se traduzir em horas extras para o próximo turno. Ele também minimiza o risco de ter pessoas ociosas em razão de não haver trabalho o bastante para todas elas em um turno. Os sistemas LMS podem monitorar o desempenho de forma a ajudá-lo a entender a eficiência de seus colaboradores, além de auxiliá-lo em como e onde aprimorar a produtividade.

Em muitos centros de armazenamento e distribuição, a mão de obra representa grande parte dos custos operacionais, portanto, ter um LMS que desempenhe um bom trabalho no planejamento das necessidades e monitore o desempenho pode impactar sobremaneira na capacidade de uma instalação.

Veja a seguir alguns fornecedores de LMS (alguns sites apresentam o conteúdo em inglês):

- **enVista**
  https://www.envistacorp.com/supply-chain/labor-management-system-lms/
- **HighJump**
  www.highjump.com/resources/product-literature/wms-highjump-labor-management-solution
- **Intelligrated**
  https://www.intelligrated.com/pt
- **JDA**
  https://jda.com/solutions/adaptable-manufacturing-distribution-solutions/intelligent-fulfillment/warehouse-labor-management
- **Manhattan Associates**
  www.manh.com/products/labor-management

Sistemas de Gerenciamento de Relacionamento com o Cliente

Manter os registros de seus clientes é vital para todos os negócios, e os aplicativos de software que efetuam esses registros chamam-se *gerenciamento de relacionamento com o cliente* (CRM). Um sistema de CRM pode monitorar quem são seus clientes, quem são os funcionários deles que trabalham em diversos departamentos, e o que eles compraram de você nos últimos anos; pode ajudá-lo a compreender quais transações estão em seu pipeline, de modo que você possa realizar melhor as próximas previsões de vendas. Ele pode gerenciar as contas a receber rastreando os contratos, pagamentos e créditos em cada conta de cliente. Também pode auxiliá-lo a aumentar a receita procurando clientes que possam estar interessados em novos produtos e serviços. O sistema pode direcionar as ofertas e mensagens aos clientes com base nas características específicas de cada um.

Um sistema de CRM pode informar muito a respeito da sua organização de vendas, disponibilizando relatórios sobre a frequência com que cada representante de vendas interage com as respectivas contas, por exemplo. O CRM pode se integrar a outros sistemas para melhorar o fluxo de informações em toda a extensão da cadeia de suprimentos. Se um sistema CRM estiver integrado a um sistema TMS (veja "Sistemas de Gestão de Transporte", anteriormente neste capítulo), por exemplo, seus clientes podem rastrear as próprias encomendas.

Acima de tudo, um sistema de CRM conecta sua organização aos clientes e também o vincula a eles, o que faz dele um elo decisivo na sua cadeia de suprimentos.

Veja a seguir alguns fornecedores de CRM (alguns sites apresentam o conteúdo em inglês):

- **Infor**
  www.infor.com/product-summary/cx/infor-crm/
- **Microsoft**
  https://dynamics.microsoft.com/pt-br/
- **Oracle**
  https://www.oracle.com/br/applications/customer-experience/crm/index.html
- **Salesforce**
  https://www.salesforce.com/br/
- **SAP**
  https://www.sap.com/brazil/products/customer-relationship-management.html

Sistemas de Gerenciamento de Relacionamento com os Fornecedores

Gerenciar os relacionamentos com seus fornecedores é uma parte fundamental da gestão da cadeia de suprimentos. O programa de computador que monitora as informações do fornecedor chama-se *gerenciamento de relacionamento com os fornecedores* (SRM).

Um sistema de SRM informa, no mínimo, quem são seus fornecedores, quais produtos você compra, quais condições de pagamento você aceitou e quais contratos estão vigentes. O sistema deve ajudá-lo a acompanhar as comunicações entre os membros da equipe do fornecedor e as pessoas da sua empresa que interagem com eles. O sistema também deve ajudá-lo a analisar e relatar o desempenho do fornecedor.

Os sistemas de SRM são principalmente úteis para os planejamentos estratégicos da cadeia de suprimentos. O sistema pode identificar os fornecedores e produtos com maior probabilidade de criar gargalos, caso você tente potencializar as suas metas de produção. Ele pode identificar os fornecedores com maior probabilidade de se beneficiar de investimentos adicionais, como treinamento ou equipamentos novos. E por fim, pode ajudá-lo a detectar os fornecedores que representam um risco ou que devem ser substituídos.

Um sistema de SRM desempenha o papel fundamental de vincular sua empresa a seus fornecedores, o que o torna uma ferramenta imprescindível para gerenciar sua cadeia de suprimentos.

Veja a seguir alguns fornecedores de SRM (alguns sites apresentam o conteúdo em inglês):

- **Ariba**
  https://www.ariba.com/pt-br
- **BravoSolution**
  http://srm.bravosolution.com/
- **SAP**
  https://www.sap.com/brazil/products/supplier-relationship-management.html

Sistemas de Planejamento de Recursos Empresariais

Muitos sistemas independentes suportam funções individuais da cadeia de suprimentos, o que pode levantar a questão: "Por que todos esses sistemas são diferentes?". Em grande medida, esses sistemas evoluíram a partir de simples planilhas para suportar funções individuais, conforme mostrado na Figura 12-2. Agora, os sistemas começaram a converter-se em programas robustos e integrados chamados de *Planejamento de Recursos Empresariais* (ERP — Enterprise Resource Planning). Dependendo da marca e da configuração, um sistema ERP pode ter módulos que executam todas as funções dos sistemas discutidos anteriormente neste capítulo, além de muitos outros.

Um sistema ERP pode automatizar muitas funções e processos de uma cadeia de suprimentos, desde a programação de produção até o pedido de reabastecimento, a fim de atender aos pedidos do cliente e garantir que a informação circule sem percalços de uma etapa do processo à etapa seguinte. Esse é o lado bom. O lado ruim é que os sistemas ERP são extremamente complexos, e configurá-los, não raro, envolve um esforço imenso e mudanças nos processos de fabricação existentes que podem ser difíceis de implementar.

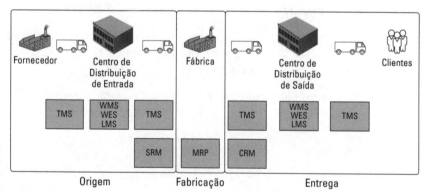

FIGURA 12-2: Módulos básicos do sistema ERP.

Veja a seguir alguns fornecedores de ERP (alguns sites apresentam o conteúdo em inglês):

» **Infor**
www.infor.com/solutions/erp/

» **Microsoft**
https://dynamics.microsoft.com/pt-br/

- **Oracle**

  `https://www.oracle.com/br/applications/erp/index.html`

- **SAP**

  `https://www.sap.com/brazil/products/enterprise-management-erp.html`

Software de Modelagem da Cadeia de Suprimentos

Descobrir com o que sua cadeia de suprimentos se parece pode ser um grande desafio. Com fornecedores, clientes, centros de distribuição e fábricas espalhadas pelo mundo, pode ser difícil escolher a melhor configuração para a cadeia de suprimentos.

O software de modelagem de cadeia de suprimentos pode ajudar oferecendo duas abordagens para analisar sua rede de cadeia de suprimentos:

- **Simulação:** Você desenvolve um modelo de computador da cadeia de suprimentos que você tem — ou quer ter —, e depois simula como essa cadeia de suprimentos funcionaria. Você simula o que acontece quando os clientes compram produtos para identificar quais ações a compra desencadeia no restante da cadeia de suprimentos. A simulação mostra se você pode atender à demanda esperada, bem como o que acontece com os níveis de estoque e os custos de transporte. Você pode realizar simulações de diferentes configurações da cadeia de suprimentos com o intuito de determinar como cada configuração é executada. Esse processo geralmente é muito mais rápido e mais barato do que arquitetar uma cadeia de suprimentos real e esperar para ver o que acontece.

- **Otimização:** Você informa ao software o que sua cadeia de suprimentos precisa fazer e o software lhe reporta como configurar suas fábricas e centros de distribuição. O software de otimização elimina os gargalos e a capacidade extra em toda a cadeia de suprimentos. Ele calcula os níveis de estoque de segurança e reordena os locais para os produtos em cada área de sua rede de distribuição.

UM BOM MODELO É MELHOR DO QUE UM MODELO PERFEITO

O conselho mais sábio que posso lhe dar sobre a modelagem da cadeia de suprimentos é uma citação do estatístico George Box: "Todos os modelos estão errados, mas alguns são úteis". Quer esteja falando a respeito da simulação ou da otimização, o objetivo é entender o problema que você está tentando resolver e modelar as variáveis que provavelmente o ajudarão na compreensão desse problema e a encontrar uma boa solução.

Como o filósofo francês Voltaire disse: "O ótimo é inimigo do bom". Tentar desenvolver um modelo de cadeia de suprimentos muito bom é uma perda de tempo, porque é impossível prever todas as variáveis perfeitamente.

A maioria dos softwares da cadeia de suprimentos — as coisas que entram em um sistema ERP (veja "Sistemas de Planejamento de Recursos Empresariais", anteriormente neste capítulo) — são, na verdade, um grande banco de dados, armazenando transações e rastreando relacionamentos entre diferentes tipos de dados. Todavia, o software de modelagem de cadeia de suprimentos emprega a matemática sofisticada e executa cálculos complexos para prever o comportamento de cadeias de suprimentos reais.

A modelagem da cadeia de suprimentos pode se basear em dois métodos matemáticos:

» **Determinístico:** Neste tipo de modelo, você é meticuloso a respeito de como algo funcionará. Você pode realizar a estimativa determinista de que a demanda será de 500 unidades, por exemplo.

» **Estocástico:** Neste tipo de modelo, você molda as probabilidades. Seu modelo estocástico pode estimar a demanda entre 400 e 600 unidades, por exemplo.

Os modelos estocásticos são um bocado mais complicados do que os modelos determinísticos, mas eles normalmente representam de um modo melhor como uma cadeia de suprimentos operará sob condições do mundo real.

Você emprega o software de modelagem da cadeia de suprimentos a fim de economizar tempo e dinheiro ao realizar melhorias em sua cadeia de suprimentos. O software o ajuda a atingir um objetivo maior. O modelo precisa ser bom o bastante para fornecer a resposta certa. Quando você confia nos resultados de um modelo, desembolsar mais tempo e dinheiro para fazer com que o modelo fique melhor pode não trazer nenhuma vantagem ao seu negócio ou à sua cadeia de suprimentos.

A seguir, veja alguns fornecedores de software de modelagem de cadeia de suprimentos (alguns sites apresentam o conteúdo em inglês):

- **anyLogistix**
  www.anylogistix.com/
- **Arena**
  www.arenasimulation.com/industry-solutions/industry/supply-chain-simulation-software
- **Flexsim**
  https://www.flexsim.com/pt/
- **Llamasoft**
  https://llamasoft.com/pt/
- **Simio**
  www.simio.com/index.php
- **simul8**
  http://www.simulate.com.br/software.html

Software de Business Intelligence

Entender o que está acontecendo em uma cadeia de suprimentos implica explorar muitas fontes de dados para análise e geração de relatórios. O software que permite que as pessoas executem essas tarefas chama-se *software de business intelligence* (BI).

O software de BI precisa desempenhar bem três coisas:

- **Conectar-se com os dados:** O software precisa se conectar com seus dados, seja lá onde eles estejam armazenados. Talvez um sistema de BI precise se integrar aos seus outros sistemas da cadeia de suprimentos. Se preferir, talvez seja necessário combinar os dados de todos esses sistemas em um único data warehouse para que o sistema de BI possa acessar esses dados com facilidade.
- **Integração e análise de dados:** Um sistema de BI precisa combinar e analisar os dados de outros sistemas, embora seja difícil vincular dados de sistemas diferentes. Por sorte, os sistemas de BI dispõem de técnicas sofisticadas que fazem com que essa tarefa seja relativamente fácil.
- **Insights valiosos:** Um sistema de BI precisa oferecer respostas a perguntas sobre sua cadeia de suprimentos de maneira que seja fácil para as pessoas entenderem, às vezes ilustrando os dados em gráficos, diagramas e imagens.

Ocasionalmente, os recursos de BI são incorporados a outros softwares da cadeia de suprimentos, como aos sistemas ERP (veja "Sistemas de Planejamento de Recursos Empresariais", anteriormente neste capítulo). Como esses sistemas já armazenam grande parte dos dados de que você precisa, incluir uma ferramenta de BI neles faz todo sentido.

Outra tendência nos sistemas de BI é criar dashboards (painéis) que permitam aos gerentes visualizar o que está acontecendo em seus negócios. Esses dashboards podem ser automatizados, o que facilita o monitoramento do que está acontecendo em tempo real, de modo que os gerentes saibam em que focalizar seus esforços.

Veja a seguir alguns fornecedores de BI (alguns sites apresentam o conteúdo em inglês):

- **IBM**
  https://www.ibm.com/analytics/br/pt/business-intelligence/
- **Microsoft**
  https://powerbi.microsoft.com/pt-br/
- **Oracle**
  http://www.oracle.com/technetwork/pt/articles/bi/oracle-business-intelligence-ee-12c-2826088-ptb.html
- **Qlik**
  https://www.qlik.com/pt-br
- **SAP**
  https://www.sap.com/brazil/products/analytics/business-intelligence-bi.html
- **SAS**
  www.sas.com/en_us/solutions/business-intelligence.html
- **Tableau**
  https://www.tableau.com/pt-br/resource/business-intelligence

Influência dos Analistas de Software

Há tantos tipos de software de cadeia de suprimentos disponíveis, com tantas aplicações concorrentes em cada categoria, que monitorá-las é um trabalho em tempo integral. Os analistas de software profissionais estudam os softwares da cadeia de suprimento a fim de que possam nos recomendar quais ferramentas são mais úteis.

O QUADRANTE MÁGICO DE GARTNER

Em geral, os analistas desenvolvem modelos para comparar os pontos fortes e os pontos fracos de vários fornecedores de software de cadeia de suprimentos. Gartner popularizou um conceito chamado de Quadrante Mágico (veja a figura). Cada fornecedor de software de uma categoria é avaliado com base na integridade de sua visão e sua capacidade de execução. Os principais fornecedores de software devem apresentar tanto uma como outra. Há espaço para os participantes do nicho de mercado que não apresentam uma boa classificação em nenhum nicho e há espaço para os concorrentes e visionários. Os modelos como o Quadrante Mágico facilitam a identificação de quais fornecedores serão adequados às suas necessidades.

Alguns analistas trabalham para fornecedores de software de cadeia de suprimentos. Tais analistas têm como finalidade definir os recursos e demonstrar as vantagens da própria empresa de software em relação às empresas de software concorrentes.

Outros analistas são independentes (os chamados consultores), trabalham sozinhos ou em pequenas equipes de consultoria, e especializam-se em estudar as tendências do setor. Dois bons exemplos são o site Supply Chain Insights (http://supplychaininsights.com/), de Lora Cecere, e o site Adelante SCM (http://adelantescm.com/), de Adrian Gonzales, ambos em inglês. Embora essas empresas sejam pequenas, seus líderes são bem conhecidos e suas opiniões são valorizadas por muitos executivos da indústria da cadeia de suprimentos.

Alguns analistas de software da cadeia de suprimentos trabalham para grandes empresas que publicam relatórios de pesquisa e dão suporte a grandes projetos de consultoria para seleção, implementação e integração dessas ferramentas em uma cadeia de suprimentos existente. Quatro das empresas de analistas de cadeia de suprimentos mais conhecidas são a Gartner (`www.gartner.com/technology/supply-chain-professionals.jsp`), a Aberdeen (`www.aberdeen.com/_aberdeen/Supply-Chain-Management/SCMA/practice.aspx`), a ARC Advisory Group (`www.arcweb.com/`) e a Forrester (`https://go.forrester.com/research/vendor-selection/`) (conteúdos em inglês).

Os analistas de software costumam cobrar milhares de dólares pelo acesso a suas pesquisas, mas isso é barato em comparação com o tempo e o dinheiro que você gastaria para pesquisar todos os softwares por conta própria. E o mais importante, os analistas podem ajudar a protegê-lo do erro de adquirir um software que não seja adequado ao seu negócio.

O Futuro dos Softwares da Cadeia de Suprimentos

A tecnologia está evoluindo de ajudar as pessoas a planejar tarefas a executar essas tarefas automaticamente. Nesse sentido, o software da cadeia de suprimentos está evoluindo do *planejamento* das funções para a *execução* dessas funções.

Referir-se a qualquer plataforma de software como uma solução de execução de cadeia de suprimentos implica que ela, de alguma forma, resolve todas as suas necessidades de cadeia de suprimentos, o que não é o caso — ainda. Chegará o dia em que todos esses softwares serão verdadeiramente integrados, o que eliminaria a necessidade do envolvimento das pessoas em qualquer parte de uma cadeia de suprimentos. Um dia, a inteligência artificial pode conduzir as cadeias de suprimentos à autonomia e, quando isso ocorrer, a execução automatizada da cadeia de suprimentos se tornará realidade.

> **NESTE CAPÍTULO**
>
> » Analisando como a tecnologia está mudando as cadeias de suprimentos
>
> » Explorando a automação da manufatura e do manuseio de materiais
>
> » Preparando-se para a era dos drones e dos veículos autônomos

Capítulo 13
Manufatura Avançada da Sua Cadeia de Suprimentos

Com as máquinas ficando mais inteligentes, mais fortes e mais rápidas a cada dia, lidar com o ritmo acelerado da inovação tornou-se uma parte essencial da gestão da cadeia de suprimentos. Muitos dos princípios da gestão da cadeia de suprimentos são estruturados em suposições acerca das capacidades dos processos de fabricação e distribuição. Quanto você pode fabricar, até onde movimentar e quanto custará, tudo depende das tecnologias que você usa. As novas tecnologias estão mudando o modo como as cadeias de suprimentos funcionam, e, em um futuro não tão distante, vão passar a exigir que os gerentes da cadeia de suprimentos reavaliem as melhores maneiras de planejar, fornecer, fabricar, entregar e devolver os produtos.

O problema dessas novas tecnologias é a dificuldade de prever a rapidez com que elas se tornarão disponíveis e o impacto que terão na cadeia de suprimentos. Em muitos casos, as novas tecnologias oferecem maneiras novas de realizar as mesmas tarefas que já estamos realizando, todavia, elas nos permitem fazer essas coisas de um jeito melhor, mais rápido e mais barato. Em outros casos, as novas tecnologias prejudicam setores inteiros e podem fazer com que as tarefas que realizamos hoje tornem-se obsoletas.

Essas novas tecnologias para fabricar produtos e gerenciar processos são frequentemente chamadas de *manufatura avançada ou indústria 4.0*, mas a tendência vai além da fabricação e também engloba o design e a distribuição. Na verdade, seria até melhor utilizar o termo *cadeias de suprimentos avançadas*.

Este capítulo discute uma variedade de tendências e tecnologias importantes que podem mudar a maneira como a manufatura e a distribuição serão realizadas futuramente. Essas tecnologias avançadas também resultarão em mudanças no modo como projetamos e gerenciamos as cadeias de suprimentos.

Evitando a Obsolescência

Os avanços tecnológicos podem rapidamente fazer com que uma cadeia de suprimentos se torne obsoleta. A obsolescência pode ocorrer de duas formas: os produtos se tornam obsoletos ou os processos se tornam obsoletos.

Exemplos de produtos que se tornaram obsoletos devido à inovação tecnológica são fáceis de encontrar: a máquina de escrever, a câmera de filme, o videocassete. As empresas que ganharam muito dinheiro fabricando esses produtos não existem mais. A demanda pelos produtos que essas empresas produziram desapareceu, pois os clientes descobriram que um tipo novo de produto funcionava melhor.

Um bom exemplo de um processo que se tornou obsoleto é a história sobre a indústria do gelo nos Estados Unidos. Você sabia que o gelo — simplesmente H_2O congelada — era o produto número dois de exportação dos EUA em 1850? Naquela época, havia uma indústria enorme construída em torno da coleta, transporte e armazenagem do gelo. A cadeia de suprimentos de gelo cruzou o mundo e as empresas dos Estados Unidos eram os principais fornecedores. No fim do século XIX, depois que a tecnologia de refrigeração foi desenvolvida, tornou-se possível fabricar gelo sob demanda em qualquer lugar. Melhor dizendo, o desenvolvimento da tecnologia de refrigeração mudou o processo e fez com que as antigas cadeias de suprimentos de gelo se tornassem obsoletas.

A história do comércio de gelo é um exemplo de como uma nova tecnologia pode descontinuar um processo estabelecido. O ponto fundamental da história é que a demanda pelo produto — o gelo — não diminuiu e a oferta não desapareceu. Em outras palavras, as pessoas não pararam de usar o gelo e a refrigeração fez com que o gelo se tornasse altamente disponível. No entanto, as grandes cadeias globais de suprimentos de gelo que envolviam o transporte e o manuseio de materiais eram mais caras e menos confiáveis do que as geladeiras recém-inventadas; portanto, essas cadeias deram lugar à tecnologia e aos processos mais recentes.

Não importa em que setor você esteja, há novas tecnologias sendo desenvolvidas que podem desestabilizar o seu produto ou o seu processo. Uma de suas atribuições como gerente da cadeia de suprimentos é estar atento às tecnologias emergentes e tentar antecipar o impacto que elas terão em seus negócios. Caso adote as novas tecnologias desde o princípio, você pode conquistar algumas vantagens competitivas. Ou, caso alguma tecnologia nova faça com que seu setor se torne obsoleto, talvez seja necessário ser proativo no desenvolvimento de um plano a fim de assegurar a lucratividade em um mercado cada vez mais restrito.

As Vantagens da Manufatura Avançada

Há uma diversidade grande de recursos tecnológicos que estão mudando o modo como os engenheiros pensam sobre a projeção e a fabricação de produtos. Como grupo, essas tecnologias estão criando um campo novo chamado de *manufatura avançada* ou *indústria 4.0*. Os três recursos disponibilizados pela manufatura avançada são:

» Produção automatizada
» Desenho assistido por computador (CAD)
» Impressão 3D

Produção automatizada

Os equipamentos de automação são uma parte de suma importância em praticamente todas as cadeias de suprimentos. O trabalho de criar, instalar e realizar a manutenção desses equipamentos é muitas vezes chamado de automação industrial. Normalmente, a automação começa com máquinas que são programadas e operadas por pessoas, mas pode evoluir para sistemas de manufatura completamente automatizados que basicamente operam de forma autônoma. No futuro, talvez você veja até máquinas em uma fábrica que são capazes de detectar problemas e realizar a própria reparação!

Os processos automatizados podem ser controlados de duas maneiras:

» **Loop aberto:** Em um *sistema* de *loop aberto*, o processo automatizado opera com base em uma entrada fixa. O processo pode operar em um cronograma definido ou produzir um número específico de unidades de produto, por exemplo.

> **Loop fechado:** Em um sistema de *loop fechado*, o processo automatizado recebe feedback, usando-o para tomar decisões. Por exemplo, um processo pode monitorar o rendimento e, em seguida, ajustar a meta de produção para garantir que sejam fabricados produtos utilizáveis o suficiente (veja o Capítulo 8 para mais informações sobre rendimento).

Um bom exemplo da diferença entre sistemas de loop aberto e loop fechado é a iluminação de segurança. Se uma luz é ligada e desligada de acordo com um cronograma definido, o sistema é de loop aberto. Se a luz for acionada por um sensor de movimento para que acenda somente quando algo próximo se mover, o sistema é de loop fechado. A evolução dos sistemas de loop fechados, que conseguem receber entradas e responder apropriadamente, está impulsionando grande parte do crescimento da produção automatizada.

Desenho assistido por computador (CAD)

Os computadores tornaram-se essenciais para o processo de design dos produtos. Antigamente, um desenhista criava um modelo de produto à mão. Nos dias de hoje, todo esse processo é feito por meio do desenho assistido por computador (CAD). Em vez de enviar um modelo físico à fábrica, um designer envia um arquivo CAD diretamente para um sistema de fabricação assistido por computador (CAM), que decide como produzir ou montar o produto a partir do arquivo CAD. Todo o processo — desde o design até a fabricação e montagem — pode ser feito com computadores, reduzindo ou eliminando a necessidade de impressões e protótipos. Quando os processos CAD/CAM são automatizados e integrados uns aos outros, eles são chamados de processos de *design virtual*, *manufatura virtual* ou *montagem virtual*.

Impressão 3D

Um desenvolvimento tecnológico admirável é a impressão 3D. Para determinar se uma cadeia de suprimentos provavelmente será impactada pela impressão 3D, primeiro você precisa entender como a impressão 3D funciona.

Muitos — se não a maioria dos — produtos eram feitos por *fabricação subtrativa*, o que significa remover material extra do bloco de matéria-prima até que você tenha a forma de que precisa. (Pense em Michelangelo esculpindo um bloco de mármore para criar uma escultura.) A impressão 3D é o processo oposto. Em vez de remover o material extra, a impressão 3D adiciona material para fazer um produto. É por isso que o processo chama-se *fabricação aditiva*.

A impressão 3D é um termo amplo que abarca muitas técnicas, a maioria das quais usa três tipos de matéria-prima (*feedstock*) para imprimir os produtos: materiais sólidos (geralmente em carretéis), pós e líquidos.

Na maioria das vezes, a tecnologia de impressão 3D mais comum usa carretéis de plástico como matéria-prima. Essas impressoras depositam pequenas quantidades de material derretido em camadas, construindo paulatinamente uma peça acabada através de um processo chamado de *modelagem por deposição fundida* (FDM). A FDM é semelhante a uma pistola de cola quente ou um aparelho de solda. A matéria-prima geralmente vem em um carretel e é alimentada em um bocal, onde é derretida, e depois espremida em uma plataforma. O bocal é montado nos braços da impressora, que permitem que ela se mova da frente para trás, de um lado para o outro e para cima e para baixo. Ou seja, o bocal imprime em três dimensões. A Figura 13-1 mostra uma impressora 3D FDM.

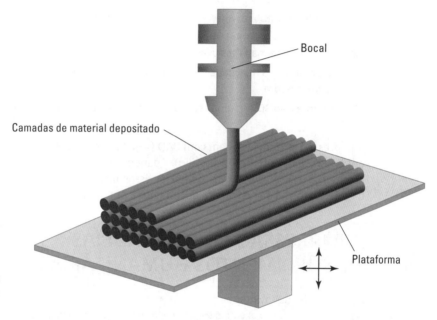

FIGURA 13-1: Impressora 3D FDM.

PAPO DE ESPECIALISTA

O processo de espremer um material derretido através de uma pequena abertura chama-se *extrusão*, um método de fabricação comum para metais e plásticos. As impressoras FDM criam produtos extrudados, mas, como o bocal se move em três dimensões, a FDM é mais flexível do que as técnicas tradicionais de extrusão.

Devido às limitações materiais da FDM, outras tecnologias de impressão 3D podem ser mais vantajosas à sua cadeia de suprimentos. Você pode imprimir materiais em pó através de um processo chamado de sinterização seletiva a laser (SLS), por exemplo, e pode imprimir fotopolímeros líquidos por meio de um processo chamado de estereolitografia (solidificação de uma resina em exposição a um raio laser ultravioleta).

A impressão 3D apresenta vantagens em potencial para as cadeias de suprimentos de manufatura:

» Os fabricantes podem imprimir formas que seriam difíceis de produzir com outros processos.
» O consumo de resíduos e energia é menor.
» Os custos de estoque e transporte são menores porque os produtos podem ser impressos quando e onde forem necessários (veja a seção sobre escalonamento no Capítulo 15).

A impressão 3D também apresenta algumas limitações:

» As opções de materiais usados para fazer um produto são limitadas.
» O tamanho e a qualidade de um produto são limitados pelas funcionalidades da impressora.
» A impressão 3D costuma ser muito mais lenta que a manufatura original.

A impressão 3D funciona bem com CAD (veja "Desenho assistido por computador", anteriormente neste capítulo). Quando você tem um arquivo CAD para o objeto que deseja produzir, pode enviar essas instruções a uma impressora 3D da mesma forma que envia um documento a uma impressora normal.

A IMPRESSÃO 3D NAS CADEIAS DE SUPRIMENTOS HUMANITÁRIAS

As cadeias de suprimentos humanitárias podem se beneficiar de todas as vantagens da impressão 3D. Um exemplo é o uso de impressão 3D para fazer conexões de encanamento em partes remotas do mundo. Uma organização humanitária pode enviar todos os componentes necessários para a instalação de um poço de água em uma aldeia remota, mas, quando os trabalhadores começam a montar o encanamento, percebem que não conseguirão, pois faltam algumas peças que não estão disponíveis na região. Todo o projeto pararia. Em vez de enviar a peça por meio de uma transportadora de serviço postal e lidar com questões logísticas e alfandegárias, a organização humanitária pode enviar um arquivo para uma impressora 3D que esteja próxima.

Outra cadeia de suprimentos que pode ser influenciada pela impressão 3D são as peças para equipamentos industriais, como tratores e geradores elétricos. Tais equipamentos são caros, e as avarias podem ter consequências fatais. Como resultado, as empresas gastam muito dinheiro em estoque para peças de reposição somente para garantir que estejam disponíveis. Se uma empresa puder imprimir essas peças, poderá eliminar esse estoque.

JARGÕES DA AUTOMAÇÃO

Quando as pessoas falam a respeito de manufatura e distribuição automatizadas, surge uma infinidade de termos técnicos. Ao se familiarizar com os termos a seguir, ficará mais fácil para você acompanhar a conversa:

1. **Rede neural artificial:** Uma rede neural artificial (RNA) é um tipo de programa de computador que emprega loops de feedback para reconhecer padrões e aprender com a própria experiência. As RNAs são um exemplo de inteligência artificial que permite aos computadores realizar tarefas que costumavam exigir intervenção humana. Por exemplo, as RNAs desempenham um papel fundamental nos sistemas de reconhecimento de voz, como a Siri, da Apple.

2. **Limites de controle:** Os limites superior e inferior aceitáveis de um produto final advindo de um processo são chamados de limites de controle. Por exemplo, você pode dizer que todos os itens fabricados precisam pesar 45 quilos, com um quilo a mais ou a menos. Em outras palavras, desde que a unidade de um produto esteja entre 44 e 46 quilos, ele estará dentro dos limites de controle.

3. **Interface homem-máquina (IHM):** A *interface homem-máquina* é um mecanismo que permite que máquinas e humanos troquem informações. A tela do seu computador é uma IHM, por exemplo. Na manufatura avançada, as IHMs podem incluir telas touch screens (sensíveis ao toque), sistemas de reconhecimento de voz, teclados e joysticks.

4. **Interface:** A *interface* é um software que troca informações entre dois sistemas de computador.

5. **Intertravamento (Interlock):** Um *intertravamento* é um dispositivo que conecta dois sistemas. Os intertravamentos são usados com frequência como medidas de segurança. A porta de acesso para uma área que tenha um braço robótico pode conter um intertravamento instalado, de modo que, se alguém abrir a porta, o robô pare de se mover.

6. **Parâmetros operacionais:** O equipamento automatizado é geralmente projetado para funcionar sob um conjunto de condições, chamadas de parâmetros operacionais. Por exemplo, se estiver muito quente ou muito frio, a temperatura pode sair dos parâmetros operacionais e o equipamento pode funcionar incorretamente.

7. **Controlador lógico programável:** Um *controlador lógico programável* (PLC) é um tipo especial de computador que controla os equipamentos automatizados. Os PCLs são projetados para serem simples, flexíveis e duráveis.

Ao fazer um protótipo ou um pequeno número de itens, a impressão 3D também apresenta vantagens. Por exemplo, o custo da impressão 3D de um único protótipo normalmente é bem menor do que o custo da criação de matrizes, moldes e ferramentas necessários à produção em massa de peças através das técnicas tradicionais de fabricação. A impressão 3D também pode ser uma alternativa melhor para produtos com demanda imprevisível, para clientes que precisam de produtos rapidamente, e para clientes que estão longe da fábrica ou do centro de distribuição.

Quando e onde a impressão 3D pode ser viável em sua cadeia de suprimentos são duas perguntas que possivelmente você precisará se fazer e lhes responder várias vezes. À medida que seus negócios, produtos e clientes mudam, talvez seja necessário adotar a impressão 3D. Conforme a tecnologia avança (coisa que certamente acontecerá), as barreiras do uso da impressão 3D cairão.

Robôs Móveis Automatizados

Se você esteve em uma fábrica ou centro de distribuição recentemente, viu como os sistemas automatizados de manuseio de materiais são comuns. Transportadores contínuos e extensíveis de rolamentos movimentam e separam pacotes, e muitas instalações possuem sistemas automatizados de armazenamento e recuperação. Tais equipamentos conseguem movimentar uma quantidade maior de material do que as pessoas conseguiriam, aumentando drasticamente a capacidade de uma instalação. No entanto, eles exigem um grande investimento inicial e, uma vez instalado, é difícil fazer alterações. Dito de outro modo, as desvantagens dos equipamentos de automação tradicional são os preços e a falta de flexibilidade.

Um tipo diferente de sistema automatizado de manuseio de materiais está começando a se tornar popular nos centros de atendimento: os robôs móveis automatizados. Esses robôs são relativamente baratos e extremamente versáteis. Você pode maximizar ou diminuir sua capacidade de separação ao acrescentar ou remover robôs da rede. Esses robôs podem trabalhar 24 horas por dia, 7 dias por semana, de modo que um robô poderia substituir três ou quatro colaboradores humanos. Alguns sistemas robóticos podem alterar o layout de suas instalações simplesmente programando os robôs para movimentar seus montantes (racks) para locais diferentes. As empresas como a Amazon Robotics, a Locus Robotics, a inVia Robotics e a Swisslog desenvolvem robôs que podem selecionar o estoque em um armazém e transportá-lo até a área onde ele será embalado e despachado.

À medida que os robôs se tornam mais comuns, os gerentes da cadeia de suprimentos precisarão reavaliar como seus centros de atendimento são projetados e operados. Esses robôs poderiam aumentar de modo exponencial a produtividade dos trabalhadores humanos, mas também poderiam acabar com muitas funções que atualmente são desempenhadas por pessoas.

Veículos Não Tripulados e Autônomos

Por muitos anos, os veículos não tripulados têm sido ferramentas indispensáveis às cadeias de suprimentos. As fábricas utilizam veículos de controle remoto para movimentar objetos pesados; nas minas, os carregadores e outros equipamentos são operados por controle remoto. A nova geração de veículos não tripulados é chamada de *drones*. Os drones são diferentes dos veículos tradicionais de controle remoto em razão de serem autônomos, o que significa que eles podem viajar de um lugar para outro sem receber instruções de uma pessoa.

Os drones se enquadram em quatro categorias:

» Veículos aéreos não tripulados (UAV) voam pelo ar, como aviões ou helicópteros.

» Veículos terrestres não tripulados (UGV) viajam por terra, como carros e caminhões.

» Veículos de superfície não tripulados (USV) navegam sobre a água, como navios.

» Veículos submarinos não tripulados (UUV) navegam sob a água, como submarinos.

PAPO DE ESPECIALISTA

Há uma linha tênue entre os veículos controlados remotamente e os veículos autônomos, caso uma pessoa esteja dando instruções ao mesmo tempo em que o veículo toma algumas das próprias decisões. Por exemplo, talvez alguém esteja controlando o drone para viajar até um determinado local, todavia o drone ainda é considerado autônomo, pois calcula a própria trajetória de voo com base na velocidade do vento, nos riscos e assim por diante.

Os drones podem facilmente fazer com que as cadeias de suprimentos se tornem mais rápidas, seguras, baratas e mais confiáveis. O Google Waymo e o Uber Freight desenvolveram veículos terrestres autônomos que podem percorrer milhares de quilômetros sem se cansar. A Amazon é uma das muitas empresas com veículo aéreo autônomo que pode entregar pacotes à sua porta, acelerando a entrega e reduzindo o tráfego nas estradas.

Em contrapartida, você precisa tomar muito cuidado com o marketing exagerado. Para os drones realizarem as coisas com que as pessoas sempre sonharam, a tecnologia precisa progredir cada vez mais. Por outro lado, há muitas empresas trabalhando duro para colocar as melhorias necessárias em prática. É necessário prestar atenção em como a tecnologia relacionada aos drones está avançando para que você possa incorporá-la à sua cadeia de suprimentos quando e onde for necessário.

Um dos aspectos a respeito do uso de veículos autônomos que você precisa considerar são os riscos que eles apresentam. Por exemplo, existem suspeitas sobre se os drones serão confiáveis o bastante para dar suporte às cadeias de suprimentos. Na hipótese de o drone cometer um erro, como entregar produtos no local errado, as consequências podem ser graves.

Algumas pessoas desconfiam a respeito do uso comercial dos drones. Com o intuito de oferecer vantagens comerciais, você precisa compreender claramente como os drones, de fato, ajudam a aumentar a receita, a mitigar os custos ou a prevenir gastos futuros.

Há também questões relacionadas aos impactos da marca sobre o uso de drones em uma cadeia de suprimentos. Por um lado, o uso de veículos autônomos pode fazer com que sua marca se torne mais valiosa (como: "Sim, essa marca é um espetáculo porque usa drones"), porém também pode causar danos à sua marca (como: "Não, esses caras são pessoas inescrupulosas porque empregam robôs em vez de humanos").

> **NESTE CAPÍTULO**
>
> » Rumo à digitalização
>
> » Explorando as tecnologias da cadeia de suprimentos digital
>
> » Criando uma cadeia de suprimentos omnichannel

Capítulo **14**

Gestão das Cadeias de Suprimentos Digitais

Na prática, todas as transações da cadeia de suprimentos resumem-se a um processo de três etapas: um cliente gera ao fornecedor algum dinheiro, o fornecedor viabiliza ao cliente um produto ou serviço, e o cliente e o fornecedor trocam algumas informações. Por esse motivo, é comum pensar em uma cadeia de suprimentos como três fluxos: dinheiro, material e informação (veja o Capítulo 2 para uma descrição dessa abordagem). Os avanços na tecnologia da informação estão mudando todos esses três fluxos e gerando oportunidades novas para agregar valor a partir das cadeias de suprimentos digitais.

A *cadeia de suprimentos digital* consiste em todas as informações sobre seus produtos, transações e locais em que eles são armazenados ou compartilhados eletronicamente. Os sistemas de gerenciamento de armazém, os sistemas de gerenciamento de transporte e todos os outros sistemas discutidos no Capítulo 12 fazem parte da sua cadeia de suprimentos digital; cada um deles ajuda sua empresa a operar com mais eficiência.

Mas há três tendências que estão redefinindo o papel das ferramentas digitais na gestão da cadeia de suprimentos:

- » A evolução dos produtos de analógico para digital, e depois para digitalizado.
- » A convergência de sistemas de planejamento, execução e visibilidade.
- » O desejo dos clientes de ter produtos e serviços personalizados devido a necessidades específicas.

Este capítulo analisa cada uma dessas tendências e o motivo pelo qual elas estão fazendo com que as cadeias de suprimentos digitais sejam imprescindíveis. Ele também discute algumas das tecnologias, ferramentas e aplicativos que estão tornando essas tendências possíveis.

Digitalização de Produtos e Serviços

Uma das principais tendências que ocorrem à nossa volta é a digitalização. A digitalização é o processo pelo qual os produtos físicos e serviços que as pessoas compram se tornam dependentes de produtos e serviços virtuais. À medida que os produtos e serviços são digitalizados, eles criam novas oportunidades e desafios para uma cadeia de suprimentos digital.

Os exemplos mais extremos de digitalização acontecem quando um produto ou serviço físico é substituído por uma versão eletrônica. Por exemplo, já se constatou a digitalização na cadeia de suprimentos cinematográfica no decorrer dos anos. Há alguns anos, a maioria das pessoas comprava um filme ao adquirir uma fita de videocassete analógica, que tinha uma cadeia de suprimentos bastante convencional. Uma fábrica produzia as fitas de vídeo e as enviava aos centros de distribuição; os centros de distribuição enviavam as fitas às lojas de varejo.

Depois, os filmes eram convertidos em um formato digital e armazenados em DVDs. Embora os filmes fossem digitais, os DVDs ainda eram produtos físicos, e as cadeias de suprimentos de DVDs eram similares às de fitas de videocassete. Hoje, os filmes estão se tornando digitalizados. Agora, em vez de comprar um DVD, você faz o download de filmes pela internet. A cadeia de suprimentos física de filmes está sendo substituída por uma cadeia de suprimentos digital que permite aos produtores de filmes erradicar os custos de estoque e transporte, e os clientes podem assistir a esses filmes em uma TV, computador ou até mesmo em celular.

PAPO DE ESPECIALISTA

Converter algo do analógico para o digital implica traduzi-lo em uma série de 0s e 1s para que um computador o possa entender. Quando um produto se torna digital, ele pode ser digitalizado com frequência — o produto pode se tornar completamente virtual.

Os serviços também podem ser digitalizados. A cadeia de suprimentos de educação, por exemplo, está sendo modificada pela aprendizagem online. No passado, os estudantes universitários tinham que viajar até uma universidade para assistir aulas sobre tópicos complexos. Hoje, muitos desses cursos estão disponíveis em qualquer parte do mundo pela internet. Outras empresas de serviços que estão sendo digitalizadas são as agências de viagens, empresas de táxi e até mesmo assistência médica. A tecnologia está transformando o modo como esses serviços são entregues aos clientes. Nesse processo de transformação, as cadeias de suprimentos digitais estão se tornando cada vez mais essenciais.

Porém, a digitalização nem sempre elimina os produtos físicos. Os smartphones são um exemplo de um produto físico, com uma cadeia de suprimentos física, que também depende de uma cadeia de suprimentos digital. Para que um smartphone agregue o valor que os clientes esperam, a cadeia de suprimentos física precisa entregar um telefone, e a cadeia de suprimentos digital precisa entregar os aplicativos e os dados.

A boa notícia sobre a digitalização reside no fato de que os clientes muitas vezes têm mais opções à escolha para os mesmos produtos, o que significa que a digitalização tende a tornar as cadeias de suprimentos mais centralizadas no cliente. A má notícia é que oferecer versões físicas e digitalizadas de um produto custa dinheiro às empresas. Como nem todos os clientes fazem a transição de produtos físicos para produtos digitalizados ao mesmo tempo, as empresas precisam arcar com o custo de disponibilizar as duas opções.

Integrando o Planejamento, a Execução e a Visibilidade

Os tipos diferentes de software da cadeia de suprimentos (veja o Capítulo 12) geralmente se encaixam em uma das três funções: planejamento, execução ou visibilidade.

» O software de planejamento emprega as previsões para tomar decisões sobre como uma cadeia de suprimentos deve operar. Por exemplo, um sistema de planejamento de estoque pode decidir quando fazer um pedido de reabastecimento.

» O software de execução analisa as informações em tempo real sobre os pedidos, estoque e capacidade, e toma as decisões que determinam como uma cadeia de suprimentos operará. Por exemplo, um sistema de execução de armazém pode receber um pedido de um cliente e, em seguida, instruir um colaborador a apanhar esse item em um determinado local de estoque.

> O software de visibilidade agrega dados em tempo real para mostrar aos gerentes da cadeia de suprimentos o que está acontecendo. Por exemplo, o software de visibilidade pode mostrar quais reabastecimentos foram feitos, quais pedidos de clientes estão sendo processados e se há risco de stockout.

O planejamento, a execução e a visibilidade são recursos importantes para uma cadeia de suprimentos digital. Os avanços na tecnologia da informação, como processadores mais rápidos e computação em nuvem (discutidos mais à frente) estão tornando possível que as informações de todos os três tipos de sistemas sejam processadas e compartilhadas de modo muito mais rápido. Isso pode mudar o modo como pensamos a respeito da gestão da cadeia de suprimentos.

Em uma cadeia de suprimentos tradicional, a primeira etapa é o planejamento, seguido pela execução e, por último, pela visibilidade. Você planeja o que vai vender, prevê quanto seus clientes comprarão, estima quanto de estoque precisará e assim por diante. Em seguida, você realiza a execução ao receber os pedidos, enviando produtos e cotando os serviços de transportes. Nesse ínterim, você tenta ganhar visibilidade para visualizar o que aconteceu.

À medida que as cadeias de suprimentos digitais se desenvolvem, as três etapas podem acontecer simultaneamente. Uma cadeia de suprimentos digital pode ter visibilidade do que os clientes estão comprando e quanto de estoque está disponível. Com essa visibilidade, pode-se tomar decisões de execução levando em conta o estado atual de toda a cadeia de suprimentos. Conforme essas decisões de execução são tomadas, os sistemas de planejamento conseguem ajustar as previsões, os programas de produção e os pedidos de reabastecimento em tempo real.

O resultado da integração do planejamento, da execução e da visibilidade é que as cadeias de suprimentos digitais estão se tornando mais receptivas às necessidades dos clientes.

Processos Centralizados no Cliente

Henry Ford era famoso por dizer que os clientes podiam comprar um carro Modelo T em qualquer cor que quisessem, desde que fosse preto. A Ford Motor Company construiu seu sucesso inicial na padronização de processos e produtos, o que mitigou os custos de sua cadeia de suprimentos e permitiu que a Ford oferecesse preços baixos aos seus clientes.

As cadeias de suprimentos de modelo único são eficientes porque geram ganhos de escala, porém, muitas vezes, não satisfazem muito bem os clientes. Muitos clientes preferem produtos e serviços personalizados ou *feitos sob medida* adaptados às suas necessidades. Por exemplo, alguns clientes preferem roupas que sejam feitas para se adequarem às suas medidas, em vez de roupas produzidas em massa. A capacidade de oferecer aos clientes soluções sob medida por um custo razoável pode proporcionar à empresa uma forte vantagem competitiva e levar a uma estratégia da cadeia de suprimentos chamada de *personalização em massa*. As empresas que operam com um modelo de personalização em massa esperam até que um cliente faça um pedido e, em seguida, fabricam um produto que atenda às especificações exatas do cliente. A personalização em massa depende do sistema de fabricação conforme pedido (make-to-order) (veja o Capítulo 6).

A Dell Computadores utilizou a personalização em massa para granjear uma vantagem competitiva quando estava engatinhando no setor de computadores. Enquanto outras empresas de informática ofereciam modelos-padrão com componentes predefinidos, a Dell permitia que cada cliente decidisse exatamente quais componentes queria incluir no computador ao fazer um pedido. Como a Dell não podia começar a montar o computador até que um pedido fosse recebido, a empresa precisava garantir que todas as etapas de fabricação e distribuição ocorressem de modo frenético. O uso extremamente bem-sucedido da Dell de uma estratégia de personalização em massa dependia da competência de capturar, armazenar e compartilhar as informações em sua cadeia de suprimentos digital.

Outro aspecto fundamental do processo de centralização no cliente é a flexibilidade de entrega. A Amazon.com é pioneira em viabilizar a flexibilidade de entrega, mas agora, essa tendência está se disseminando entre outros varejistas e fornecedores de logística. Os clientes gostam da conveniência de ter produtos entregues em suas casas ou escritórios, e também apreciam que os produtos sejam entregues rapidamente ou quando têm a opção de agendar o prazo de entrega. Atualmente, muitos varejistas oferecem aos clientes a opção de comprar produtos em uma loja, fazer os pedidos online e retirar os produtos em uma loja física, fazer o pedido online e recebê-los em casa ou realizar pedidos em uma loja física e o produto ser entregue em suas casas. A flexibilidade de entrega só é possível se uma empresa tiver uma cadeia de suprimentos digital que possa atender à demanda do cliente com eficiência e combinar as informações sobre estoque e capacidade de transporte.

O Compartilhamento com Blockchains

O compartilhamento de informações nas cadeias de suprimentos digitais não raro é limitado devido a três problemas:

> » **Incompatibilidade de sistemas:** As informações são armazenadas em sistemas diferentes, o que dificulta que as partes de uma cadeia de suprimentos compartilhem dados de maneira eficiente.

» **Confiabilidade dos dados:** As empresas precisam ter total confiança de que suas informações da cadeia de suprimentos são precisas e de que ninguém pode alterá-las sem a permissão delas.

» **Confiança entre parceiros:** As empresas não conhecem todas as pessoas e corporações em sua cadeia de suprimentos e relutam em compartilhar informações com estranhos.

Blockchain (Protocolo de Confiança) é uma nova tecnologia que tenta resolver esses problemas. O *blockchain* funciona como um livro-razão que é distribuído e compartilhado com muitos computadores, chamado de *nós*. O ledger (livro--razão) é um banco de dados composto de blocos de dados conectados em uma cadeia. Para fazer uma alteração no banco de dados, como adicionar informações, você precisa adicionar um novo bloco de dados à cadeia. Antes de adicionar o bloco à cadeia, todos os nós precisam concordar em adicionar esse bloco. Depois que um bloco é adicionado à cadeia, ele nunca pode ser alterado — ou seja, ele é imutável. Por essa razão, os blockchains são muitas vezes chamados de ledgers distribuídos e imutáveis.

Um ledger distribuído e imutável é vantajoso para cadeias de suprimentos porque permite que as empresas compartilhem informações de uma forma muito difícil de alterar ou hackear. Como resultado, as empresas podem ter um alto nível de confiança nas informações do blockchain. Com um blockchain, você cria regras para quais informações são compartilhadas e quem consegue vê-las. Um blockchain viabiliza uma plataforma comum, que permite que muitos participantes de uma cadeia de suprimentos monitorem e compartilhem informações sobre as transações que são importantes para todos.

Uma característica dos blockchains que pode transformar cadeias de suprimentos é o *contrato inteligente (smart contract)*: um acordo entre as partes para executar algumas ações. Você pode digitalizar um contrato e disponibilizá-lo em um blockchain. Como cada parte do contrato realiza somente as coisas que foram acordadas, essa informação é adicionada ao blockchain e o contrato é executado automaticamente.

Suponha que você tenha vendido uma unidade de produto para um cliente que nunca conheceu e que mora em outro país. Você e seu cliente precisam gerenciar o risco de se fazer negócios com um estranho. Uma maneira de gerenciar esse risco é usando um blockchain em um processo que pode ser algo mais ou menos assim:

1. **Você faz um contrato inteligente com o cliente e o publica em um blockchain. Tanto você quanto o cliente podem visualizar e aceitar o contrato.**

2. **O cliente realiza o pagamento a um terceiro, como um banco, na condição de que o banco fará o pagamento quando o produto for entregue.**

3. Você paga a uma empresa de logística terceirizada para entregar a unidade de produto e exige que a empresa registre a entrega no blockchain.

4. Quando o produto é entregue, o banco é notificado e você é pago. Em outras palavras, o contrato é integralmente cumprido.

Possivelmente, em um futuro próximo, essa abordagem mudará o modo como muitas cadeias de suprimentos são gerenciadas. É provável também que ela crie oportunidades interessantes para empreendedores que consigam aproveitar a capacidade de fazer negócios de maneira rápida e eficiente com estranhos, assim como com seus parceiros tradicionais da cadeia de suprimentos.

Usando a Internet das Coisas (IoT), o Big Data e a Nuvem

Um dos motivadores-chave de melhorias na visibilidade da cadeia de suprimentos é o advento da Internet das Coisas (IoT). Atualmente, existem mais do que o dobro de dispositivos conectados à internet do que pessoas no mundo, e os dispositivos de IoT estão crescendo cerca de 20% ao ano.

A maioria desses dispositivos são sensores que compartilham informações sobre a própria localização e o que está acontecendo ao seu redor. Grosso modo, eles fornecem informações que melhoram a visibilidade da cadeia de suprimentos. Alguns desses dispositivos também recebem instruções pela internet, tomam decisões e agem com base nos dados coletados. Ou seja, os dispositivos de IoT podem ser úteis ao funcionamento da cadeia de suprimentos. Por exemplo, um motorista de caminhão pode levar um dispositivo de IoT que transmite sua localização para um sistema de gerenciamento de transporte, além de fornecer instruções sobre onde ele entregará a próxima encomenda com base nas condições de trânsito mais recentes.

O desenvolvimento dos sistemas de informações da cadeia de suprimentos e o surgimento da IoT contribuíram para outra tendência fundamental das cadeias de suprimentos digitais: o big data. O big data é ótimo para cadeias de suprimentos porque pode ajudar as empresas a descobrirem mais a respeito de seus clientes, seus produtos e sua infraestrutura. O crescimento do big data também significa que realmente não há limite para o quanto uma empresa pode gastar em tecnologia. Aparentemente, as empresas estão em uma rotina de sair constantemente comprando servidores maiores com mais capacidade de armazenamento e atualizando-os com softwares mais recentes. Elas também precisam fazer a manutenção dos seus hardwares, softwares e segurança dos dados, ações que podem ter custos bem elevados.

Muitas empresas estão substituindo os sistemas on-premise (no local) de informações da cadeia de suprimentos por computadores virtuais, os chamados *servidores baseados no modelo computacional de nuvem*, que podem ser acessados pela internet. Uma das vantagens das soluções para a cadeia de suprimentos baseadas no modelo computacional em nuvem é que você pode compartilhar os dados em tempo real com as pessoas em qualquer lugar do mundo.

Outras vantagens das soluções baseadas em nuvem incluem:

» Redimensionamento da capacidade de processamento e armazenamento conforme as necessidades de negócios.
» Acesso imediato a atualizações de software.
» Reduções da infraestrutura e da equipe.
» Acesso a aplicativos em qualquer tipo de dispositivo em qualquer lugar do mundo.

As soluções baseadas em nuvem também apresentam desvantagens:

» Você depende do provedor de serviços para manter seu negócio funcionando.
» Dados e aplicativos estão na internet, onde os criminosos os podem hackear ou roubar.
» Todos os usuários devem ter acesso à internet.
» As plataformas de comutação digitais podem ser complicadas.

O Uso da Inteligência Artificial

A maioria dos trabalhos indispensáveis que fazem com que as cadeias de suprimentos funcionem adequadamente envolve a coleta de dados e a tomada de decisões. Os progressos na inteligência artificial (IA) estão possibilitando que os computadores também desempenhem esses trabalhos até melhor que seus colegas humanos. À vista disso, a IA está assumindo empregos que costumavam fazer parte da cadeia de suprimentos física e transferindo-os para a cadeia de suprimentos digital. Por exemplo, um dos desafios da cadeia de suprimentos que os computadores podem solucionar com mais eficiência do que as pessoas é a interpretação instantânea de entradas oriundas de múltiplas fontes de dados, como o big data, mencionado na seção anterior.

O que torna a IA diferente da computação tradicional é que, com ela, o computador não precisa saber exatamente como fazer algo. Em vez disso, o computador começa com um conjunto básico de instruções e aprende a responder com o tempo. Esse processo chama-se *machine learning (aprendizado de máquina)*. Um programa de computador desenvolvido com IA para executar uma determinada tarefa é chamado de agente inteligente (intelligent agent). Um exemplo de um agente inteligente que emprega a machine learning e melhora com o tempo é o sistema de reconhecimento de voz Siri, da Apple.

A IA tem o potencial de mudar o papel que as pessoas desempenham nas cadeias de suprimentos. Por exemplo, os agentes inteligentes já estão substituindo as pessoas em funções como as de representantes de atendimento ao cliente e carregadores. Com a tendência de convergir para sistemas de planejamento, execução e visibilidade, é provável que a IA desempenhe um papel importante na gestão das cadeias de suprimentos digitais no futuro.

Adaptação para Omnichannel

Como consumidor, talvez você ache o e-commerce a coisa mais natural do mundo. Você entra em um site, encontra um produto para comprar, insere o número do seu cartão de crédito e, logo mais, as coisas que pediu estão a caminho. Para a empresa que precisa atender a esse pedido, porém, o e-commerce cria alguns desafios na cadeia de suprimentos.

Uma das maiores diferenças entre uma cadeia de suprimentos tradicional e uma cadeia de suprimentos de e-commerce é como os produtos são entregues ao cliente. A perna de distribuição final, chamada de *entrega final*, é também uma das etapas mais caras em qualquer cadeia de suprimentos. Em uma cadeia de suprimentos tradicional de varejo, os clientes realizam o trabalho e pagam os custos de transporte para levar os produtos da loja para suas casas. No mundo do e-commerce, o varejista é responsável por separar os itens da prateleira e entregar os produtos aos consumidores, incluindo a última entrega. Em vez de os clientes escolherem o produto em uma loja, os varejistas precisam pagar às pessoas para separar, embalar e enviar esse produto; eles também precisam pagar uma transportadora de serviço postal para entregá-los. Isso adiciona um custo significativo à cadeia de suprimentos do varejista.

Embora muitos clientes desfrutem da conveniência das compras online e entrega em domicílio, a maioria deles não está disposta a pagar mais para que os produtos sejam entregues. Portanto, os varejistas têm um belo de um problema nas mãos: com intuito de gerar lucros, eles precisam aumentar a receita ou baixar os custos da cadeia de suprimentos para compensar o impacto logístico da última entrega.

O lugar em que um cliente comprará um produto ou serviço chama-se canal. As lojas de varejo representam um canal de vendas para uma cadeia de suprimentos. Muitas pessoas se referem a lojas de varejo como *canais físicos* ou *lojas convencionais*. O e-commerce é um canal de vendas diferente. Cada canal pode vender os mesmos produtos — e até vender para os mesmos clientes —, mas as cadeias de suprimentos desses canais não são nada parecidas. Por exemplo, um centro de distribuição de varejo pode enviar paletes de mercadorias em uma carga completa, enquanto um centro de atendimento de e-commerce precisa enviar itens individuais aos clientes através das transportadoras de serviço postal.

Com o intuito de competir com as lojas convencionais e com as lojas virtuais (e-commerce), atualmente as empresas de varejo estão focadas no desenvolvimento do *sistema integrado de atendimento ao cliente omnichannel*. A partir de uma cadeia de suprimentos omnichannel, um cliente pode comprar um produto online e devolvê-lo a uma loja de varejo. Um cliente também pode escolher os produtos em uma loja física, mas enviá-los diretamente às suas casas, uma abordagem chamada de *showrooming*. (As empresas começaram a reparar, principalmente nos Estados Unidos, que as pessoas pesquisavam os produtos em lojas online, e depois iam até as lojas físicas para testar e conhecer os produtos e, em vez de comprá-los nas lojas físicas, voltavam aos sites e finalizavam as compras.) O oposto da abordagem showrooming é o processo de *click and collect*, quando um cliente compra um produto online e vai pegá-lo em uma loja física. (No caso do click and collect, as empresas perceberam que os clientes escolhiam os produtos em uma loja online, os colando em um carrinho de compras online, e logo em seguida, desistiam deles devido ao preço do frete de entrega.) Em outras palavras, um modelo omnichannel faz com que seja mais fácil para os clientes compra e fechar negócio com você, e também faz com que a sua cadeia de suprimentos seja centrada nas necessidades dos clientes.

A distribuição omnichannel é uma estratégia de negócios possível graças às cadeias de suprimentos digitais. Uma abordagem omnichannel exige que você tenha muita flexibilidade e compartilhamento excelente de informações em todas as partes da sua cadeia de suprimentos voltadas ao cliente. Por exemplo, talvez seu site precise mostrar se um item está disponível em estoque em cada uma de suas lojas de varejo, e suas lojas de varejo precisam ter um processo para gerenciar as devoluções de compras online. Essa integração de ponta a ponta é diferente do modo como muitas cadeias de suprimentos tradicionais foram projetadas, por isso a mudança muitas vezes exige a integração de múltiplos sistemas de informação (veja o Capítulo 12) em uma única cadeia de suprimentos digital.

O livro *The New Supply Chain Agenda* (veja o Capítulo 1) é um bom ponto de partida para implementação de uma cadeia de suprimentos omnichannel.

4 Gerando Valor com a Gestão da Cadeia de Suprimentos

NESTA PARTE...

Explore as estratégias para converter o conhecimento da cadeia de suprimentos em resultados de negócios.

Desenvolva indicadores para acompanhar seu status e seu progresso.

Identifique e gerencie os riscos da sua cadeia de suprimentos.

Desenvolva análises avançadas e torres de controle a fim de promover conhecimentos mais profundos e informações melhores.

> **NESTE CAPÍTULO**
>
> » Minimizando o estoque ao melhorar o fluxo de informações
>
> » Reduzindo a complexidade ao erradicar os produtos não lucrativos
>
> » Cortando custos e necessidades do capital de giro
>
> » Financiando a inovação e as melhorias com ganhos rápidos

Capítulo **15**

Transforme Sua Cadeia de Suprimentos

As cadeias de suprimentos se tornam valiosas quando você consegue melhorar os níveis de serviço para os seus clientes e aumentar a lucratividade de sua empresa. Ao fazer escolhas estratégicas sobre como transformar sua cadeia de suprimentos, você pode impulsionar melhorias significativas, como aumentar a disponibilidade do produto para os seus clientes, reduzir as necessidades de capital de giro e potencializar a flexibilidade de seus negócios. Todavia, você provavelmente não pode realizar todas essas melhorias e, com certeza, não pode realizá-las ao mesmo tempo. Neste capítulo, você analisa 12 estratégias que podem ajudá-lo a proporcionar vantagens significativas à sua empresa usando ferramentas e técnicas da gestão da cadeia de suprimentos.

Melhore a Transparência e a Visibilidade

Os gerentes competentes da cadeia de suprimentos detectam os problemas quando são pequenos, antes de afetarem a empresa ou os seus clientes. Como as cadeias de suprimentos entremeiam-se em tantas funções e tantas empresas, não é nada fácil conseguir dados completos e precisos. Mesmo que você consiga os dados, talvez não seja capaz de analisá-los com rapidez o bastante para tomar decisões precisas. Um bom exemplo é o desafio que as empresas enfrentam quando há um desastre natural, como um furacão. Para entender como sua cadeia de suprimentos pode ser afetada, os gerentes precisam de informações de várias fontes diferentes. A fim de melhorar sua capacidade de gerenciar uma cadeia de suprimentos, você precisa dispor de visibilidade — dados atuais e detalhados sobre o que está acontecendo o mais próximo possível do tempo real.

Um modo poderoso de aumentar a visibilidade é criar uma *torre de controle da cadeia de suprimentos*. Uma torre de controle é um centro de atividades que extrai as informações em tempo real de cada um de seus sistemas de informações da cadeia de suprimentos (veja o Capítulo 12 para uma análise mais detalhada dos diferentes tipos de sistemas de informação da cadeia de suprimentos). Uma torre de controle também pode coletar os dados dos sistemas executados pelos seus clientes e fornecedores, e das empresas terceirizadas, como notícias e boletins meteorológicos. Uma torre de controle da cadeia de suprimentos pode ser eficaz em casos de interrupções, como um furacão, ou para identificar e solucionar problemas à medida que eles surgem em toda a cadeia de suprimentos. Grosso modo, isso pode maximizar a capacidade de resposta da cadeia de suprimentos (veja a seção sobre indicadores do SCOR no Capítulo 16). Entretanto, uma torre de controle também pode ser útil para monitorar o desempenho de toda a sua cadeia de suprimentos, e se as iniciativas de melhoria de processos estão beneficiando os indicadores da sua cadeia, como o tempo do ciclo de atendimento de pedidos e o custo total do atendimento.

Às vezes, é melhor ter uma torre de controle localizada em uma sala de controle com computadores robustos, analistas qualificados e uma fonte de energia reserva. Todavia, muitas empresas também estão criando torres virtuais de controle da cadeia de suprimentos que consolidam as informações da cadeia e as disponibilizam aos gerentes de toda a empresa através da internet. A vantagem dessas torres virtuais de controle da cadeia de suprimentos é que elas garantem que todos na empresa tenham acesso às mesmas informações, ao mesmo tempo.

Implemente a Demanda Influenciada

Em muitos aspectos, a gestão da cadeia de suprimentos é, na verdade, uma questão de equilibrar a oferta e a demanda. As empresas fazem o melhor que podem para controlar o suprimento — para garantir que tenham o produto adequado no lugar certo, na hora certa. No entanto, as empresas também podem fazer muitas coisas para controlar a demanda. À medida que sua competência de produzir e entregar produtos se transforma — talvez como resultado da sazonalidade ou da disponibilidade de matérias-primas —, você pode empregar táticas para mudar a demanda por seu produto. A seguir, alguns métodos que podem influenciar a demanda:

- » Você pode usar promoções como descontos de preço para aumentar a demanda.
- » Você pode empregar os aumentos de preços a fim de reduzir a demanda.
- » Você pode oferecer a substituição de um produto por outro diferente.
- » Você pode fomentar incentivos para que os clientes comprem produtos em momentos diferentes ou aceitem datas de entrega diferentes.

As companhias aéreas usam a demanda influenciada à exaustão quando vendem passagens. Caso tenham assentos não vendidos em um voo de Chicago para Los Angeles, eles diminuirão o preço para aumentar a demanda. À medida que esses assentos forem vendidos, eles começarão a aumentar os preços para reduzir a demanda. Talvez ofereçam uma alternativa ao voo direto de Chicago até Los Angeles, como pegar dois voos com uma conexão em Phoenix. Nesse caso, um dos resultados da demanda influenciada é que todos no avião possivelmente pagarão um preço diferente pela passagem. Mas, no final, o objetivo da companhia aérea é vender a capacidade que eles têm disponível e maximizar seus lucros ao longo do caminho, e a demanda influenciada os ajuda a conquistar esse objetivo com sucesso.

A demanda influenciada lhe dá mais controle sobre o frágil equilíbrio entre oferta e demanda. Gerar valor a partir da demanda influenciada requer comunicação e alinhamento multifuncional em toda a cadeia de suprimentos. Por exemplo, se uma promoção aumenta muito a demanda por um produto, é necessário pagar mais para acelerar um pedido de reabastecimento, e você pode até ficar sem estoque, coisa que deixaria seus clientes decepcionados. Você também precisa ser cuidadoso, pois a demanda influenciada em excesso pode contribuir com o efeito chicote, que será discutido mais adiante neste capítulo na seção "Controle o Efeito Chicote".

Implemente o Adiamento

Se o seu produto exigir qualquer tipo de personalização para seus clientes, você deve procurar maneiras de adiar essa personalização pelo maior tempo possível. Isso se chama *adiamento* ou *diferenciação atrasada*. Ao postergar a personalização, você preserva a flexibilidade de alterar as características do produto final ou até mesmo de vendê-lo para um cliente diferente. Você também adia o custo dessas etapas de personalização, indicando que mantém o estoque em um valor mais baixo por mais tempo.

O valor do seu estoque total é a soma dos valores de todos os produtos individuais que você está armazenando. Sempre que colocar a mão ou modificar um produto, você agrega valor. Ao fazer qualquer tipo de trabalho em um produto, você está investindo dinheiro nele. Dar polimento, pintar e montar as peças aumentará o valor dele e, consequentemente, aumentará o valor total do seu estoque. Como o adiamento se concentra em manter os produtos na condição de menor valor pelo maior tempo possível, ele pode reduzir seu custo de estoque, mesmo que isso não influencie os níveis ou a rotatividade do estoque.

Um bom exemplo de adiamento aconteceu na cadeia de suprimentos de suéteres da Benetton. A empresa fez o mesmo suéter, usando os mesmos materiais, em várias cores. Originalmente, projetou-se a cadeia de suprimentos para que a lã fosse tingida antes de ser tricotada em suéteres. A empresa tentou adivinhar quantos suéteres de cada cor deveria confeccionar. No entanto, as estimativas estavam geralmente erradas, de modo que a empresa ficaria sem suéteres de uma cor e ficaria sobrecarregada com suéteres de outras cores. Então, a empresa alterou a sua cadeia de suprimentos para incorporar o adiamento: tricotar os suéteres primeiro e depois tingi-los. Essa pequena mudança facilitou muito para que a empresa fornecesse os suéteres nas cores que os clientes desejavam. Eles armazenariam os suéteres não tingidos no estoque, e os tingiriam com base nas cores que os clientes estavam, de fato, comprando.

Veja outro bom exemplo de adiamento. A Hewlett Packard fabrica impressoras de jato de tinta para clientes em todo o mundo, mas diferentes países têm sistemas distintos de energia elétrica, portanto, as impressoras precisam ser personalizadas com o tipo adequado de plugues e fontes de energia. A empresa implementou o adiamento ao acrescentar a fonte de alimentação de energia às impressoras logo antes da embalagem final, e não durante a fabricação. Essa mudança deu à empresa mais flexibilidade para decidir onde vender cada impressora fabricada.

Renovação do Fornecimento Local

Quando as empresas saem às compras para adquirir suprimentos, nem sempre elas fazem um bom trabalho ao comparar os fornecedores similares. Às vezes, as empresas obtêm cotações de fornecedores localizados em outros países, pensando que o fornecimento global viabilizará uma enorme economia. Em muitos casos, isso funciona bem. Todavia, em algumas situações, o fornecimento global gera grandes problemas e pode até acabar custando mais. Veja a seguir alguns dos desafios muitas vezes negligenciados no fornecimento global:

- » Longas distâncias de envio resultam em custos maiores de transporte, variabilidade maior do lead time e remessas maiores e menos frequentes.
- » Os lead times prolongados reduzem a flexibilidade da cadeia de suprimentos.
- » As diferenças dos fusos horários e idiomas podem dificultar a resolução de problemas e a colaboração efetiva.

Como consequência desses tipos de desafios, muitas cadeias de suprimentos hoje em dia se concentram em fornecimentos locais ou regionais. Isso pode implicar a mudança de um fornecedor estrangeiro para um fornecedor nacional, o chamado *reshoring*. Um bom exemplo de uma empresa que está praticando o reshoring é o Walmart, principal importador de contêineres de carga dos Estados Unidos. O Walmart promoveu uma iniciativa de realizar o reshoring de US$250 bilhões em compras com fornecedores dos EUA dentro de dez anos. Embora muitos fornecedores dos EUA com quem eles trabalham cobrem mais pelos produtos do que os concorrentes no exterior, o Walmart se beneficia dos custos de transporte mais baixos e maior flexibilidade. Ao trabalhar com fornecedores localizados mais próximos de suas instalações, as empresas como o Walmart podem simplificar suas cadeias de suprimentos e, em muitos casos, reduzir os custos totais.

Reduza as Unidades Distintas Mantidas em Estoque

Uma das coisas que faz com que a gestão da cadeia de suprimentos seja um desafio é que toda versão de cada produto que você vende deve ser gerenciada separadamente como uma unidade exclusiva mantida em estoque, ou SKU (pronuncia-se "esquil"). Ainda se você produzisse somente um único produto, normalmente você teria várias SKUs. Por exemplo, caso você estivesse lidando com água — um produto único e simples —, poderia facilmente ter vários SKUs para gerenciar:

» Garrafas de 350ml vendidas em embalagens com 4.
» Garrafas de 350ml vendidas em embalagens com 20.
» Garrafas de 500ml vendidas em embalagens com 4.
» Garrafas de 500ml vendidas em embalagens com 10.

Embora o produto pareça ser o mesmo, cada um desses SKUs tem uma cadeia de suprimentos um pouquinho diferente. Faz-se necessário uma previsão de vendas separada para cada SKU, bem como um programa de produção, uma política de estoque e um plano de distribuição. Você pode comprar garrafas de 350ml de um fornecedor e garrafas de 500ml de outro. Talvez você tenha um cliente que queira apenas embalagens com quatro, e outro que queira somente embalagens com dez. Todas as atividades e estoque complementares criados para cada SKU adicionam custos à sua cadeia de suprimentos.

Não raro, as empresas tentam preservar a imagem do produto "atual", introduzindo novas variações de um produto ou opções diferentes de embalagem. Embora isso possa ser uma estratégia de marketing válida para aumentar as receitas, também leva a uma proliferação dispendiosa de SKUs. Ainda que o acréscimo de SKUs potencialize as receitas, muitas vezes ele reduz os lucros por causa do custo adicional.

Uma maneira comum de equilibrar a receita gerada por cada SKU com o custo de manutenção é usar a Análise de Curva ABC. Primeiro, agrupe seus SKUs em quatro segmentos com base no total de vendas. Dê nome a esses segmentos, A, B, C e D. O segmento A representa seus melhores vendedores, e o segmento D representa os que vendem menos. Em razão de você gastar mais com os SKUs na categoria D para mantê-los e não gerarem muita receita, provavelmente você deve suspender a produção desses itens. Veja a seguir uma Análise de Curva ABC muito simples com o exemplo de água engarrafada:

» Segmento A: Vendas totais de US$500.000 (garrafas de 500ml vendidas em embalagens com 4).

» Segmento B: Vendas totais de US$150.000 (garrafas de 350ml vendidas em embalagens com 4).

» Segmento C: Vendas totais de US$100.000 (garrafas de 450ml vendidas em embalagens com 10).

» Segmento D: Vendas totais de US$25.000 (garrafas de 350ml vendidas em embalagens com 20).

O segmento D contribui muito pouco para o total de vendas e provavelmente deve ser descontinuado. É provável que os clientes que estão comprando esse SKU estejam dispostos a comprar um dos outros SKUs. Assim, de preferência, ao eliminar seu SKU de baixa circulação, você reduz seus custos e aumenta as vendas de seus outros SKUs ao mesmo tempo.

DICA

Um modo alternativo de fazer a Análise de Curva ABC é segmentando os produtos por lucros e não por receita. Ao utilizar a abordagem de lucro, você pode descobrir que alguns de seus produtos de baixo volume são, na verdade, bem lucrativos.

Otimize o Estoque

O estoque está entre as principais despesas para a maioria das empresas de manufatura, de atacado e de varejo. O problema é que, sem estoque, vender os produtos é difícil, então, ele é um mal necessário. Manter a quantidade adequada de estoque disponível é uma das metas prioritárias para a gestão da cadeia de suprimentos.

A chave para otimizar seu investimento no estoque é decidir com que frequência você está disposto a informar aos clientes que o produto que eles querem comprar está em falta. Aqui está o porquê. O gerenciamento de estoque (veja o Capítulo 9 para obter mais detalhes sobre gerenciamento de estoque) é uma parte da cadeia de suprimentos que se beneficia muito das estatísticas e probabilidades. Você pode voltar e analisar seu desempenho estatístico (quanto você já vendeu anteriormente) e gerar probabilidades prospectivas (o quanto você acha que venderá no futuro). Muitos modelos matemáticos e simulações computadorizadas podem analisar seus padrões de vendas e dizer com que frequência você tem um stockout (também no Capítulo 9) com base em quanto estoque você tem disponível. Se quiser atender a oito de cada dez pedidos, dirá que tem uma meta de nível de serviço de 80%. Caso queira atender a nove de cada dez pedidos, atingirá um nível de serviço de 90%.

Aparentemente, a diferença entre um nível de serviço de 80% e um nível de serviço de 90% é pequena, porém tal diferença exige um aumento exponencial de estoque. Cada melhoria no nível de serviço requer um investimento maior em estoque do que o último investimento feito (veja a Figura 15-1). Para otimizar a quantidade de estoque transportado, é necessário escolher uma meta de nível de serviço, o que significa decidir com que frequência você está disposto a ficar sem estoque.

Decidir essa frequência é bem complicado, pois ninguém quer perder uma venda porque não tem estoque disponível. A matemática é clara, no entanto: a única maneira de garantir que você nunca ficará sem estoque é ter uma quantidade infinita dele. Como a manutenção desse nível de estoque provavelmente não seria uma decisão inteligente de negócios, você deve pensar em como lidar com os stockouts a fim de minimizar o impacto deles em seus clientes. Talvez você possa substituir um produto diferente ou atender a um pedido de um local diferente. Também procure maneiras de aumentar a velocidade de sua cadeia de suprimentos, de modo que os stockouts possam ser eliminados rapidamente por meio do reabastecimento.

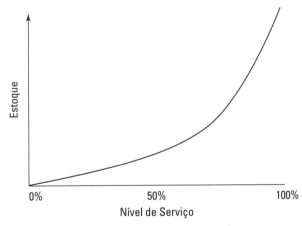

FIGURA 15-1: Relação entre nível de serviço e estoque.

Talvez faça sentido ter diferentes metas de nível de serviço para produtos ou canais distintos. Você pode decidir que deseja ter um nível de serviço de 80% para as unidades de produtos em suas lojas de varejo, por exemplo, e um nível de serviço de 98% para compras feitas através de seu site. Dessa forma, você reduz a quantidade de estoque em suas lojas, mas garante que os clientes quase sempre obtenham seus produtos online.

DICA

A Análise de Curva ABC, discutida na seção anterior, pode fornecer uma base para definir as metas de nível de serviço. Por exemplo, você poderia implementar uma política declarando que tem um nível de serviço de 98% para seus itens A, um nível de serviço de 95% para seus itens B e um nível de serviço de 90% para seus itens C.

O risco que você corre, é claro, é os clientes ficarem desapontados caso não possam comprar o produto que querem quando querem, e eles podem acabar comprando de seus concorrentes. Ao analisar o seu estoque a fim de otimizá-lo, não avalie apenas o quanto de dinheiro você consegue economizar. Pensar também em como ter um alto nível de serviço (em termos de alto nível de disponibilidade de produtos) pode ajudá-lo a aumentar sua receita e construir sua marca.

Implementação do Estoque Gerenciado pelo Fornecedor

Às vezes, a melhor maneira de gerenciar o estoque é permitir que seus fornecedores façam isso para você. Permitir que seus fornecedores verifiquem seus níveis de estoque, façam pedidos de reabastecimento e evitem que você fique sem os produtos necessários pode economizar tempo e dinheiro. Isso se tornou comum, por exemplo, com as empresas que fornecem materiais de embalagem e produtos químicos. Também é comum entre os distribuidores que vendem refrigerantes e salgadinhos para lojas de conveniência. O uso da estratégia de estoque gerenciado pelo fornecedor (VMI) é muito bem-vindo para o fornecedor, pois dá a ele a liberdade de solicitar os seus produtos. O VMI também pode ser bom aos seus clientes, porque reduz o esforço necessário de gerenciar o estoque deles.

Uma abordagem semelhante que vai mais além é o estoque em consignação. No estoque em consignação, os fornecedores mantêm o estoque em suas instalações. Assim que você movimenta o estoque, ele se torna seu e, em seguida, os fornecedores cobram por ele. O estoque em consignação está se tornando benquisto com equipamentos de segurança nas fábricas, onde os funcionários podem comprar itens como óculos e luvas de segurança em máquinas de venda automática.

Muitas empresas estão experimentando formas inovadoras de usar o VMI e o estoque em consignação para tornar suas cadeias de suprimentos mais eficientes. Por exemplo, os fabricantes automobilísticos geralmente exigem que os fornecedores disponibilizem suas peças usando um arranjo de VMI. E atualmente alguns fabricantes de eletrônicos solicitam aos seus fornecedores de componentes que mantenham um estoque em consignação nas instalações do fabricante, para que possam acessá-lo imediatamente, em vez de precisar encomendá-lo e aguardar a entrega.

Todavia, o VMI e o estoque em consignação têm suas desvantagens. Ambos os métodos exigem uma enorme confiança entre as partes, e nada vem de graça. No VMI, seus fornecedores absorvem o custo de gerenciar seu estoque, o que aumentará o lucro deles ou aumentará o custo dos materiais. No estoque em consignação, os fornecedores mantêm o estoque registrado até que ele seja movimentado e eles possam lhe cobrar, portanto, isso também reduzirá seus lucros ou aumentará seus preços.

As estratégias de estoque VMI e em consignação podem solucionar problemas e reduzir os custos em toda a sua cadeia de suprimentos. Entretanto, analise cada opção com o máximo de cuidado para ter certeza de que você não está desistindo de controlar sua cadeia de suprimentos e aumentando seus custos em longo prazo.

Ajuste das Condições de Pagamento

Nas cadeias de suprimentos, o tempo é tudo, especialmente quando se trata das condições de pagamento que você oferece aos clientes e negocia com seus fornecedores. Duas datas são particularmente importantes no ciclo financeiro de qualquer produto:

» A data em que você gasta o dinheiro para comprar os componentes.
» A data em que você recebe o pagamento de um cliente pelo seu produto.

O tempo entre essas datas é chamado de *tempo de ciclo de caixa*. Quanto mais curto for o tempo de ciclo de caixa, menos capital de giro será necessário e mais rentável será sua cadeia de suprimentos.

As datas em que você paga os fornecedores e é pago pelos clientes são determinadas pelas condições de pagamento, as quais você definiu. Calcula-se o tempo de ciclo de caixa da seguinte forma: os dias de recebimento + dias de estoque - dias de pagamento. Os exemplos a seguir mostram como as condições de pagamento afetam a quantia de capital de giro necessária à sua empresa:

» Você concede 30 dias de crédito aos seus clientes; este é o seu recebível (contas a receber). Seus fornecedores lhe concedem 30 dias de crédito; este é o seu pagamento (contas a pagar). Você também mantém estoque o bastante para atender a 15 dias de demanda. O seu tempo de ciclo de caixa é de 30 + 15 - 30 = 15 dias. Como os seus dias de pagamento e os dias de recebimento são os mesmos, você só precisa de capital de giro suficiente para pagar pelo seu nível médio de estoque.

> Você concede 30 dias de crédito aos seus clientes, porém seus fornecedores lhe exigem o pagamento imediato pelos produtos ao fazer um pedido. Você também precisa manter 15 dias de estoque disponível. O seu tempo de ciclo de caixa é de 30 + 15 - 0 = 45 dias. Nesse caso, você precisa de capital de giro o bastante para cobrir seu estoque médio, mais o capital de giro para atender às suas vendas durante 30 dias.

> Você exige que os clientes paguem imediatamente quando fazem o pedido, mas seus fornecedores lhe concedem 30 dias para pagar os produtos que você compra. Você não mantém nenhum estoque, porque espera para comprar materiais até receber um pedido de seu cliente. Então, o seu tempo de ciclo de caixa é 0 + 0 - 30 = -30. Nesse caso, o seu tempo de ciclo de caixa é negativo. Você não precisa de nenhum capital de giro, porque está sendo pago antes de ter que pagar seus fornecedores. Na verdade, se desenvolver bem esse processo, poderá investir o dinheiro de seus clientes no banco e ganhar juros sobre ele por 30 dias antes de pagar seus fornecedores.

As condições de pagamento e as necessidades do estoque variam de um relacionamento da cadeia de suprimentos ao próximo, e isso impactará o seu tempo de ciclo de caixa. Os fornecedores podem estender mais os prazos de pagamento em troca da cobrança de um preço mais alto por seus produtos. Os clientes podem estar dispostos a pagar mais e imediatamente em troca de um desconto no preço que você cobra. O tempo de ciclo de caixa é um indicador útil e há medidas que você pode tomar para melhorá-lo. Embora seja válido reduzir a necessidade de capital de giro, lembre-se de que o objetivo mais importante de sua cadeia de suprimentos deve ser sempre maximizar os lucros.

As Finanças da Cadeia de Suprimentos

Administrar o fluxo de caixa pode ser um desafio para qualquer negócio. Se você ficar sem dinheiro, tudo vai por água abaixo.

Quando uma empresa de grande porte faz um pedido a uma pequena empresa, muitas vezes, essa pequena empresa precisa fazer um investimento relativamente grande em equipamentos, mão de obra e matérias-primas, o que pode criar desafios no fluxo de caixa. Depois que essa pequena empresa atende ao pedido, pode-se passar meses até que o cliente de grande porte efetue o pagamento. Enquanto isso, a pequena empresa pode ter dificuldade em pagar as próprias contas caso não disponha de uma reserva de caixa adequada.

As estratégias financeiras da cadeia de suprimentos oferecem às pequenas empresas opções para gerenciar o fluxo de caixa com base nos pedidos que recebem. A seguir, veja as quatro estratégias financeiras mais comuns em uma cadeia de suprimentos:

> Um banco concede crédito a uma pequena empresa, enquanto a empresa espera o pagamento de seus clientes. Essa estratégia é uma abordagem financeira bastante tradicional em uma cadeia de suprimentos, mas é cara, porque o banco pode ver a pequena empresa como um credor de alto risco, o que significa que ele cobra uma taxa de juros altíssima.

> Uma pequena empresa vende o direito de cobrar o pagamento da empresa de grande porte a terceiros por uma porcentagem do valor real do pedido (comissão). Esse processo chama-se factoring (fomento comercial). Há diferenças significativas entre o factoring americano e o factoring brasileiro, provenientes da cultura de negócio norte-americana e também da eficiência do poder judiciário nos Estados Unidos, onde a legislação é mais favorável às empresas. No Brasil, existem modalidades de factoring: convencional (a mais comum), maturity, trustee, factoring de exportação e factoring de matéria-prima. Para mais informações a respeito do factoring no Brasil, acesse: `http://www.anfac.com.br/v3/`. A pequena empresa pode usar o dinheiro que recebe para atender ao pedido da empresa de grande porte. Mas quando a empresa de grande porte finalmente paga a fatura, o pagamento vai para o terceiro e não para a pequena empresa.

> Uma empresa grande corta o intermediário e estende o crédito de curto prazo diretamente aos seus fornecedores. Essa estratégia beneficia a grande empresa, porque ela provavelmente pode pegar dinheiro emprestado com juros mais baixos do que seus fornecedores de pequeno porte. Se os fornecedores pegassem emprestado o dinheiro de um banco, provavelmente pagariam taxas de juros mais altas e repassariam esses custos à empresa de grande porte. Desse modo, emprestando dinheiro aos fornecedores a taxas favoráveis, a empresa de grande porte mantém os próprios custos de fornecimento baixos.

> Um banco trabalha com uma empresa de grande porte para emprestar dinheiro aos fornecedores dessa empresa. Como essa empresa de grande porte está atuando como fiadora de empréstimos para seus fornecedores, o banco está disposto a emprestar o dinheiro a uma taxa menor do que a oferecida.

Controle o Efeito Chicote

A montanha-russa dos negócios, conhecida como o efeito chicote (bullwhip effect), é um dos problemas mais comuns das cadeias de suprimentos. Veja como ele funciona:

1. **Um grande pedido do cliente o faz supor que a demanda por suas unidades de produtos está aumentando, então você aumenta a produção e armazena unidades de produtos no estoque para atender à demanda.**

    E eis que, para surpresa geral, a demanda cai. Porém você precisa de dinheiro para pagar suas despesas.

2. Você interrompe a produção e vende seu estoque a preços de liquidação.

3. Então, quando está sem estoque, recebe vários pedidos novos.
   O ciclo se repete.

Todavia, isso não está acontecendo apenas com sua empresa; está acontecendo também com seus clientes e fornecedores. O efeito chicote ocorre em todos os tipos de cadeias de suprimentos e pode ter impactos devastadores. As variações na demanda são amplificadas à medida que elas sobem em uma cadeia de suprimentos. Uma pequena variação na demanda de um varejista se torna mais elevada para o atacadista e ainda mais extrema para a fábrica.

PAPO DE ESPECIALISTA

O efeito chicote tem sido estudado e analisado com modelos matemáticos e sistemas dinâmicos desde a década de 1960. Um dos melhores artigos a respeito do efeito chicote, "Bullwhip Effect in Supply Chain" (O Efeito Chicote na Cadeia de Suprimentos, em tradução livre), foi escrito por Padmanabhan, Whang e Lee, em 15 de abril de 1997, no *MIT Sloan Management Review*. Acesse em: http://sloanreview.mit.edu/article/the-bullwhip-effect-in-supply-chains/ (conteúdo em inglês).

DICA

Uma maneira fácil de experimentar o efeito chicote é jogar The Beer Game (O Jogo da Cerveja) (veja o Capítulo 20).

As seções a seguir descrevem três coisas que você pode fazer para reduzir ou até eliminar o efeito chicote em sua cadeia de suprimentos.

Compartilhe as informações com seus parceiros

Muitos dos comportamentos que resultam no efeito chicote são, na verdade, respostas racionais à incerteza e originam-se do desejo de evitar os stockouts. Caso você possa disponibilizar a todos na cadeia de suprimentos informações precisas sobre a demanda, o estoque e os lead times, é menos provável que as pessoas tomem decisões que levem a oscilações imprevisíveis no estoque. Se os fornecedores puderem ver a demanda real a jusante na cadeia de suprimentos, eles estarão menos propensos a reagir exageradamente às pequenas variações. E se os clientes puderem ver os níveis de estoque a montante, eles estarão menos propensos a fazer pedidos excessivos quando o estoque deles ficar baixo.

Reduza e alinhe os tamanhos dos lotes

As diferenças na quantidade de produto encomendado em cada etapa de uma cadeia de suprimentos podem contribuir para o efeito chicote. Considere uma caixa de ovos que você compra em uma loja local. Provavelmente, você usa apenas um ou dois ovos por dia, mas você precisa comprá-los em um lote de 12. Então acaba comprando uma caixa por semana. Um dia, você decide fazer uma maionese para levar a uma reunião de família e, assim, compra duas caixas de ovos para esse evento. Esse aumento individual na demanda é amplificado por causa do tamanho do lote. A loja percebe um aumento na demanda, então pede uma caixa extra de ovos ao fornecedor. O sinal de demanda se torna mais distorcido à medida que ele percorre a cadeia de suprimentos.

Ao fazer lotes ou tamanhos de lote menores, e ao fazer pedidos com mais frequência, você pode reduzir a amplificação do efeito chicote. A situação ideal é aquela em que o tamanho do lote é o mesmo em toda a cadeia de suprimentos, desde o início dela até o cliente. Em muitos casos, no entanto, é difícil implementar tamanhos uniformes de lote, porque o envio de lotes menores resulta custos mais altos de transporte e de manuseio de materiais. Todavia, concentrar-se em tornar os tamanhos de lote menores e uniformizados pode ajudar muito a reduzir o efeito chicote.

Gestão de promoções

As promoções e os incentivos podem aumentar as vendas, mas também podem criar enormes variações na demanda e iniciar um efeito chicote em toda a cadeia de suprimentos. É difícil prever o quanto as promoções serão eficazes. Uma promoção que vende bem pode provocar stockouts relacionados ao seu produto, desencadeando assim previsões irrealistas e excesso de pedidos, o que, por sua vez, leva ao excesso de estoque e à necessidade de mais uma promoção adicional.

Algumas empresas até não fazem promoções, o que pode reduzir o efeito chicote. Em muitos setores, no entanto, as promoções são uma ferramenta crucial para os departamentos de marketing e de vendas. Da perspectiva da gestão da cadeia de suprimentos, elas são males necessários. Caso a sua empresa faça promoções, ou se seus clientes fizerem, considere o efeito chicote em seu planejamento da cadeia de suprimentos e em seu gerenciamento de estoque a fim de assegurar que você possa atender à demanda que as promoções criam sem ficar com estoque extra quando elas acabarem.

Comece Melhorando aos Poucos

Em geral, o custo é um obstáculo à implementação de melhorias na cadeia de suprimentos. Mesmo os projetos de cadeia de suprimentos que devem economizar dinheiro no futuro, normalmente exigem um investimento inicial e envolvem alguns riscos.

Para superar esse desafio, comece com pequenos projetos que possivelmente promoverão economias tangíveis. As economias mais fáceis de perceber são chamadas de "ganhos rápidos" ou "frutos mais fáceis de colher". Ao demonstrar que as pequenas melhorias na cadeia de suprimentos podem maximizar a receita e mitigar os custos, você pode justificar de modo mais fácil o investimento em projetos maiores. Você pode até usar o valor criado pelos projetos menores para financiar melhorias futuras.

Suponha que sua empresa não esteja fazendo um bom trabalho em gerenciar os custos de transporte. Você pode promover um projeto para realizar novamente licitações de suas rotas de transporte de carga e acompanhar as economias a fim de demonstrar quanto valor você criou à empresa. Isso não custaria muito, mas geraria economias de imediato. Desse modo, você poderia solicitar o uso de parte dessas economias para investir em um sistema de gerenciamento de transporte que melhorará sua rota de transporte, aumentará a velocidade de sua cadeia de suprimentos e economizará ainda mais dinheiro. Essa estratégia de usar a economia de um projeto para financiar o próximo é uma ótima maneira de estimular as melhorias na cadeia de suprimentos e demonstrar os benefícios que a gestão efetiva da cadeia de suprimentos pode oferecer aos negócios.

O Conceito de Sandboxes

Pode ser difícil para uma empresa investir nos empreendimentos da cadeia de suprimentos quando não se têm dados e experiência para garantir um retorno positivo desses investimentos. Em muitos casos, os projetos da cadeia de suprimentos sofrem *paralisia por análise*, quando a ânsia por mais informações impede que os líderes tomem uma decisão adequada.

As inovações na cadeia de suprimentos podem ser arriscadas. Até se tentar algo novo, você não tem como saber se economizará tanto dinheiro quanto sua equipe espera, ou como um fornecedor prometeu.

Uma boa maneira de minimizar o risco na inovação e superar a paralisia por análise é criar sandboxes (caixas de areia). As *sandboxes* são pequenos experimentos dentro das cadeias de suprimentos que lhe permitem testar processos e tecnologias novos em pequena escala a fim de coletar os dados sobre como eles funcionam. Por intermédio desses dados fica mais fácil decidir se, quando e como deve-se ampliar ou implementar esses processos e tecnologias no restante de sua cadeia de suprimentos. Por exemplo, você pode escolher um pequeno número de lojas ou centros de distribuição como uma sandbox e permitir que eles implementem processos e tecnologias novos da cadeia de suprimentos em caráter experimental. Ou você pode escolher um novo produto como uma sandbox para testar um sistema novo de planejamento de estoque.

DICA

Talvez você queira que seus projetos experimentais atinjam um alto nível, pois eles mostram que sua empresa é inovadora e isso pode incentivar outros funcionários a procurarem maneiras de melhorar sua cadeia de suprimentos. Em outros casos, talvez você queira manter os testes em uma esfera limitada até saber o grau de viabilidade deles para serem implementados em sua cadeia de suprimentos. Os projetos confidenciais (às vezes chamados de projetos skunkworks) podem ser a melhor escolha caso ele tenha alta probabilidade de falha ou envolva patentes ou segredos comerciais.

> **NESTE CAPÍTULO**
> » Foque os atributos de desempenho
> » Identificando as métricas e os principais indicadores de desempenho
> » Medição do desempenho operacional, financeiro e humano

Capítulo 16
Adotando as Métricas da Cadeia de Suprimentos

Como já dizia a máxima comum nos círculos de gestão da cadeia de suprimentos: "Quando algo pode ser medido, pode ser gerenciado". Quase tudo em uma cadeia de suprimentos pode ser avaliado, direta ou indiretamente. As métricas fornecem dados e permitem-lhe a tomada de decisões com base em fatos e não em meras suposições. Todavia, os cálculos custam dinheiro, pois é necessário investir em maneiras de capturar os dados, em virtude de você precisar armazenar esses dados para poder acessá-los quando for necessário.

Convém usar da inteligência a respeito do que você calcula, como você calcula e o que você faz com as informações coletadas. Este capítulo examina diferentes modos de medir o desempenho de sua cadeia de suprimentos, e como selecionar as métricas que o ajudarão a gerenciar as trade-offs e a impulsionar as melhorias.

Noções Básicas sobre Métricas

Os cálculos ou as medições da cadeia de suprimentos são geralmente chamados de *métricas*. Elas são os pontos de referência que o ajudam a monitorar se o seu pessoal, processos e tecnologia estão trabalhando da maneira que você quer e espera que eles trabalhem. As métricas se enquadram em duas categorias amplas:

» **Quantitativas:** As métricas quantitativas baseiam-se em um número objetivo ou em bens, como o número de unidades produzidas ou a quantidade de receita recebida. Muitos sistemas de software em uma cadeia de suprimentos monitoram as métricas quantitativas automaticamente. Por exemplo, um sistema de gerenciamento de estoque controla o volume de material recebido, e um sistema de gerenciamento de transporte rastreia o número de remessas que você disponibiliza às transportadoras (veja o Capítulo 12).

» **Qualitativas:** Muitos atributos importantes de uma cadeia de suprimentos são difíceis ou impossíveis de se calcular quantitativamente, mas você consegue medi-los qualitativamente. Uma métrica qualitativa baseia-se na avaliação ou na opinião de alguém e, portanto, é subjetiva. A satisfação do cliente é um bom exemplo de uma métrica qualitativa que pode ser fundamental às cadeias de suprimentos.

DICA

Você pode calcular uma métrica qualitativa e representar uma métrica quantitativa usando um sistema de classificação ou uma escala. Você pode avaliar a satisfação do cliente em uma escala de 1 a 10, por exemplo. Mesmo que você termine com um número, a satisfação do cliente ainda é uma métrica qualitativa porque é baseada em uma opinião e não em um cálculo objetivo e independente.

A precisão de uma métrica depende de como ela é calculada. Caso você tenha um instrumento de medição quebrado, por exemplo, ou se as pessoas que realizam o cálculo cometerem um erro, a métrica estará errada. Consequentemente, a validade de uma métrica depende da exatidão, precisão e confiabilidade do processo de medição.

PAPO DE
ESPECIALISTA

Qualquer problema que resulte um cálculo incorreto é chamado de *erro de medição*, pois o processo que você usa para o cálculo é um tipo de medidor.

É difícil argumentar contra os fatos, de modo que as métricas quantitativas são muitas vezes percebidas como superiores às qualitativas. No entanto, em muitas situações, as métricas qualitativas podem, na verdade, ser mais práticas e mais úteis do que as quantitativas. Um bom modo de ilustrar o papel das métricas quantitativas e qualitativas é com a história "Cachinhos Dourados e os Três Ursinhos". Quando Cachinhos Dourados experimentou o mingau, a primeira tigela estava muito quente, a segunda estava muito fria e a terceira estava na temperatura ideal. Essas métricas eram qualitativas. Se, em vez disso, Cachinhos Dourados dissesse: "O mingau 1 estava a 100 graus, o mingau 2 estava a 0 graus e o mingau 3 estava a temperatura de 50 graus", ela usaria métricas quantitativas.

É possível vincular as métricas quantitativas e qualitativas, porém as qualitativas baseiam-se em um padrão subjetivo, ao passo que as quantitativas são fatos mensuráveis. Nesse caso, a opinião de Cachinhos Dourados importava mais do que a métrica quantitativa exata. Por que perder tempo e dinheiro com um termômetro quando você poderia perguntar a Cachinhos Dourados se ela gostava ou não do mingau?

As métricas também podem ser classificadas como internas ou externas. As métricas internas medem coisas que são importantes para a sua empresa. Por exemplo, o giro de estoque e a capacidade de utilização são métricas internas. As métricas externas medem coisas que são importantes para as pessoas de fora da sua empresa — pessoas como seus clientes e fornecedores. Dentre os exemplos de métricas externas figuram o atendimento perfeito dos pedidos (veja a seção "Compreendendo as Métricas do Modelo SCOR", mais adiante neste capítulo) e a satisfação do cliente.

DICA

Sempre que possível, alinhe todas as suas métricas voltadas para os clientes com os serviços ou produtos que eles avaliam. Por exemplo, se o seu cliente está avaliando o seu índice de entrega no prazo, esteja certo de realizar as mesmas medições e exatamente da mesma maneira que o cliente faz. Caso contrário, você perderá tempo tentando reconciliar as diferenças das suas métricas com as métricas do cliente, em vez de usar esse tempo a fim de solucionar os problemas no processo de entrega.

Identificando os Atributos de Desempenho

Antes de definir uma métrica adequada, é necessário decidir qual atributo ou característica da sua cadeia de suprimentos você está tentando mensurar. A escolha de quais atributos calcular pode parecer óbvia, mas pode ser bastante desafiadora, sobretudo quando você pensa a respeito de como os processos da cadeia de suprimentos interagem e afetam uns aos outros.

Tomemos o exemplo de uma fábrica que está tentando escolher as métricas à medida que implementa o método Lean (manufatura enxuta). Do ponto de vista do estoque, a empresa quer receber as peças necessárias à produção com no máximo um dia de antecedência. Se as peças chegarem mais cedo, a empresa tem mais estoque. Para mensurar se essa política estava sendo seguida, seria natural medir as entregas no prazo. Do ponto de vista do transporte, no entanto, a empresa quer maximizar a quantidade de carga transportada em cada caminhão. A empresa poderia economizar dinheiro ao enviar um caminhão com carga completa a cada dois dias, em vez de enviar caminhões com a carga fracionada todos os dias. O acompanhamento dessa política implicaria o uso da capacidade de transporte como métrica.

Cada meta exemplificada — reduzir estoques e mitigar os custos de transporte — está vinculada a um atributo da cadeia de suprimentos. É relativamente fácil elaborar uma métrica para cada um desses atributos. Se, apesar disso, os analistas de planejamento de transporte se concentrarem apenas na métrica de capacidade de utilização, e os analistas de planejamento de produção se concentrarem somente na métrica de estoque, a cadeia de suprimentos será prejudicada. Os dois grupos precisam criar uma métrica combinada que lhes permita trabalhar juntos rumo a um objetivo comum.

Caso você precise examinar diversas métricas ao mesmo tempo, poderá combiná-las em um indicador de desempenho (scorecard) que forneça uma visão mais abrangente do desempenho de sua cadeia de suprimentos. Você pode encontrar informações a respeito da criação dos indicadores de desempenho no Capítulo 18.

Compreendendo as Métricas do Modelo SCOR

De acordo com a APICS, a Associação para Gestão de Operações, cinco atributos do modelo SCOR (Modelo de Referência das Operações da Cadeia de Suprimentos — veja o Capítulo 5) são os mais importantes para se ter êxito:

» **Confiabilidade:** A capacidade de executar tarefas conforme o esperado. A confiabilidade se concentra na previsibilidade do resultado de um processo.

» **Capacidade de resposta:** A velocidade na qual as tarefas são executadas e com que rapidez uma cadeia de suprimentos fornece produtos ao cliente.

» **Agilidade:** A capacidade de responder às influências externas e responder às mudanças no mercado a fim de ganhar ou manter a vantagem competitiva.

» **Custos:** O custo de operar os processos da cadeia de suprimentos.

» **Gestão de ativos:** A capacidade de usar recursos de maneira eficiente.

Dentre esses cinco atributos, o modelo SCOR define dez métricas a serem monitoradas em toda cadeia de suprimentos. Juntas, essas métricas de nível superior do SCOR podem lhe dar uma boa noção do grau de eficiência em que sua cadeia de suprimentos está funcionando. E o mais importante: essas métricas facilitam a medição objetiva do valor de quaisquer melhorias feitas em sua cadeia de suprimentos e ajudam a calcular os custos de uma paralisação na cadeia de suprimentos.

Confiabilidade

A confiabilidade é medida com uma única métrica: atendimento perfeito dos pedidos (perfect-order fulfillment — POF). Um *atendimento perfeito do pedido* é aquele que... bem, é perfeito: o produto certo entregue no lugar apropriado, na quantidade adequada, nas devidas condições, pelo custo adequado. Em outras palavras, um pedido perfeito é aquele em que a cadeia de suprimentos funcionou impecavelmente. Quando seu POF está progredindo, significa que os esforços de melhoria do processo da cadeia de suprimentos estão funcionando. Uma queda na sua métrica POF é um sinal de que algo não está funcionando como deveria.

Embora o conceito de uma métrica POF tenha lógica, pode ser desafiador levantar e conectar as informações que precisam ser incluídas. Por exemplo, os dados dos pedidos do cliente podem estar em seu sistema de CRM (Gerenciamento de Relacionamento com o Cliente), enquanto as informações de entrega estão em seu TMS (Sistema de Gerenciamento de Transporte; veja o Capítulo 12 para mais informações sobre esses sistemas). Para calcular uma pontuação POF exata, você precisa monitorar os pedidos em cada etapa de sua cadeia de suprimentos e em cada um dos seus sistemas de informações da cadeia de suprimentos. Uma abordagem alternativa é multiplicar as métricas de cada etapa de sua cadeia de suprimentos e utilizar o número final como sua métrica POF. Por exemplo, se você tivesse um índice de atendimento de pedido de 98% e um índice de entrega no prazo de 97%, poderia decidir usar o resultado desses dois números como sua métrica POF. Nesse caso, sua POF seria 98% x 97% = 95%.

DICA

As informações sobre reclamações de clientes e devoluções de produtos geralmente fornecem uma indicação de problemas que precisam ser resolvidos para melhorar sua métrica POF.

Capacidade de resposta

A capacidade de resposta é calculada com uma única métrica: tempo de ciclo de pedido (order-fulfillment cycle time — OFCT). O OFCT é o período entre o momento em que um cliente faz um pedido e quando ele recebe um produto. Em uma mercearia, o OFCT é zero; os clientes pagam por seus produtos e vão embora. No mundo do e-commerce, no entanto, o OFCT pode variar muito de uma empresa para outra. Como um OFCT curto pode gerar mais vendas, maior satisfação do cliente e maior fidelidade do cliente, essa métrica pode ser um indicador importante de receita para a sua empresa.

Agilidade

A agilidade é medida com quatro métricas:

» **Flexibilidade em face de um aumento na cadeia de suprimentos**: O número de dias necessários para responder a um aumento inesperado de 20% na demanda.

» **Adaptabilidade em face de um aumento na cadeia de suprimentos**: O montante de capacidade que você pode aumentar em 30 dias.

» **Adaptabilidade em face de uma redução na cadeia de suprimentos**: A taxa de uma queda nos pedidos que você poderia absorver sem um efeito financeiro significativo.

» **Valor global em risco:** A quantia de dinheiro que você perderia se uma grande paralisação ocorresse em sua cadeia de suprimentos.

Em geral, as métricas de agilidade baseiam-se em estimativas, e não em dados concretos, e você deve validá-las periodicamente. Por exemplo, para avaliar a flexibilidade e a adaptabilidade em face de um aumento na cadeia de suprimentos, você precisa de informações sobre sua capacidade interna de fabricação e logística, além de informações sobre a capacidade disponível de cada fornecedor. Talvez um fornecedor informe que dispõe de muita capacidade hoje, mas assim que a empresa receber um grande pedido de outro cliente, essa capacidade não estará mais disponível.

DICA

Um bom modo de manter os dados de capacidade do fornecedor atualizados é fazer com que seus compradores os coletem durante as reuniões de rotina com o gerente de conta de cada fornecedor.

Custos

O custo é calculado com uma única métrica: custo total de atendimento (total cost to serve — TCS). O TCS reúne todos os custos de funcionamento de uma cadeia de suprimentos, incluindo compras, logística e operações. Também pode englobar as funções essenciais, como vendas e suporte ao cliente. O TCS possibilita a compreensão de quanto custa operar toda a sua cadeia de suprimentos e como esse custo está mudando com o tempo.

Os dados da sua métrica TCS estão disponíveis diretamente no seu sistema de contabilidade. Muitas vezes, é importante rastrear o TCS em relação às vendas para determinar se seus custos estão aumentando ou diminuindo proporcionalmente às suas receitas. Quando o TCS está crescendo de modo mais lento do que as vendas, sua empresa está se tornando mais lucrativa. O TCS pode crescer mais rapidamente do que as vendas quando sua empresa está realizando investimentos, como a criação de estoque a fim de se preparar para um ciclo de vendas natalinas.

Eficiência da gestão de ativos

A eficiência da gestão de ativos é medida com três métricas:

- » **Tempo de ciclo de caixa (C2C):** O número de dias entre o momento em que você compra o estoque e quando recolhe as contas a receber. Quanto mais longo for esse ciclo, mais capital de giro você precisará para administrar seus negócios. Veja o Capítulo 15 para mais informações sobre o tempo de ciclo de caixa.
- » **Rentabilidade dos ativos fixos da cadeia de suprimentos:** Retorno do investimento dos ativos que você usou em sua cadeia de suprimentos. A rentabilidade dos ativos fixos da cadeia de suprimentos pode ajudá-lo a decidir se o dinheiro investido na infraestrutura da sua cadeia de suprimentos apresenta um benefício financeiro aceitável.
- » **Retorno sobre capital de giro (return on working capital – ROWC):** O retorno sobre o capital de giro mostra a eficiência da cadeia de suprimentos como um todo. O ROWC pode ajudá-lo a decidir se o dinheiro investido em estoque está propiciando vantagens financeiras aceitáveis.

Otimize as Métricas Operacionais

Cada função de uma cadeia de suprimentos tem atributos específicos que são fundamentais para entender o desempenho. Ao escolher as métricas certas, você pode tomar decisões melhores e gerenciar suas operações da cadeia de suprimentos com mais diligência. Esta seção apresenta algumas métricas operacionais que podem oferecer uma abordagem pormenorizada sobre a eficiência e a eficácia de funções específicas da cadeia de suprimentos.

Métricas do fornecedor

Muitos atributos do fornecedor são importantes de se monitorar. O monitoramento do número de fornecedores é um bom ponto de partida, pois todo relacionamento com fornecedores que você precisa gerenciar tem um custo. O desempenho do fornecedor também pode ser monitorado com métricas como envio no prazo, recebimento no prazo e qualidade do produto. Uma maneira comum de avaliar a qualidade de um fornecedor é pelo número de peças a cada milhão que apresentam algum tipo de problema ou defeito.

Métricas da compra/aquisição ao pagamento

O processo de compra de produtos de um fornecedor, e depois o pagamento de tais produtos, é chamado de *ciclo de compra/aquisição ao pagamento* (P2P). Calcular o tempo que leva para o atendimento completo de cada pedido lhe proporciona uma abordagem pormenorizada sobre a eficiência conjunta de suas funções de fornecimento com as funções de entrega de seus fornecedores.

Métricas de atendimento ao cliente

Já que o principal objetivo de uma cadeia de suprimentos é agregar valor ao cliente, medir o desempenho da sua cadeia de suprimentos do ponto de vista de seus clientes é fundamental. Uma métrica de cliente comum é o *índice de atendimento ao cliente*, que é o percentual de pedidos de clientes que você pode expedir dentro de sua janela de resposta desejada. Por exemplo, se você informar aos clientes que enviará um produto dentro de 48 horas após eles efetuarem um pedido, o índice de atendimento ao cliente medirá o percentual de pedidos que atingem a meta. Outras métricas do cliente incluem envio no prazo, entrega no prazo e devolução do produto.

O envio no prazo e a entrega no prazo são autoexplicativos. A devolução do produto pode impactar e muito na satisfação do cliente, porém ela não é tão simples quanto as outras métricas. Por exemplo, um modo de avaliar a qualidade é estudar os produtos que os clientes devolveram, todavia você também precisa identificar o motivo da devolução. Se um produto é devolvido porque está com defeito, você tem um problema de qualidade e um cliente insatisfeito. Mas se um produto for devolvido porque sua cliente encomendou três unidades e ficou com aquela que ela mais gostou, a devolução não está relacionada à qualidade. Com o intuito de simplificar essa análise, muitas empresas criam *códigos de motivos de devolução* para categorizar as devoluções em seu sistema de monitoramento. Por exemplo, os itens que são devolvidos porque estão com defeito podem ter um código de motivo de devolução 10 e os itens devolvidos em que as embalagens não foram abertas podem obter um código de motivo de devolução 11.

Outra maneira de medir a satisfação do cliente é por meio de pesquisas com clientes, e uma das abordagens de pesquisa mais populares é usar a Pesquisa de Satisfação do Cliente (Net Promoter Score - NPS). Todas as perguntas do NPS seguem um formato semelhante: "Em uma escala de 1 a 10, qual a probabilidade de você recomendar nosso produto a um de seus amigos?". Se um cliente escolhe 9 ou 10 — é bem provável que recomende o seu produto —, então ele é considerado um *promotor* do seu produto. Um cliente que escolhe 7 ou 8 é imparcial sobre o seu produto, e um cliente que escolhe 6 ou menos é um *depreciador*. Um NPS pode variar de -100 a 100, sendo 100 o melhor. Quanto maior o NPS, maior a probabilidade de seus clientes ficarem satisfeitos e recomendarem seu produto aos amigos deles. Você calcula um NPS usando esta fórmula:

(Número de classificação entre 9 e 10)/(Número total de respostas) - (Número de classificação de 6 ou menos)/(Número total de respostas) = NPS.

Métricas de capacidade, ganhos e rendimento

A quantidade de produto que você pode processar é medida como sua capacidade. A capacidade pode mudar com o tempo, portanto, essa métrica pode ser útil, pois ajuda a ver como sua cadeia de suprimentos está evoluindo. Caso esteja investindo em equipamentos novos ou melhorias de processo, logo, espera-se que você veja a sua capacidade aumentar. Se estiver fechando instalações antigas, espera-se que a capacidade diminua. Enquanto a capacidade calcula a quantidade de material que você pode processar, o rendimento mede o quanto, de fato, está processando. Por exemplo, uma fábrica de purê de maçã tipo applesauce pode ter capacidade para processar 100 toneladas de maçãs por dia, mas, devido a uma escassez de maçãs ou um baixo número de pedidos, o gerente da cadeia de suprimentos pode optar por uma produção de apenas 50 toneladas por dia.

Alguns dos materiais que você processa se transformarão em produtos valiosos, e outros serão descartados como resíduos. A quantidade que se torna um produto valioso é chamada de *rendimento*. Você pode calcular o rendimento em termos da quantidade de produto produzido ou como o percentual de ganho aproveitável. No caso da fábrica de purê de maçã tipo applesauce, talvez as sementes e as cascas sejam descartadas. Além disso, é provável que algum material seja desperdiçado devido a problemas com a qualidade. Assim, embora o ganho da fábrica seja de 50 toneladas de maçãs por dia, o rendimento pode ser de apenas 40 toneladas de maçãs ou 80% do ganho. Quanto maior for o seu rendimento, mais eficiente será o seu processo.

Formalize as Métricas Financeiras

Gerenciar o fluxo de dinheiro em sua cadeia de suprimentos é uma parte crucial da administração de seus negócios. Esta seção explica alguns atributos e métricas financeiras importantes que você pode usar para medir seu desempenho financeiro.

Métricas de contas a pagar

As contas a pagar basicamente representam o dinheiro que seus fornecedores estão lhe emprestando. Calcular a quantidade de dinheiro que você deve aos seus fornecedores pode prover informações acerca de seus relacionamentos com esses fornecedores. Se as contas a pagar são altas, isso pode significar que seus fornecedores não estão sendo pagos rapidamente. Caso você esteja atrasado com o pagamento de suas faturas, poderá gerar problemas de fluxo de caixa para seus fornecedores, que podem responder congelando sua conta ou segurando as remessas. Manter as contas a pagar em dia pode reduzir muitos problemas e riscos que os fornecedores podem representar à sua cadeia de suprimentos, mas também aumenta suas necessidades de capital de giro. Caso você não pague seus fornecedores, eles precisarão pedir dinheiro emprestado e aumentar capital de giro deles. Isso aumentará os custos deles e, por fim, precisarão lhe cobrar mais para compensar a diferença.

Métricas do total de gastos

Acompanhar a quantidade de dinheiro que sua empresa gasta é imprescindível por uma série de razões. No que diz respeito à sua cadeia de suprimentos, uma métrica que demonstra como a quantia que você gasta é variável pode ser de suma importância para entender o desempenho da sua cadeia de suprimentos. Um aumento nos gastos pode ser bom caso seja acompanhado por um aumento nas vendas. Quando os gastos permanecem estáveis enquanto as vendas estão caindo, você pode ter um problema na cadeia de suprimentos.

Você deve dividir suas métricas de gasto em custos diretos (as peças que entram em seus produtos, por exemplo) e indiretos (as outras coisas necessárias para o funcionamento do seu negócio, como materiais de limpeza e equipamentos de segurança). Geralmente, os custos diretos devem aumentar e diminuir na mesma proporção que o índice de vendas. O controle de custos indiretos pode ser uma maneira simples de reduzir as despesas e gerar economias significativas em uma cadeia de suprimentos.

Métricas de economia

Acompanhar a quantidade de dinheiro que você economiza por meio de projetos de melhoria da cadeia de suprimentos demonstra o valor da gestão da cadeia de suprimentos. Se você puder comprovar que seu último projeto economizou $1 milhão, é muito mais fácil solicitar as mudanças no processo e os investimentos necessários para dar suporte ao seu próximo projeto. Há três maneiras comuns de demonstrar a economia oriunda da melhoria de uma cadeia de suprimentos:

- » **Redução de custos:** Por exemplo, você poderia mostrar que costumava custar $100 para fazer cada produto, e agora custa apenas $95. Suas economias são de $5 por produto, multiplicadas pelo número total de produtos que você produz.
- » **Melhoria de rendimento:** Por exemplo, você poderia demonstrar que seu processo costumava transformar 80% de seus insumos em produtos

utilizáveis e, agora, suas melhorias aumentaram esse índice para 90%. O valor do rendimento adicional de 10% é a sua economia.

» **Prevenção de custos:** Por exemplo, você poderia revelar que, se uma mudança não tivesse sido feita, você teria que pagar uma multa de $10.000 por mês. Ao realizar a mudança, você evitou esse custo e economizou o dinheiro da sua empresa.

Aprimoramento das Métricas de Pessoas

Você tem várias maneiras de avaliar as questões importantes relacionadas às pessoas, que são parte tão importante de sua cadeia de suprimentos:

» **Comprometimento:** Como as pessoas envolvidas estão desempenhando suas funções.

» **Produtividade e eficiência:** Qual o grau de produtividade e eficiência das pessoas em suas funções.

» **Rotatividade:** Com que frequência as pessoas deixam seus empregos.

» **Segurança:** Quantas vezes as pessoas se machucam enquanto desempenham suas funções.

Essas métricas podem indicar se você está equilibrando adequadamente as necessidades de sua empresa com as necessidades de seus colaboradores.

Métricas de comprometimento

O comprometimento dos colaboradores mede o grau de satisfação ou envolvimento das pessoas com seus trabalhos. Em geral, o comprometimento dos colaboradores é medido qualitativamente por meio de pesquisas anônimas. Por exemplo, você poderia perguntar aos colaboradores se eles acham que o trabalho deles é valioso e se ficam ansiosos para chegar ao trabalho pela manhã. Há também métricas quantitativas que podem proporcionar insights a respeito do comprometimento, como o número de reclamações que os funcionários registram contra seus supervisores. As vantagens de preservar um forte comprometimento são o aumento da produtividade e a redução do volume de rotatividade.

DICA

Caso avalie o comprometimento dos colaboradores, você precisa ser transparente sobre os resultados e tomar as medidas necessárias a respeito deles. Caso contrário, as pessoas sentirão que as próprias contribuições não são valorizadas e o nível de comprometimento delas diminuirá.

Métricas de produtividade e eficiência

A produtividade e a eficiência de muitos funcionários podem ser calculadas diretamente. Veja abaixo alguns exemplos:

- » Para os representantes do atendimento ao cliente, a produtividade pode ser medida pelo número de chamados a que eles respondem ou pelo número de problemas resolvidos.
- » Para os compradores em seu departamento de compras, a produtividade pode ser calculada pelo número de fornecedores que eles gerenciam ou pelo valor dos materiais que compram.
- » Para os técnicos de manufatura, a produtividade pode ser avaliada pelo número de produtos que eles produzem durante um turno.
- » Para os colaboradores em um centro de distribuição, a produtividade pode ser medida pelo número de linhas de pedido separadas ou enviadas ao estoque por hora, bem como através da precisão do processo de separação dos pedidos.

Métricas de rotatividade

Calcular o número de colaboradores que você perde — a rotatividade de funcionários — pode proporcionar ótimos insights sobre como seus colaboradores se sentem em relação à sua empresa. As pessoas deixam os empregos deliberadamente por vários motivos. Talvez não gostem do chefe, não gostem do ambiente de trabalho ou podem ganhar mais dinheiro em outro lugar, por exemplo. As pessoas também deixam empregos contra a vontade por muitas razões. Quando o volume de rotatividade é alto, você gasta mais dinheiro em recrutamento e treinamento. Você também pode descobrir que a alta rotatividade cria desafios aos seus clientes e fornecedores, porque eles não são capazes de cultivar relacionamentos de longo prazo com os contatos em sua empresa.

Métricas de segurança

As métricas de segurança podem ser as métricas mais importantes em toda a sua cadeia de suprimentos. Garantir que todos tenham a chance de voltar sãos e salvos para casa no final do dia é uma das responsabilidades básicas de um negócio. Veja a seguir alguns exemplos de métricas de segurança de resultados:

- » **Taxa de incidente com perda de tempo:** Mede a frequência com que alguém se machuca seriamente e precisa se afastar do trabalho.
- » **Dias trabalhados sem acidentes:** Calcula quantos dias desde a última vez que alguém sofreu acidente no trabalho.

> **Custo das indenizações:** Mede a quantidade de dinheiro gasto com o resultado de uma lesão.

Há uma tendência crescente de se utilizar métricas de segurança que são indicadores de tendência importantes para determinar se você está tomando medidas proativas para evitar os acidentes antes que eles ocorram. Veja abaixo alguns exemplos de métricas de segurança que são indicadores de tendência:

> **Auditorias e inspeções concluídas a tempo:** Avalia se você está procurando por problemas que poderiam ser perigosos.
>
> **Número de auditorias com problemas de conformidade:** Mede se suas auditorias estão encontrando problemas que precisam ser corrigidos.
>
> **Itens de ação corretiva e preventiva em atraso:** Calcula se você está lidando em tempo hábil com problemas que podem causar ferimentos.

Métricas de Sustentabilidade Consolidadas

Nos negócios, a ideia de sustentabilidade é alcançar o equilíbrio entre as necessidades de uma empresa, as pessoas ligadas à empresa e o ambiente em torno da empresa. Mas quando as pessoas falam sobre métricas de sustentabilidade, elas geralmente falam sobre métricas ambientais. As métricas de sustentabilidade ambiental se dividem em duas categorias:

> **Consumo:** Coisas que uma empresa consome. As empresas usam energia e matérias-primas em seus processos de fabricação e distribuição, por exemplo.
>
> **Desperdício/Resíduo:** Coisas que uma empresa emite, descarta ou se livra de alguma forma.

Métricas de consumo

Ajuda a dividir as métricas de consumo em recursos renováveis e não renováveis. Os *recursos renováveis* são materiais e fontes de energia que podem ser facilmente regenerados pelo ambiente. Qualquer produto proveniente de uma planta (como madeira ou etanol) é um material renovável. A energia eólica e solar são exemplos de fontes de energia renováveis. Os *recursos não renováveis* são materiais que não podem ser facilmente regenerados pelo ambiente. Os metais, minerais, carvão e petróleo são recursos não renováveis. Há três maneiras comuns de agrupar as métricas de consumo:

» **Coleta de dados durante um processo:** Por exemplo, você poderia colocar um hidrômetro industrial em sua fábrica para calcular a quantidade de água que você está usando.

» **Estimativa com base em outras métricas:** Por exemplo, se você contratou um caminhão para entregar uma carga a um cliente a 1.600km de distância, pode estimar quanto de combustível o caminhão consumiu.

» **Pergunta aos seus fornecedores:** Muitas empresas pedem a seus fornecedores que providenciem relatórios de sustentabilidade indicando os recursos necessários para produzir seus produtos.

Uma maneira de melhorar as métricas de consumo é minimizar a quantidade de recursos que você usa. Você pode remodelar seu produto ou seus processos a fim de que eles exijam menos material. Ou pode alterar os materiais utilizados ou modificar a maneira como você os usa. Outra métrica fundamental de consumo é a água. No entanto, quando a água se torna salgada ou poluída, ela fica inutilizável para muitos propósitos.

Métricas de desperdício/resíduo

As métricas de resíduos incluem coisas como o carbono que sua cadeia de suprimentos emite, e a quantidade de material que você envia aos aterros sanitários. Como resultado, as empresas estão começando a se preocupar com isso. Muitas empresas adotaram iniciativas para eliminar resíduos de aterros sanitários, o que exige que elas reformulem muitos de seus processos de cadeia de suprimentos. Há três maneiras comuns de agrupar as métricas de resíduos:

» **Coleta de dados durante um processo:** Você pode medir a quantidade de resíduos remanescentes após uma execução de produção ou avaliar com que frequência os contêineres de lixo precisam ser esvaziados.

» **Estimativa com base em outras métricas:** Se você sabe que são necessários cerca de oito litros de água para se fabricar uma unidade de produto, é possível estimar a quantidade total de água usada com base no número de unidades de produtos que você produz.

» **Pergunte aos seus fornecedores:** Você pode pedir aos seus fornecedores que aprovisionem dados que eles coletam durante seus processos, por exemplo, pedindo ao seu fornecedor de gerenciamento de resíduos para acompanhar o número de toneladas de lixo que coletaram de suas instalações.

NESTE CAPÍTULO

» **Identificando os riscos para sua cadeia de suprimentos**

» **Priorizando riscos com base na gravidade**

» **Planejando e lidando com os riscos da cadeia de suprimentos**

Capítulo **17**

Gerenciamento de Riscos da Cadeia de Suprimentos

Ouve-se a máxima: "Os planos eram bons, mas algo sempre sai errado". Você pode elaborar um ótimo plano de como almeja que sua cadeia de suprimentos funcione, mas também precisa se preparar para surpresas inevitáveis. Este capítulo desvenda o gerenciamento de riscos, um processo que você pode utilizar para direcionar sua estratégia e lidar com os problemas que sua cadeia de suprimentos pode encontrar. Ele abarca as técnicas que você pode utilizar para identificar, priorizar e gerenciar os riscos da cadeia de suprimentos. Você nunca conseguirá eliminar todas as incertezas às quais a sua cadeia de suprimentos estará sujeita, mas o gerenciamento de riscos pode lhe dar mais controle e melhores opções quando ocorrerem eventos inesperados.

Pressuposições Desafiadoras sobre o Futuro

Os planejamentos da cadeia de suprimentos são elaborados com base em pressuposições sobre o que acontecerá no futuro, e essas pressuposições são geralmente baseadas em experiências passadas. Por exemplo, se o tempo de trânsito entre um de seus fornecedores e uma de suas fábricas sempre tiver sido de 15 dias, você presumiria que o tempo de trânsito também seria de 15 dias para os pedidos futuros. Esse tempo de trânsito de 15 dias será usado para determinar quando fazer um pedido a esse fornecedor para que ele seja entregue a tempo na fábrica. Mas o desempenho anterior não é garantia de resultados futuros.

Embora tenhamos de fazer suposições para planejar como uma cadeia de suprimentos deve funcionar, precisamos lidar com a realidade quando se trata de gerenciar as operações cotidianas. Pense nos possíveis impactos que qualquer um dos eventos a seguir pode ter em sua cadeia de suprimentos:

- » Um contêiner cheio de matéria-prima para o seu produto fica preso em um porto por 30 dias durante uma greve trabalhista.
- » Um tornado atinge uma de suas fábricas.
- » Um dos principais fornecedores entra com o pedido de recuperação judicial.
- » Um cliente importante cancela inesperadamente um pedido enorme dos seus produtos.
- » Repentinamente, um cliente novo faz um pedido enorme dos seus produtos.

Cada situação representa um cenário que as cadeias de suprimentos em todo o mundo enfrentam todos os dias, e sua cadeia de suprimentos precisa ser capaz de reagir a eles.

Você precisa compreender alguns princípios básicos para implementar um processo de gerenciamento de riscos que englobe sua cadeia de suprimentos:

- » **Risco = Incerteza:** Todo planejamento que você faz é fundamentado em pressuposições a respeito de como o futuro vai se desenrolar. Não se pode ignorar o futuro; desse modo, é importante analisar sua cadeia de suprimentos e planejar como você quer que as coisas funcionem. Você também precisa ser flexível o bastante — em seu planejamento e em seu modo de pensar — para se adaptar ao que está acontecendo ao seu redor. O gerenciamento de riscos trata-se fundamentalmente de reduzir a incerteza tanto quanto possível e, em seguida, adaptar-se e responder à incerteza que permanece.

» **Estatísticas ≠ Probabilidades:** Este princípio pode lhe poupar de muitos problemas. Os analistas geralmente observam a frequência com que algo aconteceu no passado (estatísticas) e usam esses dados para prever com que frequência esse algo pode acontecer novamente (probabilidades). Em alguns casos, essa abordagem pode até ser válida, mas pode induzir a uma tomada de decisão insatisfatória nas cadeias de suprimentos.

Por exemplo, as estatísticas dizem que apenas um percentual pequeno de remessas afundam no oceano, portanto, preocupar-se com essa situação nem vale a pena. Mas a probabilidade de um determinado navio afundar devido a uma falha estrutural grave pode ser de 100%. O problema é que você não tem informações suficientes sobre a embarcação na qual sua carga será enviada para saber a verdadeira probabilidade de o navio afundar. Em outras palavras, as estatísticas gerais sobre a frequência com que os navios afundam o levarão a subestimar a probabilidade de risco desse navio em particular.

» **Flexibilidade = Seguro:** Em muitos casos, a melhor maneira de gerenciar um risco da cadeia de suprimentos é ter um plano B. Caso seu risco seja a probabilidade de um fornecedor ir à falência, seu plano B poderia ter, pelo menos, dois fornecedores. Se o seu risco é o de que uma embarcação de carga possa afundar, seu plano B poderia ser dispor de estoque extra disponível.

Em outras situações, a flexibilidade necessária para proteger sua cadeia de suprimentos de um risco tem um custo, portanto, talvez seja pra lá de tentador eliminar essa flexibilidade para economizar dinheiro. O determinante é reconhecer o quanto essa flexibilidade poderia ser valiosa no caso de uma paralisação da cadeia de suprimentos e, em seguida, decidir se o custo vale a pena. Dito de outro modo, pense no custo da flexibilidade da cadeia de suprimentos como se fosse o prêmio de uma apólice de seguro. Talvez o prêmio seja demasiado caro e seja melhor arcar com os custos, caso você venha a ter problemas. Em muitos casos, a flexibilidade é barata comparada ao custo de uma paralisação da cadeia de suprimentos.

PAPO DE ESPECIALISTA

O Supply Chain Risk Leadership Council ("Conselho de Liderança de Risco da Cadeia de Suprimentos", em tradução livre) oferece um manual gratuito chamado "Supply Chain Risk Management: A Compilation of Best Practices" (Gerenciamento de Risco da Cadeia de Suprimentos: Compilação de Melhores Práticas, em tradução livre), que inclui uma lista de todas as coisas diferentes que podem dar errado em uma cadeia de suprimentos. Você pode fazer o download desse manual em `www.scrlc.com` (conteúdo em inglês).

A Resiliência na Cadeia de Suprimentos

Você pode achar que as pessoas usam as palavras risco, ameaça e paralisação de forma intercambiável, mas, no contexto de gestão da cadeia de suprimentos, cada uma delas significa algo um bocado diferente. Um *risco* é um evento que pode ou não ocorrer; um furacão, por exemplo. Uma *ameaça* é o impacto que o risco teria em sua cadeia de suprimentos; no caso de um furacão, uma ameaça poderia ser a inundação de sua fábrica. Uma *paralisação* é como a ameaça afetaria sua cadeia de suprimentos; se houvesse um furacão que inundasse sua fábrica, sua cadeia de suprimentos seria paralisada em razão de você não conseguir fabricar os produtos.

Literalmente, os riscos podem ser bons ou ruins; existe o risco de você receber um pedido grande, mas também há o risco de perder um cliente. Os riscos bons, como um grande pedido, são chamados de *riscos positivos*, porque eles estão relacionados ao crescimento do seu negócio; os riscos ruins são chamados de *riscos negativos*. Qualquer tipo de risco pode levar a paralisações da cadeia de suprimentos. Por exemplo, um aumento rápido nos pedidos do cliente pode desencadear um acúmulo de estoque e sobrecarregar um centro de distribuição. O resultado seria uma paralisação na capacidade do centro de distribuição de processar os envios com eficiência. A paralisação causada por um risco positivo pode ser tão cara quanto a paralisação de um risco negativo. Mesmo assim, é característico dos processos de gerenciamento de riscos da cadeia de suprimentos focalizarem, sobretudo, os riscos negativos.

A vulnerabilidade de uma cadeia de suprimentos no quesito paralisações pode ocasionar consequências graves para todos os negócios envolvidos. Mitigar essa vulnerabilidade requer colaboração entre as empresas em uma cadeia de suprimentos para que elas possam ajudar umas às outras a lidar com as ameaças à medida que elas surgem. Obviamente, o objetivo é projetar e gerenciar sua cadeia de suprimentos de modo que ela possa funcionar durante e após uma paralisação — melhor dizendo, que seja resiliente.

Você pode pensar na resiliência da cadeia de suprimentos em termos de uma remessa de bananas da América do Sul para uma mercearia nos Estados Unidos. Uma série de incertezas está envolvida nessa cadeia de suprimentos, desde o clima até os preços das commodities e a confiabilidade do navio de carga. À vista desses riscos e outros, você percebe que a cadeia de suprimentos está sujeita a muitas ameaças — muitas coisas que podem dar errado. Caso uma ameaça se materialize, isso pode causar uma paralisação. Se o navio quebrar, por exemplo, poderia atrasar a entrega de bananas e paralisar a cadeia de suprimentos da loja. Mas, se a mercearia tiver estoque extra ou outra fonte de suprimento, poderá continuar vendendo bananas aos seus clientes, apesar da paralisação da cadeia de suprimentos; portanto, sua cadeia de suprimentos é resiliente.

O gerenciamento de riscos da cadeia de suprimentos é muito semelhante à gestão de continuidade de negócios (GCN). As práticas de continuidade de negócios normalmente se concentram em tornar uma instalação ou uma empresa específica mais resiliente; o gerenciamento de riscos da cadeia de suprimentos examina de maneira mais ampla como todas as empresas que trabalham juntas contribuem para a resiliência de uma cadeia de suprimentos.

Identificando os Riscos

A primeira etapa no gerenciamento de riscos é identificá-los. Possivelmente, você tem uma boa ideia de algumas das coisas que podem dar errado com sua cadeia de suprimentos. A fim de compreender bem o escopo dos riscos, você precisa obter informações de outras pessoas que veem, compreendem e gerenciam diferentes partes da cadeia de suprimentos.

A seguir, alguns dos grupos que você deve incluir em seu processo para identificar os riscos da cadeia de suprimentos:

- Transporte
- Distribuição/armazenagem
- Compras
- Tecnologias da informação
- Contabilidade e finanças
- Jurídico
- Vendas e marketing
- Clientes-chave
- Fornecedores-chave

Talvez seja mais fácil entrar em contato com cada um desses grupos separadamente, mas você também pode convidar todos eles para participar de um comitê de gerenciamento de riscos da cadeia de suprimentos. No entanto, se optar por envolver toda essa equipe, use os insumos deles para elaborar uma lista dos riscos que podem impactar a sua cadeia de suprimentos. Você pode desenvolver essa lista por intermédio de um brainstorming, e talvez seja necessário incentivar as pessoas com algumas ideias para o fomento de reflexões. A seguir, veja algumas categorias de risco que você pode pedir aos membros da sua equipe para considerarem:

1. **Acidentes**
2. **Crime, terrorismo e guerra**

3. Problemas financeiros
4. Regulamentos governamentais e política
5. Problemas de gestão
6. Problemas de fabricação
7. Tendências de mercado
8. Catástrofes naturais
9. Problemas com fornecedores
10. Aumento repentino na demanda do cliente
11. Tendências tecnológicas
12. Problemas de transporte e distribuição
13. Mão de obra e questões de treinamento

Induzir as pessoas a pensarem a respeito desses riscos em termos concretos e anotá-los costuma ser uma experiência reveladora. As chances de que qualquer um desses riscos se materialize podem ser baixas, mas as chances de que pelo menos um deles se materialize são altas. Não há sombras de dúvidas de que alguma coisa vai surpreendê-lo, porém você não tem como saber qual coisa será.

Classificando os Riscos

Depois de identificar os riscos da cadeia de suprimentos, você precisa decidir quais riscos são mais importantes. Eventualmente, você estará preocupado com o risco de incêndio no centro de distribuição do seu fornecedor, por exemplo, ou com o risco de surto de doenças que interromperia as viagens entre os países.

Uma abordagem é classificar os riscos de acordo com o escopo de cada um deles. Classificar os riscos dessa maneira é aconselhável quando você quer decidir como — ou se vai— mitigá-los. Os riscos se encaixam em três categorias gerais de escopo:

> » **Global:** Riscos que afetam a todos ao redor do mundo. O gerenciamento de riscos globais é responsabilidade da alta gerência, mas o seu planejamento de gerenciamento de riscos pode garantir que seus líderes estejam cientes dos riscos globais e de seus possíveis impactos em sua cadeia de suprimentos.

» **Sistêmico:** Riscos que afetam mais de uma instalação ou empresa. Esses riscos podem paralisar toda a cadeia de suprimentos, não apenas algumas partes dela. Os riscos sistêmicos são particularmente importantes quando se trata do gerenciamento de riscos da cadeia de suprimentos, porque você está analisando como todas as empresas de uma cadeia de suprimentos contribuem para agregar valor a um cliente. Muitas vezes, as pessoas não percebem a gravidade que um risco sistêmico pode ter, pois elas pensam a respeito de como ele as impactam localmente, em vez de como o risco impacta o resto da cadeia de suprimentos. Com frequência, compartilha-se a responsabilidade pelo gerenciamento de riscos sistêmicos entre os líderes de várias empresas diferentes, portanto, essas empresas precisam colaborar para gerenciar os riscos da melhor maneira possível.

» **Local:** Riscos que afetam as pessoas de uma determinada empresa ou instalação. Os riscos locais são de responsabilidade dos gerentes de instalações e de operações e são frequentemente abordados em um plano de continuidade de negócios. Seu processo de gerenciamento de riscos da cadeia de suprimentos pode ser útil para assegurar que cada um desses planos separados esteja completo e devidamente alinhado.

PAPO DE ESPECIALISTA

RAIOS E TROVÕES DE 400 MILHÕES DE DÓLARES

Um bom exemplo de risco sistêmico origina-se de um livro chamado *Resilient Enterprise (Empresa Resiliente*, 2007), de Yossi Sheffi, professor de sistemas de engenharia no Elisha Gray II do Massachusetts Institute of Technology. Segundo o livro, duas empresas de celulares compraram seus chips de processadores da mesma fábrica no Novo México. Um dia, a fábrica foi atingida por um raio, que iniciou um pequeno incêndio na instalação. Uma das empresas telefônicas percebeu o grau de seriedade do problema e, imediatamente, começou a comprar chips de outros fornecedores. A outra empresa de telefonia partiu do princípio de que a instalação de chips seria reparada rapidamente, por isso esperou. Quando os reparos demoraram mais que o esperado, a empresa de telefonia que preferiu esperar não conseguiu as peças necessárias e teve que parar toda a sua cadeia de suprimentos. Os raios e os trovões tiveram um impacto financeiro modesto no fornecedor, mas custou ao cliente despreparado US$400 milhões em receita perdida.

Pontuação de Riscos

Depois de identificar e classificar seus riscos, a próxima etapa é pontuá-los. As pontuações de risco podem ajudá-lo a priorizar quais riscos precisam mais de sua atenção.

Você classifica os riscos com base na possibilidade de eles ocorrerem (a probabilidade) e a severidade de seus efeitos (o impacto). Em seguida, você multiplica essas pontuações para obter uma pontuação geral de risco. Há muitos sistemas de pontuação diferentes para as classificações de probabilidade e impacto, mas veja a seguir um exemplo para você começar.

Em uma escala de 1 a 10, atribua um valor à probabilidade de ocorrência de um risco:

- » **10:** Vai acontecer; probabilidade de 100%.
- » **5:** Pode acontecer; 50% de chance.
- » **1:** Muito improvável que ocorra; 10% de chance, ou menos.

Use uma escala de 1 a 10 para atribuir um valor ao impacto de um risco em sua cadeia de suprimentos:

- » **10:** Paralisaria a cadeia de suprimentos ou custaria o emprego de alguém.
- » **5:** Seria um baita de um problema que levaria dias para ser solucionado, mas não impediria que a cadeia de suprimentos operasse.
- » **1:** Criaria um problema que a cadeia de suprimentos poderia lidar no curso normal dos negócios.

Use uma escala de 1 a 100 para categorizar a pontuação de risco depois de multiplicar o valor de probabilidade pelo valor de impacto:

- » **100:** Crítico. Esse risco precisa ser resolvido imediatamente.
- » **50:** Importante. Esse risco precisa ser monitorado de perto e mitigado de forma adequada.
- » **25:** Moderado. A empresa deve ter um plano de mitigação para esse risco.

Um risco nunca pode ter pontuação zero para probabilidade ou impacto. Se a pontuação for zero em qualquer categoria, não é um risco.

O documento que você usa para monitorar e classificar os riscos é chamado de *registro de riscos*. A Tabela 17-1 mostra um típico registro de risco.

TABELA 17-1 Registro de Risco

Risco	Probabilidade	Impacto	Classificação do risco
Greve portuária	9	9	81
Incêndio no fornecedor	3	9	27
Empilhadeira parar de funcionar	6	1	6
Colisão de cometa	1	10	10
Pedido do cliente cancelado	8	6	48

Se você criar seu registro de riscos em um programa de planilha, como o Microsoft Excel, poderá classificá-los de acordo com as pontuações de risco. Você também pode criar relatórios e gráficos com a finalidade de divulgar o status de seus riscos com mais clareza.

Uma maneira comum de visualizar os riscos é usar um gráfico de risco ou um mapa (mapa de calor). A Figura 17-1 demonstra um exemplo de mapa de riscos da cadeia de suprimentos.

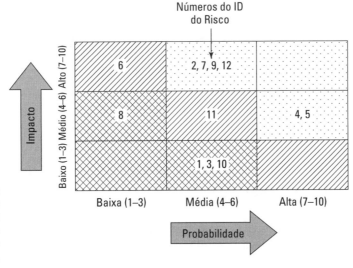

FIGURA 17-1: Mapa de risco da cadeia de suprimentos.

CUIDADO

A pontuação de risco é conveniente, mas não perfeita. Só porque um risco recebe uma pontuação baixa não significa que você deva ignorá-lo, especialmente se o impacto em potencial for grave. Qualquer risco que tenha o potencial de alguém se machucar precisa ser resolvido, mesmo que a probabilidade (e a pontuação de risco) seja baixa.

LEMBRE-SE

A pontuação de risco é como tirar um snapshot dos riscos como eles são hoje. Você deve manter seu registro de riscos atualizado à medida que as circunstâncias mudam, observar novos riscos e monitorar as mudanças nas pontuações dos riscos existentes.

Gerenciando os Riscos

Para fazer a diferença na sua cadeia de suprimentos, você precisa decidir o que fazer com cada risco. A boa notícia é que suas opções para lidar com qualquer risco são bastante simples. Você tem quatro opções:

» Aceitar o risco.
» Transferir o risco.
» Evitar o risco.
» Mitigar o risco.

Aceite o risco

Mesmo que você saiba que existe um risco, nem sempre você tem uma boa maneira de resolvê-lo. O risco pode ser relativamente pequeno, por exemplo, ou pode ser enorme, impossível de evitar. Nesses casos, você pode decidir que o risco faz parte do negócio e que lidará com as consequências caso ele se materialize.

Veja a seguir alguns exemplos de riscos que você pode decidir aceitar:

» Uma empilhadeira ficar sem combustível em um centro de distribuição.
» Um gerente da cadeia de suprimentos fraturar a perna enquanto esquia.
» Um cometa gigante colidir com a Terra.

Essas coisas poderiam acontecer? Sim. Você precisa se esforçar para preparar um plano especial para eles? Provavelmente não.

Transfira o risco

Às vezes, você pode fazer com que alguém lide com um risco para você, que é exatamente o que as seguradoras fazem. Você lhes paga uma apólice, e elas aceitam a responsabilidade de lhe pagar pelos danos se algo sair errado. Você pode comprar um seguro para cobrir muitos dos riscos que podem surgir em uma cadeia de suprimentos, como roubo, incêndios e acidentes.

Em outro cenário, você pode redigir contratos com seus clientes e fornecedores que transferem o risco para eles no caso de um risco se materializar. Por exemplo, você poderia fazer com que seus fornecedores entregassem os produtos deles às suas instalações; se uma remessa fosse roubada durante o trânsito, seu fornecedor seria responsável. Provavelmente seu fornecedor cobrará mais pelos produtos em troca de assumir esse risco adicional.

Evite o risco

Em alguns casos, a melhor maneira de lidar com um risco é fazendo-o desaparecer. Caso esteja preocupado com o fato de um determinado fornecedor não conseguir atender às suas necessidades, você poderá mudar de fornecedor. Se tem medo de que um determinado porto possa ter uma greve trabalhista, é possível enviar sua carga a um porto diferente. Evitar um risco pode ser a maneira mais barata e fácil de lidar com ele.

Mitigue o risco

Se você não pode aceitar, transferir ou evitar o risco, a única opção que lhe resta é fazer algo a respeito dele — isso é, mitigar o risco. O objetivo de mitigar um risco é reduzir a probabilidade, o impacto ou ambos. Grosso modo, você está tentando diminuir a pontuação de risco. O quanto você precisa diminuir a pontuação depende de quanto o risco pode custar e quanto dinheiro você pode investir para mitigá-lo. Geralmente, você deve mitigar um risco ao ponto de estar disposto a aceitá-lo.

Caso um dos seus riscos seja um cliente cancelar um pedido grande, por exemplo, você provavelmente desejará atenuar esse risco. Você pode conversar com seu cliente, oferecer incentivos e fazer questão de cultivar um bom relacionamento. Talvez você não consiga eliminar o risco, mas provavelmente poderá reduzi-lo a um nível aceitável e, em seguida, concentrar sua energia e seus recursos em outras partes do negócio.

DICA

Os acordos comerciais podem ser usados para mitigar os riscos. Por exemplo, se o seu registro de risco identifica a estabilidade financeira de um fornecedor como um problema determinante, você pode incluir nos termos de seu acordo comercial que os fornecedores precisam providenciar atualizações financeiras periódicas.

O registro de risco mostrado na Tabela 17-2 inclui uma coluna para ações. Adicionar uma coluna Ação ajuda a acompanhar como você planeja gerenciar cada risco.

TABELA 17-2 Registro de Risco com Ações

Risco	Probabilidade	Impacto	Classificação do risco	Ação
Greve portuária	9	9	81	Evitar
Incêndio no fornecedor	3	9	27	Transferir
Empilhadeira parar de funcionar	6	1	6	Aceitar
Colisão de cometa	1	10	10	Aceitar
Pedido do cliente cancelado	8	6	48	Mitigar

DICA

Ao escolher mitigar um risco, você também deve decidir como ele será mitigado e quem será responsável por tal trabalho. Talvez seja necessário criar um projeto para mitigar um risco (veja o Capítulo 4).

> **NESTE CAPÍTULO**
>
> » Compreendendo o objetivo das análises
>
> » Preparando-se para a Indústria 4.0
>
> » Planejamento de projetos com o analytics
>
> » Aprimorando a visibilidade com indicadores de desempenho e torres de controle
>
> » Integrando o analytics ao planejamento de cenário

Capítulo **18**

A Cadeia de Suprimentos com o Analytics

Os avanços rápidos nas tecnologias de informação e comunicação nos últimos 50 anos levaram a uma explosão de dados — a respeito de tudo, desde as coisas que seus clientes estão comprando até como será o clima em Kokomo, Indiana, na próxima semana. O analytics (análise) é a chave para tornar esses dados úteis à sua cadeia de suprimentos.

A *análise da cadeia de suprimentos* ou *supply chain analytics* trata-se do processo de estruturação e filtragem de dados de modo que eles permitam a tomada de melhores decisões e a adoção de medidas com o intuito de aprimorar a sua cadeia de suprimentos. O Google Analytics o ajuda a compreender o passado para conseguir prever com mais precisão o que acontecerá no futuro. Em outras palavras, o analytics pode ajudá-lo a tomar decisões melhores, com mais confiança.

Neste capítulo, você examinará as tendências tecnológicas que estão disponibilizando enormes quantidades de dados, alguns dos desafios que geralmente surgem quando se trabalha com esses dados, e algumas maneiras específicas de empregar o analytics para gerenciar sua cadeia de suprimentos com mais eficiência.

A Ascensão do Big Data, Sensores e a Internet das Coisas

Os dados estão em toda parte em uma cadeia de suprimentos. Por exemplo, os dados informam quem são seus clientes, quando o produto precisa ser entregue e qual transportadora está transportando a remessa. O número de transações novas que ocorrem e a quantidade de dados que criamos a cada dia é bem impressionante.

O ritmo acelerado no qual novos dados estão sendo criados levou a uma tendência chamada de *big data*. Isso impacta as cadeias de suprimentos, pois significa que os sistemas de informações delas precisam armazenar quantidades cada vez maiores de dados. Para acompanhar todos esses dados, você precisa de discos rígidos maiores e computadores mais rápidos. Esse fato geralmente leva à adesão de sistemas de informações da cadeia de suprimentos baseados em nuvem (leia mais sobre o big data e a nuvem no Capítulo 14).

Os dados tradicionais da cadeia de suprimentos foram estruturados de modo a se encaixar perfeitamente nas tabelas do banco de dados, e isso fez com que fosse mais fácil para os computadores processá-los. Um desafio com big data é que muitos dos dados não são estruturados. Os dados não estruturados englobam coisas como postagens de mídia social, gravações de áudio de conversas ou vídeos e fotos digitais. Por exemplo, uma postagem de mídia social sobre um acidente na rodovia pode alertá-lo sobre uma paralisação na cadeia de suprimentos, como um contêiner de transporte caindo da carga de um caminhão. Uma foto do contêiner de remessa poderia fornecer informações úteis sobre se o conteúdo desse contêiner pode ser recuperado. A postagem de mídia social e a fotografia são exemplos dos tipos de dados não estruturados que fazem com que o gerenciamento do big data seja um desafio.

Explorar o big data pode levar a um melhor entendimento da sua cadeia de suprimentos. Isso pode lhe dar uma vantagem sobre seus concorrentes, porque pode ajudá-lo a encontrar oportunidades que eles não conseguem ver. Em contrapartida, se você não descobrir como usar o big data, você e sua cadeia de suprimentos podem ficar para trás.

Um dos fatores que está alimentando o crescimento do big data é a explosão de sensores. Um sensor é um dispositivo que monitora e relata algo que está acontecendo no mundo ao seu redor. Esses sensores possibilitam a visibilidade, o que permite que você "veja" uma cadeia de suprimentos, mesmo quando você não está lá. Sempre que um desses sensores é medido, um novo dado é adicionado à pilha crescente do big data. A seguir, veja alguns exemplos de diferentes tipos de sensores:

- » Os sensores óticos monitoram mudanças na luz.
- » Os sensores térmicos acompanham as mudanças de temperatura.
- » Os sensores programáveis detectam uma mudança e acionam uma ação ou evento — por exemplo, a ativação de um sensor ótico em um detector de fumaça aciona o alarme de fumaça.

Atualmente, muitos sensores são conectados diretamente à internet. Na verdade, todos os tipos de dispositivos são conectados — carros, refrigeradores e termostatos, por exemplo —, o que provocou outra tendência, a chamada Internet das Coisas (IoT). Melhor dizendo, a IoT é um modo de descrever que, agora, a internet está sendo compartilhada por computadores bem como por sensores e outros dispositivos. Qualquer dispositivo que possa trocar informações automaticamente pela internet é um dispositivo IoT.

Não é difícil de imaginar um futuro em que cada parte de uma cadeia de suprimentos seja conectada à internet. Essas cadeias de suprimentos serão habilitadas para a IoT. Algumas pessoas já estão imaginando que praticamente todas as máquinas ao redor delas serão dispositivos IoT. Em outras palavras, elas esperam que futuramente haja uma Internet de Tudo, não só das Coisas.

O SURGIMENTO DA INDÚSTRIA 4.0

A tecnologia sempre esteve no cerne da indústria, e uma boa maneira de entender como a tecnologia da informação está mudando radicalmente as cadeias de suprimentos é analisar de que forma outras tecnologias revolucionaram as cadeias de suprimentos no passado. Muitos especialistas descrevem a Revolução Industrial em quatro etapas:

- **Indústria 1.0:** Aproveitamento de água e vapor para abastecer as fábricas e os meios de transportes.
- **Indústria 2.0:** Gerando eletricidade para potencializar o processo industrial.
- **Indústria 3.0:** Automatização da fabricação e da distribuição usando computadores.
- **Indústria 4.0:** Conectando processos complexos da cadeia de suprimentos usando a IoT e a nuvem.

Atualmente, estamos entrando na Indústria 4.0, e é por isso que os sensores, o big data e a IoT estão se tornando, de fato, essenciais à gestão da cadeia de suprimentos. No decorrer da Indústria 4.0, as cadeias de suprimentos se tornarão mais automatizadas, e a analitycs da cadeia de suprimentos será a ferramenta que as pessoas usarão para projetar e gerenciar as cadeias de suprimentos.

Esboço de um Planejamento com Analytics

O analytics é muito parecido com a ciência porque se concentra na descoberta de novos dados. Se a análise é sobre agregar valor ao seu negócio, você precisa confiar nos resultados e ser capaz de tomar providências a respeito das coisas que aprende. Há cinco etapas que você deve seguir para garantir que sua análise da cadeia de suprimentos resulte dados úteis:

1. Defina sua teoria dos problemas ou oportunidade.
2. Adquira os dados.
3. Limpe, estruture e filtre os dados.
4. Consulte os dados e teste sua teoria.
5. Procure por correlações e padrões.

As etapas nem sempre seguem essa ordem, portanto, use essa lista como um guia geral, mantendo-se focado no objetivo de encontrar maneiras de tomar decisões melhores e aprimorar a sua cadeia de suprimentos.

Defina sua teoria do problema ou oportunidade

Os projetos de analytics estão focados na utilização de dados para responder a uma pergunta a respeito de sua cadeia de suprimentos. Por exemplo, o analytics pode ser utilizado para entender:

» O custo para entregar seu produto aos clientes de determinado estado.
» Quanto suas taxas de frete devem mudar quando os preços do combustível diminuírem.
» As principais causas da variabilidade de lead time do seu material de abastecimento.

Um bom ponto de partida para iniciar um projeto de analytics é escrever no papel sua explicação, teoria ou hipótese sobre como o processo que você está estudando atualmente funciona. Assim, ao longo do seu projeto, você tentará provar ou refutar essa hipótese.

Por exemplo, imagine que você esteja interessado em reduzir a variabilidade de lead time em sua cadeia de suprimentos. Você poderia começar seu projeto de analytics escrevendo sua compreensão de como funciona o atual processo de pedidos. Você descreveria o evento que aciona um pedido, e depois enumeraria cada uma das etapas envolvidas no atendimento desse pedido. Você pode incluir suas estimativas de quanto tempo cada etapa deve levar e a quantidade de variabilidade que se espera que ocorra ao longo do caminho. Sua hipótese inicial poderia ser assim:

1. Pedido de compra emitido ao fornecedor.
2. Ordem de compra recebida pelo fornecedor (1 dia).
3. Tempo de processamento no fornecedor (3 dias +/- 1 dia).
4. Lead time do transporte (7 dias +/- 3 dias).
5. Inspeção de recebimento (1 dia).
6. Colocado no inventário (1 dia +/- 1 dia).
7. Lead time total esperado = 13 dias +/- 5 dias.

Uma vez que sua hipótese é clara, seu foco muda para acumular as evidências a fim de mostrar se essa é uma descrição precisa do processo. Ou seja, você tenta provar ou refutar sua hipótese.

Essa abordagem proporciona um ponto de partida descomplicado para definir o escopo do seu projeto de analytics e identificar os dados que você precisará adquirir. Não se esqueça de que sua hipótese inicial pode estar errada. Ao obter os dados para todas as partes do seu projeto de analytics, você deve estar disposto a refinar sua hipótese.

Adquira os dados

O analytics trata sobre estruturar e filtrar os dados, mas descobrir como obter os dados de que você precisa costuma ser um desafio. Quanto às análises da cadeia de suprimentos, é provável que você descubra que seus dados estão espalhados entre diversos sistemas de informações. Por exemplo, a fim de estudar a variabilidade do lead time, talvez você precise dos dados provenientes dos sistemas de compra, dos sistemas de transporte e dos sistemas de armazenamento. Dependendo da meta do seu projeto, talvez também seja necessário coletar os dados públicos da internet, bem como os dados de seus clientes e fornecedores. Se você analisar a variabilidade de transporte, por exemplo, talvez seja necessário incluir os dados meteorológicos e o calendário de feriados da localização de seu fornecedor.

Em alguns casos, talvez você não consiga obter todos os dados desejados, mas pode encontrar um conjunto de dados que funcione como substituto ou proxy (substituto). Por exemplo, suponha que você precise saber quantos colaboradores empregou-se em uma instalação, mas que não conseguem acessar os dados de recursos humanos devido a regras de privacidade. Nesse caso, você pode tentar obter os dados financeiros e usar a quantidade de dinheiro gasto em trabalho como substituto dos dados de número de colaboradores.

CUIDADO

Ao adquirir os dados de seus próprios sistemas de informação ou de seus parceiros e fornecedores, você precisa se certificar de que está em conformidade com as regulamentações governamentais (como as leis de privacidade) e com suas obrigações contratuais (como os acordos de confidencialidade). Também preste muita atenção à segurança da informação, incluindo os vírus. Você não quer que seus dados de análise da cadeia de suprimentos cheguem às mãos de um concorrente ou de um hacker mal-intencionado!

Limpe, estruture e filtre os dados

Ao coletar dados para um projeto de analytics, espera-se que haja problemas com os dados:

- » Alguns registros terão dados incompletos ou os dados nesses registros estão errados. Por exemplo, em um banco de dados de clientes, alguns números de telefone podem estar faltando ou alguns dos números de telefone podem estar desatualizados.
- » Quando você está agrupando dados de sistemas diferentes, é necessário encontrar maneiras de vincular esses dados. Por exemplo, você pode ter as informações sobre o endereço de um cliente em seu sistema de gerenciamento de transporte, e as informações sobre o histórico de pedidos desse cliente em seu sistema de gerenciamento de relacionamento com o cliente. Para analisar as remessas e os pedidos, você precisa encontrar maneiras de vincular essas diferentes fontes de dados.
- » Alguns registros serão desnecessários. Você precisará filtrá-los e estruturar os dados restantes em um formato utilizável.

Para contornar esses problemas, você precisa limpar, estruturar e filtrar os dados, processo que pode ser trabalhoso. Todavia, os sistemas de business intelligence (veja o Capítulo 12) atualmente podem fazer uma boa parte desse trabalho de modo automático. Basicamente, esses sistemas são capazes de procurar padrões em diferentes fontes de dados e sugerir automaticamente maneiras de estruturá-los e filtrá-los.

Consulte os dados e teste sua teoria

Depois que seus dados estiverem limpos e organizados, você obterá informações de um banco de dados do computador executando um comando de pesquisa chamado consulta (query). Você pode pensar nos comandos de pesquisas como perguntas traduzidas em uma linguagem de computador. Grosso modo, você começa com a pergunta de negócios que deseja fazer e traduz isso em uma consulta de banco de dados para que o computador possa entender a pergunta e retornar uma resposta a você.

Com os comandos de consultas, seu objetivo é acumular evidências que suportem ou refutem sua teoria. No exemplo do prazo de entrega, anterior nesta seção, você pode começar concentrando-se nos produtos provenientes do Fornecedor A. Em seguida, você executará uma consulta que solicita todos os pedidos de compra que você emitiu para esse fornecedor em 2018. Você executará outra consulta que solicita todas as remessas recebidas do Fornecedor A em 2018. Você pode usar os resultados dessas duas consultas para estimar o lead time médio total e testar se sua teoria parece plausível.

Procure correlações e padrões

Conforme você executa os comandos de consultas e manipula os dados, procure padrões que expliquem como sua cadeia de suprimentos se comporta. As correlações e padrões o ajudam a converter a análise em dados que podem melhorar as decisões da cadeia de suprimentos. Veja alguns exemplos dos tipos de correlações que podem vir à tona ao analisar os dados da cadeia de suprimentos de uma empresa que confecciona roupas de inverno:

- » A demanda sobe quando a temperatura cai.
- » As remessas custam mais quando as cargas são transportadas com lead times curtos.
- » Os fornecedores de uma região têm um nível de qualidade inferior aos fornecedores de outra região.

Cada um desses dados pode influenciar as decisões sobre o fornecimento, a fabricação e a entrega de produtos da empresa. Ao fazer projetos de analytics, é comum começar com uma teoria, utilizar essa teoria para elaborar um comando de consulta e, em seguida, tentar encontrar as correlações. Mas os padrões e as correlações inesperadas podem levá-lo a novas teorias e dados ainda mais profundos. Quando você analisa os dados do fabricante de roupas, por exemplo, você pode descobrir que sempre há um aumento nas vendas no final de março, e começa a se perguntar o porquê. Normalmente, o analytics fornece pistas que o ajudam a investigar o que está acontecendo em sua cadeia de suprimentos, e você pode aproveitar esse conhecimento para realizar melhorias.

Correlação, Causalidade e Interpolação

Três palavras são a chave para quase tudo o que acontece no analytics: correlação, causalidade e interpolação. Se você entender o significado delas e como usá-las, o restante do analytics fica relativamente simples.

A correlação e a causalidade estão intimamente relacionadas. A *correlação* significa que duas variáveis estão conectadas de alguma forma. A *causalidade* significa que uma variável faz com que outra ocorra. O fato de que duas variáveis estão correlacionadas não significa necessariamente que uma faz com que a outra ocorra. A correlação pode ser uma coincidência, ou algum outro fator pode ocasionar mudanças nas duas variáveis. As vendas de sorvete e protetor solar podem estar estritamente correlacionadas, por exemplo, mas uma variável não causa a outra. Ambas são influenciadas pela estação e pelo clima.

Geralmente, as perguntas de negócios que você faz devem se basear na tentativa de entender a causalidade (como "Aumentar a quantia que gastamos em marketing leva a um aumento nas vendas?"). Você costuma responder a essas perguntas procurando por correlações. Os dados não podem dizer com certeza que a publicidade foi a única razão para o aumento nas vendas, mas pode mostrar se as vendas tendem a subir quando você anuncia mais.

Cada parte de dados que você coletar da sua cadeia de suprimentos pode ser representada (plotada) como um ponto em um gráfico. Por exemplo, a quantidade de produto que você vendeu em um determinado dia pode ser um ponto em um gráfico. Ao plotar inúmeros dados, como, por exemplo, as vendas em dias diferentes, você obviamente acaba com vários pontos no gráfico. Para fazer análises e procurar tendências nos dados, no entanto, talvez seja necessário ver os dados como uma linha. Ou seja, você coletou os pontos de dados, mas precisa convertê-los em dados contínuos para realizar alguns tipos de análise. Muitas vezes, você pode criar uma linha que trabalha bem no cálculo da média ou na aproximação dos pontos de dados. A conversão dos pontos de dados em uma linha chama-se *interpolação linear*.

A Figura 18-1 mostra como a interpolação linear pode transformar pontos em uma linha que revela tendências nos dados. Neste exemplo, seria difícil de visualizar a tendência ascendente das vendas apenas com os dados brutos, mas tudo fica claro quando você observa a tendência da linha.

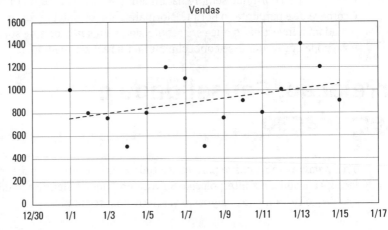

FIGURA 18-1: Interpolação linear de pontos de dados.

DICA

A interpolação é comumente usada na previsão. Você pode criar uma linha com base nos pontos de dados do passado e estender essa linha até o futuro para elaborar uma previsão. Os softwares matemáticos, como o Microsoft Excel, podem fazer interpolações automaticamente. No Excel, você pode adicionar as interpolações a um gráfico usando o recurso de linha de tendência. Se você quiser calcular uma interpolação em uma célula em uma planilha do Excel, use a fórmula = PREVISÃO ().

PAPO DE ESPECIALISTA

Há outros modos de analisar os dados usando um processo matemático chamado de interpolação não linear. Os gráficos do Excel incluem várias opções de linhas de tendência que executam a interpolação não linear.

Geralmente, é fácil ver as correlações olhando um gráfico, mas elas também podem ser calculadas matematicamente. As correlações podem ser positivas, negativas ou zero. Quando duas coisas estão perfeitamente e positivamente correlacionadas — sempre acontecem ao mesmo tempo —, seu coeficiente de correlação é +1,0. A Figura 18-2 mostra duas variáveis que apresentam uma correlação positiva. Neste exemplo, aumentar a quantia gasta em publicidade coincide ou se correlaciona a um aumento na receita.

FIGURA 18-2: Variáveis que apresentam uma correlação positiva.

Quando uma coisa aumenta enquanto outra coisa diminui, o coeficiente de correlação é -1,0. Por exemplo, a Figura 18-3 mostra um exemplo de correlação negativa em que a redução do preço se correlaciona com um aumento no número de unidades vendidas.

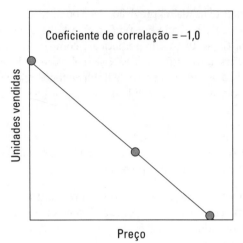

FIGURA 18-3: Variáveis que apresentam uma correlação negativa.

Se não há correlação entre duas coisas — elas são totalmente independentes —, sua correlação é 0. A Figura 18-4 exemplifica duas variáveis que parecem ter uma correlação 0. Quando a correlação entre duas variáveis é muito baixa ou próxima a 0, essas variáveis não estão relacionadas. Nos problemas analíticos do mundo real, você raramente encontra correlações exatamente iguais a 1,0 ou 0,0 ou -1,0. Como resultado, nem sempre é fácil saber se os dados corroboram a sua teoria. Decidir qual nível de correlação é considerado significativo ou relevante é um tópico comum de debate entre os analistas.

FIGURA 18-4: Variáveis aleatórias e não correlacionadas.

Decidir se uma correlação é significativa depende da pergunta que você está fazendo, dos dados que está usando e da abordagem utilizada para fazer a pergunta. Você também tem que considerar a confiança (o quanto é importante estar certo). Há uma grande diferença na necessidade de ter 80% de confiança e

99% de confiança. Muitas vezes, a melhor abordagem é simplesmente perguntar a uma equipe de analistas ou de estatísticos da cadeia de suprimentos qual o nível de significância que eles acham melhor.

Via de regra, visualizar que duas coisas estão correlacionadas é um insight válido que pode ajudá-lo a identificar maneiras de melhorar sua cadeia de suprimentos, mesmo que você não possa exigir um alto grau de confiança ou provar que uma correlação ocasionou a outra.

Caso você queira saber mais a respeito de como realizar análises, confira o *Análise Preditiva Para Leigos*, de Anasse Bari, Mohamed Chaouchi e Tommy Jung (Editora Alta Books).

Modelagem, Simulação e Otimização

A modelagem computadorizada está se tornando uma ferramenta popular para o planejamento das cadeias de suprimentos e para a previsão de como elas funcionarão. Na maior parte dos casos, os modelos são projetados para alcançar uma das duas coisas:

» Simular como uma cadeia de suprimentos se comportará sob um determinado conjunto de condições.

» Otimizar o desempenho de uma cadeia de suprimentos a fim de atingir um objetivo específico.

Uma das premissa a favor dos modelos é que é melhor usar os dados do que a intuição para tomar decisões sobre a cadeia de suprimentos. Contudo, os modelos da cadeia de suprimentos dependem dos pressupostos nos quais eles são baseados e dos dados que são fornecidos. Como diz o ditado: "Todos os modelos estão errados, mas alguns modelos são úteis". Um bom modelo tenta simplificar um problema, capturando os elementos-chave de uma cadeia de suprimentos, enquanto retira as coisas que não são relevantes. Para elaborar um modelo válido, você precisa tomar duas decisões:

» A quais perguntas você está tentando responder?

» Quais fatores terão maior influência sobre o resultado?

Essas decisões ajudarão a garantir que seu modelo seja apropriado para os problemas que você está tentando solucionar sem ser desnecessariamente complexo. Um modelo não precisa ser uma cópia exata da coisa real para ser válido, e um modelo que funciona bem em uma situação pode não ser adequado em outra.

Simulação

Uma das razões para desenvolver um modelo é ver como os elementos de uma cadeia de suprimentos interagem com o passar do tempo. Um modelo que demonstra como as cadeias de suprimentos se comportam é chamado de simulação. Os modelos de simulação podem ilustrar dinâmicas complexas, como oscilações no estoque causadas pelo efeito chicote, em que os sinais de demanda se tornam distorcidos à medida que circulam a montante em uma cadeia de suprimentos (veja o Capítulo 2). Compreender essas dinâmicas lhe permite realizar melhorias na cadeia de suprimentos e identificar problemas como gargalos e restrições, capacidade não utilizada, eventos inesperados e relacionamentos.

Otimização

Embora as simulações possam ser práticas, os gerentes da cadeia de suprimentos podem querer ver mais do que apenas um determinado conjunto de variáveis que pode mudar com o tempo. Eles também querem saber como fazer melhorias, tais como:

» Em que local implementar um centro de distribuição para minimizar os prazos de envio.
» Quanto estoque é necessário para atingir a meta de nível de serviço.
» Quais modos de transporte minimizam os custos.

DESENVOLVENDO UM MODELO

Pode-se levar tempo e dinheiro para desenvolver modelos de simulação e otimização, e talvez tenha lógica contratar um consultor para fazer esse trabalho para você. Quer você desenvolva um modelo ou contrate alguém para ajudá-lo, aqui estão algumas coisas a considerar:

- A quais perguntas você está tentando responder?
- Quais fatores influenciarão a decisão ou o resultado?
- Qual é o grau de estabilidade desses fatores? (Se eles podem mudar com o tempo.)
- A quais outras perguntas você poderia responder com esse modelo?
- Como você vai manter esse modelo?

Grosso modo, os gerentes da cadeia de suprimentos querem saber a melhor resposta a uma questão da cadeia de suprimentos, e um modelo de otimização pode proporcionar essa resposta. Os modelos de otimização tentam diferentes combinações de variáveis para encontrar as que funcionam melhor.

Planejamento de Cenário

A análise da cadeia de suprimentos se concentra no uso de dados para oferecer respostas às perguntas de negócios. O planejamento de cenários complementa o analytics, identificando as perguntas mais importantes a serem respondidas. A combinação do planejamento de cenário com o analytics lhe permite usar os dados para o planejamento de longo alcance e tomar decisões estratégicas em prol de sua cadeia de suprimentos.

Desenvolve-se o planejamento de cenários com base na filosofia de que o futuro está repleto de incertezas. Em uma cadeia de suprimentos, por exemplo, não é fácil prever os preços das commodities, a demanda dos clientes, os índices de adesão, as tecnologias e muitas outras variáveis. Você pode, no entanto, identificar um conjunto gerenciável de variáveis com maior probabilidade de determinar o futuro. Ao analisar essas variáveis-chave e o modo pelo qual as coisas funcionam, você pode determinar um pequeno número de resultados possíveis, chamados de *cenários*, que representam as versões mais prováveis do futuro. Ao entender os possíveis cenários para os quais é preciso se preparar, concentre-se no que você precisa fazer em cada um deles. As decisões que você precisa tomar e as coisas que pode fazer se dividem em quatro categorias:

» **Decisões óbvias:** Algumas decisões beneficiam sua cadeia de suprimentos em todos os cenários, envolvendo investimentos que todos deveriam concordar em fazer.

» **Decisões sem ganhos:** Outras decisões não agregam valor em nenhum dos cenários, então não há motivos para se preocupar com elas.

» **Decisões inofensivas:** Algumas opções o ajudam em um cenário, mas não o prejudicam em outros. Em outras palavras, elas podem ser bons investimentos, ou podem ser desnecessárias, porém inofensivas.

» **Decisões contingentes:** Algumas opções o ajudam em um cenário, mas o prejudicam em outro. Você precisa saber como será o futuro — qual cenário surgirá — antes de poder fazer o investimento correto.

Identificar as decisões óbvias, as decisões sem ganhos e as decisões inofensivas pode acelerar o processo de desenvolvimento de um planejamento estratégico para sua cadeia de suprimentos. As opções contingentes exigem foco constante. Em razão de a decisão de se seguir adiante com uma opção contingente depender de observar como as coisas mudam com o tempo, você precisa ter um processo a fim de monitorar a situação e um planejamento para tomar a decisão. Melhor dizendo, você pode precisar definir uma meta ou um limite como gatilho para um determinado cenário.

Veja um cenário que envolve a publicidade e o e-commerce, e ilustra como as decisões contingentes podem funcionar. Suponha que você seja um fabricante de doces que acaba de começar a vender seus produtos online. No momento, você vende somente 100 barras de chocolate por mês através de sua loja online. Devido ao volume baixo, é mais rentável fazer o outsourcing do atendimento do e-commerce a um provedor de logística terceirizado do que fazer esse trabalho sozinho. No entanto, com um volume de vendas maior, você poderia fazer com que o atendimento gerasse lucro, portanto, uma vez que suas vendas de e-commerce atinjam 1.000 barras de chocolate por dia, você vai querer trazer o atendimento de volta à empresa. Para alavancar suas vendas, você está se preparando para investir em publicidade, mas não sabe muito a respeito do retorno que ela pode ter. O que você deve fazer sobre o atendimento do seu e-commerce?

Nesse caso, é provável que você encontre pessoas em sua equipe com opiniões diferentes sobre o que se deve fazer. Alguns serão otimistas quanto à efetividade da publicidade e vão querer trazer o atendimento de volta à empresa imediatamente. Outros talvez sejam pessimistas e possam sugerir que você espere para fazer o insourcing do atendimento até ter certeza de que as vendas aumentaram. Na realidade, essa é uma decisão contingente — selecionar a melhor opção depende da eficácia da publicidade.

O KIT DE PLANEJAMENTO DE CENÁRIOS DO MIT

O Centro de Transporte e Logística do MIT (Massachusetts Institute of Technology) foi pioneiro no uso do planejamento de cenário para as cadeias de suprimentos. O centro trabalhou com empresas e governos para ensinar gerentes de cadeia de suprimentos a criarem seus próprios cenários e realizarem workshops de planejamento estratégico. Eles até criaram um kit de ferramentas de planejamento de cenários, que você pode usar gratuitamente. Para obtê-lo, acesse: `http://ctl.mit.edu/scenario-planning-toolkit` (conteúdo em inglês). O principal público-alvo são os analistas de planejamento de transporte, mas os cenários são úteis para qualquer um que esteja envolvido em planejamento de longo prazo para as cadeias de suprimento.

O kit de ferramentas inclui quatro cenários que descrevem como o mundo poderá parecer em 2037. Provavelmente, nenhum desses cenários acontecerá, mas cada cenário é baseado em dados e análises. Comparar esses cenários uns com os outros mostra como é difícil prever como será o mundo daqui a alguns anos. Se você quiser experimentar o planejamento de cenário, poderá usar os cenários disponibilizados pelo MIT ou criar seus próprios cenários com base nos fatores mais relevantes para o seu negócio.

Fazer suposições sobre o que possivelmente acontecerá no futuro é, na verdade, uma parte importante da gestão da cadeia de suprimentos. O charme do planejamento de cenário é que ele ajuda pessoas com perspectivas e motivações diferentes a visualizarem as coisas com as quais concordam e discordam. No que há divergência, o planejamento de cenário permite criar um processo para coletar fatos e dados adicionais de modo que todos fiquem em completa sintonia.

Dashboards e Torres de Controle

Quando você dirige um carro, sua principal fonte de feedback é o painel. O painel fornece dados sobre o desempenho do carro, incluindo a velocidade, a quantidade de combustível no tanque e o status das setas (piscando ou não). O painel também pode alertá-lo quando algo está errado, como quando ele acende a luz de verificação do motor. Como um carro, uma cadeia de suprimentos é um sistema complexo. Se você é responsável por gerenciar uma cadeia de suprimentos, você quer ter um dashboard (painel de controle) para isso. Os painéis da cadeia de suprimentos, também conhecidos como dashboards, são relatórios que mostram o status atual dos indicadores-chave de desempenho. O ideal é um painel ser atualizado automaticamente com base nos dados em tempo real. Mas quando os dados em tempo real não estão disponíveis, você pode elaborar manualmente os painéis e atualizá-los regularmente. O objetivo de um painel é fornecer uma representação visual dos dados para que as pessoas possam interpretar esses dados e, depois, tomar decisões e providências. Os painéis costumam usar cores e imagens gráficas para mostrar tendências e irregularidades nos dados. A Figura 18-5 mostra um painel da cadeia de suprimentos que apresenta gráficos.

Desempenho da Cadeia de Suprimentos para Janeiro

$10,3 M Valor do estoque

$1,4 M Custos de transporte

$2,4 T Pedidos dos clientes

2 Incidentes Segurança

92% Desempenho do fornecedor

93% Atendimento de pedidos

FIGURA 18-5: Amostra de dashboard da cadeia de suprimentos.

Muitos painéis da cadeia de suprimentos usam as cores vermelho, amarelo e verde para informar se uma métrica é boa ou ruim. Todavia, por exemplo, uma parte da população é daltônica, o que significa que seus indicadores coloridos não farão nenhuma diferença para elas. Caso você opte por usar cores no seu painel, inclua outros recursos que as pessoas com daltonismo possam detectar com facilidade.

A ferramenta mais comum para desenvolver os painéis de cadeia de suprimentos é o Microsoft Excel. Um painel disponibiliza uma imagem instantânea dos principais dados que lhe fornecem informações sobre o que está acontecendo em uma cadeia de suprimentos. Às vezes, no entanto, você precisa examinar dados que não estão incluídos em um painel. Por exemplo, talvez você precise acessar dados adicionais para investigar por que um processo parece estar fora de controle. Nesses casos, você precisa de uma torre de controle da cadeia de suprimentos (veja "Melhore a Transparência e a Visibilidade", no Capítulo 15). As torres de controle usam software de business intelligence para fornecer acesso mais fácil e em tempo real aos dados, de modo que você possa fazer perguntas complexas e solucionar os problemas de negócios (veja o Capítulo 12 para obter uma lista de fornecedores de software de business intelligence). As torres de controle são pertinentes para a gestão estratégica, como a visualização de tendências de longo prazo e o gerenciamento de paralisações na cadeia de suprimentos. Ao ocorrer um problema grave em sua cadeia de suprimentos, ter acesso fácil às informações corretas o ajuda a tomar decisões acertadas e a gerenciar as trade-offs rapidamente.

CENTRAL DE SUPRIMENTOS DE GARANTIA DA CATERPILLAR

Em 2012, a Caterpillar estava tendo dificuldades para administrar sua cadeia de suprimentos interna, que incluía mais de 640.000 unidades distintas mantidas em estoque de 7.000 fornecedores, que estavam sendo despachadas para 127 instalações. O departamento de compras da empresa investiu em software de business intelligence e desenvolveu uma torre de controle da cadeia de suprimentos que poderia integrar os dados de diversas fontes, incluindo sistemas de compra, sistemas de gerenciamento de transporte e sistemas de planejamento de recursos empresariais. Uma vez que o controle estava em vigor, era possível criar indicadores de desempenho para cada fornecedor e cada instalação, e também visualizar as relações complexas da cadeia de suprimentos. Com esses dados disponíveis, ficou muito mais fácil para os gerentes da cadeia de suprimentos minimizar o impacto das paralisações quando acontecia alguma catástrofe natural com um fornecedor ou quando um porto interrompia as operações.

5 Construindo Sua Carreira em Gestão da Cadeia de Suprimentos

NESTA PARTE...

Explore a ampla gama de oportunidades de carreira em toda a cadeia de suprimentos.

Transforme suas habilidades e interesses em um plano para sua carreira futura.

Veja as opções tradicionais de educação da cadeia de suprimentos, como universidades e certificações.

Investigue as emergentes opções educacionais não tradicionais, como cursos online e certificados.

> **NESTE CAPÍTULO**
>
> » Em busca de empregos na cadeia de suprimentos
>
> » Compreendendo as designações de profissões
>
> » Explore as opções de carreira

Capítulo **19**

Escolha uma Carreira na Cadeia de Suprimentos

A carreira em gestão da cadeia de suprimentos pode ser extremamente recompensadora. Os profissionais da cadeia de suprimentos conseguem trabalhar em praticamente qualquer setor da economia; eles podem morar em quase qualquer lugar; e geralmente colaboram com colegas, clientes e fornecedores em todo o mundo. Há trabalhos em que os profissionais da cadeia de suprimentos desempenham em escritórios, em uma fábrica, e alguns vivem com o pé na estrada. Este capítulo oferece uma visão geral das possibilidades de profissões na cadeia de suprimentos para que você possa traçar um plano de carreira que se adeque mais às suas habilidades.

Faça a Sua Lição de Casa

As pessoas são a parte mais importante de qualquer cadeia de suprimentos. Muitas posições de emprego contribuem para o funcionamento adequado do fluxo de dinheiro, material e informação, e qualquer uma dessas funções — ou uma combinação delas — pode se tornar uma carreira. Encontrar o emprego certo implica ser honesto consigo mesmo sobre o que você gosta e no que você é bom, além de reunir informações objetivas acerca de quais trabalhos estão disponíveis.

Infelizmente, descobrir como iniciar uma carreira na gestão da cadeia de suprimentos pode ser difícil. Até mesmo as pessoas que já têm empregos relacionados às cadeias de suprimentos, muitas vezes, têm dificuldades para encontrar as informações necessárias a fim de entender suas opções e planejar seus próximos passos. Encontrar a carreira ideal no setor da cadeia de suprimentos (ou em qualquer setor, por exemplo) começa com o alinhamento de três critérios:

» As coisas em que você é bom.
» As coisas que você tem competência para fazer.
» As coisas que alguém vai lhe pagar para fazer.

Como esses três critérios podem mudar com o tempo, você deve reavaliar suas opções continuamente. O Diagrama de Alinhamento de Carreira, na Figura 19-1, mostra como você pode usar esses critérios para escolher uma carreira que tenha lógica para você, tanto hoje como futuramente.

FIGURA 19-1: Diagrama de alinhamento de carreira.

Analise as Categorias Profissionais na Cadeia de Suprimentos

As profissões e os cargos na cadeia de suprimentos podem ser um bocado confusos, porque a gestão da cadeia de suprimentos é um campo relativamente novo. (O termo *cadeia de suprimentos* existe desde a década de 1980.) Muitas funções na cadeia de suprimentos estão evoluindo tão rapidamente que as agências governamentais nos Estados Unidos, que monitoram os dados de emprego, têm dificuldade em acompanhá-los. Para as empresas é bem mais fácil se manter em dia com os novos tipos de funções e cargos, pois elas podem, com frequência, mudar os nomes dos cargos e das funções facilmente, sem muita burocracia.

Quando uma nova função de trabalho é criada, cada empresa tenta criar um nome apropriado. O resultado é que empresas diferentes podem chamar a mesma função por nomes distintos, e como muitos títulos de cargos são usados para a mesma função, a correspondência de cargos e categorias de funções nem sempre é fácil. Por exemplo, os drones estão entrando rapidamente no cenário da cadeia de suprimentos, o que significa que a demanda por operadores de drones está crescendo. Ser um operador de drone exige treinamento e autorização de licença, mas essa função tem muitos nomes, como operador de sistema de aeronave não tripulada, piloto de veículo não tripulado e piloto de drone comercial. Portanto, mesmo que você saiba que tipo de trabalho está procurando, talvez ainda acabe pesquisando por títulos de cargos diferentes da profissão que procura.

DICA

O Departamento de Trabalho dos EUA recolhe estatísticas de funções para profissões baseadas em códigos de classificação. Essas estatísticas são publicadas em um site internacional chamado O*NET. Muitos pesquisadores, instituições de ensino e agências governamentais estruturam seus cursos em torno dessas classificações, de modo que as classificações são bem válidas. (Este capítulo inclui informações do O*NET OnLine [www.onetonline.org; conteúdo em inglês] do Departamento de Trabalho e da Administração de Emprego e Capacitação [USDOL/ETA] dos EUA. Atribuição CC BY 4.0. Eu modifiquei todas ou algumas dessas informações. O USDOL/ETA não aprovou, endossou ou testou essas modificações.)

Caso você esteja interessado em uma carreira internacional, a Figura 19-2 mostra um exemplo da informação que você pode encontrar no site O*NET (conteúdo em inglês).

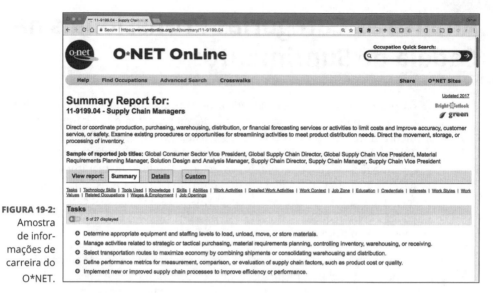

FIGURA 19-2: Amostra de informações de carreira do O*NET.

A fim de compreender as informações a respeito das carreiras internacionais na cadeia de suprimentos — mesmo as informações oriundas das fontes oficiais do governo estadunidense —, você precisa entender os processos da cadeia de suprimentos. Uma boa maneira de começar é analisar as categorias de emprego, explorar e aprofundar-se em uma categoria que lhe pareça interessante e descobrir mais sobre as profissões específicas que fazem parte dessa categoria. Depois, você pode usar essas informações para personalizar sua pesquisa de emprego (e seu currículo) com base nas palavras-chave de cada função.

O desafio de encontrar informações sobre as profissões da cadeia de suprimentos no O*NET é que as funções são classificadas de maneiras que não fazem muito sentido quando se pensa nelas em termos de gestão da cadeia de suprimentos. O*NET usa códigos diferentes para gerentes de transporte, gerentes de logística e analistas de logística, por exemplo, mas no setor internacional esses títulos são frequentemente usados de forma intercambiável.

No Brasil, as profissões, não só da cadeia de suprimentos, são classificadas de acordo com a Classificação Brasileira de Ocupações (CBO), cuja classificação numerativa e descritiva de atividades econômicas e profissionais é estabelecida pela Comissão Nacional de Classificação (CONCLA). Veja a seguir alguns sites brasileiros, semelhantes ao O*NET, que podem ser usados em sua pesquisa e que podem apresentar ofertas de emprego e informações sobre as profissões na área de gestão da cadeia de suprimentos (designações profissionais que você verá nas próximas seções):

» **Catho Empregos e Vagas**

```
https://www.catho.com.br/
```

284 PARTE 5 **Construindo Sua Carreira em Gestão da Cadeia de Suprimentos**

» **CVEngenharia**

   www.cvengenharia.com.br

» **Empregos.com**

   www.empregos.com.br

» **Hays Brasil**

   http://www.hays.com.br/

» **Indeed**

   www.indeed.com.br

» **InfoJobs**

   www.infojobs.com.br

» **LinkedIn**

   www.linkedin.com

» **Manager**

   www.manager.com.br

Dez categorias de trabalho abrangem a maioria das funções que estão diretamente relacionadas às tarefas de planejamento, fornecimento, produção, entrega, devolução e de apoio em uma cadeia de suprimentos:

» Colaboradores
» Técnicos
» Planners e analistas
» Engenheiros
» Supervisores
» Gestores
» Representantes de vendas
» Gestores de tecnologia da informação
» Gerentes de projeto
» Executivos

Duas outras categorias de trabalho importantes são frequentemente ignoradas:

» Jornalistas
» Educadores

Você pode pensar nessas categorias de trabalho em termos da estrutura na Figura 19-3. Em geral, quanto mais alto você estiver na hierarquia deste gráfico, maior será o seu salário, porém menos vagas de emprego você provavelmente encontrará.

FIGURA 19-3: Estrutura das carreiras na cadeia de suprimentos.

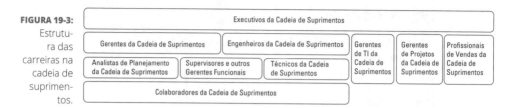

O restante deste capítulo descreve resumidamente essas categorias. Ao ler sobre as funções, você vê por que algumas posições são consideradas profissões da cadeia de suprimentos, embora esse fato nem sempre esteja claro nos títulos de cargos.

O uso das palavras *logística, compras* ou *operações* é um sinal claro de uma função da cadeia de suprimentos.

Colaboradores

As funções dos colaboradores da cadeia de suprimentos geralmente não requerem educação e treinamento formal, mas você pode ter que obter uma licença para operar tipos específicos de equipamentos ou ter que fazer treinamento nos sistemas de informação relacionados à função desempenhada em uma determinada empresa. Normalmente, esses trabalhos são pagos por hora e são sazonais. No Brasil, tais funções são desempenhadas por consultores, colaboradores terceirizados ou prestadores de serviço pessoa física.

O trabalho dos colaboradores da cadeia de suprimentos tem um impacto enorme no fluxo de toda a cadeia de suprimentos. Esse trabalho não acontece em sua totalidade sem a ajuda de compradores, caminhoneiros, trabalhadores de armazéns e operadores de equipamentos. Essas funções podem ser um excelente ponto de partida para aprender a respeito das habilidades e tarefas necessárias, como também ganhar experiência em primeira mão no que concerne aos desafios práticos que impactam o desempenho da cadeia de suprimentos. Veja abaixo algumas profissões que são consideradas funções colaborativas em uma cadeia de suprimentos:

» **Auxiliar de procurement:** Compra coisas de fornecedores e certifica-se de que toda a documentação esteja em ordem. Dentre as designações profissionais comuns para os auxiliares de procurement estão: comprador, assistente de procurement, auxiliar de escritório, especialista em procurement, técnico em procurement, assistente de compras, consultor em compras, auxiliar de compras, especialista em compras e auxiliar de armazém.

- » **Auxiliar de estoque:** Lida com o envio e recebimento de estoque em uma fábrica ou centro de distribuição. As designações profissionais comuns para os auxiliares de estoque incluem o estoquista de doca, operador de materiais, recebedor, encarregado de recebimento, auxiliar de estoque, estoquista, assistente de almoxarifado, assistente de expedição, representante de expedição e funcionário de expedição.
- » **Analistas de balanças, analistas de medição, analistas de verificação e analistas de amostras:** Coletam dados e métricas em toda a cadeia de suprimentos. As designações profissionais comuns para esses trabalhos incluem: analista de contagem de operações de ciclo, especialista em estoque, técnico de laboratório, gerente de controle de material, técnico de laboratório de garantia de qualidade, técnico de laboratório de controle de qualidade, operador de controle de qualidade, técnico de controle de qualidade, operador de balança e auxiliar de suprimentos.
- » **Trabalhadores, estoquistas e carregadores de materiais:** Movimentam os produtos ou pacotes de um lugar para outro manualmente (sem uma empilhadeira). As designações profissionais comuns para essas funções compreendem: trabalhador de doca, trabalhador, carregador, operador de materiais, coletor de mercadorias/recebedor terceirizado, recebedor, expedidor, operador de materiais de expedição e recebimento e funcionário da expedição.
- » **Operadores de máquinas (machine feeders e carregador externos):** Fornecem suporte às máquinas em uma cadeia de suprimentos, carregando e descarregando os produtos delas. As designações profissionais para essas funções incluem: operador de máquina – alimentação, operador de linha, operador de parada de carregamento, offbearer, trabalhador de serralheria e operador de tubo indexador automático.
- » **Embaladores e empacotadores:** Colocam os produtos na embalagem adequada para garantir que eles estejam protegidos. As designações profissionais para essas funções compreendem: empacotador de supermercado, inspetor de embalagem, operador de troca de produtos, operador de empacotamento, embalador, empacotador, apanhador de mercadorias e empacotador, operador de seleção de embalagens e assistente de envio.
- » **Operadores de tratores e de empilhadeiras:** Movimentam os materiais ao redor de um centro de distribuição ou pátio de armazenamento usando empilhadeiras. As designações profissionais comuns para essas funções incluem: conferente de carga, técnico de empilhadeira elétrica, motorista de empilhadeira à combustão, motorista de empilhadeira elétrica, operador de empilhadeira elétrica, operador de empilhadeira manual ou à combustão, motorista de veículos industriais, sinaleiro, operador de motor de reboque e motorista de caminhão.
- » **Motoristas de caminhões leves ou de serviços de entrega:** Dirigem pequenos caminhões de entrega para pegar peças de fornecedores ou

entregar pacotes aos clientes. Dentre as designações profissionais comuns para essas funções figuram: motorista de entrega a granel, motorista de entrega, motorista de mercadorias, motorista de utilitários, motorista de entrega de pacote, motorista de rota, supervisor de rota, provedor de serviço e motorista de caminhão.

» **Motoristas de caminhão pesado e reboques:** Transportam cargas pesadas e equipamentos grandes — movimentam cargas em todo o país. As designações profissionais comuns para essa função compreendem: motorista de entrega, motorista, motorista de longas distâncias, motorista de cargas rodoviárias, motorista de caminhão de semirreboque e motorista de caminhão. No Brasil, resumidamente, os veículos mais comuns usados no transporte de carga compreendem utilitários, veículos de cargas urbanas (VUC), caminhões toco, truck, bitruck, caminhão cavalo mecânico simples, carreta LS (cavalo mecânico com três eixos), dentre outros. Quando o veículo excede o número de eixos permitidos para transporte é necessário obter uma AET — autorização especial de trânsito. No que tange à profissão de motorista de caminhão, também é necessário, caso o motorista dirija um veículo com mais de 3,5 toneladas e 8 passageiros, tirar a carteira de habilitação conforme as categorias: categoria C (para caminhões tocos e trucados), categoria D (veículos da categoria C, veículos com mais de 8 passageiros) e categoria E (estar habilitado nas categorias C e D há mais de um ano, operar caminhões do tipo cavalo mecânicos + implemento).

Técnicos

Os técnicos da cadeia de suprimentos operam, mantêm, instalam e atualizam as tecnologias de automação que se tornaram críticas para a maioria das cadeias de suprimentos. Essas profissões geralmente exigem treinamento técnico especializado em áreas como eletrônica, usinagem, programação de computadores e soldagem. À medida que a automação e os drones se tornam cada vez mais fundamentais às cadeias de suprimentos, a necessidade de técnicos que possam dar suporte a essas novas ferramentas provavelmente aumentará. A seguir, algumas designações profissionais que se enquadram na categoria de técnicos da cadeia de suprimentos.

» **Técnicos eletromecânicos:** Operam, testam, mantêm ou calibram equipamentos não tripulados, automatizados, servomecânicos ou eletromecânicos. Esses técnicos podem operar submarinos, aeronaves ou outros equipamentos não tripulados nos locais de trabalho. Ainda que não seja evidente pelo nome, essa categoria inclui os operadores de drones. Técnicos eletromecânicos podem ajudar os engenheiros a testarem e projetarem equipamentos robóticos. As designações profissionais dessa categoria incluem: eletromecânico, técnico de eletromecânica, técnico eletrônico, técnico de engenharia, técnico laboratorial, técnico de manutenção, técnico mecânico, especialista em teste de produto, técnico de teste e testador.

» **Técnicos de robótica:** Constroem, instalam, testam ou fazem a manutenção de equipamentos robóticos ou sistemas de produção automatizados relacionados. As designações profissionais incluem: técnico de automação, técnico em elétrica e instrumentação, técnico em eletrônica, técnico de serviço de campo, especialista em instrumento e técnico em instrumentação.

» **Tecnólogos de engenharia industrial:** Auxiliam os engenheiros industriais em atividades como controle de qualidade, controle de estoque e métodos de fluxo de materiais. Esses trabalhadores podem realizar estudos estatísticos ou analisar os custos de produção. As designações profissionais nesta categoria compreendem: engenheiro de integridade do produto (colaborador ou consultor), chefe de operação e logística, engenheiro de linha, gerente, gerente de ativos, analista de planejamento de materiais, analista de planejamento de produção, analista de planejamento, supervisor de controle de produção, coordenador de gerenciamento de qualidade, tecnologia de qualidade e especialista sênior em metodologia de qualidade.

» **Mecânicos de máquinas industriais:** Reparam, instalam, ajustam ou fazem a manutenção das máquinas de produção e processamento industrial, ou dos sistemas de distribuição de refinarias e tubulações. As designações profissionais nesta categoria incluem: mecânico de máquinas industriais, mecânico industrial, mecânico de tear, ajustador de máquina, mecânico de manutenção, técnico de manutenção, mecânico mestre, mecânico e inspetor.

» **Operadores de esteira transportadora e transportadores:** Controlam ou lidam com esteiras transportadoras, ou sistemas de esteiras transportadoras que transportam materiais ou produtos de e para os estoques, estações de processamento, seções ou veículos. Esses trabalhadores podem controlar a velocidade e o encaminhamento de materiais ou produtos. Dentre as designações profissionais nesta categoria figuram: transportador de linha de montagem, bander, operador de encartuchadeira, operador de talha de corrente, operador de trituradora, operador de descascador, operador de linha de embalagem, operador de prensa, operador de linha de processo e operador de processo.

» **Mecânicos de ônibus e caminhões e especialistas em motores a diesel:** Fazem o diagnóstico, ajuste, conserto ou fazem a revisão de ônibus e caminhões, ou a manutenção e conserto de quaisquer tipos de motores diesel. Esses trabalhadores incluem os mecânicos que trabalham principalmente com motores a diesel automotivos ou marítimos. As designações profissionais nesta categoria incluem: mecânico de ônibus, mecânico a diesel, técnico em diesel, mecânico de frota, mecânico de reparo geral, mecânico, técnico de serviço, mecânico de reboque, mecânico de trânsito e mecânico de caminhão.

> **Tecnólogos em engenharia de fabricação:** Desenvolvem ferramentas, implementam projetos ou integram as máquinas, equipamentos ou tecnologias de computador para garantir que os processos de fabricação sejam eficazes. Dentre as designações profissionais nesta categoria figuram: analista de processos de negócios, coordenador de manufatura, analista de tecnologia de manufatura, gerente de produto e cientista.

Profissionais de Planejamento e Analistas

Planejar e analisar o fluxo de dinheiro, material e informação é uma parte essencial de qualquer trabalho na cadeia de suprimentos. Os profissionais de planejamento e analistas que fazem esse trabalho normalmente combinam seu conhecimento do negócio com o conhecimento de tecnologia e experiência em sistemas de informações da cadeia de suprimentos. Alguns desses trabalhos exigem um diploma de tecnólogo ou um de bacharelado, mas muitas vezes é possível adquirir as habilidades para desempenhar essas funções através da experiência de trabalho e/ou com programas de certificação profissional. A seguir, algumas posições que se enquadram nessa categoria:

> **Analistas de logística:** Analisam a entrega de produtos ou os processos da cadeia de suprimentos para identificar ou recomendar alterações. Esses funcionários podem gerenciar a atividade de rota executando tarefas como faturamento, faturamento eletrônico e rastreamento de remessa. Compreendem: analista de logística global, analista de logística e analista de cadeia de suprimentos.

> **Analistas de gestão:** Realizam estudos e avaliações organizacionais, projetam sistemas e procedimentos, conduzem estudos de simplificação e avaliação de trabalho, e elaboram manuais de operações e procedimentos para ajudar a administração a operar com mais eficiência. As designações profissionais nesta categoria incluem: analista administrativo, analista de negócios, analista de programas de emprego, gerente de desenvolvimento de liderança, analista de gestão, consultor de gestão, consultor de desenvolvimento organizacional, consultor principal, analista de gerenciamento de programa e analista de controle de qualidade.

> **Analistas de pesquisa de operações:** Formulam e aplicam a modelagem matemática e outros métodos de otimização para desenvolver e interpretar informações que auxiliem o gerenciamento com a tomada de decisões, a elaboração de políticas e outras funções. Tais trabalhadores podem coletar e analisar dados, bem como desenvolver software de apoio a decisões, serviços ou produtos. Eles também podem desenvolver planos para otimizar

o tempo e o custo de uma rede logística. Dentre as designações profissionais estão: estrategista analítico, diretor de análise de negócios, gerente de práticas e análise de negócios, analista de decisões, analista de pesquisa de operações, gerente de grupo de pesquisa de operações, gerente de pesquisa de operações e cientista.

» **Auxiliares de produção, planejamento e expedição:** Coordenam e agilizam o fluxo de trabalho e materiais dentro ou entre os departamentos de um estabelecimento de acordo com uma programação de produção. Suas atribuições incluem a revisão e distribuição de programações de produção, trabalho e expedição; consulta de supervisores do departamento para determinar o progresso do trabalho e as datas de conclusão; e compilação de relatórios sobre o progresso do trabalho, níveis de estoque, custos e problemas de produção. As designações profissionais abarcam: organizador mestre, coordenador de material, analista de planejamento de materiais, analista de planejamento, assistente de produção, líder de produção, analista de controle de produção, analista de planejamento de produção, analista de programação de produção e organizador de produção.

» **Agentes de carga e frete:** Fazem a expedição e encaminhamento das cargas de entrada e cargas de saída em terminais aéreos, ferroviários, de caminhões e nas docas de transporte. Esses trabalhadores aceitam pedidos de clientes e organizam a separação de mercadorias e cargas para entrega na plataforma de carregamento. Eles também preparam e examinam os conhecimentos de transporte a fim de determinar as taxas e tarifas de envio. As designações profissionais incluem: agente de carga, assistente de documentação, assistente de desembarque de transporte, intermediário comercial de frete, expedidor intermodal, coordenador internacional, analista de planejamento de carga, coordenador de logística, representante de serviço logístico, expedidor e gerente de operações.

Engenheiros

As cadeias de suprimentos são sistemas complexos, e projetá-los comumente exige matemática e engenharia de altíssimo nível. A maioria das funções para engenheiros na cadeia de suprimentos exige um diploma universitário em engenharia:

» **Engenheiros industriais:** Projetam, desenvolvem, testam e avaliam os sistemas integrados para gerenciar processos de produção industrial, incluindo fatores de trabalho humano, controle de qualidade, controle de estoque, logística e fluxo de material, análise de custos e coordenação de produção. As designações profissionais nesta categoria compreendem: engenheiro, gerente de engenharia, engenheiro industrial, especialista em fabricação, engenheiro de operações, engenheiro de fábrica, engenheiro de processo, engenheiro de produção, engenheiro de cadeia de suprimentos e engenheiro de ferramentas.

» **Engenheiros de logística:** Projetam ou analisam as soluções operacionais para projetos como otimização de transporte, modelagem de redes, análise de processos e métodos, contenção de custos, aprimoramento de capacidade, otimização de roteamento e expedição e gerenciamento de informações. Incluem: engenheiro de logística, engenheiro de confiabilidade e engenheiro de sistemas.

» **Engenheiros de fabricação:** Projetam, integram e/ou melhoram os sistemas de manufatura ou os processos relacionados. Esses funcionários podem trabalhar com os designers comerciais ou industriais a fim de aprimorar os projetos de produtos de uma maneira que aumente a produtividade e diminua os custos. As designações profissionais nesta categoria incluem engenheiro de fabricação avançada, vice-presidente de fabricação avançada, engenheiro de instalação, diretor de produção, engenheiro de produção, diretor de engenharia de fabricação, gerente de engenharia de fabricação, engenheiro de fábrica, engenheiro de processo e engenheiro de melhoria de processo.

» **Engenheiros de robótica:** Pesquisam, projetam, desenvolvem ou testam as aplicações robóticas. Dentre as designações profissionais nesta categoria estão: professor colaborador de automação, engenheiro de automação, engenheiro e gerente de automação de chão de fábrica.

Supervisores

As funções de supervisão estão intimamente relacionadas à cadeia de suprimentos e são frequentemente deixadas de lado pelos profissionais da cadeia de suprimentos à medida que suas carreiras se desenvolvem. Os engenheiros e gerentes da cadeia de suprimentos costumam atuar como supervisores de primeira linha (nível operacional) no início de suas carreiras, de modo que ganhem experiência prática nas operações diárias de uma cadeia de suprimentos. Uma profissional da cadeia de suprimentos poderia ser uma ótima candidata à função de gerente de prevenção de perdas, por exemplo, porque ela entende como as cadeias de suprimentos funcionam. A seguir, algumas posições que se enquadram nessa categoria:

» **Supervisores de primeira linha e trabalhadores de produção e operação:** Supervisionam diretamente e coordenam as atividades de produção e operação de trabalhadores, como inspetores, trabalhadores de precisão, montadores e operadores de máquinas, montadores, fabricantes e operadores de instalações e sistemas. As designações profissionais nesta categoria incluem: supervisor de montagem, gerente de departamento, supervisor de fabricação, supervisor de moldagem, gerente de produção, supervisor de produção, supervisor de garantia de qualidade, supervisor de turno, supervisor e líder de equipe.

» **Despachantes e expedidores**: Agendam e alocam os trabalhadores, equipes de trabalho, transportadores contínuos ou veículos de serviço para transporte de materiais, frete ou passageiros, ou instalação normal, serviço ou reparos de emergência prestados fora do local de trabalho. Suas atribuições podem incluir o uso de um rádio, telefone ou computador para transmitir as tarefas, além de compilar estatísticas e relatórios sobre o andamento do trabalho. Compreendem: despachante operacional de voo, gerente de despacho, despachante, despachante de operações, despachante de controle de operações ferroviárias, despachante de trem e despachante de caminhão.

» **Gerentes de prevenção de perdas:** Planejam e direcionam políticas, procedimentos ou sistemas para evitar a perda de ativos. Esses trabalhadores tentam proteger a cadeia de suprimentos contra roubo, determinando a exposição ao risco ou a responsabilidade potencial e, em seguida, desenvolvendo medidas de controle do risco. As designações profissionais nesta categoria compreendem: gerente de prevenção de perdas, gerente de prevenção de perda de logística, gerente de operações de prevenção de perdas e gerente de proteção de mercadorias e ativos.

Gestores

Os gerentes da cadeia de suprimentos são líderes de negócios que tomam decisões sobre como uma cadeia de suprimentos operará. Eles podem ser responsáveis pelo fluxo completo de compras, logística e operações, ou o escopo das funções deles pode ser mais restrito. Normalmente, essas atribuições exigem um diploma de bacharel e, para muitos deles, o mestrado é pra lá de bem-vindo. A seguir, alguns exemplos de posições de gerentes da cadeia de suprimentos:

» **Gestores da cadeia de suprimentos:** Direcionam ou coordenam serviços e atividades de produção, compra, armazenagem, distribuição ou previsão financeira para limitar custos e melhorar a precisão, o atendimento ao cliente ou a segurança. Analisam os procedimentos e identificam oportunidades de simplificar atividades para atender às necessidades de distribuição de produtos, além de direcionar a movimentação, o armazenamento ou o processamento de estoque. (Em outras palavras, eles se concentram na melhoria do processo.) As designações profissionais nesta categoria compreendem: diretor global da cadeia de suprimentos, diretor da cadeia de suprimentos, gerente da cadeia de suprimentos e vice-presidente da cadeia de suprimentos.

» **Gestores de transporte:** Planejam, direcionam ou coordenam as operações de transporte dentro de uma organização ou as atividades de organizações que fornecem serviços de transporte. As designações profissionais nesta categoria incluem: diretor de operações, gerente de frota, coordenador de cargas, gerente de transporte global, gerente de tráfego, gerente de operações de trem, maquinista, diretor de transporte, gerente de transporte e supervisor de transporte.

» **Gerentes de armazenamento e distribuição:** Planejam, direcionam ou coordenam as operações de armazenamento ou distribuição dentro de uma organização ou as atividades de organizações que armazenam ou distribuem materiais ou produtos. Dentre as designações profissionais nesta categoria figuram: supervisor de armazenamento a frio, gerente de atendimento ao cliente, gerente do centro de distribuição, gerente de distribuição, gerente de operação de distribuição, supervisor de carga, gerente de expedição, supervisor de expedição, supervisor de armazenamento e gerente de expedição.

» **Gerentes de logística:** Planejam, direcionam ou coordenam os serviços de compras, armazenamento, distribuição, previsão, atendimento ao cliente ou planejamento de serviços. Esses funcionários gerenciam o pessoal de logística e os sistemas de logística, além de direcionar as operações diárias. Incluem: gerente global de logística, diretor de programas de logística integrada, gerente de logística, gerente de solução logística e gerente de logística da cadeia de suprimentos.

» **Analistas de logística**: Analisam e coordenam as funções logísticas de uma empresa ou organização. Esses trabalhadores são responsáveis por todo o ciclo de vida de um produto, incluindo aquisição, distribuição, alocação interna, entrega e disposição final dos recursos. As designações profissionais nesta categoria abarcam: administrador de serviços ao cliente, analista de logística, diretor de logística, líder de equipe de logística, vice-presidente de logística, vice-presidente de operações, analista de planejamento de produção, gerente de programação, especialista em gerenciamento de suprimentos e engenheiro de sustentabilidade.

» **Gerentes de compras:** Planejam, direcionam ou coordenam as atividades de compradores, diretores de compras e trabalhadores relacionados envolvidos na compra de materiais, produtos e serviços. As designações profissionais nesta categoria abrangem: gerente de commodity, diretor de materiais, diretor de compras, diretor de compras estratégicas, gerente de materiais, gerente de departamento de compras, gerente de compras, supervisor de compras e gerentes de merchandising de atacado ou de varejo.

» **Gerentes gerais e de operações:** Planejam, direcionam ou coordenam as operações de organizações do setor público ou privado. Dentre as suas atribuições e responsabilidades estão a criação de políticas, a gestão de operações diárias, o planejamento do uso de materiais e os recursos humanos. As designações profissionais nesta categoria incluem: gerente de negócios, gerente de instalações, gerente geral, diretor de operações, gerente de operações, gerente de fábrica, superintendente de fábrica, gerente de produção e gerente de loja.

Representante de Vendas

Para as empresas que vendem produtos e serviços da cadeia de suprimentos, a receita é impulsionada pelos vendedores. Para vender essas coisas, você precisa entender do negócio. As empresas de software da cadeia de suprimentos, por exemplo, precisam de representantes de vendas que entendam como seu produto pode resolver os problemas de seus clientes, o que significa que seus vendedores precisam entender tanto a tecnologia quanto os negócios dos clientes. Os requisitos de treinamento e capacitação para os profissionais de vendas da cadeia de suprimentos variam muito, todavia os empregos na área de vendas estão disponíveis em praticamente todas as empresas que fornecem soluções para a cadeia de suprimentos. Os cargos nessa categoria incluem executivo de contas, gerente de contas, representante de vendas externo, consultor de vendas, diretor de vendas, representante de vendas e vendedor.

Gestores de Tecnologia da Informação

As cadeias de suprimentos tornaram-se altamente dependentes de sistemas de informação, que estão em constante mudança. Em consequência, os profissionais que possuem o conhecimento de TI e o conhecimento da cadeia de suprimentos para gerenciar esses sistemas com êxito estão sendo muito procurados. Uma carreira como profissional de TI da cadeia de suprimentos, não raro, exige um diploma universitário e certificações profissionais. Por exemplo, os profissionais de TI podem precisar de certificações em hardware ou no software que eles fazem a manutenção, ou nas linguagens de programação que eles usam. Dentre as funções do profissional de TI da cadeia de suprimentos estão:

» **Gerentes de projetos de TI:** Planejam, iniciam e gerenciam os projetos de TI. Eles lideram e orientam o trabalho da equipe técnica e servem como elos entre os aspectos comerciais e técnicos dos projetos. As designações profissionais nesta categoria incluem: gerente de TI, gerente de projeto de TI, gerente de programa, gerente de projeto, líder de equipe, líder de projeto, líder de projeto técnico, líder de escritório de gerenciamento de projetos (PMO) e gerente de transição.

» **Desenvolvedores de software:** Pesquisam, projetam, desenvolvem e testam o software de sistema operacional, os compiladores e o software de distribuição de rede para aplicativos de computação industrial, comercial e geral. Eles configuram as especificações operacionais, elaboram e analisam os requisitos de software; eles podem projetar software de sistemas embarcados/embutidos. As designações profissionais nesta categoria compreendem: desenvolvedor, engenheiro de infraestrutura, engenheiro de rede, analista de sistemas de publicação, engenheiro de software sênior, arquiteto de software, desenvolvedor de software, engenheiro de software, coordenador de sistemas e engenheiro de sistemas.

» **Gerentes de sistemas de informação e computadores:** Planejam, direcionam ou coordenam as atividades em campos como processamento eletrônico de dados, sistemas de informação, análise de sistemas e programação de computadores. As designações profissionais nesta categoria abrangem: diretor de desenvolvimento de aplicações, diretor de serviços de computação, gerente de processamento de dados, diretor de sistemas de informação, gerente de sistemas de informação, supervisor de sistemas de informação, diretor de tecnologia da informação, gerente de TI e gerente de serviços técnicos.

Gerentes de Projeto

As cadeias de suprimentos estão constantemente em mudança, o que significa que muitos projetos precisam ser gerenciados. O gerenciamento de projetos requer dois conjuntos de habilidades diferentes: conhecimento de como as cadeias de suprimentos funcionam e conhecimento em gerenciamento de projetos. Os cargos de gerente de projeto incluem: gerente de programa, especialista em projeto, líder de projeto, administrador de programa, gerente de escritório de gerenciamento de projetos, líder de centro de excelência e black belt.

Jornalistas

A comunidade de jornalistas da cadeia de suprimentos é pequena, mas essas pessoas desempenham um papel de suma importância no setor. Entender o que está acontecendo e explicá-lo para os outros leva tempo e prática. Revistas comerciais, serviços de notícias de negócios e plataformas online precisam de conteúdo preciso, elucidativo e bem escrito. Caso queira saber como as cadeias de suprimentos estão mudando e se você gosta de escrever, um trabalho como jornalista da cadeia de suprimentos pode ser uma excelente opção. As designações profissionais nesta categoria incluem: colaborador, editor, diretor editorial, editor, autor e redator técnico.

DICA

Não importa qual seja a sua área de especialização, escrever livros e enviar artigos para revistas especializadas é uma ótima maneira de construir sua marca e expandir sua rede profissional. Construir relacionamentos com escritores e editores também aumenta a probabilidade de que eles entrem em contato com você para entrevistas ou ideias de artigos e resenhas, dentre outros.

Executivos

Os executivos têm à disposição mais funções para desempenhar na cadeia de suprimentos. Agora, muitas empresas têm um chefe de cadeia de suprimentos (CSCO) que supervisiona toda a cadeia de suprimentos e reporta diretamente ao CEO, e alguns CSCOs foram promovidos a CEOs. Os cargos de executivos da cadeia de suprimentos geralmente exigem um grau de bacharel, e uma grande porcentagem de cargos executivos exigem um mestrado.

Os executivos chefes determinam e formulam políticas e fornecem orientações gerais às empresas ou organizações do setor público e privado, dentro das diretrizes estabelecidas por um conselho de administração ou órgão similar. Eles planejam, dirigem ou coordenam atividades operacionais em altíssimo nível de gerenciamento, com a ajuda de executivos subordinados e gerentes de equipe. Os cargos nessa categoria abarcam: diretor executivo, diretor de operações, diretor de cadeia de suprimentos, diretor de compras, diretor de departamento de compras, diretor de logística, vice-presidente executivo, vice-presidente de operações, presidente e vice-presidente.

Educadores

Onde as pessoas aprendem as ferramentas, regras e linguagem necessárias para desempenhar as funções na cadeia de suprimentos? Com os professores, claro. Se você tem uma experiência sólida em cadeia de suprimentos e gosta de compartilhar seu conhecimento e experiência com outras pessoas, pode considerar ter uma carreira como educador da cadeia de suprimentos. A seguir, alguns trabalhos nessa categoria:

» **Professores de educação profissional:** Ensinam ou ministram disciplinas profissionais ou profissionalizantes em níveis pós-secundários, médios ou superiores para alunos que se formaram ou saíram do ensino médio. Dentre essas funções figuram os instrutores de escola à distância, instrutores industriais e comerciais, bem como professores de ensino de adultos e instrutores que preparam as pessoas para operarem equipamentos industriais, de transporte e de comunicações. Os empregos podem ser em escolas públicas ou privadas, ou em organizações envolvidas em um setor específico que não seja a educação. As designações profissionais nesta categoria incluem: mentor, treinador, instrutor, professor, professor adjunto e professor universitário.

» **Professores de educação técnica:** Ensinam matérias profissionais, técnicas ou profissionalizantes no ensino médio em escolas públicas ou privadas. As designações profissionais nesta categoria compreendem: professor de educação de negócios, instrutor, professor de educação de marketing e professor de educação tecnológica.

» **Professores de administração**: Ministram cursos de administração e gestão de negócios, tais como contabilidade, finanças, recursos humanos, relações trabalhistas e industriais, marketing e pesquisa operacional. As designações profissionais nesta categoria incluem professor tecnólogo, professor de administração de negócios, instrutor de negócios, instrutor de tecnologia de negócios, professor de negócios, membro do corpo docente, instrutor, professor de administração, professor de marketing e professor universitário.

Profissionais que Fazem Parte de Cadeias de Suprimentos Humanitárias

Quando ocorre uma catástrofe de grandes proporções — como furacão, inundação, terremoto ou tornado —, muitas vezes, isso paralisa as cadeias de suprimentos relacionadas aos itens básicos, como alimentos, água e roupas. Há uma comunidade crescente de voluntários e profissionais em tempo integral que se especializam em gestão da cadeia de suprimentos humanitária; essas pessoas criam cadeias de suprimentos temporárias para receber e fornecer suprimentos de emergência, enquanto as cadeias de suprimentos permanentes se recuperam. Por exemplo, uma equipe da cadeia de suprimentos humanitária pode montar um centro de distribuição temporário em um depósito vago perto de uma comunidade que foi inundada, e poderia usar essa instalação para receber as doações que são enviadas por instituições de caridade de fora do estado. Como eles simplificam o fluxo de suprimentos de emergência para as vítimas de um desastre, os profissionais da cadeia de suprimentos humanitária desempenham um papel fundamental na recuperação. As designações profissionais da cadeia de suprimentos humanitária podem vir de qualquer uma das categorias deste capítulo, mas os empregadores geralmente são organizações sem fins lucrativos (como a Cruz Vermelha) ou agências governamentais (como a Agência Federal de Gerenciamento de Emergências). Há também uma organização sem fins lucrativos chamada American Logistics Aid Network (www.alanaid.org; conteúdo em inglês) especializada em atender às necessidades da cadeia de suprimentos das comunidades que são vítimas de um desastre.

> **NESTE CAPÍTULO**
>
> » Escolhendo as certificações adequadas
>
> » Cursos técnicos e universitários
>
> » Examinando as opções de educação online
>
> » Aprendendo com jogos de gerenciamento da cadeia de suprimentos

Capítulo **20**

Explore a Educação Formal da Cadeia de Suprimentos

Com o intuito de progredir em sua carreira como profissional da cadeia de suprimentos, você provavelmente precisará de uma combinação de cursos técnicos, universitários e certificações, além de uma dose regular de aprendizado online e educação continuada. Este capítulo apresenta informações sobre as certificações da cadeia de suprimentos mais populares das associações profissionais como APICS, ISM, CSCMP e PMI. O capítulo também fala a respeito dos cursos e de outras credenciais que você pode obter em faculdades e universidades tradicionais, tanto internacionais como nacionais. Por fim, o capítulo apresenta as opções de aprendizado online atualmente disponíveis e dois jogos que podem ser ferramentas de ensino úteis.

Certificados e Certificações

As credenciais, como um certificado ou uma certificação, dizem ao seu chefe, aos seus colegas e aos recrutadores que você domina um assunto. Muitas universidades, faculdades, escolas de ensino superior internacionais, organizações profissionais e entidades que ministram treinamento online oferecem certificações em gestão da cadeia de suprimentos. A *Supply Chain Management Review* publicou uma longa lista desses programas internacionais em `www.scmr.com/images/site/SCMR1607_Certification_download1a.pdf` (conteúdo em inglês).

Esta seção foca as certificações da cadeia de suprimentos mais populares oferecidas pelas organizações profissionais em virtude de elas serem as mais reconhecidas no setor.

APICS

A APICS (Associação para Gestão de Operações) é uma das associações internacionais de gestão de cadeia de suprimentos mais antigas e mais conhecidas. Originalmente, a American Production and Inventory Control Society (Sociedade Americana de Controle de Estoque e Produção) tornou-se mais globalizada e se expandiu além do controle de estoque e produção, de modo que até mudou de nome. Você pode encontrar informações sobre as certificações da APICS em: `www.apics.org` (conteúdo em inglês).

No Brasil, a APICS, por intermédio da Person Vue, tem parceria com consultorias especializadas tanto nas certificações APICs como em treinamentos e cursos. Você pode encontrar informações sobre as certificações da APICS em:

» **Associação para Educação em Administração Empresarial**
   `http://www.abai.com.br/`
» **aChain Treinamentos**
   `http://www.achain.com.br/`
» **Educação Profissional da Cadeia de Suprimentos**
   `http://www.epcs.com.br/`
» **LFC Management**
   `http://www.lfcmanagement.net/`
» **Trans4mar**
   `https://trans4mar.com.br/`

Certified Professional in Inventory Management (CPIM)

A CPIM é a certificação preferida dos analistas de planejamento e analistas de cadeia de suprimentos e é composta por cinco módulos:

- » Basics of Supply Chain Management (Fundamentos da Gestão da Cadeia de Suprimentos)
- » Master Planning of Resources (Programa Mestre de Recursos)
- » Detailed Scheduling and Planning (Programação Detalhada e Planejamento)
- » Execution and Control of Operations (Execução e Controle de Operações)
- » Strategic Management of Resources (Gestão Estratégica de Recursos)

Esses cinco módulos são divididos em dois exames: um para o primeiro módulo (Basics of Supply Chain Management) e um segundo exame que abrange os outros quatro módulos. Você realiza os testes em um centro de treinamentos ou em uma consultoria autorizada. Não é necessário fazer os dois exames ao mesmo tempo e você pode realizá-los independente da ordem, mas precisa concluir os dois para se tornar certificado. Cada exame apresenta 150 perguntas, é feito pelo computador, e você tem três horas e meia para completar cada teste. Você recebe sua pontuação assim que concluir o exame.

Não há pré-requisitos para o CPIM. Você pode se preparar para o exame estudando sozinho, fazendo aulas ou usando ferramentas de estudo online. Você tem duas opções. Caso prefira, você consegue um desconto nos materiais didáticos oficiais tornando-se associado da APICS na categoria de membro PLUS. O material custa US$220. Desse modo, é possível comprar todos os livros e os dois vouchers para exame por US$1.680.

Agora, caso queira assistir aula ministradas por um professor, consulte os sites das consultorias e associações brasileiras citados anteriormente que são parceiras da APICS. Se você se inscrever para um curso, faça questão de ler as letras miúdas; algumas consultorias e parceiros incluem o custo dos livros e os vouchers para o exame na mensalidade, mas outros fazem com que você compre os materiais didáticos separadamente.

DICA

Os membros da APICS têm acesso aos Manuais de Conteúdo do Exame Oficial para cada certificação, que incluem amostras das perguntas do teste. O conteúdo é em inglês.

Para mais informações a respeito do material oficial, acesse: `www.apics.org/credentials-education/credentials/cpim/exams`.

CAPÍTULO 20 **Explore a Educação Formal da Cadeia de Suprimentos**

Certified in Logistics, Transportation and Distribution (CLTD)

A CLTD, uma das certificações mais recentes da cadeia de suprimentos, apresenta oito módulos:

- Logistics and Supply Chain Overview (Visão Geral — Logística e Cadeia de Suprimentos)
- Capacity Planning and Demand Management (Planejamento de Capacidade e Gerenciamento de Demanda)
- Order Management (Gerenciamento de Pedidos)
- Inventory and Warehouse Management (Estoque e Gerenciamento de Armazém)
- Transportation (Transporte)
- Global Logistics Considerations (Considerações Sobre a Logística Global)
- Logistics Network Design (Design de Redes Logísticas)
- Reverse Logistics and Sustainability (Logística Reversa e Sustentabilidade)

Esses oito módulos são aplicados em um exame e você o realiza em um centro de treinamentos ou em uma consultoria autorizada. O exame apresenta 150 perguntas, é feito pelo computador, e você tem três horas e meia para concluí-lo. Você recebe sua pontuação assim que concluir o exame.

Dentre os requisitos para o exame CLTD estão: é necessário ter três anos de experiência comprovada, um diploma de bacharel ou outra certificação de cadeia de suprimentos da APICS ou do Institute for Supply Management. Para documentar que você atendeu a um desses requisitos, é necessário preencher o aplicativo Elegibilidade de Certificação no site da APICS (www.apics.org/credentials-education/credentials/eligibility) antes de se registrar para o exame. O site apresenta conteúdo em inglês.

Você pode se preparar para o exame estudando sozinho, fazendo aulas ou usando ferramentas de estudo online. Se você se inscrever para um curso, leia as letras miúdas, algumas consultorias e parceiros incluem o custo dos livros e do voucher para o exame na mensalidade, porém outros fazem com que você compre os materiais didáticos separadamente.

Aqui você também tem duas opções. Caso prefira, você consegue um desconto nos materiais didáticos oficiais tornando-se associado da APICS na categoria de membro PLUS. O custo é US$220. Desse modo, você pode comprar todos os livros e o voucher para o exame por US$1.370. Caso queira assistir aulas ministradas por um professor, consulte os sites das consultorias e associações brasileiras citados anteriormente que são parceiras da APICS. Para mais

LEMBRE-SE

DICA

informações, confira: www.apics.org/credentials-education/credentials/cltd/exam-process (conteúdo em inglês).

Preencha o formulário de Elegibilidade para Certificação pelo menos duas semanas antes de se registrar para o exame.

Os exames da APICS são administrados pela Pearson Vue, que tem centros de aplicação dos exames em todo o mundo. No Brasil, as empresas parceiras tanto da APICS como da Pearson Vue são:

» **Associação para Educação em Administração Empresarial**
   http://www.abai.com.br/
» **aChain Treinamentos**
   http://www.achain.com.br/
» **Educação Profissional da Cadeia de Suprimentos**
   http://www.epcs.com.br/
» **LFC Management**
   http://www.lfcmanagement.net/
» **Trans4mar**
   https://trans4mar.com.br/

Certified Supply Chain Professional (CSCP)

O CSCP abrange diversos tópicos da cadeia de suprimentos e divide o material em três módulos:

» Supply Chain Design (Design da Cadeia de Suprimentos)
» Supply Chain Planning and Execution (Planejamento e Execução da Cadeia de Suprimentos)
» Supply Chain Improvement and Best Practices (Melhoria da Cadeia de Suprimentos e Melhores Práticas)

Esses três módulos são aplicados em um exame e você o realiza em um centro de treinamentos ou em uma consultoria autorizada. O exame apresenta 150 perguntas, é feito pelo computador, e você tem três horas e meia para concluí-lo. Você recebe sua pontuação imediatamente.

Você pode se preparar para o exame CSCP estudando sozinho, fazendo aulas ou usando ferramentas de estudo online. Se você se inscrever para um curso, leia as letras pequenas: algumas consultorias e parceiros incluem o custo dos livros e do voucher para o exame na mensalidade, mas outros fazem com que você compre os materiais didáticos separadamente.

Dentre os requisitos para o exame CSCP estão: é necessário ter três anos de experiência comprovada, um diploma de bacharel ou outra certificação de cadeia de suprimento da APICS ou do Institute for Supply Management. Para documentar que você atendeu a um desses requisitos, é necessário preencher o aplicativo Elegibilidade de Certificação no site da APICS (www.apics.org/credentials-education/credentials/eligibility) antes de se registrar para o exame. O site apresenta conteúdo em inglês.

Você consegue um desconto nos materiais didáticos oficiais tornando-se associado da APICS na categoria de membro PLUS. O material custa US$220. Desse modo, você pode comprar o voucher para o exame por US$695 e comprar o sistema de aprendizado por US$995. Para mais informações, acesse: www.apics.org/credentials-education/credentials/cltd/exam-process (conteúdo em inglês).

Algumas universidades internacionais oferecem créditos universitários para as certificações CPIM e CSCP. Consulte o National College Credit Recommendation Service para mais informações, caso esteja interessado em uma carreira internacional: www.nationalccrs.org/ (conteúdo em inglês).

Eventualmente, você pode encontrar cópias usadas dos materiais de estudo da APICS online, porém elas podem ser cópias ilegais. Comprar ou vender materiais da APICS ilegalmente é uma violação das regras de ética da APICS e pode levar à anulação da sua certificação.

Supply Chain Operations Reference-Professional (SCOR-P)

O SCOR-P não é uma certificação, mas um certificado que você ganha participando de três dias de aulas. As aulas explicam o modelo SCOR (veja o Capítulo 5) e discutem como as métricas funcionam e como implementar projetos com base no SCOR.

Se você precisar implementar o modelo SCOR na sua empresa, as aulas sobre SCOR-P o ajudam a ter uma compreensão mais profunda das etapas a serem seguidas. Há uma lista de treinamentos SCOR-P em www.apics.org/credentials-education/education-programs/scor-professional-training (conteúdo em inglês). Caso tenha muitas pessoas que precisam ser treinadas, você pode agendar um treinamento SCOR-P privado nas consultorias ou associações parceiras na APCIS citadas neste capítulo.

Há um aplicativo gratuito, APICS Dictionary, que apresenta ferramentas de estudo para ajudá-lo a se preparar para os exames. O conteúdo está em inglês. Você pode fazer o download do aplicativo em seu dispositivo móvel na App Store ou na Google Play Store.

Project Management Institute

O Project Management Institute (PMI) é uma associação para gerentes de projetos. A associação estabeleceu um documento chamado PMBOK (Project Management Body of Knowledge), que serve como uma estrutura para projetos. Muitas atribuições da gestão da cadeia de suprimentos compreendem as responsabilidades de gerenciamento de projetos, portanto, é comum que os empregadores procurem candidatos experientes da cadeia de suprimentos que também tenham credenciais do PMI. Você pode encontrar a lista completa de certificações do PMI em: www.pmi.org (conteúdo em inglês). Todavia, a certificação mais popular da organização é o Gerenciamento de Projetos Profissional (PMP).

A certificação PMP demonstra sua compreensão dos cinco processos no PMBOK:

- » Início
- » Planejamento
- » Execução
- » Monitoramento e Controle
- » Encerramento

Para ganhar a designação PMP, você precisa atender aos requisitos mínimos de educação e experiência. Se você tem um diploma de bacharel, então precisa ter 4.500 horas de experiência como gerente de projetos e 35 horas de formação profissional em gerenciamento de projetos. Caso tenha um diploma de ensino médio ou um diploma de tecnólogo, então a quantidade necessária de experiência em gerenciamento de projetos aumenta para 7.500 horas.

Depois de atender aos requisitos de experiência e educação, você precisa fazer o exame do PMP. Você ganha um desconto de US$150 no exame se for um membro do PMI; a adesão é US$129. O teste de 200 perguntas custa US$405 e você tem duas horas para concluí-lo. Para mais informações sobre a certificação de PMI no Brasil, acesse: https://brasil.pmi.org/brazil/AboutUS.aspx. Se você quiser saber todos os detalhes sobre o processo de certificação PMP, pode fazer o download do Manual PMP gratuito em: www.pmi.org/-/media/pmi/documents/public/pdf/certifications/project-management-professional-handbook.pdf?la=en (conteúdo em inglês).

DICA

Eu leciono dois cursos online no LinkedIn Learning que podem contar como requisitos de educação para o seu PMI. Você pode encontrá-los em: www.linkedin.com/learning/instructors/daniel-stanton (conteúdo em inglês).

Council of Supply Chain Management Professionals

O Council of Supply Chain Management Professionals (Conselho de Profissionais em Supply Chain — CSCMP) mudou seu nome muitas vezes, o que não raro causa confusão. Você pode se deparar com as referências aos nomes antigos que foram publicados, como National Council of Physical Distribution Management (Conselho Nacional de Gerenciamento de Distribuição Física) ou Council of Logistics Management (Conselho de Gerenciamento de Logística). Você pode encontrar informações sobre como obter credenciais do CSCMP em: http://cscmp.org (conteúdo em inglês). No Brasil, acesse: http://cscmp.com.br/.

A certificação SCPro da CSCMP é estruturada com base em oito pilares:

» Integrated Supply Chain Management (Gestão Integrada da Cadeia de Suprimentos)
» Demand and Supply Integration (Demanda e Integração de Fornecimento)
» Supply Management and Procurement (Gerenciamento de Fornecimento e Procurement)
» Manufacturing and Service Operations (Operações de Manufatura e Serviços)
» Transportation (Transporte)
» Inventory Management (Gerenciamento de Estoque)
» Warehousing (Armazenamento)
» Order Fulfillment and Customer Service (Atendimento de Pedidos e Atendimento ao Cliente)

O SCPro fornece certificações em três níveis:

» **Cornerstones of Supply Chain Management (Nível 1):** Para obter essa certificação, você faz um exame online de múltipla escolha com 160 perguntas baseadas no material que versa a respeito dos oito pilares da gestão da cadeia de suprimentos. Você tem quatro horas e meia para concluir o teste. O custo do exame aos membros do CSCMP é US$650. O custo para afiliar-se ao CSCMP é US$325.
» **Analysis and Application of Supply Chain Challenges (Nível 2):** É necessário ter a certificação de Nível 1. O processo de certificação para o Nível 2 envolve a leitura de estudos de caso e a resposta a perguntas sobre eles em um exame de quatro horas. O custo do exame é US$1.095 os membros do CSCMP.
» **Initiation of Supply Chain Transformation (Nível 3):** É necessário ter a certificação de Nível 2. O processo de certificação para o Nível 3 envolve o desenvolvimento de um plano para implementar uma transformação na

> cadeia de suprimentos em uma organização real. O objetivo é demonstrar que você conhece os conceitos e pode aplicá-los em uma situação do mundo real. Entre em contato com a CSCMP para obter mais informações a respeito do custo da certificação SCPro Nível 3 (scpro@cscmp.org ou 1-630-574-0985). No Brasil, acesse: http://cscmp.com.br/associacao.php.

Institute for Supply Management

Você pode estar familiarizado com o ISM porque os repórteres de negócios geralmente mencionam os dados liberados pelo Institute for Supply Management (ISM), que controla quanto dinheiro as empresas estão gastando.

O ISM tem duas certificações: uma que abrange a gestão da cadeia de suprimentos com foco em compras e uma segunda que se concentra na diversidade de fornecedores. Você pode obter detalhes sobre as certificações ISM em www.instituteforsupplymanagement.org (conteúdo em inglês).

Certified Professional in Supply Management (CPSM)

A certificação CPSM é voltada para profissionais que desenvolvem e executam estratégias de compras para organizações e agrupa o conteúdo da cadeia de suprimentos em três exames:

- » Foundation of Supply Management (Fundamentos de Gestão de Suprimentos)
- » Effective Supply Management Performance (Desempenho Efetivo da Gestão de Fornecimento)
- » Leadership in Supply Management (Liderança em Gestão de Suprimentos)

Custa US$210 para se afiliar ao ISM e US$229 para fazer cada exame. Os dois primeiros exames têm 165 questões cada, e você tem 2 horas e 45 minutos para concluir cada um. O terceiro exame tem 180 perguntas e você tem três horas para concluí-lo. Além de passar nos exames, você também precisa atender aos requisitos de educação e experiência: três anos de experiência caso tenha um diploma de bacharel ou cinco anos de experiência se não tiver um diploma.

Depois de passar em todos os três exames do CPSM, você precisa enviar uma inscrição ao ISM que inclua seus relatórios de pontuação, uma carta do seu empregador confirmando sua experiência e uma cópia do seu diploma ou histórico da universidade. Você também precisa pagar uma taxa de inscrição de US$119. Você pode encontrar o formulário de inscrição em: https://www.instituteforsupplymanagement.org/index.cfm?SSO=1 (conteúdo em inglês).

Os exames da ISM são administrados pela Pearson Vue, que têm centros para a aplicação dos exames em todo o mundo. Você pode encontrar o centro de testes mais próximo a você neste site: www.pearsonvue.com/ism/locate/. No Brasil, você encontra informações em: http://www.achain.com.br/course/cpsm-certified-professional-in-supply-management/ e http://www.abai.com.br/cpsmism/.

Certified Professional in Supplier Diversity (CPSD)

A certificação CPSD é voltada para profissionais que gerenciam uma gama grande de fornecedores. Para obter a CPSD, você precisa atender aos requisitos de educação e experiência e passar em dois exames:

» Foundation of Supply Management (Fundamentos de Gestão de Suprimentos)
» Essentials in Supplier Diversity Exam (Fundamentos de Avaliação de Variedade de Fornecedores)

O primeiro exame tem 165 perguntas que você precisa concluir em duas horas e 45 minutos. O segundo exame tem 120 perguntas e você precisa concluí-lo em duas horas. Para membros do ISM, o custo de cada exame é US$229. Além de passar nos exames, você também precisa atender aos requisitos de educação e experiência: três anos de experiência caso tenha um diploma de bacharel ou cinco anos de experiência se não tiver um diploma.

Depois de passar em todos os três exames do CPSM, você precisa enviar uma inscrição ao ISM que inclua seus relatórios de pontuação, uma carta do seu empregador confirmando sua experiência e uma cópia do seu diploma ou histórico da universidade. Você também precisa pagar uma taxa de inscrição de US$119. Você pode encontrar o formulário de inscrição em: https://www.instituteforsupplymanagement.org/index.cfm?SSO=1 (conteúdo em inglês).

Em razão de o exame Foundation of Supply Management ser necessário às certificações do CPSM e do CPSD, muitas pessoas obtêm as duas certificações.

Certificações internacionais

As certificações estão disponíveis em muitos países e os profissionais da cadeia de suprimentos que trabalham fora dos Estados Unidos e ao redor do mundo podem querer explorar estes programas.

Chartered Institute for Logistics and Transport (CILT)

A CILT é a associação do Reino Unido para profissionais de logística e operações. Custa £143 para se afiliar à CILT. À medida que você estuda mais e progride em sua carreira, pode subir de status dentro da CILT. Os quatro graus de filiação CILT são:

- Afiliado
- Membro
- Membro privilegiado
- Afiliado privilegiado

Você pode obter mais informações sobre as credenciais da CILT em: www.ciltuk.org.uk (conteúdo em inglês).

Chartered Institute for Procurement and Supply (CIPS)

A CIPS é a associação do Reino Unido para profissionais de departamento de compras, e oferece certificados e diplomas. Custa £234 para se tornar um membro da CIPS. Quando você inicia uma carreira operacional em departamento de compras, pode obter estes certificados:

- Certificate in Procurement and Supply Operations (Certificado em Departamento de Compras e em Operações de Abastecimento)
- Advanced Certificate in Procurement and Supply Operations (Certificado Avançado em Departamento de Compras e em Operações de Abastecimento)

À medida que você estuda ou assume funções de gerenciamento, pode se interessar por estes diplomas:

- Diploma in Procurement and Supply
- Advanced Diploma in Procurement and Supply
- Professional Diploma in Procurement and Supply

Você pode encontrar mais detalhes a respeito as credenciais da CIPS em: www.cips.org (conteúdo em inglês).

Diplomas e Educação Formal

A melhor maneira de se preparar para muitos empregos da gestão da cadeia de suprimentos é obtendo um diploma formal. A universidade certa e o curso adequado dependem do que você quer fazer quando terminar de estudar.

Os trabalhos da cadeia de suprimentos exigem habilidades de administração, engenharia e tecnologia. Quando você analisa as opções de graduação, pense em como cada uma delas pode ajudá-lo a se desenvolver nessas três áreas. Caso planeje se tornar um analista de cadeia de suprimentos, por exemplo, um diploma na área de negócios lhe trará mais vantagens, porém as suas aulas devem lhe dar a oportunidade de ver como as redes logísticas são projetadas e também lhe mostrar as tecnologias que impulsionam os dados que você analisará futuramente.

Cursos de graduação

Nos Estados Unidos, as chamadas community colleges, faculdades comunitárias que ofertam cursos mais curtos por preços mais acessíveis que as universidades "tradicionais", oferecem cursos de gestão de cadeia de suprimentos e permitem que você adquira um diploma universitário em cerca de dois anos. No Brasil, algumas universidades particulares e públicas oferecem os chamados cursos de tecnólogo reconhecidos pelo MEC na área de gestão de suprimentos. Com esse diploma, você estaria qualificado e teria o nível básico de conhecimento para desempenhar funções como um analista ou técnico da cadeia de suprimentos.

Para cargos mais seniores, como gerente da cadeia de suprimentos, você provavelmente precisará de um diploma de quatro anos em gestão da cadeia de suprimentos. Nos últimos anos, os cursos de graduação em gestão da cadeia de suprimentos tornaram-se populares e são oferecidos em universidades de administração de empresas públicas e privadas, tanto nos Estados Unidos como no Brasil.

Agora, caso você esteja interessado na carreira que envolve as tecnologias da cadeia de suprimentos ou as tecnologias na área de engenharia, pesquise sobre as graduações em ambas as áreas, pois há uma diversidade enorme. Um diploma em engenharia industrial, distribuição industrial ou tecnologia industrial pode ser uma boa escolha. Algumas universidades internacionais oferecem certificados para alunos que aceitam um certo número de aulas da cadeia de suprimentos como parte de seu diploma de engenharia ou tecnologia. Na Universidade de Bradley, por exemplo, você pode obter um diploma de Bacharel em Engenharia Industrial com ênfase em Gerenciamento Global de Cadeia de Suprimentos.

Cursos de pós-graduação

À medida que você for mais longe na carreira de gerenciamento, provavelmente precisará de um mestrado. Se o seu curso de graduação está em um campo diferente do campo de gestão da cadeia de suprimentos, você precisa de um mestrado com foco na cadeia de suprimentos. Algumas universidades oferecem mestrado em gestão da cadeia de suprimentos, mas muitas oferecem cursos de MBA (Master of Business Administration) com ênfase em gestão da cadeia de suprimentos.

Atualmente, apenas quatro universidades nos Estados Unidos oferecem pós-graduação em engenharia da cadeia de suprimentos: Massachusetts Institute of Technology (MIT), Georgia Institute of Technology, North Carolina State University e o New Jersey Institute of Technology. No Brasil, você pode pesquisar os cursos de pós-graduação ofertados pelas universidades pelo site do MEC. Acesse: `http://emec.mec.gov.br/emec/nova`. Muitos cursos de pós-graduação em engenharia industrial e tecnologia industrial, no entanto, têm cursos que também se aplicam às carreiras da cadeia de suprimentos.

Explorando as Opções de Educação Online

Os programas de educação da cadeia de suprimentos online variam desde vídeos gratuitos, programas de assinatura paga, até cursos de pós-graduação completos. É difícil dizer como esses programas online impactarão os cursos das universidades tradicionais e as certificações em longo prazo, mas eles estão barateando os cursos na área de cadeia de suprimentos e permitindo o acesso fácil a milhares de pessoas ao redor do mundo.

Cursos online tradicionais

Muitas universidades oferecem versões online de seus cursos e até mesmo graduações online. Na maioria dos casos, o currículo é idêntico ao de um curso de graduação tradicional, mas a forma como o material online é entregue pode variar entre as universidades e até entre os professores. Alguns cursos online usam videoconferências que permitem a interação ao vivo entre o professor e os alunos; outros usam gravações de vídeo de uma palestra; outros ainda pedem que os alunos leiam os materiais do curso, façam o dever de casa e interajam por e-mail.

MITx MicroMasters in Supply Chain Management

O programa de mestrado da cadeia de suprimentos do MIT está classificado entre os melhores cursos de mestrado do mundo. Recentemente, a escola combinou parte do conteúdo desse curso em um programa novo chamado MITx MicroMasters in Supply Chain Management.

Esse programa consiste em cinco cursos online, que qualquer pessoa pode fazer gratuitamente. Se você pagar uma taxa de US$1.200, o MIT validará sua identidade e permitirá que você faça os exames no final. Se você concluir todos os cinco cursos e passar nos exames, receberá uma credencial do MicroMasters credential in Supply Chain Management. Mais tarde, se você for aceito no MIT como um estudante de pós-graduação, receberá créditos por seus cursos de MicroMasters.

Os cinco cursos compreendem:

- Supply Chain Analytics (Analytics na Cadeia de Suprimentos)
- Supply Chain Fundamentals (Princípios Básicos da Cadeia de Suprimentos)
- Supply Chain Design (Design da Cadeia de Suprimentos)
- Supply Chain Dynamics (Dinâmica da Cadeia de Suprimentos)
- Supply Chain Technology and Systems (Sistemas e Tecnologias da Cadeia de Suprimentos)

Você pode encontrar mais informações sobre esse programa em: www.edx.org/micromasters/mitx-supply-chain-management (conteúdo em inglês).

Coursera

O Coursera é um site que permite que muitas universidades compartilhem seus cursos online. Atualmente, o site oferece cursos de gestão da cadeia de suprimentos de algumas universidades, incluindo a Rutgers University.

Os custos variam de US$15 a US$25.000, dependendo de como você usa o site. Você paga uma taxa de assinatura todos os meses para acessar a biblioteca do Coursera.

Para pesquisar a biblioteca e descobrir quanto custa um determinado curso, visite www.coursera.org.

LinkedIn Learning

O LinkedIn Learning (antigo Lynda.com) é uma biblioteca online de cursos ministrados por professores universitários e especialistas do setor. Inúmeros cursos ótimos sobre gestão da cadeia de suprimentos estão disponíveis, bem como cursos sobre tópicos úteis, como gerenciamento de projetos, Lean e Seis Sigma. Ao concluir um curso no LinkedIn Learning, você pode adicionar essas informações ao seu perfil do LinkedIn.

Você pode obter acesso a toda a biblioteca do LinkedIn Learning por uma taxa de inscrição de US$35 por mês. Acesse: www.linkedin.com/learning.

Nos Estados Unidos, quando o estudante é um militar em serviço ativo ou um veterano militar, ele pode solicitar uma assinatura gratuita de um ano no LinkedIn Learning. Para detalhes, acesse `linkedinforgood.linkedin.com/programs/veterans`.

YouTube

Você pode encontrar muito conteúdo a respeito da gestão da cadeia de suprimentos no YouTube; você só tem que olhar entre os milhões de vídeos de gatos engraçados para encontrá-lo. Há vídeos de universidades e associações que explicam a gestão da cadeia de suprimentos de várias maneiras e em muitos idiomas. Você também pode encontrar vídeos corporativos que fornecem exemplos de cadeias de suprimentos em ação. Para encontrar esses vídeos, visite `www.youtube.com` e busque por "supply chain" ou "cadeias de suprimentos".

Talvez você goste deste vídeo do MIT, que usa uma barraca de limonada para ilustrar os desafios de gerenciar uma cadeia de suprimentos: `www.youtube.com/watch?v=gBRrG0-SA1I` (conteúdo em inglês).

Jogos da Cadeia de Suprimentos

As cadeias de suprimentos costumam se comportar de maneiras imprevisíveis, e pode ser difícil explicar por quê. Em vez de usar métodos tradicionais de ensino, como livros e palestras, é mais fácil (e mais divertido!) demonstrar esses comportamentos com jogos de simulação. Há dois jogos em particular que são ferramentas de ensino altamente eficazes para o gerenciamento da cadeia de suprimentos: The Beer Game e The Fresh Connection.

The Beer Game

Uma das primeiras pessoas a ensinar e pesquisar a gestão da cadeia de suprimentos foi um professor e engenheiro elétrico do MIT chamado Jay Forrester. Forrester percebeu que quando as empresas trocam dinheiro, material e informações, elas se comportam como circuitos elétricos. Ele criou uma técnica para modelar os negócios que era similar à técnica que ele usava para analisar circuitos, e chamou seu método de dinâmica do sistema.

Para explicar como funciona a dinâmica do sistema, ele criou o The Beer Game — O Jogo da Cerveja. Os jogadores são divididos em quatro equipes: cliente, varejista, distribuidor e cervejaria. Nessa cadeia de suprimentos de cerveja simulada, você vê como pequenas variações na demanda podem criar rapidamente excesso de estoque e stockouts. O game é usado em aulas universitárias e cursos executivos em todo o mundo.

Você pode encomendar o jogo na Sociedade de Dinâmica do Sistema (`https://www.systemdynamics.org/beer-game`) por US$125. Inúmeras versões online do jogo estão disponíveis, e algumas são gratuitas. Penso que jogar o original é uma maneira mais eficaz de ensinar às pessoas a respeito da dinâmica do sistema e apresentá-las à imprevisibilidade das cadeias de suprimentos.

DICA

Se você quiser ver The Beer Game em ação, confira este vídeo antigo do professor do MIT John Sterman, no YouTube: `www.youtube.com/watch?v=vQQUxgLfY-g` (conteúdo em inglês).

The Fresh Connection

Agora, caso você esteja procurando por um jogo online da cadeia de suprimentos, confira o The Fresh Connection, uma simulação criada por um grupo de especialistas em cadeia de suprimentos na Holanda.

Para jogar, divida as pessoas em equipes de quatro jogadores cada. Esses jogadores são designados para funções-chave da cadeia de suprimentos de uma empresa de suco de frutas chamada The Fresh Connection (A Conexão Natural), que está passando por poucas e boas financeiramente. Os vice-presidentes de compras, operações, vendas e gestão da cadeia de suprimentos precisam analisar as métricas e tomar decisões que melhorem o retorno sobre o investimento para toda a empresa. Além de fornecer experiência prática com as ferramentas, regras e linguagem da gestão da cadeia de suprimentos, o jogo mostra como pode ser difícil para as pessoas se comunicarem e tomarem decisões em equipe.

A maioria das pessoas que jogam esse jogo faz isso através de suas empresas ou universidades, ou como parte de um programa de desenvolvimento profissional.

Para mais informações sobre The Fresh Connection, acesse: `www.thefreshconnection.biz/en_us` (conteúdo em inglês).

LEMBRE-SE

O game foi criado na Holanda. Os fornecedores locais são os fornecedores na Europa Central, o que pode ser desorientador para pessoas de outros países e continentes quando elas jogam pela primeira vez.

6
A Parte dos Dez

NESTA PARTE...

Descubra dez questões importantes que você deve perguntar sobre sua própria cadeia de suprimentos.

NESTE CAPÍTULO

» Identificando os clientes-chave e o que eles valorizam

» Alinhando sua cadeia de suprimentos com clientes e fornecedores

» Agregando novos valores com sua cadeia de suprimentos

» Prevendo o futuro da sua cadeia de suprimentos

Capítulo **21**

Dez Perguntas a Serem Feitas sobre Sua Cadeia de Suprimentos

Um dos aspectos mais interessantes e desafiadores da gestão da cadeia de suprimentos é a rapidez com que as coisas mudam. Clientes novos, fornecedores novos e novas tecnologias são adicionados às cadeias de suprimentos todos os dias. Para que os gerentes da cadeia de suprimentos conquistem seus objetivos de agregar valor aos clientes enquanto maximizam os lucros, eles precisam sempre buscar meios de melhorar. Este capítulo viabiliza dez perguntas que você deve fazer para garantir que sua cadeia de suprimentos atenda às necessidades de seus clientes, oferecendo à sua empresa uma vantagem competitiva e acompanhando as tendências tecnológicas.

Quem São Seus Clientes-chave?

Um dos maiores desafios para os gerentes da cadeia de suprimentos é que, muitas vezes, eles estão desconectados dos clientes da empresa. Os departamentos de vendas e marketing fecham as vendas e atraem os clientes às compras; desse modo, cabe às pessoas da cadeia de suprimentos fabricar os produtos e entregá-los a tempo. Embora os gerentes da cadeia de suprimentos tenham um conjunto de metas de produção, eles geralmente não fazem ideia de quem são seus clientes.

Ainda que todos os seus clientes sejam importantes, seus clientes-chave são os mais importantes para a sua cadeia de suprimentos. Os clientes-chave compram grandes quantidades, devem comprar mais no futuro ou são influentes em seu setor. Como gerente da cadeia de suprimentos, você deve aprender quem são esses clientes-chave e o que os torna importantes para o seu negócio, de modo que você possa concentrar seus esforços de melhoria no atendimento lucrativo das necessidades deles.

Duas maneiras comuns de os gerentes da cadeia de suprimentos colaborarem diretamente com os clientes-chave são por meio de reuniões de rotina e projetos de melhoria de processos (veja o Capítulo 4).

O que Seus Clientes-chave Valorizam?

Sua cadeia de suprimentos agrega valor ao atender às necessidades de seus clientes. Há muitas formas de coletar os dados a respeito das coisas que seus clientes-chave esperam e estão dispostos a pagar. Dentre elas estão:

» Análise das tendências do setor
» Realizando pesquisas
» Entrevistando os clientes
» Participando de reuniões
» Fomentando grupos focais

Conforme você ganha novos conhecimentos sobre o valor de seus clientes, use essas informações para aprimorar as métricas de sua cadeia de suprimentos (veja o Capítulo 16). Assegurar que sua cadeia de suprimentos esteja funcionando em termos de métricas é de suma importância para os seus clientes-chave, pois o ajuda a conquistar novos clientes, a vender mais a seus clientes existentes e a introduzir novos produtos e serviços que atendam às necessidades que não estão sendo atendidas.

Como Sua Cadeia de Suprimentos Poderia Criar Mais Valor?

As empresas podem se sentir à vontade — até mesmo complacentes — sobre o relacionamento que mantêm com seus clientes. Claro que tal atitude é perigosa, porque o que os clientes querem e quanto estão dispostos a pagar mudará com o tempo.

Não raro, existe a pressão para reduzir seus preços a fim de tornar seus produtos mais competitivos. Você deve sempre procurar maneiras de melhorar a eficiência da cadeia de suprimentos, pois isso pode permitir que você baixe os preços sem sacrificar os lucros. No entanto, você também deve procurar oportunidades para aumentar a receita alcançando novos clientes ou tornando seu produto ou serviço mais valioso para os seus clientes atuais. Por exemplo, vender produtos online pode ser uma boa maneira de conectar-se a novos clientes, e o atendimento lucrativo das vendas online geralmente envolve mudanças significativas em uma cadeia de suprimentos.

Como Você Define a Gestão da Cadeia de Suprimentos?

Muitas pessoas usam o termo "gestão da cadeia de suprimentos" quando estão, de fato, falando sobre as funções de departamento de compras, logística ou operações. Para ser bem-sucedido na melhoria da cadeia de suprimentos da sua empresa, você precisa ter uma perspectiva mais ampla. Por exemplo, um projeto que reduz os custos de departamento de compras pode acabar aumentando os custos de logística e operações. Como gerente da cadeia de suprimentos, você deve examinar todas essas três funções e identificar a melhor solução de ponta a ponta. Você também deve analisar além de sua própria empresa e compreender os impactos que uma mudança pode ter em seus fornecedores e clientes.

Reduzir custos e melhorar o desempenho de uma cadeia de suprimentos exige alinhamento entre funções e entre as empresas; isso significa que todos precisam pensar sobre como suas decisões afetam o restante da cadeia de suprimentos. A gestão da cadeia de suprimento deve ser vista como o processo de sincronizar as atividades dentro de sua empresa e alinhá-las com seus clientes e fornecedores.

Quais Informações Você Compartilha com os Fornecedores?

Seus fornecedores precisam obter certas informações a seu respeito para maximizar o valor deles em sua cadeia de suprimentos. Muitas empresas tentam se posicionar como parceiras estratégicas de seus clientes, mas preservam uma relação nada aberta e de pouca conexão com seus próprios fornecedores. Também é importante ter certeza de que você está compartilhando informações de maneira útil. Se os dados compartilhados forem difíceis de interpretar ou mudarem com muita frequência, isso pode causar confusão.

Veja abaixo duas dicas para compartilhar informações com sucesso com seus fornecedores:

» **Compartilhe todas as informações que você puder.** Decida quais informações compartilhar com os fornecedores e quais não compartilhar. Algumas informações comerciais certamente precisam ser protegidas, todavia nem todas exigem segurança máxima. Na verdade, é melhor compartilhar todas as informações que possam ser úteis para um fornecedor, a menos que você consiga identificar um risco real em divulgá-las.

» **Pergunte aos fornecedores o que eles querem.** Converse com seus fornecedores para descobrir quais informações eles desejam de você e como (e se) eles podem obtê-las. Em muitas cadeias de suprimentos, uma empresa acha que outra empresa está obtendo as informações de que necessita, o que talvez não seja verdade. Pode ser difícil encontrar ou interpretar uma informação, ou tal informação pode estar sendo transmitida pela pessoa errada na empresa. O modo mais fácil de identificar e resolver tais gaps é conversar com o fornecedor.

Compartilhar informações com fornecedores pode ajudar a sua empresa e o fornecedor a agregarem mais valor.

DICA

Muitos varejistas começaram a compartilhar as informações de vendas e estoque com seus fornecedores para reduzir o efeito chicote (veja o Capítulo 2). Quando os fornecedores têm acesso a informações sobre oferta e demanda em lojas de varejo, eles podem fazer um planejamento melhor para necessidades futuras.

Como Você Se Compara aos Concorrentes?

Você pode descobrir muito a respeito do grau de funcionamento da sua cadeia de suprimentos através do benchmarking com outras empresas, incluindo seus concorrentes (veja o Capítulo 2). Você pode fazer benchmarking de modo informal ao pesquisar informações públicas sobre seus concorrentes. Você também pode fazer o benchmarking formal compartilhando dados entre empresas, ou trabalhando com uma empresa de pesquisa que coleta dados de muitas empresas e fornece todos os relatórios de benchmarking. Uma vantagem de participar de um estudo de benchmarking em várias empresas é que ele permite que os participantes vejam como estão se saindo em relação a outras empresas sem precisar revelar suas identidades.

CUIDADO

Embora o compartilhamento de dados não financeiros com outras empresas para estudos de benchmarking seja perfeitamente legal, é ilegal compartilhar algumas informações que possam gerar concorrência desleal. Por exemplo, você provavelmente pode compartilhar informações a respeito de suas movimentações de estoque, mas provavelmente não pode compartilhar as informações sobre seus preços. Antes de compartilhar qualquer informação com alguém que trabalhe para um de seus concorrentes, certifique-se de entender o que você pode e não pode discutir.

Quais Mudanças Podem Aumentar a Receita?

Basicamente, há apenas três maneiras de aumentar a receita e cada uma delas depende da gestão adequada da cadeia de suprimentos:

» Aumentar os preços.
» Vender mais coisas aos clientes atuais.
» Atrair novos clientes.

Para aumentar os preços, você precisa fornecer mais valor do que seus concorrentes. Contanto que você possa entregar o produto que seus clientes querem, quando eles querem e onde eles querem melhor do que seus concorrentes, você poderá cobrar mais dinheiro.

Se você está procurando maneiras de aumentar as receitas vendendo mais aos clientes atuais e atraindo novos clientes, veja abaixo algumas metas específicas que a gestão da cadeia de suprimentos pode buscar:

- » Distribua seus produtos por meio de novos canais.
- » Melhore a experiência do cliente e aumente a fidelidade à marca.
- » Adapte seu produto, embalagem e processos às necessidades de novos clientes.

Pense em formas de aumentar a receita da sua empresa e, em seguida, inclua sua equipe da cadeia de suprimentos nessas iniciativas.

Quais Mudanças Podem Reduzir os Custos?

As decisões da gestão da cadeia de suprimentos geram a maior parte dos custos a todas as empresas. Portanto, esteja atento a oportunidades de reduzir a quantidade de dinheiro que você gasta. A seguir estão algumas economias da cadeia de suprimentos para se levar em consideração:

- » **Aumentar a capacidade de utilização de transporte.** Ao inserir produtos mais valiosos em cada remessa, você aproveita melhor o dinheiro gasto em transporte e reduz seus custos gerais.
- » **Aumentar a velocidade da cadeia de suprimentos.** Ao aumentar a taxa de movimentação dos produtos na sua cadeia de suprimentos, você maximiza o retorno do investimento. A velocidade do estoque pode ser medida através da movimentação do estoque. A velocidade de envio pode ser medida através dos lead times de pedidos ou lead times de transporte. A velocidade total da cadeia de suprimentos — quanto tempo leva para um produto chegar ao seu cliente — pode fornecer informações importantes sobre onde seus produtos ficam presos ao longo do caminho.
- » **Reduza a variabilidade de pedidos.** A variabilidade nos padrões de pedidos é um fator bem conhecido devido aos custos que gera às cadeias de suprimentos. A variabilidade faz com que as empresas acumulem estoque, o que fica caro. As oscilações de estoque aumentam à medida que elas sobem a cadeia de suprimentos, causando o efeito chicote (veja o Capítulo 2). Encontrar maneiras de fazer pedidos menores com mais frequência e reduzir a variabilidade pode resultar economias significativas, reduzindo o estoque e a chance de perda de vendas por stockouts.

Os esforços empreendidos em cada uma dessas áreas geram benefícios diretos e indiretos. Os benefícios diretos são dinheiro acrescido ao seu resultado final. Os benefícios indiretos são reduções nos resíduos e melhor capacidade de utilização em toda a cadeia de suprimentos.

LEMBRE-SE

Muitas vezes, 80% das despesas de uma empresa estão diretamente ligadas às decisões da cadeia de suprimentos. Cada centavo economizado na cadeia de suprimentos se torna lucro à sua empresa.

Atualmente, o que Impacta a Sua Cadeia de Suprimentos?

A tecnologia da cadeia de suprimentos está evoluindo rapidamente, e nenhum gerente da cadeia de suprimentos pode ignorá-la. Para se manter competitivo, fique sempre na vanguarda da tecnologia da cadeia de suprimentos. Veja alguns modos de se manter informado:

- » Leia revistas e blogs sobre a cadeia de suprimentos.
- » Participe de conferências da cadeia de suprimentos e feiras de negócios.
- » Inscreva-se nos relatórios de consultores e analistas da cadeia de suprimentos.
- » Mantenha-se ativo em uma associação profissional.
- » Mantenha contato com fornecedores de tecnologia.

Talvez você não precise aprender tudo sobre cada uma das novas tecnologias que surgem, mas é necessário ter uma ideia de como elas podem ajudá-lo a agregar mais valor aos seus clientes, seja aumentando a receita ou reduzindo os custos.

O que Impactará Sua Cadeia de Suprimentos no Futuro?

Talvez você já tenha ouvido a máxima: "Um olho no gato e outro no peixe". Prestar o máximo de atenção à sua volta e usar tudo o que você tem à disposição para tentar antever o futuro pode ser bem divertido, mas, ao mesmo tempo, assustador e arriscado.

Imagine dizer ao seu relógio de pulso que você quer um sanduíche e, alguns minutos depois, um drone entregar esse sanduíche. Esse cenário parece bobo, mas toda a tecnologia de que você precisa para essa cadeia de suprimentos já está disponível hoje. Tudo o que seria necessário para tornar essa cadeia de suprimentos uma realidade é um plano de negócios viável.

Haverá muitas oportunidades para transformar as cadeias de suprimentos usando a tecnologia nos próximos anos e, reconhecendo essas oportunidades logo no início, você poderá granjear uma vantagem competitiva. Tente imaginar as maneiras pelas quais cada etapa da sua cadeia de suprimentos poderia ser feita de modo diferente usando a tecnologia, e procure oportunidades para criar valor de novas formas.

Em muitos casos, a tecnologia não muda o que está acontecendo, mas muda a forma como acontece. Por exemplo, atualmente você provavelmente vai ao supermercado e escolhe suas bananas. No entanto, muitos supermercados permitem que você faça pedidos através de um site e vá buscá-los. Você ainda está comprando bananas, mas o modo como você as compra está começando a mudar. O tempo que seus clientes economizam ao fazer o pedido online, ao invés de fazer compras na loja, é valioso para esses clientes.

Em outros casos, novas tecnologias poderiam tornar uma cadeia de suprimentos existente obsoleta. Por exemplo, imagine um mundo de carros autônomos que são compartilhados ou alugados sob demanda. Em vez de comprar carros de uma concessionária, os clientes podem se inscrever para assinaturas de um serviço de carro sob demanda através de um site. Essa nova tecnologia poderia fazer com que as concessionárias de carros e suas cadeias de suprimentos se tornassem obsoletas.

A única maneira de avaliar esses riscos e identificar oportunidades advindas da inovação tecnológica é mantendo-se em contato com as tendências. Entenda o valor que sua cadeia de suprimentos oferece aos seus clientes e quais necessidades adicionais não estão sendo atendidas; ou seja, fique de olho nas novas tecnologias que podem ajudá-lo a atender a essas necessidades.

Índice

A
abastecimento estratégico 92-93
adiamento 225-226
   diferenciação atrasada 225-226
agente inteligente 219
Agentes de carga e frete 291
alavancagem 98
alinhamento de recursos 84
ambiente colaborativo 14
ambiente de produção 122-126
ameaça 254
a montante 91
Análise de Curva ABC 228
analistas de amostras 287
analistas de balanças 287
analistas de gestão 290
analistas de logística 290-294
analistas de medição 287
analistas de pesquisa de operações 290
analistas de software 198-200
analistas de verificação 287
analytics 264-278
   causalidade 269-272
   correlação 269-272
   interpolação 269-272
   interpolação linear 270-271
   interpolação não linear 271
APICS 300
armazenamento 24
artigos de moda 39
AS/RS 149
atendimento a pedidos 150-151
   e-commerce 151
   fabricação e atacado 151
   varejo 151
ativo 165-166
   Ativos circulantes 165
   ativos fixos 165
   GPS 166
   RFID 166
atributo 239-240
automatização 181
automatizar 172-176
autorização de devolução de mercadoria 155
auxiliar de estoque 287
auxiliar de procurement 286
Auxiliares de produção, planejamento e expedição 291

B
back-order 150
   pedido em atraso 150
baixa qualidade 126-127
   certificação ISO 9001 129-130
   controle de qualidade 127
   garantia de qualidade 127
   variabilidade aleatória 128
benchmarking 33-34
bens de luxo 39
bens duráveis 39
big data 217-218
   sensores 264-265
bill of landing (BoL) 144-152
blockchain 216-217
   contrato inteligente 216
brainstorming 109
Bridges, William 68
business intelligence 268-278
   business intelligence 278

C
cadeia abaixo 22
cadeia acima 22
cadeia de suprimentos digital 211-220
cadeia de valor da informação 171
cadeia fria 170
cadeias de suprimentos avançadas 202-210
cadeias de suprimentos de ciclo fechado 157-158
cadeias de suprimentos de modelo único 214
cadeias de suprimentos humanitárias 206
caminho crítico 63
canal 219-220
capacidade 116-119
   disponibilidade 79
capacidade de resposta 79
capacidade de utilização 117-118
capacidade operacional 117-118
   capacidade efetiva 117
capacidade teórica 116-118
capital 25
capital de giro 24
características do produto 87
carga 132
   frete 132
carga completa 136
   FTL 136
Carga e descarga móvel 145
carga fracionada 134-136
   LTL 136
cargos 283-298
carregadores de materiais 287
carreta 135
casa da qualidade 36
   HOQ 36
categorias de gastos 94
   fornecedor direto 94
   fornecedor indireto 94
cenários 275-276
centros de distribuição 151
CEO 297
ciclo de caixa 243
ciclo de compra/aquisição ao pagamento 244
   P2P 244
ciclo de conversão de caixa 104-105
   ciclo de conversão de caixa negativo 105
   ciclo de conversão de caixa positivo 105
   ciclo de conversão de caixa zero 105
CILT 308
CIPS 309
click and collect 220
cliente-alvo 86
cliente-chave 36
clientes 85-86
CLTD 302-303
códigos de motivos de devolução 244

códigos de resposta rápida 166
  QR 166
colaboração externa 18
colaboração interna 18
colaboradores terceirizados 286
commodity 98
compartilhamento 215–216
competências de base 99–101
componentes de base 90
compras 91–110
compressão 63
comprometimento 247
comunicação 30
concorrentes 37–38
condições de pagamento 104–106
  condições de pagamento líquido 104
  pagamento adiantado 104
  pagamento contra entrega 104
confiabilidade dos dados 216
confiança entre parceiros 216
conflitos 28–29
conformidade regulatória 169–170
Conhecimento de Transporte Eletrônico 144
  CT-e 144
consulta 268–269
  query 268–269
consultores 286
contagem do estoque 142–143
  contagem cíclica 143
contrato 102–106
  Contrato de entrega indefinida 103
  Contrato de mão de obra e material 103
  Contrato de preço fixo 102–103
  Contrato por administração 103
controlador lógico programável 207
coordenação 8
CPFR 45
CPIM 301
CPSD 308
CPSM 307
criação de valor 8–15
CSCMP 306

CSCO 297
CSCP 303–304
cultura 26–29
cursos online 311–313
custos 40–42
custos de estoque 24
custo total 95–100
  custo do ciclo de vida 96–101
  custo total de propriedade 96–101
custo total de atendimento 242

D

dados 179–200
dados não estruturados 264
dashboard 277–278
decisões de compra 24
demanda 82–83
demanda influenciada 225
departamento de compras 91–110
depreciação de estoque 89–90
depreciador 244
desconto por volume 24
desdobramento da função qualidade 36
  QFD 36
desempenho financeiro 130
desenho assistido por computador 204
  CAD 204
desenvolvedores de software 296
design-build 46
design virtual 204
despachantes 293
destino 132
desvantagem competitiva 16
desvio percentual absoluto médio 48
  MAPE 48
determinístico 196
devoluções 89–90
devoluções fraudulentas 159
devoluções isentas de custo 154–155
Diagrama de Alinhamento de Carreira 282
diagrama de loop causal 31
Dicionário da APICS 112
digitalização 212–213
Dinâmica de Sistema 32
Direcionar as pessoas certas para as funções certas 18

distribuição 88
distribuição física 24
distribuidores 91–110
Dittmann, J. Paul 17
DPS 186–187
Dr. Clayton Christensen 37
Dr. John Gattorna 27
Dr. Larry Lapide 44
Dr. Michael Kay 148
drones 209–210
dutos 133

E

e-commerce 219–220
efeito chicote 233–235
  bullwhip effect 30–31
eficiência das operações 26
embaladores e empacotadores 287
embalagem 143–144
emprego 282–298
engenheiros de fabricação 292
engenheiros de logística 292
engenheiros de robótica 292
engenheiros industriais 291
entrega final 219–220
equipamentos de manuseio de materiais 148–149
equipe de projetos 60–61
equipes de engenharia 45–46
erro de medição 238
erro imparcial 47
erros de previsão 47
erro tendencioso 47
especialistas 11
especialistas em motores a diesel 289
estatística 57
estocástico 196
estoque 41–50
estoque de segurança 48
estoque em consignação 230
estoque pulmão 140
estoquistas 287
estratégico 99
ética 110
  código de ética formal 110
  política de ética de compras 110
evento kaizen 54
execução 213–214
expedidores 61
extrusão 205

F

fabricação aditiva (impressão 3D) 204
fabricação conforme pedido 124-125
    Make-to-order 82
    sistema de puxar 82
fabricação contínua 112-122
fabricação contra previsão de demanda 123-124
    Make-to-stock 82
    sistema de empurrar 82
fabricação subtrativa 204
factoring 233
    americano 233
    brasileiro 233
FCL 134
feedstock 204
ferrovias 133
flexibilidade 14-20
fluxo de caixa 232
fluxos 22
Força Administradora 27
Força Desenvolvedora 27
Força Integradora 27
Força Produtora 27-28
fornecedores 91-110
    fabricante original do equipamento 93-94
    níveis 93-94
fornecimento 91-110
    incerteza 106
fracionamento de carga 185
fraude 158-159
frete de retorno 140-141
    viagem de retorno 140-141
funções 23-27
    compras 23-24
    logística 24-25
    operações 25-26
funções colaborativas 286-288
funções interdependentes 23

G

generalistas 11
gerenciamento de estoque 140-148
gerenciamento de operações 111
gerenciamento de projetos 60-68
    PMBOK 175-176
    PMI 175-176
    PMO 176

gerenciamento de relacionamento com o cliente 192-193
    CRM 192-193
gerenciamento de relacionamento com os fornecedores 193-194
    SRM 193-194
gerenciamento de riscos 252-262
    identificar os riscos 255-256
    pontuações de risco 258-259
    resiliência 254-255
    riscos negativos 254
    riscos positivos 254
gerenciamento do pátio 145-146
gerente de compras 24
gerentes de armazenamento e distribuição 294
gerentes de compras 294
gerentes de logística 294
gerentes de prevenção de perdas 293
gerentes de projetos de TI 295
gerentes de sistemas de informação e computadores 296
gerentes gerais e de operações 294
gestão da cadeia de suprimentos 7-20
gestão da cadeia de suprimentos humanitária 298
gestão de continuidade de negócios 255
    GCN 255
gestão de projetos 19
gestão estratégica 92-93
gestores da cadeia de suprimentos 293
gestores de transporte 294
Google Analytics 263
grupos de processos 73

H

horizonte de planejamento 188
horizonte firme 115

I

impacto 258
impactos sociais 130
imparcial 244

impressão 3D 204-208
    modelagem por deposição fundida 205
    FDM 205
inadimplência 104
incompatibilidade de sistemas 215
Incoterms 144
indicador de desempenho 240
    scorecard 240
indicadores 163-164
    indicador de desempenho 164
indicadores-chave de desempenho 33-34
    KPIs 33-34
indicadores de desempenho de risco 107
índice de atendimento ao cliente 244
Indústria 4.0 265
ineficiência 54
informações 16
inovação 53-59
inovação disruptiva 13
Insight Maker 32
insourcing 93-100
insumos 96-100
inteligência artificial 218-220
interface 207
interface homem-máquina 207
internet 213
Internet das Coisas 217-218
    IoT 217-218
intertravamento 207
ISM 307

J

jargões da automação 207
Jay Forrester 32
just in time 115
    JIT 115

K

kanban 49

L

LCL 134
lead time total 123
    lead time de entrega 123
    lead time de fabricação 123
    lead time do processamento de pedidos 123

Lean Seis Sigma 58
ledger 216
legislação do CTe 61
Lei Clayton Antitruste 33-34
Lei de Moore 171
limite de controle 128
LinkedIn Learning 312-313
links 52-54
lista de materiais 87
logística 88
    rede logística 88
logística de entrada 24
    logística inbound 24
logística de saída 24
    outbound logistics 24
logística reversa 89-90
    reciclagem 90
    remanufatura 90
loop aberto 203
loop fechado 204
loops de reforço 31
loops equilibrados 31
lote econômico de compras (LEC / EOQ) 147
lotes 30
lucratividade 24
lucro 9-20

M
machine learning (aprendizado de máquina) 219
malha ferroviária 135
manufatura 25
manufatura avançada 202-210
    indústria 4.0 202-210
manufatura celular 120-121
    célula de manufatura 120
manufatura discreta 112-122
manufatura virtual 204
mapa de calor 259
mapeamento da rota 139
mapeamento do fluxo de valor 52
    VSM 52
margem de lucro 24
matriz estratégica de abastecimento 92-93
MBA 311
mecânicos de máquinas industriais 289
mecânicos de ônibus e caminhões 289
melhoria de rendimento 246
Mentzer, John T. 17

mercado globalizado 15
metas de alto nível 23
metas de desempenho 163
método enxuto 52-55
    Método Lean 53-55
    Sistema de Produção Toyota 53
métricas 238-250
    consumo 250
    externas 239
    internas 239
    qualitativas 238-239
    quantitativas 238-239
    resíduos 250
    segurança 248-249
    sustentabilidade 249-250
métricas financeiras 245-247
métricas operacionais 243-245
minerais de conflito 169
MITx MicroMasters in Supply Chain Management 311
mobilidade de produtos físicos 14
modal de transporte 132-140
    par OD 132-138
    tempo de trânsito 132
modalidades 132-152
    modais 132-152
modelagem computadorizada 273-274
modelo de maturidade em capacitação 180
    CMM 180
Modelo de Referência de Operações da Cadeia de Suprimentos 71-80
    Devolução 73
    Entrega 73
    Fornecimento 73
    Modelo SCOR 71-80
    Planejamento 73
    Produção 73
    Viabilização 73
monetização 17
montagem de kits 185
montagem virtual 204
montante 22
motivos de força maior 11
motoristas de caminhão pesado e reboques 288
motoristas de caminhões leves 287
MRP 188-190
Muda 54
    TIM WOODS 55

multimodais 132
Mura 54
Muri 54
Myers-Briggs Type Indicator 26

N
navios de carga 133
    cargueiros 133
necessidades 83-85
necessidades de seus clientes 85-86
    Análise dos clientes-chave 86
    Desenvolvimento do perfil (persona) 86
    Segmentação de mercado 86
nível de serviço 46
nó 51-53

O
objetivos alinhados 23
obsolescência 202-203
obter vantagens estratégicas 16
oferta 82-83
offshoring 100-101
operadores de máquinas 287
operador logístico terceirizado 152
    3PL 152
    3PL baseado em armazenamento 152
    3PL baseado no transporte 152
    3PL de alocação de pessoal e reforço de mão de obra 152
    3PL de distribuição 152
    3PL de serviço com valor agregado 152
    3PL de serviço de agenciamento personalizado 152
ordens de compra 151
origem 132
Otimização 195-200
otimização de rede 52-53
outsourcing 93-100
    terceirização 93

P
padrões 269
paralisações 48-49
paralisia por análise 236
parâmetros operacionais 207
parcerias 16

pensamento sistêmico 13
perda de estoque 41
persona 86
personalidades 26-29
personalização em massa 215-216
Pesquisa de Satisfação do Cliente 244
    NPS 244
pessoas 247-249
PF-AEP 102
PFRI 102
planejamento 81-90
planejamento colaborativo, previsão e reabastecimento 42
    CPFR 42
planejamento de cenário 10-11
planejamento de demanda 186-187
planejamento de necessidade de distribuição 190-191
    DRP 190
planejamento de produção centralizado 88
Planejamento de Recursos Empresariais 194-195
    ERP- Enterprise Resource Planning 194-195
planejamento de vendas e operações (S&OP) 42-44
planejamento e programação de produção 112-119
planejamento e programação de serviços 113-120
plano de ação 68
Plano Mestre de Demanda 114
    PMD 114
Plano Mestre de Produção 114
    PMP 114
PMI 305
    PMBOK 305
    PMP 305
política de estoque 146-147
porão 134
possibilidades 10
prestadores de serviço pessoa física 286
prevenção de custos 247
previsão 30
previsão ajustada 47
previsão de demanda 99
probabilidade 258

processamento de informações 14
processo contínuo 119
processo da cadeia de suprimentos 72-80
processo de avaria, falta e excesso 146
    OS&D 146
processo de picking 76
processo de planejamento de produção 113
processo discreto 119
    índice de produtividade 119
    linha de montagem 120
    manufatura celular 120
    processo de manufatura discreta 119-121
processos 53-59
processos de etiquetagem 166-167
processos Enxutos 13
    Lean 13
processos estratégicos 161
procurement 40
produção 111-130
produção automatizada 203-204
produção distribuída 88
produtividade e a eficiência 248
produto de baixa qualidade 24
produtos 38
produtos falsificados 168-169
produtos tecnológicos 39
produtos usados 157
professores 297-298
profissões 283-298
programa nervoso 115
projeção sob encomenda 82
    Engineer-to-order 82
projetos multifuncionais 60-68
    dependências 63
    diagrama de rede 63
    estrutura analítica de projeto (EAP) 62
    indicadores de desempenho 65
    lista de entregas 62
    Matriz RACI 64-65
    modelo DIRETO 66
    mudança constante de escopo 67
    paralisia por análise 67

plano de projeto integrado 62
    transição 68
promoções 235
promotor 244
propriedade intelectual 100
proteção 168-170
proxy 267

Q

Quadrante Mágico 199-200
qualidade 126-129

R

recebimento 142
receita 9-17
recurso 84-85
    restrições 84
recursos humanos 173-175
    Desenvolver 173
    Recrutar 173
    Reter 174
recursos não renováveis 249-250
recursos renováveis 249-250
rede neural artificial 207
redução de custos 246
reembolso flexível 155-156
registro de riscos 258-259
regras de negócios 162
    cinco porquês (5-Why) 162
regras para envio de estoque 142
    localização 142
relacionamentos colaborativos 16
remanufatura 158
    peça usada reciclável 158
remetentes 61
rendimento 117
reshoring 100
    nearshoring 100
resíduo 129-130
restrição 58
restrições de produção 114
retorno do investimento 23
RFID 149
risco 107-110
    global 256
    local 257
    registro de risco 109-110
    sistêmico 257
robôs móveis automatizados 208
rotatividade de funcionários 248

S

sandboxes 236
   caixas de areia 236
scorecards 65
SCOR-P 304
segurança 168-170
segurança da informação 170-172
Seis Sigma 53-58
   black belts 58
   DMAIC 56
   DMEDI 56
   green belts 57
   master black belts 58
   MGPP 57
   sexto sigma 55
   variabilidade 57
   voz do cliente 56
   yellow belts 57
semirreboques 135
separação 143
   picking 143
separação de pedidos por voz 143
   pick-to-voice 143
separação por indicação luminosa 143
   pick-to-light 143
serviço postal 138
serviços 38
serviços de entrega 287
servidores baseados no modelo computacional de nuvem 218-219
showrooming 220
silos 8
   sistema de silos 13
simulação 195
sincronização 22-26
sinterização seletiva a laser 205
   SLS 205
SIPOC 75-76
   Clientes 75
   diagrama SIPOC 76
   Entradas/Insumos 75
   Fornecedores 75
   Processos 75
   Saídas/Produto Final 75
sistema 29-32
Sistema de engate e desengate 145
sistema de entrega 88-89
sistema de execução de armazém 184-186
   WES 184-186
sistema de fabricação assistido por computador CAM 204
sistema de gerenciamento de armazém 184-186
   WMS 184-186
sistema de gerenciamento de trabalho 191-192
   LMS 191
sistema de gestão de transporte 182-183
   guia de mapeamento 183
   TMS 182-183
sistema de produção puxada 49
sistema de silos 60
sistema integrado de atendimento ao cliente omnichannel 220
sistemas complexos 13-20
sistemas de silos 72
skunkworks 236
Slone, Reuben E. 17
slotting 142
software 180-200
software de business intelligence 197-198
   BI 197-198
SQL 182
stockout (falta de estoque) 141
supervisão 292-293
supervisores de primeira linha 292
sustentabilidade 130

T

takt time 120
   balanceamento 120
   nivelamento 120
tamanho do lote 49-50
taxa de câmbio de mercado 136
taxas contratadas 136
técnicos de robótica 289
técnicos eletromecânicos 288
tecnologia 14-18
tecnologia da cadeia de suprimentos 323
tecnologia da informação 170-172
tecnólogos de engenharia industrial 289
tecnólogos em engenharia de fabricação 290
tempo de ciclo 120
tempo de ciclo de caixa 231
   contas a pagar 231
   contas a receber 231
tempo de ciclo de pedido 241
Teoria das Restrições 53-59
   TOC 58
Teoria dos Trabalhos a Serem Feitos 38
terminologia 112
Teste A/B 36
The Beer Game 313-314
The Fresh Connection 313-314
torre de controle 224
Toyota 49
trade-ins/trocas 159-160
trade-offs 42-50
transbordo 133
trânsito de materiais 24
transportadores 289
transporte 24
transporte de produtos 24
tripé da sustentabilidade 130

U

unidade de carga 148-149
unidade mantida em estoque (SKU) 166-176
unidades distintas mantidas em estoque 147
   SKU 147
urgente 98

V

valor 8-20
   dinheiro 8
varejo 25
variabilidade 127-128
variabilidade controlada 128
vendas 319
   previsão sem restrições 43
   S&OP 42-44
visibilidade 213-214
VMI 230
voz do cliente 56

W

WIP 88

Y

YouTube 313